중등 지리 수업 설계 가이드

중등 지리 수업 설계 가이드

초판 1쇄 발행 2025년 11월 21일

지은이 열정지리교사모임
펴낸이 김선기
편 집 이선주
디자인 조정이
펴낸곳 (주)푸른길
출판등록 1996년 4월 12일 제16-1292호
주소 (08377) 서울시 구로구 디지털로 33길 48 대륭포스트타워 7차 1008호
전화 02-523-2907, 6942-9570-2
팩스 02-523-2951
이메일 purungilbook@naver.com
홈페이지 www.purungil.com

ⓒ 열정지리교사모임, 2025

ISBN 979-11-7267-064-1 03370

2022 개정교육과정 성취기준에 따른

중등 지리
수업 설계
가이드

학생 중심
수업 설계안과
활동지 &
교과세특 작성법
수록

열정지리교사모임 지음

푸른길

추천사

『중등 지리 수업 설계 가이드』를 통해 교실이라는 무대 위에서 선생님도, 학생도 모두 주인공이 됩니다.

'지리 수업, 도대체 어떻게 해야 살아 숨 쉬게 만들 수 있을까?'라는 질문은 교과서가 바뀔 때마다, 수업 평가가 끝날 때마다 다시 시작되는 끝없는 고민입니다. 그런 의미에서 『중등 지리 수업 설계 가이드』는 그 질문에 대한 하나의 답을 제공합니다. 책을 펼치는 순간 우리는 낯선 지역으로 여행을 떠나는 동시에, 가장 익숙한 교실로 다시 돌아오게 됩니다. 그 안에는 단순한 수업 안 이상의 것이 있습니다. 누군가의 현장 경험, 깊은 성찰, 그리고 무수한 시행착오 끝에 건져낸 살아있는 수업의 숨결이 있습니다.

이 책은 학생들을 흥미로운 지리의 세계로 초대하고 지리 탐구의 의미를 확장합니다. '마다가스카르에서는 음악에 맞춰 춤을 추는 장례식이 열린다'는 이야기를 퀴즈로 던지며 수업을 여는 장면은, 학생들의 호기심을 자극하는 동시에, 문화의 상대성과 세계시민적 감수성을 지리적으로 풀어내는 훌륭한 도입이 됩니다. '죽음 앞에서도 춤을 추는 나라'에 대한 놀라움은 학생들의 시선을 자연스럽게 그 지역의 '기후', '지형', '삶의 방식'으로 이끌고, 교사는 이 여정을 통해 위치 개념 수업을 다문화 감수성 교육으로 확장합니다.

이 책은 '디지털 시대의 지리교육'이라는 당면 과제 또한 효과적으로 풀어냅니다. 패들렛, 실시간 항공기 추적, QR 기반 탐구 등 다양한 디지털 도구를 수업의 장면으로 끌어들입니다. 학생들은 화면 속 세계를 탐험하고, 자료를 해석하며, 지도 위에 자신만의 지리적 시선을 새겨 넣는 경험을 하게 됩니다. 그렇다고 이 책이 교사에게 과도한 부담을 지우는 건 아닙니다. 오히려 친절한 안내로 교사의 짐을 덜어줍니다. "이건 어떻게 시작하지?", "학생 반응이 없으면 어쩌지?"와 같은 교사의 마음속 질문들에 친절하게 답해 줍니다. "이렇게 시작해 보면 어때요?", "이런 사례로 연결해 보세요."라고 말하며 도구 사용법까지 안내합니다.

이 책의 또 다른 강점은 '학생 중심 수업'의 모습을 실제로 보여주고 있다는 점입니다. 교사 중심의 설명이 아니라, 학생과의 대화로 시작되는 수업 들어가기는 실제 교실의 모습을 상상하게 합니다. 이를 통해 학생이 찾아내고 연결하며 만들어가는 수업이 설계되어 있습니다. 수업은 교사의 독백이 아니라 학생과의 합창이어야 한다는 교육적 철학이 수업 구조 안에 고스란히 배어 있는 것이지요. 나아가 교과 세특 작성법까지 구체적으로 제시되어 학생이 중심이 된 수업이 학생의 의미 있는 기록으로까지 연결될 수 있도록 세심하게 신경을 씁니다.

무엇보다 이 책은 지리적 관점을 통해 세상을 바라보려는 노력이 느껴집니다. 지리를 삶의 감각으로 바라보는 시선이 곳곳에 담겨 있습니다. 수업의 소재는 자연 지리와 인문 지리를 넘나들고, 애니메이션 〈모아나〉부터 〈날씨의 아이〉까지 다양한 매체와 연결되며, 사소해 보이는 일상도 지리적 해석의 대상이 됩니다. 연어덮밥 이야기에서 러시아-우크라이나 전쟁까지 이어지는 설명은 일상의 식당을 단번에 지구 반대편으로 연결해 줍니다.

『중등 지리 수업 설계 가이드』는 단순한 수업서가 아닙니다. 이 책은 지리교사로서의 자부심을 되살려 주는 책이고, 수업을 사랑하는 마음을 되새기게 만드는 책이며, 교사와 학생이 함께 성장하는 교실을 꿈꾸게 하는 책입니다. 이 책을, 지리를 사랑하는 모든 교사에게, 그리고 수업으로 세상을 새롭게 알려 주고 나아가 세상을 조금 더 따뜻하게 만들고 싶은 모든 이들에게 추천합니다. 2022 개정 교육과정에서 새롭게 등장한 세계에 대한 이야기가 이 책을 통해 학생들에게 의미 있는 장면으로 구현될 수 있으리라 믿습니다.

서울대학교 지리교육과
김민성

머리말

교실은 언제나 질문으로부터 시작됩니다.

"어떻게 하면 학생들이 지리를 더 재미있게 느낄까?" "학생들이 수업에 더 깊이 빠져들게 하기 위해 교사로서 무엇을 할 수 있을까?" "교실에서 다루는 지식이 학생들의 삶과 어떻게 이어질 수 있을까?" 이러한 질문들은 저희가 교사가 되고자 결심한 순간부터 현장에서 직접 수업을 하게 되기까지 끊임없이 품어 온 소중한 고민이었습니다.

하지만 이러한 깊이 있는 고민들을 혼자서만 감당하기에는 때때로 버겁게 느껴질 때가 있습니다. 그래서 저희는 '함께 고민하면 더 좋은 해답을 찾을 수 있지 않을까?'라는 생각으로, 많은 선생님들의 아이디어를 모아 함께 수업 설계를 돕는 실질적인 자료를 개발하고자 노력했습니다. 바로 그 진심 어린 노력이 『중등 지리 수업 설계 가이드』로 결실을 맺게 되었습니다.

2022 개정 교육 과정은 미래 사회 변화에 능동적으로 대응하며 기초 소양과 역량을 갖춘, '포용성과 창의성을 지닌 주도적인 사람'을 길러내는 것을 목표로 합니다. 이를 위해 학습자 맞춤형 교육, 깊이 있는 학습, 교과 간의 유기적인 연계와 통합, 그리고 삶과 밀착된 학습을 더욱 강화하고 있습니다.

『중등 지리 수업 설계 가이드』는 이러한 교육과정의 지향점을 교실 현장의 생생한 수업 장면으로 구현하며, 선생님들께서 교과 학습 안에서 학생들의 주도적인 성장을 섬세하게 설계하실 수 있도록 적극적으로 지원하고자 합니다. 더 나은 지리 수업을 위해 고심하시는 모든 선생님께 새로운 수업의 문을 열어줄 작은 영감과, 학생들의 호기심을 사로잡을 참신한 아이디어를 나누고 싶습니다. 이 작은 실마리가 선생님 교실의 새로운 수업 씨앗이 되기를 간절히 바랍니다.

이 책은 선생님들께서 수업을 준비하실 때 실질적인 도움을 받으실 수 있도록 다채로운 코너들로 구성되어 있습니다.

수업에 들어가기 코너에서는 교실에서 자주 만나는 상황이나 지리 개념들을 친근한 이야기로 풀어내어, 흥미로운 수업 도입 아이디어를 제공합니다. 활동 코너는 학생 참여형 수업 설계를 위한 질문 중심의 풍부한 활동 예시와 함께 바로 활용 가능한 워크시트를 제시합니다. 읽기 자료 코너에는 학습 주제를 더욱 깊고 넓게 확장할 수 있는 짧은 읽기 자료와 학생들의 사고를 자극하는 질문들을 담았습니다. 추가 도움 자료 코너에서는 에듀테크를 활용한 온·오프라인 연계 수업 아이디어, 효과적인 평가 개선 방안 등 수업 활동의 깊이와 확장을 지원합니다. 마지막으로 교과 세특 코너에서는 수업 과정에서 자연스럽게 드러나는 학생들의 역량과 성장을 학교생활기록부 세특 기록과 연결하는 구체적인 방법을 안내합니다.

2022 개정 교육과정은 교과 지식을 단순히 '전달하는 것'을 넘어, 지리 교과를 학생들의 삶과 연결하여 가르치는 데 방점을 찍고 있습니다. 학생들이 지리적 사고를 통해 세계와 지역, 그리고 개인과 공동체를 통합적으로 바라보며, 스스로의 위치에서 문제를 탐구하고 해답을 찾아가는 과정이 바로 '역량 교육'의 진정한 본질일 것입니다. 이 책이 바로 그러한 역량 중심의 수업을 설계하고자 하는 선생님들께 실질적인 영감과 더불어 든든한 출발점이 되어 주기를 기대합니다.

저는 교실을 하나의 긴 탐험길로 그려봅니다. 교사가 모든 답을 미리 준비해 보여 주는 것이 아니라, 학생들이 직접 발걸음을 옮기며 눈앞에 펼쳐진 풍경을 해석하고, 자신만의 관점을 세워 나가는 것이야말로 진정한 배움이라고 생각합니다. 교사의 역할은 그 길목마다 잠시 멈추어 깊이 사색할 수 있는 지점을 마련해 주고, 다시 앞으로 나아갈 용기를 북돋아 주는 든든한 안내자일 것입니다.

부디 이 책을 펼치신 선생님들께서, 여기에 담긴 이야기들을 각자의 교실에서 선생님만의 방식으로 새롭게 빚어내 주시기를 부탁드립니다. 『중등 지리 수업 설계 가이드』가 선생님들께 작은 불씨가 되어, 교실이 학생들에게 세상을 새롭게 마주하는 열린 배움의 장이 되기를 진심으로 바랍니다.

끝으로, 이 책이 세상에 나올 수 있도록 늘 영감을 주시고, 교사로서의 시야를 넓히며 수업의 본질을 성찰할 수 있도록 함께 고민해 주신 박대훈 선생님께 진심으로 감사드립니다. 선생님의 깊은 통찰과 따뜻한 격려가 저희에게 언제나 큰 힘이자 든든한 길잡이가 되어 주셨습니다. 앞으로도 선생님께서 전해 주신 가르침을 마음에 새기며, 교실 속에서 끊임없이 배우고 성장하는 교사가 되기 위해 노력하겠습니다.

2025년 열정지리교사모임

차례

추천사 4
머리말 6

제1장 세계화 시대, 지리의 힘

01-01 마다가스카르에서는 음악에 맞춰 춤을 추는 _____을 볼 수 있다? 12
01-02 연어 무한리필 가게가 사라진다 21
01-03 프랜차이즈 지구 28

제2장 아시아

02-01 세계에서 가장 _____한 아시아? 36
02-02 하느님과 알라가 싸우면 누가 이길까? 42
02-03 무거워지는 아시아? 가벼워지는 아시아? 51

제3장 유럽

03-01 동쪽의 땅이라는 뜻을 가진 오스트리아, 사실은 서쪽의 땅이라고? 62
03-02 역사상 가장 핫플레이스는 어디? -1.5도, 지구의 해열제는 무엇일까- 74
03-03 다르지만 같은 동전입니다 82
03-04 마루의 유럽 축구 여행기 90

제4장 아프리카

04-01 From 아프리카 108
04-02 대륙별 청년 모임에 갔는데, 어리다고 무시 받았어요 115
04-03 야! 너두 (아이디어만 있으면) 아프리카 도울 수 있어! 126

제5장 아메리카

05-01 칠레에서 일주일 만에 사계일주 134
05-02 멕시코 성모상은 원주민 출신? 145
05-03 사람들은 왜 스마트폰에 케이스를 입힐까? 154

제6장 오세아니아와 극지방

06-01 호주머니는 어디서? 160
06-02 태평양에는 새로 만들어지는 땅도 있고, 줄어드는 땅도 있다? 172
06-03 골드러시?! 이제는 콜드러시! 179

제7장 대한민국, 우리가 살아가는 곳

07-01 우리가 사는 땅, 어디까지가 대한민국 땅일까? 186
07-02 서울에 있는 김포공항, 부산에 있는 김해공항 195
07-03 지도는 어떻게 만들어요? 205

제8장 우리나라의 자연환경과 인간 생활

08-01 아름다운 팔도강산, 누가 만들었을까? 216
08-02 우리나라 무기가 전 세계적으로 인기 있는 이유는? 226
08-03 물폭탄을 맞으면 물에 뜨는 편의점 237

제9장 중부 지역

09-01 죽은 여행 정보? 살아있는 여행 정보! 252
09-02 수도권에는 왜 토박이가 적을까? 257
09-03 내 택배는 왜 옥뮤다 삼각지대에 빠졌을까? 268
09-04 롯데리아 햄버거만 먹는 내 친구 275

제10장 남부 지역

10-01 _____(이)가 만든 택리지 *288*

10-02 세계적인 히어로가 타는 차를 우리나라에서 생산한다고? *298*

10-03 오르면 오를수록 탐라는 지역은? *308*

제11장 북부 지역

11-01 통금 시간이 있는 마을이 있다고? -자유롭지 않은 자유의 마을, 완전무장한 비무장지대- *316*

11-02 눈맛나는 평양냉면 먹으러 가자! *326*

제12장 지속가능한 세계와 글로컬 시민

12-01 숲붕어가 된 붕어빵 *334*

12-02 티끌 모아 태산? *349*

12-03 유네스코 세계자연유산 등재를 반대하는 지역 주민들이 있다?! *359*

12-04 내가 우리 지역의 해결사 *367*

참고문헌 *377*

제1장 세계화 시대, 지리의 힘

01-01 마다가스카르에서는 음악에 맞춰 춤을 추는 _____을 볼 수 있다?

01-02 연어 무한리필 가게가 사라진다

01-03 프랜차이즈 지구

▶ 9사(지리)01-01

마다가스카르에서는 음악에 맞춰 춤을 추는 _____을 볼 수 있다?

성취기준	세계 여러 지역의 특성을 해당 지역의 위치와 자연·인문환경을 고려하여 추론한다.
성취기준 해설	이 단원은 세계 대지형이나 기후 지역 등 대표적인 사례 지역들을 통해 절대적, 상대적 위치에 따라 나타나는 자연환경적 특성 및 이로 인한 인문환경적 특성을 고려하여 세계 여러 지역의 특성을 추론할 수 있도록 설정된 것이다. 이를 통해 '모자이크로서의 세계'에 대한 이해를 바탕으로 세계 여러 지역의 차이와 다양성을 인식하는 데 중점을 둔다. 다양한 지역의 사례를 통해 세계시민으로서 지역의 다양성에 대한 인식과 열린 태도의 중요성을 파악한다.
핵심 요소	수리적·지리적·관계적 위치, 기후 및 지형 차에 따른 지역 특성
교과 역량	☐ 창의적 사고력　　　　　　　　☑ 비판적 사고력 ☐ 문제 해결력 및 의사 결정력　　☑ 의사소통 및 협업 능력 ☑ 정보 활용 능력

📁 수업 안내

재레드 다이아몬드는 『총, 균, 쇠』에서 '지리적 환경 차이'가 문명의 흥망을 결정짓는 핵심 요인임을 증명하고자 하였습니다. 맹자의 어머니는 아들 맹자의 교육 환경을 위해 이사를 세 번 하였고 이를 '맹모삼천지교(孟母三遷之敎)'라 하지요. 약 2,000년가량의 간극이 있지만 다이아몬드와 맹모의 노력은 공통적으로 위치 및 인간을 둘러싼 환경이 인간 생활에 지대한 영향을 끼치고 있음을 다시금 떠올리게 합니다.

중학교 지리의 첫 번째 단원은 외국어 학습에 빗대면 단어 공부와 문법 공부에 해당하는 아주 기초적인 도입 부분입니다. 지리학을 공부하는 데 꼭 필요한 각종 위치 개념, 그리고 그 위치에 따라 달라지는 지역성이 핵심 아이디어입니다.

지리학의 핵심 문법에는 위도와 경도뿐 아니라 '지역 그 자체'도 포함되어 있지요. 결국 일반화된 지리학 이론들을 뒷받침하는 근거는 다양한 지역과 지역성일 것이다. 학생들이 스마트 기기를 적극적으로 활용하여 디지털 지도 속에서 여러 도시의 위치를 파악하고, 서로 다른 위치 특성이 어떻게 인간 생활 모습에 영향을 주는지 탐구하며 지리 도해력과 디지털 리터러시를 함양하는 것을 목표로 설계되었습니다.

📂 수업 들어가기

교사: 웹툰 작가 기안84가 출연했던 <태어난 김에 세계일주>라는 여행 예능 프로그램을 보셨나요? 시리즈 중 '마다가스카르' 편에서 그 지역의 다채로운 삶의 모습을 볼 수 있었어요. 특히 '파마디하나'라는 마다가스카르의 전통의식이 인상적이었습니다. 사람들이 음악에 맞추어 춤을 추는 이 행사는 무엇일까요?

학생: 졸업식이요!, 명절 아닌가요?, 결혼식일 것 같아요.

교사: 정답은, '장례식'입니다. 정말 충격적이지요? 애도의 분위기가 지배하는 우리나라 장례식과 달리, 파마디하나에서는 떠나 보낸 가족 구성원을 위해 화려한 음악 속에서 춤을 추고 무덤에서 유골을 꺼내 새 밀짚 매트로 감싸주는 의식 행위를 한다고 합니다. 다음 두 사진을 보도록 하겠습니다. 왼쪽 사진에서 얼굴에 바른 것은 무엇일까요?

학생: 선크림 같아요.

교사: 맞습니다, 선크림이에요. 그런데 우리가 알고 있는 선크림과는 많이 다르지요? 주변에서 쉽게 구할 수 있는 나무를 갈아 만든 천연 선크림이기 때문입니다. 마다가스카르 사람들이 바르는 선크림의 이름은 '마송주아니'입니다. 마송주아니를 통해 알 수 있는 마다가스카르의 기후 특징은 무엇일까요?

학생: 우리나라 여름처럼 날씨가 덥고 태양볕이 강할 것 같아요.

교사: 기온이 높고 태양빛이 강할 것이다, 아주 훌륭한 답변입니다. 이어서 오른쪽 사진은 마다가스카르 젊은이들이 직접 만든 배를 처음 물에 띄우는 행사인 '진수식'이 진행되는 장면인데요. 배를 만들어 생계를 유지하는 청년이 많다는 것은 마다가스카르가 지형적으로 무엇을 끼고 있다는 뜻일까요?

학생: 바다요.

교사: 맞습니다. 마다가스카르는 사면이 바다로 둘러쌓인 섬입니다. 나무로 만든 선크림, 진수식 등 특정 지역에 사는 사람들의 생활 모습을 보면 그 지역의 기후와 지형 특징을 쉽게 유추할 수 있지요.

마송주아니를 바른 모습   진수식

● 활동 1

지도 편 김에 세계일주

1. 아래의 QR 코드를 통해 패들렛 페이지에 접속합니다.

QR 코드   패들렛 지도 화면

2. 접속한 페이지의 지도 위 네 지점을 선택하면 해당 지역에서 볼 수 있는 종교 건축물의 사진을 볼 수 있습니다. 검색을 통해 아래 빈칸을 채워 봅시다.

패들렛 지도의 사진 슬라이드 화면

국가	종교 건축물 명칭	위도와 경도 대한민국과의 시차	사진 속 경관 특징
스웨덴	키루나 교회	키루나: 67°N 20°E 8시간 느림	눈이 쌓여 있음
말레이시아	UMS 이슬람 사원	코타키나발루: 6°N 116°E 1시간 느림	야자수가 보임
말리	징게레베르 모스크	통북투: 16°N 3°W 9시간 느림	건물이 모래로 만들어짐
일본	기요미즈데라	교토: 35°N 135°E 시차 없음	단풍나무가 즐비함

 활동 Tip 미리 제작한 패들렛 지도에 학생들이 기기를 통해 접속할 수 있도록 QR코드(혹은 URL 링크)를 제공합니다.

3. 각 도시의 기후와 연관된 주민 생활 모습을 짝과 함께 패들렛에 소개해 봅시다.

짝활동 결과물 사례: 냉대 기후 지역의 음식

◆ 평가하기

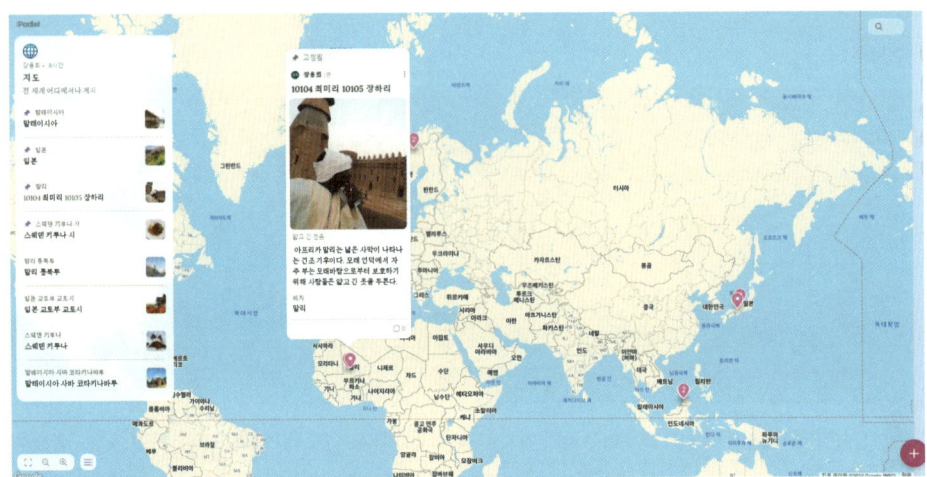

패들렛 지도 활용 수업 최종 결과물

모든 학생이 패들렛 지도에 작품을 게시하였다면 발표시간에 학생들은 짝과 함께 자신들이 업로드한 사진에 대해 설명을 주고 받을 수 있을 것입니다. 청자는 발표자의 발표자료를 개인 디지털 기기를 활용하여 개별적으로 볼 수 있지요. 또한 발표자의 사진을 클릭하면 발표자료에 댓글을 남길 수 있어서 동료 평가 및 교사의 피드백이 가능합니다. '투표' 기능이나 '좋아요' 기능을 활성화하여 학생들의 참여를 더욱 높일 수도 있습니다.

◆ 교과세특

- 수리적 위치와 종교 건축물 사진을 근거로 통북투가 건조 기후일 것이라 유추함.
- 디지털 기기를 활용하여 통북투의 경도를 검색하여 기록함. 본초 자오선에 근접한 통북투의 경도를 강조하며, 우리나라와의 시차를 정확히 제시함.
- 코타키나발루에 위치한 특정 이슬람 사원 사진 속에 있는 야자수 나무를 근거로, 코타키나발루가 열대 기후일 것이라 유추함.
- 말레이시아에서 볼 수 있는 수상가옥 문화에 대해 기온과 강수량 조건을 제시하며 동료 학습자들 앞에서 자세히 발표함.

◆ 추가 도움 자료: 패들렛 지도 만들기

STEP ❶ 지도 생성하기
- 패들렛 사이트(Padlet.com)에 접속합니다.
- 왼쪽 상단에 있는 'Padlet 만들기'에서 새 게시판을 클릭합니다.
- 오른쪽 항목 중 '지도'를 클릭합니다.

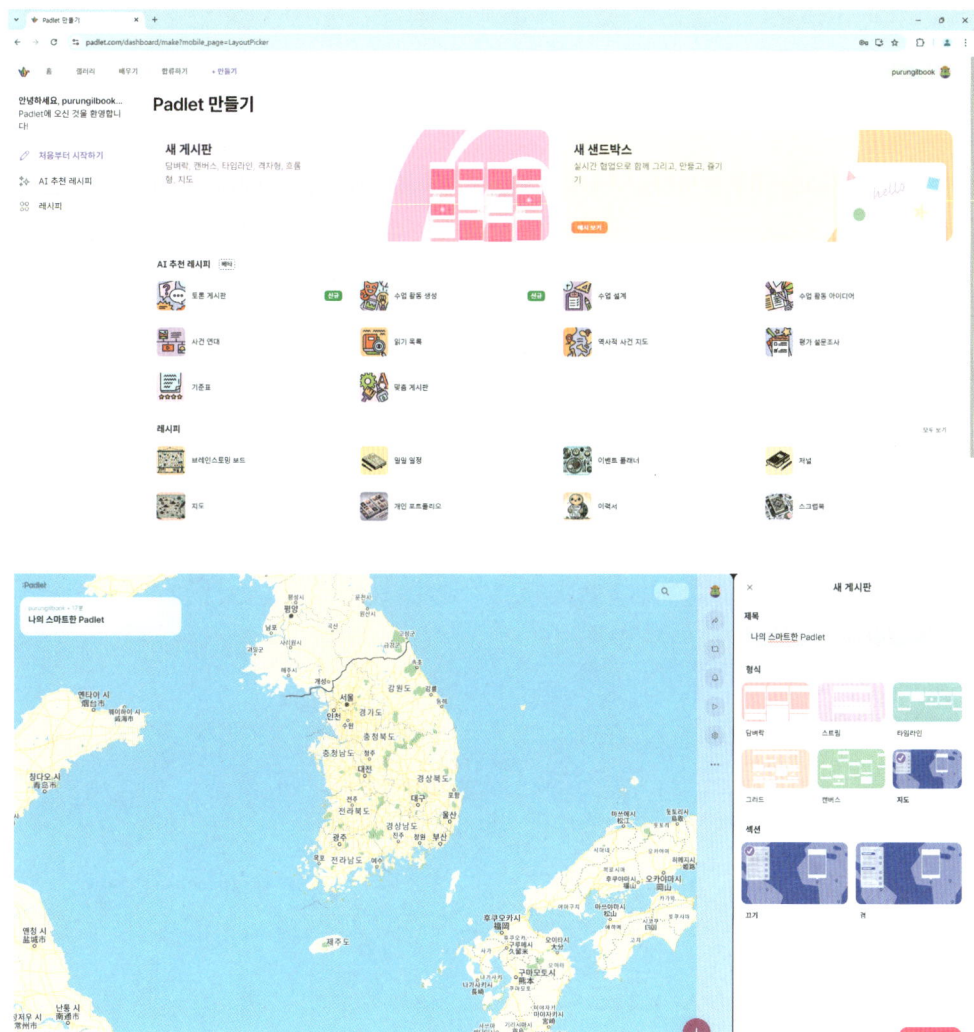

▶ 9사(지리)01-01 마다가스카르에서는 음악에 맞춰 춤을 추는 _____ 을 볼 수 있다?

STEP ❷ 내용 추가하기

- 우측 하단에 있는 더하기(+) 버튼을 클릭합니다.
- 위치 포인트를 생성할 장소를 직접 검색하거나, 해당 장소로 핀을 드래그합니다.
- 포인트에 장소 이름, 첨부파일(사진), 부연 설명 등을 추가할 수 있습니다.

패들렛 지도 기능 내 위치 포인트 생성 과정

STEP ❸ 댓글 및 반응 기능 활성화하기, 학생 게시물 허용하기

- 지도 우측 중앙에 있는 톱니바퀴 모양(설정 버튼)을 클릭합니다.
- 참여도 항목에서 댓글 기능을 활성화하거나, 학생 반응 가능 여부 및 종류를 설정할 수 있습니다.
- 콘텐츠 항목에서 내용조정을 설정하여 학생 게시물 작성 시 관리자 승인 유무를 설정할 수 있습니다.

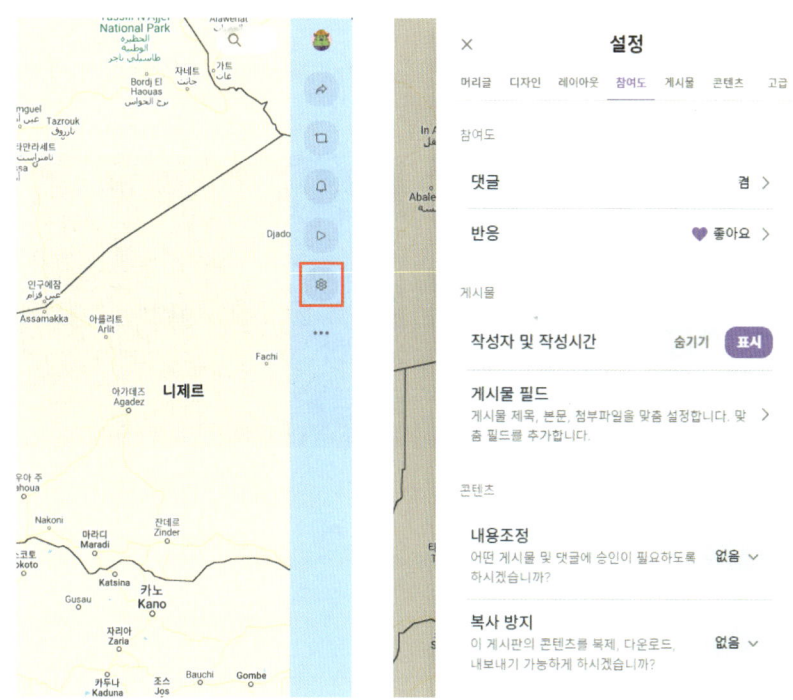

▶ 9사(지리)01-01 마다가스카르에서는 음악에 맞춰 춤을 추는 _____을 볼 수 있다?

📂 읽기 자료

본 활동에서 소개된 종교 건축물 사진 이외의 자료를 찾기 어렵다면, 애니메이션에 묘사된 특정 장면들을 패들렛 지도에 삽입하셔도 좋습니다. 이번 읽기 자료에서는 기후 풍경이 아주 잘 드러나는 애니메이션 두 편을 소개합니다.

영화 〈모아나〉

포스터에서도 엿볼 수 있듯 작품을 감상하는 내내 열대 기후 및 화산섬의 풍경을 확인할 수 있는데요. 남태평양 폴리네시아에 위치한 '사모아'가 그 배경이 되었다고 합니다.

애니메이션 〈모아나〉 포스터

구글 맵에서 본 사모아

※ 참고하면 좋을 자료
〈모아나〉의 지리적 배경을 분석한 신문 기사(한국일보, 박재아 여행큐레이터, 2017)
애니메이션에 삽입된 곡의 뮤직비디오(DisneyMusicKoreaVEVO 유튜브 채널)

영화 〈날씨의 아이〉

감독 신카이 마코토는 인터뷰에서 사람들의 심기를 건드리는 영화를 제작하고 싶었으며 기후 변화, 특히 일본의 지리적 특성상 여름철에 심해지는 '장마'를 영화의 모티브로 삼았음을 밝히기도 했습니다. 열대 저기압의 무시무시한 위력을 보여 주는 장면이 인상적입니다.

애니메이션 〈날씨의 아이〉에 묘사된 장마철

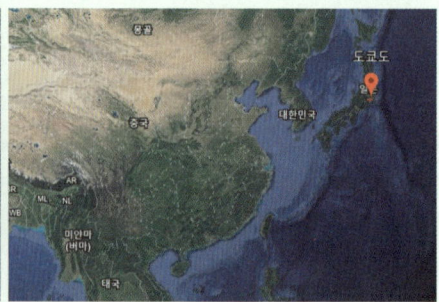
구글 어스에서 본 대륙 동안의 도쿄

※ 참고하면 좋을 자료
〈날씨의 아이〉에 나타난 기후 변화 문제를 분석한 문화평론(르몽드 디플로마크, 추동균 문화평론가, 2023)

▶ 9사(지리)01-02

연어 무한리필 가게가 사라진다

성취기준	다양한 스케일에서 지역이 서로 연계되어 있음을 공간적 상호 작용의 사례를 통해 파악한다.
성취기준 해설	'네트워크로서의 세계'에 대한 이해를 바탕으로 세계 여러 지역의 상호 연계성과 상호의존성을 인식하는 데 중점을 둔다. 한 지역을 이해하기 위해서는 다른 지역과의 접근성과 관계성, 네트워크상의 위치성이나 연결성, 기능에 대한 이해가 필요하며, 세계화 시대에 지역에 대한 이러한 지리 인식이 왜 중요한지 다양한 사례를 통해 파악하도록 한다.
핵심 요소	공간적 상호 작용, 항공 네트워크, 상호 의존성, 세계화
교과 역량	☐ 창의적 사고력　　　　　　　　　　☐ 비판적 사고력 ☑ 문제 해결력 및 의사 결정력　　　　☐ 의사소통 및 협업 능력 ☑ 정보 활용 능력

📁 수업 안내

우리는 현재 다양한 지역 규모에서 살아가고 있습니다. 더 이상 우리 동네, 우리나라에 국한되지 않고 세계 여러 지역과 상호 작용하고 있지요. 이러한 맥락 속에서 학생들 또한 자신들의 생활 근거지에서 벗어나 다양한 스케일의 공간을 파악해야 할 필요가 생겼습니다. 이뿐만 아니라 우리 지역을 이해하기 위해서는 다른 지역과 맺고 있는 관계성에도 주목해야 합니다. 따라서 1-2단원을 학습하기 위해서는 다른 지역과 연결되어 살아가는 지역들의 다양한 사례를 살펴보는 것이 중요합니다.

세계화로 인해 국지적 수준에서부터 전 지구적 수준에 이르기까지 세계 여러 지역은 서로 교류하며 살아갑니다. 이 '교류'는 다른 지역 사람들과 직접적으로 소통하는 것뿐만 아니라 우리가 사용하는 상품과 콘텐츠의 영역에서까지 이루어지고 있습니다. 특히 앞으로 공간의 경계를 넘어 세계 여러 지역과 교류하며 살아갈 학생들이 '공간적 상호 작용'의 개념을 배우는 것은 매우 중요합니다. 따라서 공간적 상호 작용이라는 추상적인 개념을 익히기 위해 학생들에게 친숙한 사례로 접근하는 수업 설계가 요구됩니다.

이번 단원에서는 공간적 상호 작용의 사례(항공 네트워크, 인터넷 네트워크 등 교통과 통신 시스템, 글로벌 생산, 유통, 소비 체계 등)를 조사하고, 이를 통해 네트워크로 연결된 장소의 공간적 상호 작용을 이해할 수 있도록 교사가 수업을 진행하면 학생들이 성취기준에 도달할 수 있을 것입니다.

📁 수업 들어가기

학생: 선생님, 제가 어제 연어덮밥을 먹으러 갔는데 이런 안내문이 붙어 있더라고요. 전쟁 때문에 연어를 못먹는다는 게 무슨 말이죠?

교사: 연어덮밥을 못 먹어서 속상한 일이 있었군요. 2022년에 발생한 러시아-우크라이나 전쟁으로 인해 우리나라의 연어 무한리필 가게들이 타격을 입었어요.

학생: 그런데 연어는 노르웨이에서 수입하는 거 아닌가요? 러시아-우크라이나 전쟁 때문에 연어를 먹을 수 없다는 게 이해가 안 돼요.

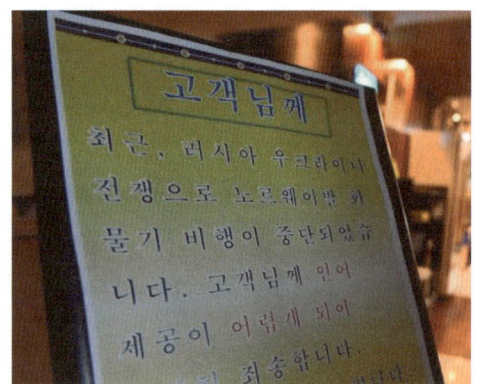

식당 안내문

교사: 아하~ 둘 사이에 어떤 관계가 있는지 궁금한 거군요. 노르웨이에서 일어난 전쟁은 아니지만 북유럽에서 잡은 연어를 우리나라로 가져오는 과정에서 문제가 생겼기 때문이에요.

학생: 어떤 문제인가요?

교사: 러시아-우크라이나 전쟁으로 인해 기존에 러시아 영토와 영해를 지나던 운송수단의 항로가 바뀌었답니다. 이 때문에 우리나라와 유럽을 잇는 비행기의 운항 시간이 전보다 2시간 이상 늘어났어요.

학생: 아~ 그래서 제가 주말에 연어덮밥을 못 먹었던 거군요. 지구 반대편 일이라고 무심했던 제 행동이 부끄러워지네요. 이렇게 많은 영향을 받고 살아가는지 몰랐어요.

교사: 우리 생각보다 지구는 다양한 지역이 복잡하게 얽혀 있고 서로 영향을 주며 살아가요. 이번 시간에는 세계 여러 지역의 상호작용에 대해 알아보고 우리의 삶이 어떤 영향을 받고 있는지 살펴볼까요?

● 활동 1

허브공항으로부터 시작되는 여행

> **허브공항이란?**
> 지역의 중심이 되는 공항으로, 특정 공항을 중심으로 승객이나 화물을 집결하고 분산하는 공항을 말합니다.

1. 아래 사이트를 참고하여 세계의 허브공항을 유추해 봅시다.

1) 실시간 항공기 추적 지도 사이트 플라이트레이더24(https://www.flightradar24.com)에 접속하여 대륙별로 항공기 운항 수가 많은 국가를 찾아봅시다.

2) 허브공항의 연간 이용객 수를 조사하여 아래 표를 채워 봅시다.

대륙	허브공항	연간 이용객 수
아시아		
유럽		
아프리카		
북아메리카		
남아메리카		
오세아니아		

2. 우리나라에서 아래 여행지를 가기 위해 어떤 공항을 경유해야 할지 조사해 봅시다.

여행지	경유 공항
몰디브	
볼리비아	
덴마크	

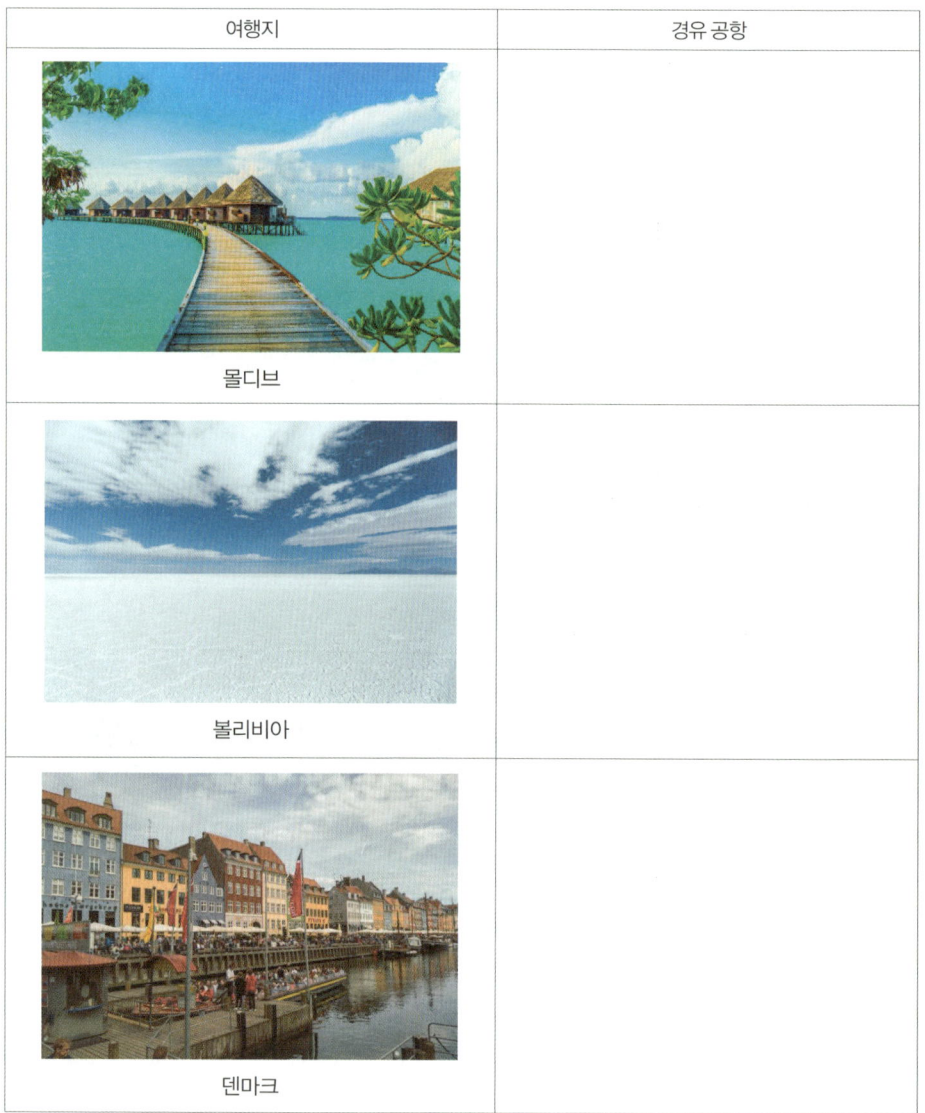

3. 허브공항이 되기 위해서는 어떤 조건을 갖추어야 할지 생각해 봅시다.

- 다양한 항공사들이 비행기를 운항하고 환승객 수가 많다.
- 다른 지역과의 뛰어난 접근성 및 연계성이 있어 지리적 장점을 갖추고 있다.
- 공항 내 다양한 시설과 편리한 인프라를 갖추고 있다.

> **활동 Tip**
> - 항공 네트워크를 통해 공간적 상호작용의 사례를 찾아보기 위한 활동입니다. 지도를 읽는 도해력과 자료 분석 능력을 기를 수 있도록 지도해 주세요.
> - 제시된 여행지 외에도 직항을 통해 가기 어려운 지역을 추가한다면 더욱 다채로운 활동이 될 수 있습니다.
> - 학생들이 다양한 경유 방법을 조사하여 실시간 항공기 추적 지도 사이트(flightradar24)에서 찾은 공항 외에도 다양한 허브공항을 찾을 수 있도록 도와주세요.

● 활동 2

미국 회사로 전화하면 필리핀에서 받는다고?

1. 다음 자료를 참고하여 아래 질문에 답해 봅시다.

> **BPO(Business Process Outsourcing)이란?**
> 핵심 업무를 제외한 콜센터, 데이터 입력 등의 과정을 전문적으로 대신 처리하는 산업을 말해요.

〈자료 1〉 미국에서 필리핀으로 이사 간 A 여행사 콜센터

필리핀 콜센터

A 여행사는 미국에 본부를 두고 있지만 필리핀에 콜센터를 운영하고 있다. 전문 인력이 필요한 연구 및 개발 사업을 제외한 콜센터, 제조업 등의 사업은 반드시 미국에서 운영해야 하는 것은 아니기 때문이다. 필리핀의 마닐라, 세부, 바탕가스 등 다양한 지역에 사무실을 두고 있는 덕에 미국 회사임에도 불구하고 필리핀에서 일하는 직원은 1만 명을 훌쩍 넘긴다.

A 여행사처럼 세계 여러 나라에 걸쳐 연구, 개발, 생산, 판매, 서비스 활동을 하는 기업을 초국적 기업이라 일컫는다. 다양한 지역에 회사가 분포하다 보니 전 세계 경제에 영향을 주고 있다 해도 과언이 아니다. 특히 콜센터와 같은 업무는 영어 사용이 가능한 지역에 맡겨 전문적으로 처리하고 있다.

콜센터의 주 업무는 전화와 온라인을 통한 고객 상담 및 응대이다. 유선으로 소통할 수 있기에 고객과 상담원 간의 물리적 거리는 문제가 되지 않는다. 지구 반대편에 위치하더라도 서로 소통이 원활하다면 회사 운영이 가능하다. 이러한 이유로 A 여행사는 비싼 인건비를 지불하고 미국 직원을 고용하기보다, 낮은 인

건비와 영어 회화 능력을 갖춘 필리핀의 직원을 채용하는 편을 택했다. 영어를 공용어로 사용한다는 필리핀의 장점을 콜센터 산업은 더욱 빠르게 성장하고 있다.

〈자료 2〉A 여행사의 이전 이후, 필리핀의 모습은?

미국에 본사를 둔 A 여행사가 필리핀에서 콜센터 사업을 시작한 이후, 필리핀에서는 많은 변화가 나타났다.

기존 필리핀 사람들이 외국으로 나가 벌어들인 돈을 자국으로 보내는 송금액이 아직은 크지만, 점차 A 여행사를 통해 벌어들인 매출액이 더 높아지는 추세이다. BPO 산업의 성장 속도가 무섭게 증가하면서 필리핀 산업의 주축으로 자리 잡고 있다.

A 여행사에 근무하는 직원들도 필리핀 경제 발전에 긍정적인 변화를 일으켰다. 직원들이 거주할 아파트가 필요해지면서 이 지역에 신도시가 들어섰고, 건설업이 발전하게 되었다. 신도시로 많은 인구가 몰리자 주거단지 근처에는 쇼핑 시설과 요식업이 들어섰다.

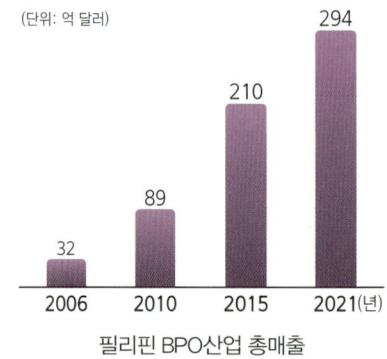

필리핀 BPO산업 총매출

1) 미국에 있던 A 여행사의 콜센터가 필리핀으로 이전한 이유를 생각해 봅시다.
- 낮은 인건비와 영어 회화 능력을 갖추었기 때문이다.
- 미국과의 시차로 미국 직원이 퇴근한 이후에도 필리핀에서 이어 업무를 진행할 수 있기 때문이다.
- 최근 필리핀에는 고학력의 젊은 노동력과 미국 문화나 비즈니스 풍토와 친숙한 인력이 많기 때문이다.

2) 필리핀에서는 A 여행사의 이전 이후 어떤 긍정적인 변화가 나타날지 생각해 봅시다.
- 콜센터 회사를 중심으로 빌딩, 정보기술에 대한 투자가 활발해진다.
- 아파트, 쇼핑 시설 등 도시 기반 시설이 들어선다.
- 해외 노동자가 보내오는 송금액보다 자국 내 투자가 이루어져 산업 성장과 파급효과가 커진다.

> **활동 Tip**
> - 활동에 앞서, 학생들이 BPO(Business Process Outsourcing)의 개념을 이해할 수 있도록 지도해 주세요.
> - 실제 기업의 사례를 찾아보거나, 인도 등 다른 국가의 BPO 매출액을 인터넷에서 연도 별로 찾아 그래프로 그려 보는 활동을 하면 성장률을 확인할 수 있습니다.

◆ 교과세특

(활동 1)

- 항공기 운항 수를 통해 세계의 허브공항을 찾는 활동을 진행하며 세계 각 지역이 서로 연결되어 있음을 파악하고, 일상생활 속에서 항공 네트워크가 활용되는 사례를 조사함.
- 제품, 사람, 서비스 등의 재화가 각 공간에서 어떻게 이동하는지 살펴보는 활동을 통해 공간적 상호 작용의 의미를 이해하고, 이동에 이용되는 항공 네트워크의 사례를 탐구하고 발표함.
- 세계화로 높아진 지역 간 상호의존성에 대해 학습하고, 이를 바탕으로 다른 지역과의 관계성 및 상호 연결의 중요성을 탐구함.

(활동 2)

- 미국 본사와 필리핀 콜센터 회사에 대해 다룬 신문 기사를 분석하는 활동을 통해 세계 여러 지역의 상호 연계성을 파악함. 인터넷 네트워크를 사례로 하여 공간적 상호 작용의 개념을 학습함.
- 국가 간 시차, 해당 지역의 언어 및 문화 등을 탐구하여 이를 바탕으로 미국 회사의 콜센터가 필리핀 등 다른 지역으로 이전한 이유를 살펴봄.
- 초국적 기업의 콜센터 사례를 통해 지역 간 상호 연계성을 탐구하고, 이를 바탕으로 해당 지역이 어떻게 변화할 것인지 유추해 봄.
- 다른 지역과의 연계가 한 도시의 경제, 문화, 건축 등 다양한 분야에 영향을 미친다는 사실을 학습하고 공간적 상호 작용의 중요성을 깨달음.

▶ 9사(지리)01-03

프랜차이즈 지구

성취기준	세계의 변화가 지역에 영향을 미치고 지역의 변화가 세계에 영향을 미치는 사례를 조사한다.
성취기준 해설	문화 및 경제의 세계화로 인해 세계가 등질화된 모습을 보이며 통합적으로 바뀌는 한편, 지역의 자율성이 강화되고 지역의 변화가 세계에 미치는 영향도 커지고 있음을 사례 조사를 통해 파악할 수 있도록 설정된 것이다. 이를 통해 세계 여러 지역의 역동성을 인식하는 데 중점을 둔다.
핵심 요소	세계화, 지역화, 세방화
교과 역량	☑ 창의적 사고력　　　　　　　　　☐ 비판적 사고력 ☐ 문제 해결력 및 의사 결정력　　☑ 의사소통 및 협업 능력 ☑ 정보 활용 능력

📂 수업 안내

세계의 변화는 지역의 변화와 관련이 있습니다. 문화 및 경제의 세계화로 인해 세계가 등질화되어 가는 모습을 보임과 동시에 지역성이 뚜렷해지고 중요해지는 모습을 우리는 몸소 겪고 있습니다. 특히 OTT의 여러 프로그램을 통해서 전 세계가 소통하고 있다고 해도 과언이 아닙니다. 이렇게 우리는 더 이상 다른 나라에 직접 가지 않아도 다양한 나라의 문화를 즐길 수 있고 체험할 수 있습니다. 그렇다면 이 시점에서 우리가 우선적으로 생각해 보아야 하는 것은 무엇일까요? 문화의 변화와 홍수 속에서 좀 더 양질의 문화를 체험할 수 있는 방법에는 어떠한 것들이 있을까요?

바로 '가장 지역적인 것이 가장 세계적인 것'임을 생각해 보는 것입니다. 우리가 보여 주어야 할 우리의 문화는 무엇이고, 발전하고 있는 문화는 어떠한 것인지 찾아보고 가장 우리다운 것을 보여 주는 것이지요. 다양한 매체를 통해 세계가 연결되어 감과 동시에 우리는 더욱 '우리다운 것'을 추구합니다. 즉 각 지역별 고유한 특색이 중요해지는 것입니다. 이에 따라 세계의 변화가 한 지역에 어떠한 영향을 미치고, 지역은 어떻게 세계에 영향을 미치는지 연결지어 수업을 설계합니다.

📂 수업 들어가기

맥도날드 보성 녹돈 버거

베트남 맥도날드 쌀국수 버거

교사: 여러분은 맥도날드에서 어떤 버거를 가장 좋아하나요?

학생: (여러 명이 자신이 좋아하는 메뉴를 외친다)

교사: 버거의 종류가 정말 다양하게 있네요. 선생님은 그중에서도 쌀국수 버거를 가장 좋아해요.

학생: (웅성웅성) 선생님! 쌀국수 버거는 맥도날드에서 본 적 없는데요?

교사: 맞아요. 쌀국수 버거는 베트남 맥도날드에 있었어요(화면을 보여 주며).

교사: (다양한 맥도날드 버거의 메뉴 사진을 보여 주며)
맥도날드는 미국의 대표적인 프랜차이즈이죠? 각국의 맥도날드는 세계 여러 나라의 음식 특색에 맞는 버거를 개발해 현지화 전략에 많은 성공을 거두고 있답니다.

학생: 우아, 정말 다양한 버거들이 있네요. 우리나라의 보성 녹차의 특색을 살린 녹돈버거!

교사: 이번 단원에서 우리는 이렇게 큰 세계와 작은 지역이 어떻게 상호작용하는지 다양한 활동들을 통해 배워 보도록 해요.

● 활동 1

이길 수 없다면 합체! 세계가 지역을 바꾸다

1. 초국적 기업의 프랜차이즈를 지역에 입점한 사례를 살펴봅시다.

스타벅스 경주점

스타벅스 교토점

글로벌 프랜차이즈 커피 전문점 스타벅스는 세계화의 흐름을 주도하고 있는 회사 중 하나입니다. 그러나 글로벌 프랜차이즈도 입점하고 싶다고 해서 무조건 입점할 수 있는 것이 아니며 각 나라 지역의 고유의 특색에 맞게 변형되어 입점한다고 합니다. 예를 들어 경주의 전통 가옥 모습을 살린 스타벅스 경주점, 전통과 도시경관에 초점을 맞춘 다다미가 있는 스타벅스 교토점 등이 있습니다. 이렇듯 세계화를 선도하는 유명 프랜차이즈들도 인정하는 지역의 전통에 맞게 학생들과 함께 우리 고장에 프랜차이즈를 입점해 볼까요?

2. 프랜차이즈 카페 입점 계획서를 작성해 봅시다.

나는 _____ 카페 _____ 점 점주입니다.

〈매장 인테리어 스케치〉

우리 가게 모습

우리 고장 특성
우리 가게 특성
우리 가게 메뉴

제1장 세계화 시대, 지리의 힘

> **활동 Tip** 세계의 다양한 프랜차이즈를 조사해 보고 우리 고장 외에도 떠오르는 지역에 어울릴 만한 매장을 입점해 봅시다.

● 활동 2

지역이 세계를 바꾸다

1. 세계의 도시 브랜드 사례를 살펴봅시다.

1) 브랜드의 힘으로 지역을 살리다!

I♥NY은 뉴욕시가 1970년대 경기 침체의 위기 상황을 벗어나려고 개발한 지역 브랜드입니다. 이 브랜드는 각종 광고 매체에 소개되어 급속히 퍼져 나갔고 방문객들의 기념품 구매로 이어져 지금까지 많은 지역 홍보 효과를 내고 있습니다.

세계 각 도시의 브랜드 로고

세계 여러 도시의 지역

▶ 9사(지리)01-03 프랜차이즈 지구

2) 가장 지역적인 것은 가장 세계적이다!

세계 여러 도시의 지역 브랜드를 살펴보면, 진취적인 시민의 기질과 역동적인 발전을 의미하는 부산, 해발 고도 1마일에 위치한 도시 덴버, 지역 주민의 소속감과 지역에 대한 자긍심을 강조한 암스테르담, 전통문화와 역사에 대한 자긍심을 강조한 글래스고, 세계에서 가장 살기 좋은 도시임을 강조하는 시드니 등 도시마다 지역의 특성을 담아내고 있습니다. 전 세계를 살펴보고 도시의 브랜딩 전문가가 되어 봅시다.

2. 도시의 브랜딩 전문가 되어 보기

1) 내가 사는 지역은 어떤 곳인가요?

2) 내가 사는 지역의 브랜딩 사례가 있나요?

3) 내가 사는 지역을 소개해 볼까요?

> **활동 Tip** 내가 사는 지역 또는 관심이 있는 다른 지역의 홈페이지나 SNS에 공개된 다양한 정보를 활용하여 새로운 브랜드를 만들어 봅시다.

◆ 교과 세특

(활동 1)
- 대형 프랜차이즈를 특정 지역에 입점해 보는 활동으로 지역을 이해하고 그에 맞는 전략을 세워 지역화의 의미를 명확하게 파악함.
- 다양한 프랜차이즈 업체를 조사하고 이를 바탕으로 특정 지역의 특색을 살려 성공시킬 수 있는 전략을 분석하고 탐구함.
- 세계의 변화가 특정 지역에 영향을 미치는 다양한 사례들에 대해 조사하고 이를 바탕으로 본인의 고장에 어떠한 프랜차이즈 업체가 유치되면 좋을지 탐구하고 분석하여 정리함.

(활동 2)
- 세계화의 흐름에 대응한 '지역화'의 필요성을 조사하여 활동지에 자신의 생각을 작성함.
- 세계 여러 지역 및 도시의 지역화 전략들을 조사하고 이를 분석하여 정리한 후 이를 바탕으로 자신이 속한 고장의 지역 브랜드 사례를 조사하여 발표함.
- 모둠원과 함께 자신의 고장에 대해 조사하고 브랜딩할 수 있는 특산물 또는 관광지를 분석하여 직접 홍보 제작물을 제작하여 발표함.
- 세계화와 지역화의 차이를 구분하여 활동지에 정리함.

읽기 자료

지리적 표시제

지리적 표시제는 특정 상품의 품질이나 특성이 해당 지역의 지후, 지형, 토양 등 지리적 요인과 관련이 있고 우수성이 인정되는 경우 생산지의 지명을 상표권으로 인정해 주는 제도입니다. 즉, 명성·품질 기타 특징이 본질적으로 특정지역의 지리적인 특성에 기인할 때 해당 농산물(가공품)을 표현하기 위하여 사용되는 지역, 특정 장소의 명칭을 의미합니다.

지리적표시는 반드시 지리적 명칭(특정한 지역, 지방, 산, 하천 등의 명칭)이어야 하며, 지리적 명칭과 관련이 없는 브랜드는 상표로는 가능하나 지리적표시의 대상은 아닙니다. 이러한 지리적 표시제 상품 등록을 통해 생산자는 양질의 상품을 합리적인 가격에 판매할 수 있고, 소비자는 믿을 수 있는 제품을 구매할 수 있습니다.

대표적인 지리적 표시제 상품으로는 프랑스의 샴페인, 자메이카의 블루마운틴 커피, 우리나라의 보성 녹차, 횡성 한우 등이 있습니다. 샴페인은 불어인 샹파뉴의 영어식 표현으로, 본래 스파클링 와인 중 프랑스 샹파뉴 지역에서 생산된 포도만을 사용하여 전통 양조법으로 만든 와인을 샴페인이라고 합니다. 프랑스 샹파뉴 지역은 포도 생산지 중에서 연평균 기온이 낮은 편에 속하는데, 이러한 기후 특징을 바탕으로 신맛이 강한 샴페인을 생산하게 되었습니다. 이렇게 생산된 샴페인은 세계적인 경쟁력을 갖추게 되었고, 지리적 표시제 등록 상품이 되었습니다. 그래서 샹파뉴 지역에서 생산된 제품 이외에는 샴페인이라는 말을 쓰지 못하게 되어 있습니다.

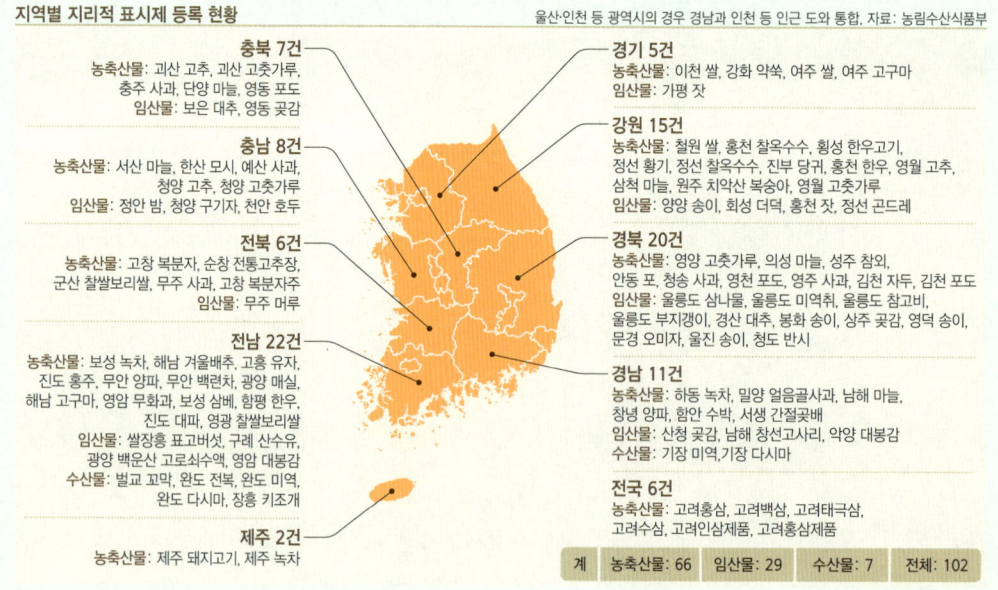

제2장 아시아

02-01 세계에서 가장 _____한 아시아?

02-02 하느님과 알라가 싸우면 누가 이길까?

02-03 무거워지는 아시아? 가벼워지는 아시아?

▶ 9사(지리)02-01

세계에서 가장 _____한 아시아?

성취기준	다양한 지리 정보와 매체를 활용하여 아시아의 국가와 주요 도시의 위치를 파악하고 자연환경의 특성을 지도로 표현한다.
성취기준 해설	다양한 지리 정보 및 매체에 표현된 아시아의 국가와 주요 도시의 위치를 파악하고, 자연환경의 특성을 지도화하면서 공간적 인식 능력과 지리적 표현력을 기르고 지리적 산출물을 만드는 기회를 제공하는 데 중점을 둔다.
핵심 요소	아시아, 위치, 자연환경, 인문환경, 지형, 기후
교과 역량	☑ 창의적 사고력　　　　　　☐ 비판적 사고력 ☑ 문제 해결력 및 의사 결정력　☑ 의사소통 및 협업 능력 ☑ 정보 활용 능력

📁 수업 안내

지역지리 중심으로 교육과정이 개편된 만큼, 새로운 교육과정에서는 학생들에게 세계 여러 지역에 대한 흥미를 일으키는 것이 핵심이 되었습니다. 2단원 아시아를 시작으로 유럽, 아프리카, 아메리카, 오세아니아와 극지방으로 이어지는 지역을 '어떻게 하면 흥미롭게 바라볼 수 있을까' 물음을 떠올리며 학생들이 즐겁게 지역을 이해할 수 있도록 구성해 보았습니다.

동기유발에서는 "세상에서 가장 _____한 아시아"라는 질문을 던져 아시아가 가지고 있는 특징을 파악하도록 했습니다. 세상에서 가장 인구가 많은 나라, 세상에서 가장 높은 산이 있는 나라 등 아시아가 가진 재미난 특징들을 학생 스스로 생각해 보도록 했습니다.

2-1단원은 위치를 파악하여 지도에 표현하는 것이 본 단원의 핵심입니다. 따라서 학생들이 지도와 가까워질 수 있도록 게임으로 활동을 구성했습니다. 아시아 지도를 기억하는 게임을 하며 아시아의 위치를 파악하고 모둠원과의 의사소통 및 협업 능력을 키우는 과정을 담았습니다.

📁 수업 들어가기

세계에서 가장 높은 건물 부르즈 할리파
- 아랍에미리트 두바이에 위치
- 건물 높이는 828m

세계에서 가장 높은 산 에베레스트산
- 네팔과 중국 티베트 경계에 위치
- 높이는 8,848m

세계에서 가장 많은 섬이 있는 나라 인도네시아
- 17,000여 개의 섬이 있는 나라
- 그중 6,000여 개의 섬이 유인도

교사: (칠판에 '세계에서 가장 _____ 한 아시아'를 적는다) 여러분, 여기 빈칸에 들어갈 수 있는 말은 무엇이 있을까요?

학생: 흠 ….

교사: 정말 다양한 것을 생각해도 좋아요. 자연이나 사람이 만든 무언가가 될 수도 있고, 여러분이 가지고 있는 아시아에 대한 생각을 자유롭게 말해 보아요.

학생: 세계에서 가장 사람이 많은 아시아! 인도가 있어서 인구가 제일 많을 것 같아요.

교사: 네, 잘했어요. 세계 1, 2위 인구 순위인 인도와 중국이 있어서 세계에서 가장 많은 대륙이 아시아죠.

학생: 아시아에는 에베레스트산이 있으니깐 세계에서 가장 높은 산이 있는 아시아도 될 것 같아요.

교사: 네~ 아주 좋은 접근이에요. 네팔과 중국 사이에 위치한 에베레스트, 세계에서 가장 높은 산이 있는 아시

▶ 9사(지리)02-01 세계에서 가장 _____ 한 아시아?

아입니다. (부르즈 할리파 건물 사진을 보여 주며) 여러분 이 건물을 본 적이 있나요? 아랍에미리트 두바이에 있는 세상에서 가장 높은 건물입니다. 이 건물도 아시아에 위치하고 있어요.

학생: 두바이도 아시아예요?

교사: 네, 아랍에미리트 도시 두바이도 아시아의 남서쪽에 위치하고 있는 도시입니다. 이번 수업에서는 이렇게 다양한 자연환경과 인문환경이 나타나는 모습을 살펴볼 거예요.

● 활동 1

방향을 모르면 길치?

> **활동 Tip** 학생들에게 지도의 4방위, 아시아의 범위 등 지도 보는 법을 먼저 알려주고 활동을 시작해 주세요.
> ※ 준비물: 아시아 지도, 아시아 백지도, 타이머

1. 게임 진행 순서에 맞게 지도 회상 게임을 해 봅시다.

〈게임방법〉

1. 교사가 각 모둠에 부여한 아시아 위치 지도를 30초간 관찰한다.
2. 모둠 구성원이 지도 속의 공간 이미지를 어떻게 기억해서 그릴 것인지 토론한다.
3. 모둠원 전체는 1분 동안 지도를 다시 관찰한다.
4. 아시아 지도는 다시 걷어 간 뒤, 아시아 백지도를 배부한다.
5. 각 모둠의 1번 학생이 교실 앞에 나와서 칠판에 붙어 있는 아시아 지도를 30초간 관찰하고 모둠으로 돌아와 본인이 관찰한 아시아 지도를 1분 동안 백지도에 그려 넣는다.
   (직전에 백지도를 관찰한 사람만 그려 넣을 수 있고, 서로 토론은 가능함)
6. 릴레이로 모둠 내 모든 학생들이 지도를 관찰하고 그리는 활동을 진행한다. (단, 한 사람이 한 번씩 모두 참여해야 함)
7. 전체 완성된 지도를 발표하고 다른 모둠원과 비교하며 동료평가를 진행한다.

아시아 위치 지도

아시아 백지도

▶ 9사(지리)02-01 세계에서 가장 _____ 한 아시아?

2. 함께 완성한 지도를 인문 및 자연환경을 기준으로 다섯 개의 지역으로 구분해 봅시다.

> 동아시아   동남아시아   남부아시아   서남아시아   중앙아시아

● 활동 2

아시아의 모든 것

1. 교사가 지형 글자카드(초록), 기후 글자카드(노랑), 도시 글자카드(파랑)를 제공한다.
   (모둠원당 2개씩 돌아갈 수 있도록 배부)
2. 카드 뒷편에는 지형/기후/도시의 위치 힌트가 나와 있으며 모둠원이 두 개의 카드를 선택해 지형/기후/도시의 위치와 특징을 조사한다. (태블릿pc 활용)
3. 조사를 마친 뒤 투명 트레싱지에 해당 지형/기후/도시의 특징이 담긴 그림을 그리고, 특징을 한 줄 적어 아시아 전체 지도에서 알맞은 위치를 찾아 붙여 둔다.
4. 자신이 붙인 트레싱지를 모둠원에 설명을 진행한다.
5. 각 조별로 완성된 지도를 칠판 및 벽에 붙여 갤러리 워크를 진행한다.

열대 우림 기후 (앞)	적도 주변 (뒤)
브로모산 (앞)	인도네시아 대표 화산 (뒤)
이스탄불 (앞)	아시아와 유럽을 아우르는 도시 (뒤)
한대 기후 (앞)	히말라야산맥 일대 (뒤)
히말라야산맥 (앞)	동아시아와 남아시아의 경계 (뒤)

메콩강 (앞)	티베트고원에서 라오스, 타이를 거쳐 흐름 (뒤)
서울 (앞)	우리나라의 수도로 역사, 경제, 문화의 중심지 (뒤)
하노이 (앞)	'강이 많다'라는 뜻을 지닌 베트남 도시 (뒤)
온대 기후 (앞)	동아시아 일대 (뒤)
타클라마칸 사막 (앞)	중국 북서부 (뒤)

활동 카드 예시

활동 Tip
- 하나의 자연환경이 한 지역에만 위치하는 것이 아니기 때문에 중첩을 활용하여 학생들이 다면적인 사고를 할 수 있도록 활동을 구성합니다.
- 기후는 지점이 아닌 띠로 나타난다는 것을 미리 언급해 주세요.
- 개인별로 조사하는 활동을 어려워하는 학생이 있다면 모둠 내에서 짝을 지어 주세요.

◆ 교과 세특

(활동 1)
– 아시아 국가의 위치를 파악하고 모둠원들과 협동하여 백지도에 정확하게 표현함.
– 아시아를 인문환경 및 자연환경에 따라 분류하고 4방위의 개념을 익혀 지역 구분이 가능함.

(활동 2)
– 아시아 지역에서 나타나는 자연환경을 조사하고, 해당 자연환경의 모습과 특징이 담긴 카드를 만들어 알맞은 위치에 붙임. 완성된 자연환경 카드의 내용을 친구들과 공유함.
– 아시아 지역의 랜드마크를 조사하고 관찰하여 그림으로 표현함. 국가와 도시를 연결할 수 있고 지도에 위치를 나타낼 수 있음.

▶ 9사(지리)02-02

하느님과 알라가 싸우면 누가 이길까?

성취기준	종교와 관련된 아시아의 다양한 문화경관과 생활 양식을 파악하고, 세계시민으로서 문화 다양성에 대한 이해와 수용성을 높인다.
성취기준 해설	다양한 종교로 표현된 아시아의 문화 경관과 생활 양식 및 종교의 특성에 대해 설명할 수 있으며 다문화 사회에서 발생하는 다양한 모습을 세계시민으로서 수용할 수 있도록 돕는다.
핵심 요소	불교, 힌두교, 이슬람교, 크리스트교, 아시아 문화경관, 생활양식, 문화의 공존과 갈등, 세계시민으로서 문화 이해 태도, 다문화 감수성
교과 역량	☐ 창의적 사고력　　　　　　　☑ 비판적 사고력 ☐ 문제 해결력 및 의사 결정력　☑ 의사소통 및 협업 능력 ☑ 정보 활용 능력

📂 수업 안내

이 단원에서는 종교와 관련된 아시아의 다양한 문화경관과 생활 양식을 파악하고, 세계시민으로서 문화 다양성을 이해하고 이해와 수용성을 높이는 것이 중요합니다. 우선 종교가 인간생활 및 지역에 어떠한 영향을 미쳤는지 이해해야 합니다. 또한 종교의 기원 및 특성, 각 종교에 대한 이해는 교사의 설명이 필요합니다. 수업에 활동 부분에서 학생들이 스스로 종교 경관 및 종교가 생활에 미친 영향 등을 제시하면서 다양한 종교 경관을 살펴볼 수 있게 해야 합니다.

현재 일어나고 있는 종교 갈등 상황에 대해 학생들의 이해를 도와줄 수 있는 읽기자료 등을 제공하여 각국의 입장과 다양한 이해관계를 살펴봄으로써 지역의 지리적 이슈를 여러 측면에서 평가할 수 있는 능력을 기르는 것이 필요합니다. 현시점의 다양한 지리적 이슈를 파악하기 위해 학생들이 스스로 자료 조사를 할 수 있도록 지도해야 합니다. 또한, 종교로 인한 지역 갈등을 둘러싼 다양한 이해관계를 살피고 시뮬레이션, 역할극, 모의재판, 토의·토론 학습 모형을 통해 학생 자신 및 상대방의 의견을 비판적으로 검토하며 학생들이 그 과정에서 다문화 감수성을 기를 수 있게 합니다.

📂 수업 들어가기

교사: 오늘은 아시아의 다양한 종교에 대해 배워 볼 거예요. 여러분은 하느님과 알라신이 싸우면 누가 이길 것 같나요? 신들의 대결이라고 하죠?

학생1: 하느님이 유일신이니 하느님이 이길 것 같아요.

학생2: 알라신이 싸움을 잘할 것 같아요.

교사: 사실 우리가 말한 이 두 명의 신은 같은 분이랍니다. 정말 신기하지 않나요? 아시아는 오래전부터 문명이 발달하고 인류가 모여 살면서 종교가 발생하였습니다. 그래서 세계 주요 종교 대부분 아시아에서 탄생 하였지요. 종교란 신이나 초자연적인 절대자 또는 힘을 믿음으로써 인간 생활의 고뇌를 해결하고 삶의 궁극적인 의미를 추구하는 문화 체계랍니다.

> **활동 Tip** 기원이 같은 두 종교와 또 다른 세계 종교인 불교, 인도의 민족종교인 힌두교의 특성을 파악하며 아시아에 어떻게 분포되어 있는지 확인해 보면 좋습니다.

유대교
유대인의 민족 종교로 최초의 아브라함계 유일신교이다. 경전은 「타나크」(히브리 성서)이고 성지는 예루살렘이며, 강력한 민족주의를 바탕으로 세계 각지에 퍼져 있다.

크리스트교
예수 그리스도의 삶과 가르침에 바탕을 둔 아브라함계 유일신교이며, 세계 1/3이 신자인 세계 최대 종교이다. 4세기경 로마제국의 분열로 현재 가톨릭교회와 동방정교회가 분리되었으며, 16세기 가톨릭교의 종교개혁으로 신교가 분리되었다. 종교의 경전은 「성경」, 종교의 상징은 십자가이다. 성지로는 예루살렘, 베들레헴 등이 있다.

이슬람교
무함마드가 유일신 알라의 사도이자 예언자임을 믿는 아브라함계 유일신교이다. 이슬람의 경전은 「쿠란」이며 이는 예언자 무함마드가 천사 가브리엘로부터 받은 계시를 기록한 책이다. 이슬람교는 전체의 80% 이상을 차지하는 수니파와 20%를 차지하는 시아파로 나뉘어 있다. 성지는 예루살렘, 메카, 메디나 등이 있다.

힌두교
인도 신화 및 브라만교를 기반으로 형성된 인도의 다신교로 인도를 비롯한 남아시아에서 널리 믿는 인도의 민족 종교이다. 소를 숭상하여 먹지 않으며 힌두교의 신분제인 카스트제도는 현재까지도 인도 사회에 큰 영향을 주고 있다. 성지로는 갠지스강, 바라나시 등이 있다.

불교
고타마 싯다르타에 의해 창시된 인도 계통의 종교이다. 불교는 진리를 깨달아 붓다가 될 것을 가르치는 불교이며 상좌부불교와 대승불교로 나뉜다. 종교의 경전으로는 「불경」이 있다. 대표적인 경관은 탑과 불상을 모신 사찰, 대표적인 성지는 룸비니, 부다가야 등이 있다.

○ 아시아의 다양한 종교 분포

● 활동 1

종교 경관 알아보기

1. 각 종교와 어울리는 경관 및 생활 양식 카드를 아래 칸에 채워 보세요.

종교	종교 경관 및 생활 양식			
유대교				
기독교				
이슬람교				
힌두교				
불교				

〈카드 자료〉

1. 기독교 성전
2. 이슬람 여성 복장
3. 힌두교 신분제도
4. 유대교 회당
5. 탁발하는 승려
6. 부활절 달걀
7. 태국 불교 사원
8. 힌두교 전통의상 사리
9. 힌두교 사원
10. 이슬람 성지순례
11. 대한민국 연등제
12. 유대인 모자 키파
13. 유대교 안식일
14. 사찰 음식
15. 이슬람 모스크
16. 크리스트교 십자가

> **활동 Tip**
> - 한 모둠 내 모둠원들이 멀티미디어 기기(태블릿, 휴대폰)를 활용하여 각각 한 종교의 활동지를 완성할 수 있도록 하며 이로 인해 학생들의 동료 교수 학습이 일어나도록 할 수 있습니다.
> - 먼저 끝낸 학생들에게는 제시된 자료 외에 학생들이 다른 자료를 더 찾아 입력할 수 있도록 추가적인 과제를 제공할 수 있습니다.

▶ 9사(지리)02-02 하느님과 알라가 싸우면 누가 이길까?

● 활동 2

종교 갈등을 어떻게 해결할 수 있을까?

1. 다음의 링크에서 종교 분쟁 지역을 알아봅시다.

이스라엘-팔레스타인 분쟁	이팔전쟁, 미국-이란 대리전?	3대 종교의 성지 예루살렘
[QR]	[QR]	[QR]

2. 관련 국가의 입장을 정리해 봅시다.

이스라엘

팔레스타인

미국

이란

3. 각 지역의 대표를 정해 봅시다.

이스라엘: 팔레스타인: 미국: 이란:

4. 모의 UN 대본을 작성해 봅시다.

각 국가의 대표가 되어 이스라엘-팔레스타인 전쟁에 대한 원인 분석 및 입장, 전쟁을 멈추기 위한 방법을 작성해 보세요.

활동 Tip

- 모의 유엔 또는 모의 국제 연합(模擬 國際 聯合, Model United Nations)은 유엔의 각국 대사 역할을 맡아 토론과 협상, 결의안 작성 등을 통해 협상 및 발표 능력을 배양하는 활동입니다. 해당 활동을 통하여 학생들의 각 나라의 대표를 담당하여 자신의 국가 입장에서 해당 문제를 해결할 수 있는 방안을 찾아보며 다문화 감수성을 함양할 수 있습니다.
- 해결 방안을 제시하기 어렵다면 갈등의 원인을 분석하여 해당 지역의 문제점에 대해 의식을 가질 수 있게 지도하면 좋습니다.
- 학생들이 모둠 내에서 한 국가의 대표를 담당하여 멀티미디어 기기(태블릿, 휴대폰)를 활용해서 하나의 활동지를 완성할 수 있도록 하며 이로 인해 학생들의 동료 교수 학습이 발생할 수 있도록 할 수 있습니다.
- 완성된 활동지는 패들렛 등을 활동하여 모둠끼리 공유하며, 서로 비교하여 공통된 내용과 다른 내용들을 비교 분석하며 수업을 마무리할 수 있습니다.

◆ **교과 세특**

(활동 1)

– 종교 경관 및 생활 양식 카드 분류 활동을 통해 학생 스스로 각 종교의 특성 및 종교를 통해 나타나는 다양한 모습에 대해 탐구하여 봄.
– 제시된 활동을 통해 각 종교의 특성을 분석하는 것을 뛰어 넘어 디지털 리터러시를 활용하여 각 종교의 특성 및 생활 양식을 찾아보고 세계의 종교에 대해 구분할 줄 아는 모습을 보임.

(활동 2)

– 이스라엘-팔레스타인 분쟁 해결을 주제로 한 모의 UN 활동에 적극적으로 참여하여 분쟁에 얽힌 각 국가의 이해 관계에 대해 명확하게 분석하는 분석력을 보여 줌.
– 분쟁과 연관된 국가들 중 한 국가를 채택하여 해당 국가의 입장을 대변하는 발표문을 작성하며 협상 및 발표 능력을 함양함.
– 모의 UN 활동에 참여함으로써 세계에서 일어나는 다양한 갈등을 찾아보는 계기를 만들며 다문화 감수성을 함양하여 세계 시민으로 성장하기 위한 바탕을 다짐.

📁 **읽기 자료**

우리나라의 다문화 갈등

대구 북구 대현동 이슬람 사원 공사장 앞 돼지머리 사체 방치 사건과 관련해, 시민단체가 "국제규약을 위반한 인종혐오, 종교차별"이라고 규정짓고 유엔 특별보고관에게 긴급 구제를 청원했다.

<인권운동연대>, <대구참여연대>, <민주사회를위한변호사모임대구지부>, <경북대학교민주교수협의회> 등이 모인 '대구 북구 이슬람 사원 문제의 평화적 해결을 위한 대책위원회'는 23일 이슬람 사원 건축을 반대하는 일부 대현동 주민들이 공사장 앞에 돼지머리와 돼지족발을 전시한 사건에 대해 유엔(UN) '종교·신념의 자유에 관한 특별보고관 종교의자유 특별보고관)'에게 긴급 구제를 요청하는 청원서를 제출했다고 밝혔다.

이들 단체는 "돼지머리를 이슬람 사원 근처에 투적하거나 전시하는 행위는 해외에서도 이슬람 혐오를 표현하는 대표적인 행위로 보고된 바 있다"며 "유엔 '종교의자유 특별보고관'은 앞서 이 같은 행위를 '전형적인 이슬람포비아(이슬람 혐오)' 유형으로 분류한 적이 있다"고 설명했다. 또 "이번 사건은 종교의 자유 침해와 인종차별 요소가 합쳐진 복합적 차별"이라며 "유엔 인종차별철폐협약 자유권협약 등 한국 정부가 비준한 '국제규약'을 위반한 심각한 인권침해"라고 강조했다.

이어 "대구시와 북구청, 정부는 해결에 나서지 않고 사실상 혐오·차별을 방관했다"면서 "국가에 의해 촉발된 '편견의 재생산'일뿐만 아니라 '종교적 소수자 권리 보호에 미흡'해 조치가 시급하다"고 했다. 앞서 대현동 일부 주민들은 이슬람 사원 건축에 반대하는 소송을 벌였다. 하지만 대법원은 법적 문제가 없다며 최종적으로 이슬람의 손을 들어 줬다. 그럼에도 불구하고 주민들은 여전히 격하게 반대하고 있다. 그 탓에 공사는 거의 중단된 상태다. 이 가운데 주민들은 공사장 인근에 돼지 사체를 놓기 시작했다. 돼지머리 하나에서 족발과 돼지머리 3개로 늘었다.

문제는 돼지고기가 이슬람교 신자가 먹지 않는 무슬림 금기식품이라는 것이다. 경북대 무슬림 유학생들이 북부경찰서에 신고하고 북구청에 돼지머리 철거를 요구했지만, 구청과 경찰은 "법적 문제가 없다"며 몇 달째 방치하고 있다. 시민대책위도 대구시에 항의했지만 돼지머리는 여전히 공사장 앞에 그대로 놓여 있다. 여기에 주민들은 최근 이슬람 사원 공사장 앞에서 '돼지고기 바비큐 파티'도 열었다.

시위, 법적 분쟁, 몸싸움, 돼지고기 전시에 바비큐 파티까지. 양측의 갈등 수위는 점점 높아지고 있다. 정부와 지자체가 손을 놓는 사이 논란은 끝이 없다. 결국 시민대책위는 유엔에 도움을 요청했다. '유엔 긴급청원'은 심각한 인권침해가 발생할 경우 담당 특별보고관이 현장을 찾아 상황을 조사하고 적절한 조치를 취하는 제도다. 국내에서는 밀양 송전탑 반대 투쟁, 제주 강정마을 해군기지 건설 논란 등과 관련해 특별보고관이 대한민국 정부에 "인권침해 중단"을 요청하는 서한을 보낸 바 있다.

출처: 평화뉴스, 김영화 기자(2022년 12월 23일)

또다른 종교 갈등! 인도 파키스탄: 고조되는 긴장… 전쟁 피할 수 있을까?

핵 보유국 인도와 파키스탄의 전쟁 가능성이 높아졌다. 분쟁 지역 카슈미르에서의 무력 충돌로 인해 사상자가 크게 늘면서 분위기가 급속도로 냉각됐기 때문이다. 그 어느 때보다 고조된 긴장 상태의 두 나라. 과연 이 사태를 평화적으로 해결할 수 있을까?

사건의 중심에 있는 카슈미르 지역은 1947년 인도/파키스탄 독립 직후부터 영유권 다툼이 수십 년간 이어져 온 분쟁지역이다. 카슈미르는 현재 파키스탄령과 인도령으로 분할 통치되고 있다. 카슈미르에서 유혈사태가 벌어진 것이 처음은 아니지만 요즘 분위기는 특히나 심상치 않다. 지난 15일 발생한 폭탄 테러가 수십 년 만에 가장 많은 사상자를 낸 사건으로 기록되는가 하면 지난 27일에는 군사분계선(LoC)에서 최초로 공습이 이뤄졌다. 당장 인도와 파키스탄 사이에 전면전이 일어나도 놀랍지 않을 정도다.

'통제 불가능한 상태에 이르기 전에 막아야 한다'

BBC 인도 특파원 수틱 비스워스는 인도와 파키스탄에 최근 고조된 긴장을 완화해야 하는 과제가 주어졌다고 말했다. 인도와 파키스탄은 독립 이래 이미 카슈미르 지역을 두고 두 번의 전쟁을 치른 바 있다.

인도 내 분위기는?

"사람들이 강력한 대응을 요구하며 촛불을 들고 거리로 나와 행진하고 있어요."

그는 정치인들 역시 선거를 앞두고 국가주의적이고 과격한 발언을 서슴지 않고 있다고 더했다. 카레는 일반 국민 역시 파키스탄을 심판하자는 목소리를 내고 있다고 말했다.

파키스탄군 대변인 지난 27일 파키스탄 통제선(LoC)을 침범한 공군기 두 대를 격추한 후 파키스탄 지역으로 불시착한 조종사 한 명을 체포했다고 밝힌 바 있다.

"어제 인도 현지 뉴스가 파키스탄 내 자이시 테러 조직 공습 소식을 보도하자 SNS를 중심으로 축하하는 분위기가 퍼졌어요." "하지만 파키스탄 측에서 공군기 조종사 영상을 공개하자 약간은 움츠러든 것 같아요." 파키스탄에서 공개한 공군기 조종사 영상은 현재 '가짜 뉴스'일 가능성이 제기되고 있다.

파키스탄 내 분위기는?

파키스탄 총리 임란 칸은 본인도, 인도 총리도 전쟁의 대가를 치를 준비가 되어 있지 않다며 긴장 완화와 대화 재개를 추진하겠다고 말했다. "충돌이 일어나게 놔둔다면, 저도 나렌드라 모디 총리도 통제할 수 없을 겁니다. 반드시 앉아서 이야기를 나눠야 합니다." BBC 파키스탄 특파원 타히르 임란은 파키스탄에서 역시 '애국주의적' 프레임이 지배적으로 보도되고 있으며 SNS를 중심으로 가짜뉴스가 퍼지면서 과격하고 전쟁을 부추기는 수사가 난무하고 있다고 말했다.

출처: BBC NEWS 코리아(2019년 2월 28일)

안식일에 비가 와도 유대인은 왜 우산을 펴지 않나?

"혹시 안식일에 운전할 일이 있으면 조심하세요."

예루살렘에서 만난 유대인이 내게 경고해 주었다. 정통파 유대인들이 모여 사는 동네에 갈 일이 있다면 반드시 명심하라고 했다. "자칫하면 돌을 맞을 수도 있습니다. 안식일에 운전하는 걸 못마땅해 할 수도 있거든요." "그럼 유대인은 안식일에 운전을 하지 않습니까?" "안 합니다. 운전도 일이거든요. 유대인은 안식일에는 절대 일을 하지 않아요."

"그럼 밥도 안 해먹나요?" "성경에는 '안식일에는 너희가 사는 곳 어디에서도 불을 피워서는 안 된다'(출애굽기 35장 3절)라는 대목이 있습니다. 음식은 하루 전에 이튿날 음식까지 미리 장만해 두지요. 안식일에는 요리를 하지 않고 먹기만 합니다. 안식일에는 비가 와도 우산을 펴지 않고요."

"그럼 흠뻑 젖나요? 왜 그러는 거죠?" "안식일에는 천막을 치는 일이 금지돼 있거든요. 그래서 우산도 펴지 않지요."

"한국 사람은 주말에 여행을 갑니다. 안식일은 일종의 주말인데, 안식일에 운전을 하지 못하면 유대인은 주말여행도 가지 않나요?" "안식일에는 여행을 가지 않아요. 다들 집에 머물면서 쉬지요. 여행은 안식일에 가지 않고, 주로 여름휴가 때 갑니다." "만약 안식일에 차를 몰고 유대인 마을에 가면 어찌 됩니까?"

"돌을 던지는 유대인을 만날 수도 있습니다. 유대인 마을 아파트에는 안식일에 주차장 출입구를 아예 봉쇄하는 곳도 있지요. 운전을 할 수 없도록 말이에요. 안식일에는 전기 스위치도 켜지 않아요. '불을 피우지 말라'라는 안식일 규정 때문이죠. 가스레인지의 불도 켜지 않고, 냉장고 문도 열지 않습니다. 엘리베이터 버튼도 안식일에는 자동으로 층마다 섭니다. 타고 내리는 사람이 없더라도요."

"왜 그렇게 안식일을 지키는 걸 중시합니까?"

"성서에 '안식일을 지키라'라고 돼 있으니까요. 그것이 유대인이 하느님과 맺은 언약이기 때문이지요."

유대교의 안식일은 금요일 해 질 녘부터 토요일 해 질 녘까지다. 그때는 귀밑머리를 감아서 길게 늘어뜨리고 검정 모자를 쓴 정통파 유대교인들이 오가는 모습을 예루살렘 곳곳에서 볼 수 있다. 구시가지의 '통곡의 벽'까지 걸어가서 기도하는 정통파 유대교인들도 꽤 있었다. 안식일에 성경을 읽거나 기도를 하는 건 괜찮다.

출처: 중앙일보, 백성호 기자(2021년 11월 27일)

◆ 추가 도움 자료

□ 영화

뮌헨(2006): 1972년 뮌헨 올림픽 당시 벌어진 뮌헨 올림픽 참사와 뒤이어 벌어진 모사드의 검은 9월단에 대한 보복 암살작전을 다룬 영화. 이스라엘과 팔레스타인 간 증오의 악순환을 사실에 가깝게 다루었다.

호텔 뭄바이(2018): 2008년 인도 타지마할 호텔에서 발생한 뭄바이 테러에 관한 논픽션 영화. 뭄바이 테러는 파키스탄의 무장단체인 라슈카레타이바가 일으켰으며 인도 안전 유지 병력에 의해 테러가 진압된 사건.

□ BBC NEWS 코리아, 2017, 다큐멘터리
 '로힝야족은 왜 떠돌이가 됐을까?'

▶ 9사(지리)02-03

무거워지는 아시아? 가벼워지는 아시아?

성취기준	아시아의 인구 특징을 파악하고 지역별 인구 구조 변화를 비교하여 지역 발전의 가능성 및 변화 모습을 추론한다.
성취기준 해설	인구 지표(총 인구수, 연령별 인구수, 이민자 수 등)를 통하여 아시아 지역의 인구 특징(저출산·고령화, 인구 증가 등)을 파악할 수 있다. 또한 각 지역의 인구 구조를 비교해 봄으로써 지역의 성장 잠재력을 인식하고 앞으로의 변화 모습을 추론해 보는 기회를 제공한다.
핵심 요소	저출산, 고령화, 인구 증가, 인구 이동, 인구 분포, 합계출산율, 출산장려정책, 실버 산업
교과 역량	☐ 창의적 사고력　　　　　　　　　　☑ 비판적 사고력 ☑ 문제 해결 및 의사 결정력　　　　　☐ 의사소통 및 협업 능력 ☑ 정보 활용 능력

📂 수업 안내

아시아는 현재 세계에서 인구가 가장 많은 대륙에 속합니다. 인도, 중국의 경우 세계 인구의 1, 2위를 차지하며 일부 국가는 여전히 높은 출산율을 유지하고 있습니다. 따라서 인구가 많은 것에 대한 비유적인 표현인 '무거워지는 아시아?'라는 질문을 제시하였습니다. 아시아에 인구가 많이 분포하는 이유는 과거 농경에 유리한 자연환경 때문이었으나 최근 과학 기술의 발전으로 인구가 희박했던 건조기후에도 도시 개발이 이루어지고 있기 때문입니다.

우리나라와 일본은 출산율 저하로 인한 고령 사회로 변화하고 있으며 앞으로의 인구가 감소할 것으로 예상합니다. 이에 따라 '가벼워지는 아시아?'라는 또 다른 질문을 제시하였습니다. 이렇게 인구가 많은 대륙이지만 그 안을 들여다보면 다른 양상을 보인다는 점에 주목하여 인구 구조를 바라봐야 할 것입니다. 이때 인구 이동도 함께 다뤄야 합니다. 인구 이동은 주로 개발 도상국에서 선진국으로 활발하게 이루어지고 있으며 일자리를 구하기 위한 경제적 목적이 많습니다. 인도의 인구 규모를 학생들이 쉽게 이해하도록 지도를 활용하여 지도에 대한 친밀도를 높일 수 있도록 구성하였습니다. 최근의 인구 동향에 따르면 국가별 인구 측면에서 중국을 빠르게 앞지르는 인도가 세계 인구 1위 자리를 차지하게 되었고, 아시아는 인구 1위 자리를 오랫동안 지켜왔으나 아프리카의 높은 출산율로 인해 먼 훗날 인구 분포는 큰 변화가 있을 것으로 예상됩니다. 자료 분석 활동을 통해 실제 어떤 국가가 인구 증가와 인구 감소가 각각 나타나는지 알아보고 저출산과 고령화의 대안에 대해 학생들이 직접 생각해 보는 시간을 제공하고자 합니다.

📁 **수업 들어가기**

교사: 이 지도는 여러분도 알다시피 인도의 지도입니다. 그런데 인도의 각 주에 나라의 이름이 적혀 있어요. 이것이 어떤 것을 의미하는지 말해 볼까요?

학생: 이름이 적힌 나라가 인도를 지배했나요?

교사: 다시 한 번 생각해 보세요. 힌트는 인도의 인구에 있어요!

학생: 인도의 한 주 인구가 각각 지도에 쓰여 있는 나라의 인구와 거의 같다는 의미인 것 같아요!

교사: 잘 해석해 주었어요! 인도의 인구가 얼마나 많을지 예상이 되나요?

학생: 16개 국가의 인구를 합친 정도라니 정말 많네요! 그래도 중국이 인구 수는 세계 1위이지 않나요?

교사: 2023년 통계를 보면 인도가 중국을 제치고 인구 수 1위 국가로 등극하였답니다.

● 활동 1

아시아는 왜 무거울까?

1. 자료는 국가별 인구수를 네모 칸에 반영하여 크기로 나타낸 것입니다. 네모 칸 크기의 순서로 10위 권 안에 속하는 국가 중 아시아 국가를 찾아봅시다.

인도, 중국, 인도네시아, 파키스탄, 방글라데시

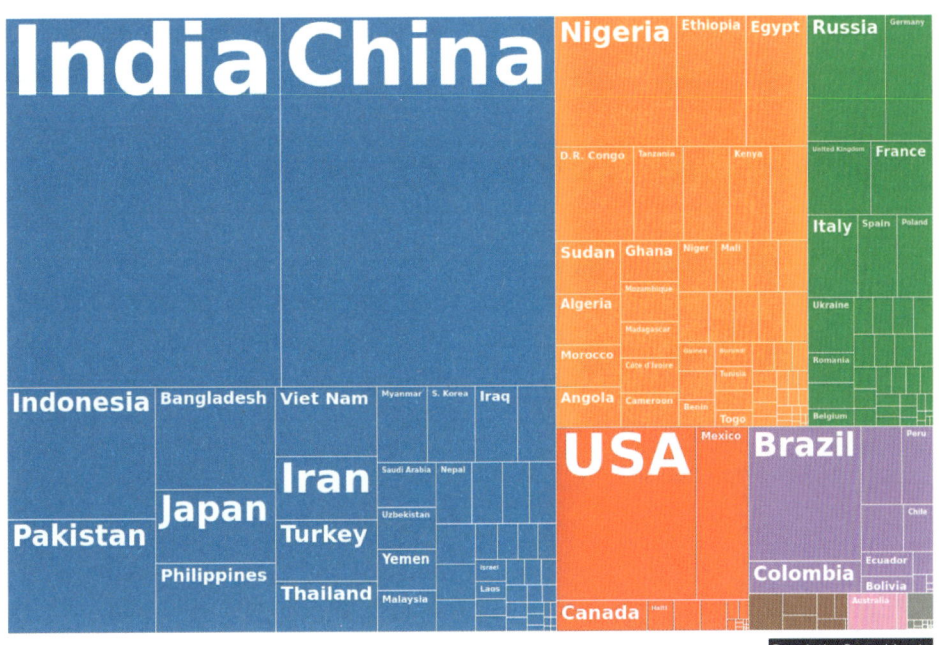

2023년 인구 규모에 따른 국가 순위

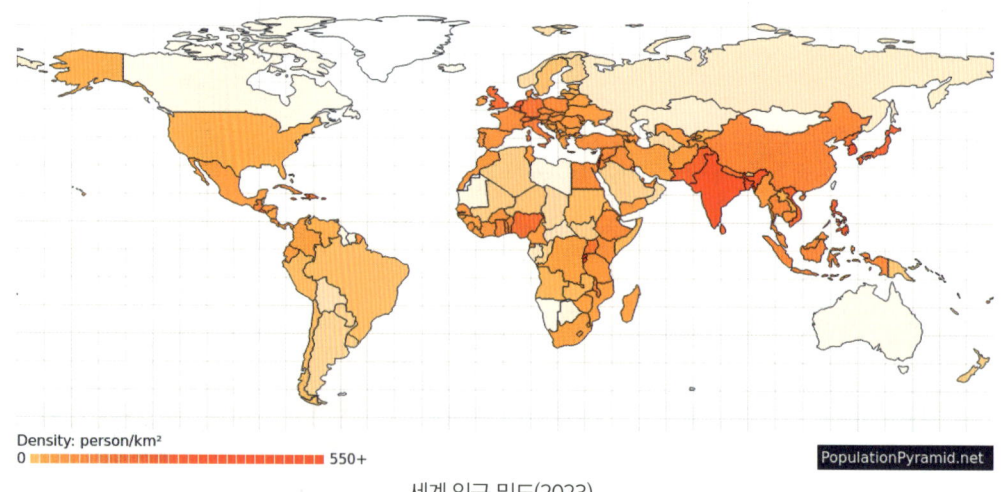

세계 인구 밀도(2023)

2. 위 지도에서 아시아 국가 중 인구 밀도가 가장 높은 국가를 찾아봅시다.

> **인구 밀도란?**
> 특정 지역에 사는 사람의 수를 그 지역의 크기로 나눈 값입니다. 쉽게 말해, 한 지역에 사람이 얼마나 빽빽하게 살고 있는지를 보여 줍니다. 예를 들어, 인구 밀도가 높으면 많은 사람이 좁은 공간에 살고 있고, 인구 밀도가 낮으면 적은 사람이 넓은 공간에 흩어져서 살고 있습니다.

1위 싱가포르, 2위 바르한, 3위 방글라데시

3. 1문항과 2문항에 동일하게 등장하는 국가의 자연 및 인문 환경을 조사하여 인구와 어떤 관련이 있는지 추측해 봅시다.

방글라데시

1) 자연환경: 갠지스강과 브라마푸트라강, 메그나강 유역에 위치하여 토양이 비옥하고 물이 풍부하므로 벼농사에 유리하다. 이로 인해 잦은 홍수와 태풍 피해가 발생하지만 인구 밀도 매우 높다.

2) 인문환경: 현재는 합계출산율이 약 2.2명이나 1990년대 합계출산율이 약 4명이었다. 또한, 의학 기술 발달에 따른 영아 사망률 감소로 인한 높은 인구 증가율이 나타났다.

● 활동 2

가벼워지는 아시아?

1. 자료를 보고 중위 연령이 35세 이상인 아시아 국가를 적어 봅시다.

> **중위 연령이란?**
> 총 인구를 연령순으로 줄을 세웠을 때 정중앙에 있는 사람의 연령을 의미해요.

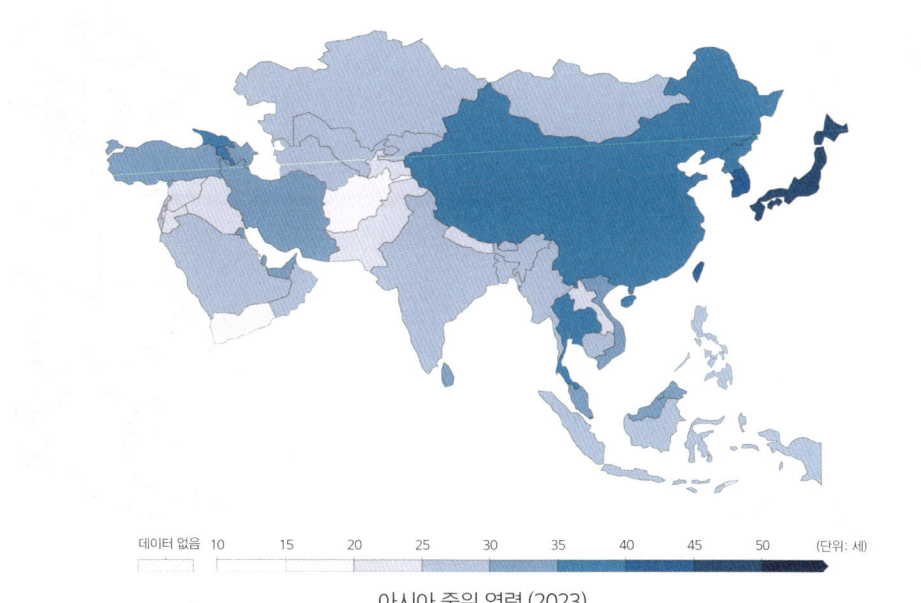

아시아 중위 연령 (2023)

일본, 한국, 타이, 중국, 북한, 싱가포르 등

2. 자료를 보고 합계출산율이 2명 미만인 아시아 국가를 적어 봅시다.

> **합계출산율이란?**
> 여성 한 명이 임신이 가능한 기간(15~49세)에 낳을 것으로 기대되는 평균 출생아 수를 의미해요.

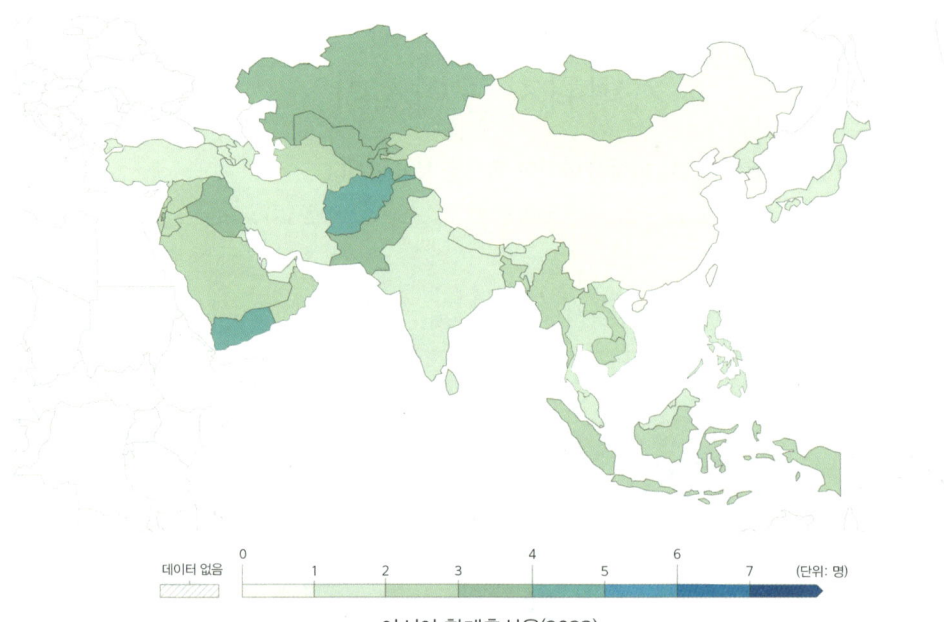

아시아 합계출산율(2023)

필리핀, 베트남, 중국, 일본, 한국 등

3. 자료를 보고 2050년에 노인 인구 비율이 30% 이상으로 증가할 것으로 예상되는 아시아 국가를 적어 봅시다.

65세 이상 노인 인구 비율 예상

홍콩, 한국, 일본, 타이완

4. 1문항~3문항을 종합하여 아시아 국가에서 공통으로 나타날 것으로 예상되는 인구 문제를 추측해 봅시다.

출산율 감소로 인한 저출산 문제와 함께 상대적으로 노인 인구 비율이 증가함에 따라 고령화가

발생할 것이다.

5. 4문항에 작성한 인구 문제로 인해 발생할 수 있는 사회 문제를 추측해 봅시다.

1. 저출산으로 인해 청장년층의 비율이 감소함에 따라 노동력 부족의 문제를 겪을 수 있다

2. 고령화로 인해 복지에 대한 수요가 증가할 것으로 예상되어 각종 세수의 부족으로 인한 국가 재정에

   대한 문제가 발생할 것이다.

3. 인구 감소로 인한 소멸 위기에 처한 지역이 나타날 수 있다.

6. 5문항의 작성 내용을 참고하여 4문항의 인구 문제를 해결하기 위한 대안을 작성해 봅시다.

1. 출산 장려를 위한 다양한 정책을 운영한다.

   1) 출산 휴가 및 육아 휴직 보장

   2) 보육 시설 확대

   3) 경제적 지원을 통한 양육비 부담 절감 및 다자녀 우대 정책 실시

2. 고령화에 대응하기 위한 정년 연장, 실버 산업 육성, 재취업 기회 확대 등

> **활동 Tip**
> - 중위 연령의 의미를 이해하고 학생들이 중위 연령이 높을수록 출산율이 낮다는 것을 이해할 수 있도록 설명해 주세요.
> - 합계출산율의 의미를 이해하고 해당 자료를 분석할 수 있도록 지도해 주세요.
> - 노인 인구 비율은 전체 인구에서 노인이 차지하는 비율로 수치가 높을수록 발생할 수 있는 인구 문제를 유추할 수 있도록 지도해 주세요.
> - 4문항에서 모둠별로 학생 간 자유로운 토의 과정을 통하여 저출산과 고령화라는 인구 문제를 유추할 수 있도록 지도해 주세요.
> - 5문항에서 저출산과 고령화로 인해 발생할 수 있는 사회 문제를 학생들이 모둠별 토의를 통해 의견을 제시할 수 있도록 지도해 주세요.
> - 6문항에서 저출산과 고령화에 대한 대안을 학생들이 모둠별로 제시하고 학급에서 공유할 수 있도록 지도해 주세요.

● 활동 3

나도 ○○시 시장님!

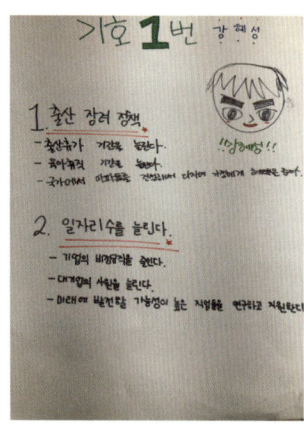 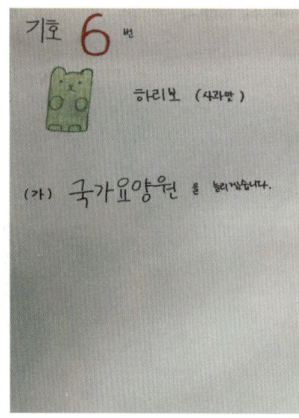 

1. 모둠별 저출산과 고령화로 인해 발생할 수 있는 사회 문제를 적어 봅시다.

노동력 부족, 인구 감소, 국가 재정 부족으로 인한 경쟁력 약화 등

2. 모둠별 저출산과 고령화와 같은 인구 문제를 해결하기 위한 대안을 적어 봅시다.

출산 장려 정책, 실버 산업 육성 등

3. 2문항의 대안을 바탕으로 모둠별로 시장이 된다면 인구 문제 해결을 위한 공약을 적어 봅시다.

4. 3문항에 작성한 내용을 바탕으로 예시의 그림과 같이 포스터로 제작해 봅시다.

> **활동 Tip**
> - 활동 2의 결과물을 공약 포스터 제작 활동과 연결할 수 있습니다.
> - 제시한 예시와 같이 모둠별 공약 포스터를 제작할 수 있도록 지도해 주세요.
> - 모둠별 공약 포스터를 제작한 후 다른 학급에 전시하여 스티커를 활용한 투표 활동을 진행하고 결과를 포스터 제작 학급에 안내하는 활동을 진행하셔도 좋습니다.
> - 각자 우수하다고 생각하는 공약으로 선거 활동을 진행하여 그 과정에서 민주 시민으로서의 올바른 선거 운영에 대한 의식을 확립할 수 있습니다.

◆ 교과 세특

- 지도와 다양한 자료 분석을 통해 아시아의 인구 특징을 파악하여 아시아 인구 밀도가 높은 이유를 이해하고 설명하는 우수한 추론 능력을 발휘함.
- 중위 연령과 합계출산율, 노인 인구 비율을 나타내는 자료에 대한 탐구 활동을 통해 저출산과 고령화라는 인구 문제를 유추하는 과정에서 뛰어난 정보 활용 능력을 보여 줌.
- 저출산과 고령화라는 개념을 이해하고 이러한 인구 문제로 인해 발생할 수 있는 다양한 사회적인 변화를 예측하는 과정에서 생각을 명확하게 설명하는 의사소통능력이 우수함.
- 저출산에 대한 대안으로 다양한 출산 장려 정책을 제시함으로써 사회 문제에 대해 관심을 갖고 이를 적극적으로 해결하고자 하는 높은 시민성을 보여 줌.

📂 **읽기 자료**

아메리칸 드림의 현실: 인도 인재, 미국으로 향하는 이유와 그 영향

미국은 비자 발급의 어려움과 쉬운 정리 해고 우려에도 불구하고 여전히 인도 학생과 기술자를 끌어들이는 매력적인 나라로 남아 있다. 2021년 인도 시민권을 포기한 사람 중 약 48%가 미국을 선택했다. 인도 최고의 교육을 받은 사람들도 미국의 높은 교육 수준과 더 나은 직업 전망을 찾아 미국으로 이민을 선택하고 있다. 미국에서 공부하는 인도 학생은 전체 외국인 학생 중 21%를 차지하며, 특히 STEM 분야에서 많은 인도 학생이 학업을 이어가고 있다. 미국의 F-1 비자와 H-1B 비자 프로그램은 STEM 분야 유학생에게 실습 및 취업 기회를 제공하여 인기를 끌고 있다. 그러나 이러한 인재 유출로 인해 인도는 고급 기술 인력의 부족 문제를 겪고 있으며, 인도의 기업과 경제 성장에 부정적인 영향을 미치고 있다. 미국과의 협력 및 비자 완화 정책으로 더 많은 인도인이 미국으로 이동할 것으로 예상된다.

출처: 글로벌이코노믹, 박정한 기자(2023년 7월 25일)

급속한 고령화를 맞이한 중국, 사회보장기금 더 늘려 '안전망' 역할 강화

2024년 현재 급속한 인구 고령화를 겪고 있는 중국이 약 3조 위안(약 560조 원)에 육박하는 사회보장기금을 더 늘려 '사회 안전망' 역할을 강화하기로 했다. 중국 정부는 2조8800억 위안 규모인 사회보장기금에 대해 "인구 고령화 최고조기에 사회보장 수요를 충당하기 위한 전략적 예비 기금이자 국가 사회보장체계의 '밸러스트 스톤'(배의 무게 중심을 유지하기 위해 싣는 돌)"이라고 규정했다. 그러면서 "전략적 비축금인 사회보장기금을 더 크고 강력하게 만들어 급속히 고령화되는 인구를 위한 안전망 역할을 강화할 것"이라면서 "앞으로 국내 자본시장, 특히 전략적 분야에 대한 투자를 늘릴 것"이라고 하였다.

세계 최대의 인구대국 자리를 지난해 인도에 내준 중국은 출산율 저하로 인구가 감소하는 가운데 고령화도 급속히 진행되고 있다. 2023년 기준으로 중국의 60세 이상 인구는 약 2억9700만 명으로 전체 인구의 21.1%를 차지한다. 중국은 이미 '중간 단계' 고령화 사회에 진입했고 2035년에는 '심각한 초고령 사회'에 진입할 것으로 예상된다. 이런 추세 속에 중국 젊은 세대는 물론 국책 연구기관들도 나서 국가 연금제도의 지속 가능성에 우려를 제기하고 있다.

출처: 연합뉴스(2024년 8월 20일)

외국인이 이끈 인구 증가, 3년 만에 반등한 대한민국의 인구

2023년 우리나라 총인구가 3년 만에 다시 증가세로 돌아섰다. 저출산과 고령화로 인해 내국인 수는 줄어들었지만, 외국인 수가 크게 늘면서 인구 증가를 주도했다. 특히 베트남 국적의 외국인이 급증한 것이 눈에 띈다. 통계청이 발표한 '2023년 인구주택총조사 결과'에 따르면, 2023년 우리나라 총인구는 5177만 명으로 전년 대비 0.2% 증가했으며, 이는 2020년 이후 처음으로 인구가 늘어난 것이다.

하지만 이 증가에는 외국인의 기여가 컸다. 내국인 인구는 4984만 명으로 오히려 10만 명 줄었지만, 외국인 인구는 193만5000명으로 18만 명(10.4%) 증가했다. 외국인 중에서는 베트남, 태국, 중국 국적자의 증가가 두드러졌으며, 특히 중국과 베트남 국적의 외국인이 전체 외국인의 51.7%를 차지했다. 이들의 중위 연령도 36.5세로, 한국에 거주하는 외국인들이 점점 젊어지고 있는 추세다. 통계청은 코로나19 팬데믹 이후 입국자 증가와 고용 허가제 확대 등이 인구 증가에 영향을 미쳤다고 설명했다.

제3장 유럽

03-01 동쪽의 땅이라는 뜻을 가진 오스트리아, 사실은 서쪽의 땅이라고?

03-02 역사상 가장 핫플레이스는 어디? -1.5도, 지구의 해열제는 무엇일까-

03-03 다르지만 같은 동전입니다

03-04 마루의 유럽 축구 여행기

▶ 9사(지리)03-01

동쪽의 땅이라는 뜻을 가진 오스트리아, 사실은 서쪽의 땅이라고?

성취기준	다양한 지리 정보와 매체를 활용하여 유럽의 국가와 주요 도시의 위치를 파악하고 자연환경의 특성을 지도로 표현한다.
성취기준 해설	다양한 지리 정보 및 매체에 표현된 유럽의 국가와 주요 도시의 위치를 파악하고, 자연환경의 특성을 지도화하면서 공간적 인식 능력과 지리적 표현력을 기르고 지리적 산출물을 만드는 기회를 제공하는 데 중점을 둔다.
핵심 요소	유럽의 위치와 국가, 유럽의 자연환경(지형, 기후 등)
교과 역량	☑ 창의적 사고력 ☐ 비판적 사고력 ☑ 문제 해결력 및 의사 결정력 ☐ 의사소통 및 협업 능력 ☑ 정보 활용 능력

📂 수업 안내

유럽은 유라시아 대륙에서 우랄산맥을 기준으로 서쪽에 위치합니다. 흑해, 카스피해를 기준으로 아시아와 구분하고, 대서양을 사이에 두고 아메리카와 마주합니다. 면적은 약 1019만km²로 오세아니아에 이어 세계에서 두 번째로 작은 대륙입니다. 유럽을 지리적 위치를 바탕으로 구분하면 북부 유럽, 남부 유럽, 동부 유럽으로 분류할 수 있습니다. 문화적 지표인 정치나 종교, 인종 등을 고려한다면 유럽을 어떻게 구분할 수 있을까요? 다양한 지표를 고려하여 유럽을 분류해야 하는 이유는 무엇일까요?

유럽의 지역 구분은 어떠한 기준을 삼느냐에 따라 가변적입니다. 특히 동부 유럽의 경우 지도마다 국가들이 다르게 나타나기 때문에 학생들은 물론 교사들도 헷갈리는 경우가 많습니다. 이는 지도마다 유럽을 구분한 기준이 다르기 때문입니다. 3-1단원에서는 유럽의 지역 구분을 바탕으로 주요 국가와 도시의 위치를 파악하는 것이 학습의 첫걸음이 되어야 합니다. 학생들이 지역 구분 방법을 모르거나 지리적 위치를 모르면 유럽의 자연환경(지형이나 기후)을 공부해도 파편적인 단순 암기로 흘러갈 위험이 있기 때문이죠. 예를 들어 스칸디나비아산맥과 알프스산맥의 특징은 알지만 정작 노르웨이와 스위스 국가의 위치와 특징을 모를 수 있습니다. 학생들이 보다 맥락적으로 지리 지식을 습득할 수 있도록 이 단원에서는 위치 학습부터 시작하는 것이 어떨까요?

📂 수업 들어가기

동유럽 3개 도시에서 즐기는
여유로운 자유시간 포함

체코/프라하

오스트리아/비엔나

헝가리/부다페스트

여행사 노랑풍선 패키지 상품, 동유럽 3국 9일

교사: 지난 방학 때 선생님은 체코, 오스트리아, 헝가리 3개국을 돌아보는 패키지 여행을 다녀왔는데, 이 국가들은 주로 어느 대륙에 위치한 국가들일까요?

학생: 유럽이요!

교사: 맞아요. 그렇다면 유럽을 다시 위치에 따라 서유럽, 남유럽, 동유럽, 북유럽, 중앙유럽으로 구분한다면 어느 유럽으로 분류할 수 있을까요?

학생 1: 동유럽이요.

학생 2: 오스트리아는 유럽의 가운데에 위치하는데 중앙 유럽이 아닐까요?

교사: 두 학생 모두 잘 얘기해 주었어요. 지리적 위치로 오스트리아, 헝가리, 체코를 구분하면 동유럽으로 분류하지만, 정치적·문화적으로 분류하면 중앙 유럽으로 분류합니다.

학생: 그럼 중앙 유럽 패키지를 다녀오신거네요? 동유럽이나 북유럽은 들어봤는데 중앙 유럽 패키지 광고는 잘 못봤는데요.

교사: 선생님이 선택한 건 동유럽 패키지였는데! 선생님은 그럼 동유럽 없는 동유럽 패키지 여행에 다녀왔네요(웃음).

▶ 9사(지리)03-01 동쪽의 땅이라는 뜻을 가진 오스트리아, 사실은 서쪽의 땅이라고?

| 활동 Tip | • 학생들의 인지적 갈등을 유발할 수 있도록 다양한 유럽 지도를 활용하는 것을 추천합니다.
• 오스트리아는 유럽 연합(EU)의 회원국으로서 가톨릭 신자가 많고, 사회주의 체제를 택하지 않았기 때문에 서유럽 국가들과의 역사적 정치적 연관성이 높아 서유럽 또는 중앙유럽으로 분류하는 경우가 많습니다. |

지리적으로 유럽을 분류하면 서유럽(영국, 프랑스, 독일), 북유럽(노르웨이, 스웨덴, 핀란드), 남유럽(포르투갈, 에스파냐, 이탈리아), 동유럽(폴란드, 헝가리, 우크라이나) 등으로 분류할 수 있습니다. 그렇다면 문화적으로 유럽을 분류한다면 어떨까요?

문화적(종교, 정치, 역사 등)으로 유럽을 분류하면 서유럽은 로마 가톨릭과 개신교가 우세한 국가들(대표적으로 크로아티아, 슬로베니아, 오스트리아, 체코, 독일, 헝가리, 폴란드, 슬로바키아 등 중앙 유럽 국가 포함)로 구성됩니다. 동유럽은 그리스, 러시아, 루마니아, 몬테네그로, 몰도바, 벨라루스, 북마케도니아, 불가리아, 세르비아, 아르메니아, 우크라이나, 조지아, 키프로스와 같이 정교회가 우세한 나라들로 이루어집니다.

동유럽이라는 구분은 사실 지리적 위치에서 나온 것이 아니고 서유럽과 관계에 따라 역사적·정치적 관점에서 생겨난 용어입니다. 그래서 지역적 범위도 일정하지 않고, 민족, 문화, 종교 측면에서도 차이를 보이며 국가나 시대에 따라서도 의미가 다릅니다. 역사적으로는 제1차 세계대전이 끝난 후 동유럽 각국이 독립하면서 소국으로서 공통된 인식을 갖게 되었습니다. 정치적으로는 제2차 세계대전 후 사회주의 체제를 채택했던 유럽의 국가들을 의미합니다. 1989년 이후 냉전이 종식되면서 정치적 의미의 동유럽은 사라지고 지역적 개념만 남아 있습니다. 대표적인 동유럽 국가로는 폴란드, 체코, 슬로바키아, 크로아티아, 슬로베니아, 마케도니아,

유럽 지역 구분(독일지명상임위원회 기준)

몬테네그로, 세르비아, 보스니아-헤르체고비나, 볼리비아, 헝가리, 루마니아, 알바니아입니다.

한편, 동유럽 국가 중 스스로 동유럽으로 인정하지 않고 '중유럽'이라고 칭하는 경우도 있습니다. 특히 오스트리아는 대부분의 지도에서 중앙유럽 또는 서유럽에 위치한 국가로 간주합니다. 오스트리아의 대다수의 국민들이 믿는 종교는 가톨릭교입니다. 이는 동유럽에서 대부분을 차지하는 동방 정교와 구분됩니다. 또한 오스트리아는 동유럽 국가들과는 다르게 제1차 세계대전 이후 소련의 영향을 받지 않았으며, 동유럽 국가들이 채택한 사회주의 체제를 경험하지 않았습니다. 대신 오스트리아는 서유럽 국가들과의 역사적, 정치적 연관성이 더 강하며, 유럽 연합의 일원으로서 중앙 유럽 국가들과 밀접한 협력을 유지하고 있습니다. 즉, 지리적 기준이나 문화적 기준 등 어떠한 기준으로 분류를 해도 오스트리아는

유럽 지역 구분(The World Factbook 기준)

유럽 지역 구분(United Nations Statitics Division 기준)

동유럽으로 분류하기는 어렵습니다. 그럼에도 여행사에서는 동유럽 패키지 여행으로 오스트리아를 포함하는 경우를 어렵지 않게 볼 수 있습니다. TV 예능 프로그램 〈무한도전〉의 유명한 대사인 '홍철 없는 홍철팀'처럼 우리는 '동유럽 없는 동유럽 패키지 여행'을 떠나게 됩니다.

유럽의 지역 구분(지리학의 개념과 지역, 2020)

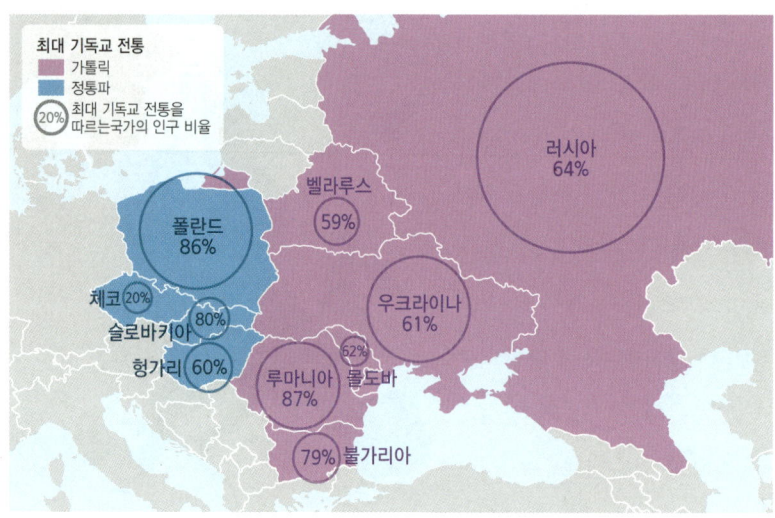

동유럽 국가의 종교 분포(carto Mission, 2010)

● 활동 1

유럽의 지역별 특징을 알아볼까요?

1. 사회과부도를 참고해서 함께 북부 유럽, 서부 유럽, 남부 유럽, 동부 유럽의 경계선을 그어 봅시다.

2. 지역별로 다르게 나타나는 요소(민족, 종교, 기후, 음식 등)가 무엇인지 조사하고, 차이가 나타나는 이유에 대해 발표해 봅시다.

내용 \ 지역	북·서부 유럽	남부 유럽	동부 유럽
구분	알프스산맥		이념(과거 사회주의)
국가	노르웨이, 스웨덴, 영국, 프랑스, 독일	이탈리아, 그리스, 에스파냐, 포르투갈	벨라루스, 몰도바, 우크라이나 등
민족	게르만족	라틴족	슬라브족
종교	개신교	가톨릭	동방정교
기후	rainy	sunny	cold
술	맥주	와인	보드카
음식	감자	토마토	–
재료	버터	올리브	–

▶ 9사(지리)03-01 동쪽의 땅이라는 뜻을 가진 오스트리아, 사실은 서쪽의 땅이라고?

> **활동 Tip**
> - 북·서부 유럽, 남부 유럽, 동부 유럽에 어느 국가들이 포함되는지 먼저 파악할 수 있도록 지도해 주세요.
> - 음식이나 식재료의 경우에는 기후와 연관지어서 생각해 보도록 비계를 제공해 주세요.

● 활동 2

이름만 비슷한 두 나라
: 오스트리아와 오스트레일리아

오스트리아에는 캥거루가 없다는 표지판(왼쪽) 오스트리아에 있는 오스트레일리아 펍(오른쪽)

이곳은 '오스트레일리아'가 아니라 '오스트리아'니까 도움이 필요하면 눌러달라는 버튼

오스트리아와 오스트레일리아(호주)는 국가명이 서로 비슷하지만 국가명의 기원이 각기 다릅니다. 오스트리아는 고대 독일어 'Ostarrichi'에서 파생된 것으로 '동쪽의 왕국' 또는 '동쪽의 지역'이라는 의미입니다. 반면, 오스트레일리아는 라틴어 'Terra Australis Incognita'에서 유래되었습니다. 이는 '알려지지 않은 남쪽의 땅'이라는 의미입니다. 16~17세기 탐험가들을 통해 남반구에 대한 공간 인식 범위가 넓어지면서 '남쪽의 땅'이라는 개념이 등장했습니다. 두 국가 모두 국가명에 방위가 들어간다는 공통점이 있지만 각각 동쪽과 남쪽을 가리킨다는 차이점이 있습니다. 오스트리아와 오스트레일리아의 차이점은 또 무엇이 있는지 추가로 조사해 봅시다.

항목	오스트리아	오스트레일리아
국기		
위치	유럽	오세아니아
수도	빈	캔버라
언어	독일어	영어
종교	카톨릭, 개신교, 이슬람교	기독교, 무교, 이슬람교
면적	83,879km^2	7,692,024km^2
인구	9,113,574명(2025년)	26,974,026명(2025년)
유명한 것	음악, 초콜릿, 스키	캥거루, 코알라, 워킹홀리데이
화폐	유로	호주 달러
정부	연방 공화국	연방 입헌 군주제
경제	제조업, 관광업, 농업	광물, 에너지, 농업

▶ 9사(지리)03-01 동쪽의 땅이라는 뜻을 가진 오스트리아, 사실은 서쪽의 땅이라고?

● 활동 3

생성형 인공지능을 활용한
유럽의 자연환경 지도 만들기

1. 모둠별로 지도 제작을 원하는 유럽의 자연환경(피오르, 신기습곡산지 등)을 선정한다.
2. 마이크로소프트(Microsoft Bing)의 이미지크리에이터(Image Creator)에 접속한다(뤼튼이나 챗GPT도 가능).
3. 특정 지형을 포함시켜 명령어를 입력한다(단, 구체적으로 작성하도록 안내해야 함).

    예시 1) 북유럽 지도 위에 피오르드 지형을 그려 줘. 특히 노르웨이 스칸디나비아산맥을 중심으로 그려 주고, 노르웨이 국기도 지도 빈 곳에 그려 줘.
    예시 2) 스위스 지도 위에 알프스 산맥을 그려 줘. 알프스 그림에는 마터호른을 포함시켜 주고, 스위스 국기를 지도 빈 곳에 그려 줘.

4. 수정 및 보완이 필요한 부분은 추가 명령어를 입력한다.

5. 결과

◆ 교과 세특

- (지리, 정치, 종교, 문화 등) 기준을 정하여 북부, 서부, 남부, 동부로 유럽의 지역을 구분하고 유럽의 주요 도시에 대해 탐구함.
- 서안해양성 기후, 지중해성 기후 등 기후에 따라 지역별로 다르게 나타나는 주민생활에 대해 조사하여 발표함.
- 생성형 인공지능을 활용하여 유럽의 자연환경(지형, 기후 등) 특성을 지도화 함.
- 유럽의 자연환경을 지도화하며 공간적 인식 능력과 지리적 표현력을 기르고, 지리적 산출물을 만들어 냄.

읽기 자료

북유럽평원의 지정학적 함의

북유럽평원은 프랑스에서부터 우랄산맥까지 남북으로 장장 1600km나 뻗어 있어 자연스럽게 유럽과 아시아를 가르는 경계가 되고 있지만 그 폭은 482.8km에 불과하다. 북쪽의 발트해부터 남쪽의 카르파티아산맥까지 내달리고 있는 이 북유럽평원은 프랑스, 벨기에, 네덜란드, 독일의 북서 지역을 아우르는 한편 폴란드 국토의 거의 전부를 차지하고 있다.

러시아 입장에서 이는 '양날의 칼'이다. 폴란드는 러시아가 군대를 이동시켜야 할 때는 상대적으로 좁은 통로지만, 반대로 적군이 모스크바로 진격시키는 것을 저지시킨다. 러시아 국경까지 거리는 장장 3200km가 넘는다. 게다가 모스크바와 그 너머는 평지다. 이쯤 되면 제아무리 대군이라 해도 전선 전체를 효과적으로 방어하는 데 애를 먹을 수 밖에 없다. 끝도 없는 눈벌판 말고는 달리 공격할 대상이 없고, 보급로는 지나치게 길어지게 된다. 게다가 언제든지 러시아가 반격할 수 있는 악조건이다.

이런 환경에서 누가 감히 러시아를 침공하겠냐고 생각할 수도 있다. 그러나 러시아인들의 생각은 다른 모양이다. 그도 그럴 것이 지난 500년간 러시아는 서쪽으로부터 몇 차례 침략을 받았다. 1605년에 폴란드가 북유럽평원을 건너 들어왔고 1708년에는 카를 12세 치하의 스웨덴이 침공해 왔다. 또 나폴레옹의 프랑스가 1812년에, 그리고 독일도 1914년과 1941년 두 번의 세계대전에서 러시아를 침공했다. 1853년부터 1856년 사이의 크림 전쟁과 1945년까지 두 차례의 세계대전을 포함한 시기에 러시아인들은 평균 33년에 한 번꼴로 북유럽평원 내부 또는 그 주변에서 전투를 치러야 했다.

출처: 팀 마샬, 2016, 『지리의 힘』

호주와 오스트리아

서울 주요 20개국(G20) 정상회의 기간 중 호주의 몇몇 신문은 서울의 부끄러운 얘기를 보도했다. 청계천에 설치된 'G20 성공기원 등' 가운데 줄리아 길라드 호주 총리의 인형에 관한 기사다. 길라드 총리가 호주의 전통의상이 아닌 오스트리아의 민속의상을 입고 있음을 지적한 것. 그러면서 영문 이름 오스트레일리아와 오스트리아를 헷갈린 것 같다고 했다. 서울시가 12일 다른 옷으로 바꿔 입혔지만, 호주 정부의 항의를 피하기에는 이미 늦은 때였다.

한국에서 호주와 오스트리아를 혼동한 것은 이번이 처음이 아니다. '호주댁 프란체스카 여사'가 원조다. 그는 1900년 6월 15일 오스트리아 수도 빈에서 사업가 루돌프 도너의 세 딸 중 막내로 태어나 34세에 이승만과 결혼, 대한민국의 초대 퍼스트레이디가 됐다. 친정이 오스트리아이니 '오지리댁'이건만 한국에서는 엉뚱하게도 '호주댁'이라고 불렀다. 친정 나라 오스트리아(오지리)를 오스트레일리아(호주)로 혼동해 빚어진 일이다.

프란체스카 여사의 모국 오스트리아는 말의 독일어 어원은 '동쪽의 변방'을 의미하는 오스트마르크(Ostmark). 라틴어로는 '마르키아 아우스트리아카'다. 한국에서는 이 아우스트리아카의 영어명 오스트리아를 국명으로 부른다. 국내 언론이 호주로 표기하는 오스트레일리아란 국명은 고대 그리스 때부터 사용됐다. 천문학자이자 지리학자인 프톨레마이오스는 인도양 남쪽 끝에 있다는 상상의 대륙을 '미지의 남방 대륙'이란 뜻으로 '테라 아우스트랄리스 인코그니타'라고 했다. 이 아우스트랄리스(남방대륙)에 지명 접미사 '이아(-ia)'를 붙인 영어 지명이 오늘의 오스트레일리아이다.(세계박학클럽 지음, '나라 이름으로 여행하는 지구 한 바퀴')

나라 이름을 혼동한 결과 빚어진 '오스트리아 옷차림의 호주 총리'는 비록 인형이라 하더라도 외교적 결례일 뿐 아니라 국격마저 떨어뜨린다. 그 근본 해법은 초·중·고교 학생들에게 인문학 교육을 게을리하지 않는 것이다.

출처: 문화일보, 황성규 논설위원(2010년 11월 16일 오피니언)

굿바이, 동유럽

지금껏 우리에게 동유럽은 거의 알려지지 않았다. 무지와 피상적 이미지는 동유럽에 대한 편견과 오해를 낳곤 한다. '서유럽보다 수십 년 뒤떨어졌고 유럽 연합을 통해 이제야 낙후성을 극복하기 시작한 후진적 2등 유럽' 같은 식으로 말이다. 하지만 이는 서유럽 중심의 세계관과 역사관이 우리에게 내화되어 있기 때문이다. 대개 서유럽이 세계의 중심이라는 시각에서 서유럽 역사를 '세계사'라고 칭하듯, '서양사' 역시 동유럽의 역사는 배제되어 있다. 동유럽을 제대로 알아가는 과정은 곧 반쪽짜리 서양사를 온전히 채워가는 일이기도 하다.

더욱이 동유럽의 역사는 우리와 비슷한 면이 있다. 대제국과 강대국 사이에 끼여 생존권과 주권을 지키기 위해 몸부림쳐야 했던 생존투쟁의 역사라는 점에서 말이다. 반면 우리와 사뭇 다른 면도 있는데, 수많은 민족·언어·종교가 혼재된 '다양성'이라는 정체성이다. 작은 마을 안에서도 저 건너편에 다른 종교를 믿는 다른 민족의 이웃이 살았고, 갈등이 없지 않았지만 대체로 서로가 서로를 용인하며 어우러져 오랜 세월을 살았다. 사회 분열이 극단화되어가는 최근의 사회 분위기에서 새겨볼 만한 지점이다.

이처럼 동유럽에 가진 편견을 걷어내고 그 역사와 문화를 진지하게 들여다봐야 할 필요성이 커지는 때에 시의적절한 동유럽사 개설서가 나왔다. 그런데 그 제목이 독특하게도 『굿바이, 동유럽』이다. 동유럽 역사를 다루는 책이 왜 동유럽과 작별하고자 하는 것일까?

폴란드계 미국인인 『굿바이, 동유럽』의 지은이 제이콥 미카노프스키는 "이 책은 존재하지 않는 지역에 대한 역사다. 동유럽 같은 것은 더 이상 존재하지 않는다"라는 도발적인 선언으로 책을 시작한다. 전쟁, 혼란, 후진성, 중간 지대 등을 연상시키는 '동유럽'이란 말은 동유럽 주민 스스로도 사용하기 꺼리는 용어가 되었고, 최근에는 '중유럽'이 이를 대체하는 경향도 있다. 그러나 이념적·정치적·군사적 장벽이 제거되고, 아무리 여행과 이동이 활발해져도, 조각보같이 현란해 보이는 표면 밑에 잠재한 동유럽의 정체성과 특성은 여전히 존재한다.

20여 개 나라가 복잡한 경계를 이루며 혼재한 동유럽 지역은 역사적으로는 합스부르크제국·독일제국·러시아제국·오스만제국에 속했고, 종교적으로는 가톨릭·개신교·정교회·유대교·이슬람을 신봉했다. 지은이는 이런 특징을 "동유럽에는 독자적인 것이 있었다. 한편으로는 서유럽과 구별되고, 다른 한편으로는 유라시아와 다른 무언가가 있었다. 가장 핵심적이고 확실한 특징은 다양성이었다. 언어의 다양성, 인종의 다양성, 그리고 무엇보다도 종교의 다양성이다"라고 『프롤로그』에서 표현했다. 그리고 이러한 '다양성'을 정체성이자 핵심 키워드로 삼는 역발상으로, 복잡다단한 동유럽사를 일관성 있게 꿰어내는 놀라운 통찰을 보여 준다.

출처: 출판사 서평

▶ 9사(지리)03-02

역사상 가장 핫플레이스는 어디?
- 1.5도, 지구의 해열제는 무엇일까 -

성취기준	다양한 유형의 유럽 도시를 탐색하고, 기후위기에 대응하여 지속가능한 도시를 만들기 위한 노력을 조사한다.
성취기준 해설	다양한 기능과 특징을 가진 유럽의 도시를 살펴봄으로써 생활공간으로서 도시의 다양성과 역동성을 인식한다. 특히 탄소중립 등 기후위기에 대처하는 유럽의 친환경 정책이 지속가능한 삶을 위해 생활공간과 일상생활을 어떠한 방식으로 변화시키고 있는지 관심을 가지게 함으로써 기후위기에 대응하는 방법에 대한 사고의 폭을 넓히기 위해 설정된 것이다.
핵심 요소	유럽 도시, 기후위기, 지속가능한 도시, 탄소중립, 친환경 정책, 지속가능한 삶
교과 역량	☑ 창의적 사고력　　　　　　　☑ 비판적 사고력 ☑ 문제 해결력 및 의사 결정력　☐ 의사소통 및 협업 능력 ☑ 정보 활용 능력

📁 수업 안내

이 단원은 유럽의 도시를 사례로 교사와 아이들이 함께 고민하고 배울 내용을 중점적으로 구성하였습니다. 지구온난화, 기후위기라는 단어는 옛날부터 유행 혹은 공기처럼 떠돌아다녔습니다. 수많은 과학자들의 목소리와 학교의 교육에도 불구하고 기후위기의 심각성을 인지하고 실천하는 노력은 더디기만 합니다. 혹자는 미래 세대를 위한 지구를 위해 기후위기에 대응하는 것이 아니라 이미 흔들리고 있는 우리의 삶을 지키기 위해 기후위기에 적극적으로 대응해야 한다고 말합니다. 점점 강해지는 우리나라의 태풍과 폭염, 스위스에서 발생하는 폭우와 이류, 영원히 바닷속으로 가라앉고 있는 투발루 등 기후위기는 이미 우리의 코앞이 아닌 정중앙에 와 있습니다. 3-2단원에서는 객관적인 자료를 통해 기후위기의 현재 상황을 파악하도록 합니다. 수업 전반부에서는 유럽의 기후위기 대처 사례를 확인하고 '우리 학교(집) 제로에너지 건축물 설계하기' 활동을 하며 아이들이 스스로 기후위기 대응을 위해 고민하도록 합니다. 후반부에서는 '유럽 도시 타이포그래피' 활동을 하며 유럽의 다양한 도시를 아이들 스스로 조사하고 각 도시의 특징이 잘 나타나도록 표현한 후 친구들과 공유하는 과정을 통해 다양한 유형의 유럽 도시를 탐색할 수 있습니다. '신나는 여행'이자 '오늘날의 핫이슈인 기후위기를 해결할 열쇠'를 엿볼 수 있습니다.

📁 수업 들어가기

2023년, 지구 평균 기온이 1.5℃를 넘은 날이 역대 최고

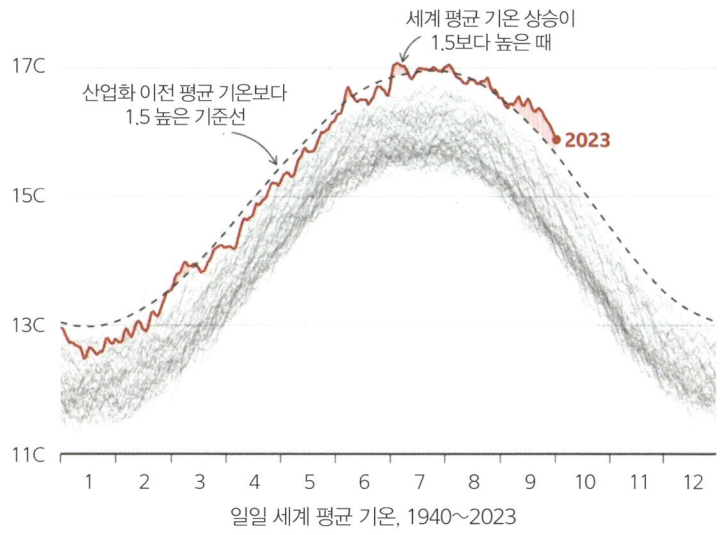

2023년 10월 2일까지의 기온 데이터는 잠정치입니다. 각 선은 한 해의 기온을 나타냅니다.
산업화 이전 평균은 1850~1900년 데이터를 기준으로 계산되었습니다.
출처: ERA5, C35/ECMWF

교사: 여러분 지구 평균 기온 그래프를 보세요. 어떤 경향을 보이나요?

학생: 온도가 점점 높아지고 있어요.

교사: 이대로 기온이 점점 높아지면 어떤 일이 일어날까요?

학생: (저마다 이야기한다.)

교사: 우리의 미래는 어떻게 될까요?

학생:

교사: 열이 날 땐 해열제를 먹어야지요! 유럽의 여러 도시에서 볼 수 있는 지구의 해열제는 바로~

학생들: ??

교사: 산업화가 빨라서 기후변화도 빠르게 진행된 유럽에서는 일찍부터 지구의 온도를 낮추기 위한 노력을 하고 있어요. 독일 프라이부르크에서는 자전거 신호등과 아주 넓은 자전거 주차장이 있을 만큼 교통수단으로서 자전거를 적극적으로 활용하고 있답니다.

자전거 신호등

자전거 주차장 모빌레

● 활동 1

지구온난화와 해결 방안 탐구하기

1. 지구온난화(기후위기)의 원인을 찾아 적어 보고 그에 따른 결과에 대해 이야기해 봅시다.

인위적인 온실가스 배출 증가(농업·축산 폐기물, 산업 공정, 에어컨 냉매, 비료 사용, 에너지 사용 등)

2. 지구온난화를 늦추고 지속 가능한 발전을 위한 노력에는 어떤 것들이 있는지 이야기해 봅시다.

탄소중립: 온실가스의 순 배출량을 0으로 만든다는 뜻, 이산화 탄소 등의 온실가스 배출을 최대한 줄이고 대기 중으로 나오는 온실가스를 제거 흡수한다.

지속가능한 도시: 자연과 인간이 조화를 이루는 개발을 통해 미래 세대의 삶의 질을 보장할 수 있는 도시

● 활동 2

우리 학교(집) 제로에너지 건축물 설계하기

1. 제로에너지 건축물이란 무엇인지 홈페이지를 통해 조사해 보고 건축 제안서, 건축 도면, 그림, 심즈 등을 활용하여 제로에너지 건축물을 설계해 봅니다.

제로에너지건축물
zeb.energy.or.kr

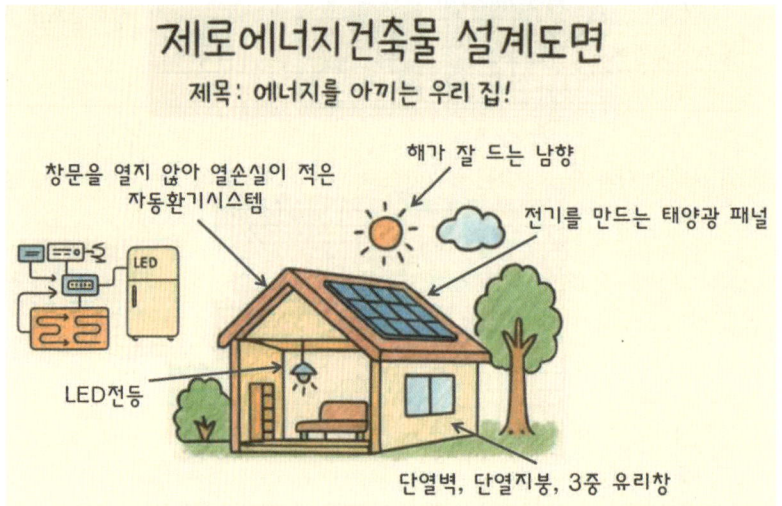

● 활동 3

유럽 도시 타이포그래피

유럽의 다양한 도시 특징을 조사하고 각 도시에 어울리는 타이포그래피를 디자인하며 다양한 유럽의 도시를 친구들에게 소개합니다.

> **타이포그래피란?**
> 활체의 서체나 글자 배치 등을 디자인하는 것을 말합니다.

◆ **추가 도움 자료**

KBS 다큐 〈붉은 지구〉
1부. 엔드게임 1.5℃: 지구온난화로 인해 전 세계에서 심해지는 산불·가뭄·홍수·폭염 등 자연재해
2부. 침묵의 바다: 제주도 및 남해안의 해양 수온 상승과 열대화되는 해양 생태계 변화
3부. 구상나무의 경고: 질병에 걸리거나 생육이 어려워 고사하고 황폐화되는 멸종위기종 및 한국 고유 식물
4부. 기후혁명: 기후위기로 인해 흔들리는 IT·보험·금융 산업, 2050 탄소중립 실현

◆ **교과 세특**

- 기사와 그래프를 통해 지구 온난화가 진행되는 상황을 파악하고 기후위기를 해결 방안을 탐색함.
- 지구온난화로 인한 결과를 예측하고 지속가능한 도시와 삶을 만들기 위한 방안으로 제로 에너지 건축물에 대해 탐구함.
- 우리 학교(집) 제로에너지 건축물 설계하기 활동을 통해 기후 위기를 해결할 수 있는 방안을 고민함.
- 지구 온난화가 인위적인 문제가 아닌 자연적인 현상이라는 주장을 비판적인 시각으로 학습함.
- 유럽 도시의 다양한 특징을 조사하고 도시 특성에 적합한 타이포그래피를 제작함.

📂 읽기 자료

지구온난화는 사기다?

지구 평균 온도는 산업혁명 전 13.8℃에서 현재 15℃가 되었습니다. 200년 동안 1.2℃가 상승한 것입니다. 파리 기후 협약은 세계 각국 정상이 만나서 지구 평균 온도가 1.5℃ 넘게 상승한다면 큰 위험이 초래될 것이기에 이를 막기 위한 노력을 강구한 것입니다.

이에 반해 기후 위기 회의론자들의 주장도 있습니다. 미항공우주국(NASA)의 기상 분야 책임자였던 존 시온 박사와 3만여 명 과학자들은 지구온난화는 지구의 자연스러운 현상일 뿐 위험한 것이 아니라고 말했습니다. 그들의 주장은 다음과 같습니다.

"과거 지구 온도는 20~30℃까지 올랐었고 뜨거운 북극이 존재했었다. 지구 평균 온도는 주기적으로 뜨거워졌다, 차가워졌다 한다."

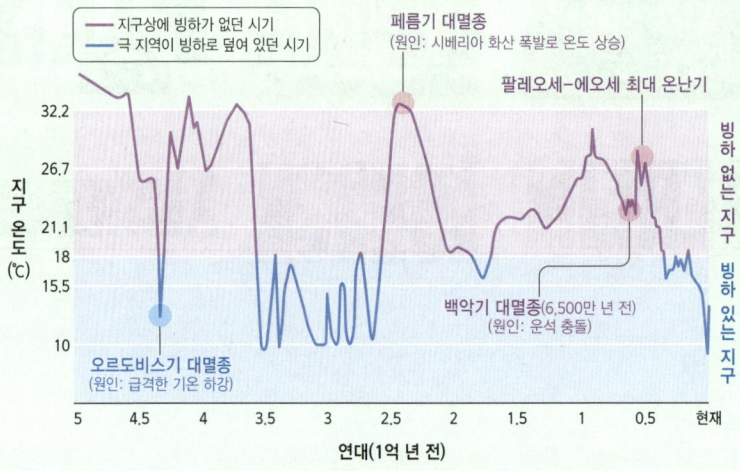

5억년 전부터 지금까지 지구의 온도 변화

그러나 이 주장에는 허점이 있습니다. 바로 '속도'입니다. 산업혁명 이후 현재까지 100여 년 동안 지구의 온도는 1~2℃ 정도 상승했습니다. 석탄, 석유 같은 화석연료의 사용으로 인해 대기 중 이산화 탄소 농도가 계속 증가했으며 과도한 온실효과가 발생하고 있습니다. 그 이전에도 물론 지구의 온도가 상승했던 적이 있지만 오랜 기간 동안 서서히 상승했습니다. 50억 년 지구 역사상 100년 동안 1℃가 상승한 적은 없었습니다. 게다가 기후 위기 회의론자인 30,000여 명의 과학자 중 기후 전문 과학자는 극히 일부에 불과하며 전 세계 기후학자 90%는 지구온난화 위험성을 경고하고 있습니다. 미항공우주국(NASA) 기후학자 제임스 핸슨은 이러한 상황이라면 지구 온도가 6℃ 상승할 위험이 있다고 말했습니다. 지구 온도가 6℃ 상승하면 어떤 일이 일어날까요?

이러한 1차적 결과 이외에도 다양한 사회 문제에 기후변화가 영향을 주고 있습니다. 한 예로 밀 생산량이 급속도로 둔화되며 식량 위기가 발생하고 시리아, 북아프리카 등지의 난민이 증가했습니다. 난민들이 유럽으로 들이닥치며 유럽에서는 난민 수용 문제를 두고 갈등이 발생했고 결국 브렉시트 사태에 영향을 주게 됩니다. 기후변화로 인해 지구와 사회의 지속가능성이 저해되는 것입니다.

제로에너지 건축물

제로에너지건축물(ZEB, Zero Energy Building)이란 건축물에 필요한 에너지 부하를 최소화하고 신·재생에너지를 활용하여 에너지 소요량을 최소화하는 녹색건축물을 말합니다. 한국에너지공단에서는 건축물의 에너지자립률에 따라 1~5등급까지 인증을 부여하는 인증제도를 운영합니다. 한국에너지공단 홈페이지의 융합데이터맵에서 전국인증현황을 지도와 그래프, 통계자료로 살펴볼 수 있습니다.

제로에너지건축물 홈페이지(활동 2의 QR 참고)

▶ 9사(지리)03-03

다르지만 같은 동전입니다

성취기준	지역 간 역학관계에 따른 유럽의 통합과 분리의 움직임이 유럽 연합의 변화와 주민 생활에 미치는 영향을 탐색한다.
성취기준 해설	유럽 연합을 통해 유럽의 국가들이 정치·경제적으로 하나의 유럽으로 통합되는 흐름 속에서 고유한 문화권을 중심으로 하는 지역·국가의 분리 움직임이 유럽 연합 및 주민 생활에 미치는 영향을 탐색하기 위하여 설정된 것이다.
성취기준 적용 시 고려 사항	유럽 연합 가입을 희망하는 국가와 분리·독립하려는 국가의 사례를 탐구하면서 유럽 내 역학관계를 큰 틀에서 살펴볼 수 있도록 안내한다.
핵심 요소	공간적 상호 작용, 항공 네트워크, 상호의존성, 세계화
교과 역량	☐ 창의적 사고력　　　　　　　　　　☑ 비판적 사고력 ☑ 문제 해결력 및 의사 결정력　　　　☐ 의사소통 및 협업 능력 ☑ 정보 활용 능력

📁 수업 안내

3-3단원은 유럽의 자연·인문 환경과 다양한 도시를 학습한 후 유럽의 통합에 대해서 구체적으로 살펴볼 수 있도록 구성하였습니다. 유럽 연합(EU)은 여러 국가의 경제적 이익을 위해 결속하여 이룬 경제 블록 중 하나입니다. 우리나라도 경제 블록에 속해 있지만 단일 시장의 경제 통합을 지향하는 유럽 연합과는 많은 차이가 있어, 그 특징을 학생들이 쉽게 이해하기 어려울 수 있습니다. 따라서 단순하게 유럽 연합 가입 국가들을 나열하고 장·단점을 설명하는 방법 대신 학생들이 직접 유럽 연합의 필요성을 떠올리고 가입 국가들을 찾아보는 활동을 설계하였습니다. 유럽 연합의 핵심은 회원국 간에 화폐와 경제 정책을 통일하여 단일 시장의 완전 경제 통합을 이루는 것입니다. '다른 국가가 같은 화폐를 쓴다면 어떤 편리함이 있을까?'라는 질문에 대한 답을 학생 스스로 떠올릴 수 있게 화폐 이야기로 시작하며 동기를 유발하였습니다.

📂 수업 들어가기

교사: 여러분은 지폐를 자세히 살펴본 적이 있나요? 머릿속에 스치는 신사임당, 세종대왕, 이이, 이황…. 모두 우리나라의 위인입니다. 사진에 제시된 동전은 유럽 연합(EU)에 속한 국가들이 공동으로 사용하는 동전입니다. 여러 나라가 함께 쓰지만 단위는 같은 화폐의 디자인은 어떻게 정하는 걸까요?

학생: 유로를 사용하는 국가들끼리 모여 회의를 해서 정할 것 같아요.

교사: 네, 맞아요. 선생님이 지난 겨울 방학 동안 유럽 여행을 다녀왔는데, 동전들이 남아서 가져왔어요. 함께 보고 각자 알고 있는 것을 이야기해 봐요.

학생: (저마다 동전을 보고 알아본 것을 이야기한다.)

교사: 동전에서 공통적으로 찾을 수 있는 특징은 무엇일까요? 그리고 그 특징이 의미하는 것은 무엇일까요?

학생:

교사: 이 동전은 모두 유럽의 여러 나라들이 공통으로 사용하는 1유로 동전입니다. 여러 나라에서 하나의 화폐를 사용한다면 어떤 장점이 있을까요?

학생:

교사: 유럽에서 이 동전을 사용할 수 있는 국가와, 그렇지 않은 국가는 각각 어디일까요?

학생:

▶ 9사(지리)03-03 다르지만 같은 동전입니다

> **활동 Tip**
> - 8개 동전은 모두 1유로의 뒷면입니다. 다양한 상징을 통해 제작된 국가를 추측하는 활동을 할 수 있습니다. 예를 들어 ①번 동전의 모차르트를 통해 오스트리아를, ④번 동전의 비트루비우스적 인간을 통해 이탈리아를 추측할 수 있습니다.
> - 수업 전, 학생들은 교사의 질문에 완벽한 답을 하지 못할 수도 있습니다. 수업을 마치고 난 후 같은 질문을 제시한다면, 학생들이 오늘 어떤 내용을 배웠는지 스스로 알 수 있을 것입니다.

◆ 추가 도움 자료: 유럽 연합 간단하게 설명하기

유럽 연합(EU)이란 유럽의 정치·경제 통합을 실현하기 위하여 1993년 발효된 마스트리흐트 조약(Treaty of Maastricht)에 따라 1994년부터 사용된 유럽의 공동체의 명칭입니다. 2020년 영국의 유럽 연합 탈퇴(브렉시트, Brexit) 이후, 2024년 기준 27개의 국가가 속해 있습니다. 유럽 연합에서는 유로(Euro)라는 단일 화폐를 사용합니다. 유로는 2002년부터 공식적으로 사용하기 시작하였으며, 유럽 각국에서 사용하던 화폐를 대체하는 통화동맹의 대표적인 사례입니다. 유로가 통용되는 지역을 유로존(Eurozone)이라고 합니다. 어느 나라의 화폐와 마찬가지로 유로도 지폐와 동전으로 구성되어 있습니다. 현재 통용되고 있는 유로 지폐는 7종류이며, 유로존에 속한 모든 국가에서 같은 형태의 지폐를 사용합니다. 동전은 8종류이며, 공통 디자인인 앞면은 모두 동일하고 2유로 테두리와 뒷면은 국가별로 다르게 제작합니다.

여러분들은 8개 동전이 제작된 국가를 모두 맞혔나요? 정답은 ①오스트리아, ②벨기에, ③아일랜드, ④이탈리아, ⑤프랑스, ⑥독일, ⑦그리스, ⑧포르투갈입니다. 동전들을 살펴보면 인물, 동물, 기호 등 그 국가를 대표하는 상징들을 사용하였습니다. 동전에 공통적으로 그려진 12개의 별은 마스트리흐트 조약 당시 참여한 12개 국가를 뜻하다가 가입 국가가 점차 늘어난 이후 완전수로서 '12'를 뜻하며 유럽 지역이 하나임을 의미하게 되었습니다.

유럽 연합은 2024년 기준 27개국, 공식 언어 24개, 인구는 4억 4,800만 명입니다. 유럽의 통합은 경제, 정치, 사회 등 다양한 영역에서 중요한 함의를 갖습니다. 경제 측면에서 회원국 간 자유로운 인적, 물적 이동은 무역을 촉진하고 공동의 경제 발전을 이루었습니다. 정치 측면에서 긴밀한 연대를 통해 국제적 문제에 대해 공동으로 대응하고 평화적인 해결책을 모색하도록 하는 역할을 수행합니다. 사회 측면에서 인간의 존엄성, 자유, 사회 정의를 실천하기 위해 노력하고 있으며 2012년 유럽 연합은 유럽의 평화, 화해, 민주주의, 인권 증진에 기여한 공로로 노벨 평화상을 수상하기도 하였습니다.

하지만 언어, 문화, 풍습 등 모든 면에서 다양한 국가를 하나로 통합하다 보면 문제가 발생하기 마련입니다. 통합된 체제 속 하나의 국가가 위기에 빠지면 다른 국가들도 연이어 영향을 받기도 합니다. 회원국 간의 갈등과 경제적 불균형, 소득이 낮은 국가의 고급 인력이 소득이 높은 국가로 유출되는 두뇌유출(brain drain) 현상도 발생할 수 있습니다. 이러한 과제들을 해결하고 나면 유럽 연합은 통합의 궁극적인 목표인 평화와 안보, 지구의 지속가능한 발전에 기여하는 정치, 경제, 사회, 문화적으로 강력한 힘을 가진 공동체가 될 것입니다.

● 활동 1

유럽 연합에는 어떤 국가들이 가입되어 있을까요?

유럽 연합(EU)에 속해 있는 국가를 지도에 색칠하고 국가명을 적어 봅시다.

〈도움이 필요한가요?〉

유럽 연합 가입국 소개 QR 코드에 접속하면 유럽 연합의 정보를 얻을 수 있습니다. 영어로 되어 있다면 번역 기능을 활용해 보세요!

1	8	15	22
2	9	16	23
3	10	17	24
4	11	18	25
5	12	19	26
6	13	20	27
7	14	21	

활동 Tip
- 유럽 연합 공식 웹사이트를 이용하면 원칙과 가치, 각종 통계자료, 관련 뉴스, 현 시간 기준 가입국, 가입을 희망하는 국가 등 다양하고 정확한 정보를 얻을 수 있습니다.
- 활동지에 제시된 내용 모두 유럽 연합 공식 웹사이트의 '유럽 연합 확대' 항목 또는 제시된 QR코드에 접속하면 찾을 수 있습니다.

▶ 9사(지리)03-03 다르지만 같은 동전입니다

● 활동 2

유럽 연합에 가입하고 싶은 국가들이 있다구요?

> **유럽 연합(EU) 확대**
>
> 새로운 국가가 유럽 연합에 가입하면 확대가 발생한다. 이는 EU 역사상 여러 차례 발생했으며, 매번 EU와 가입 국가 모두를 변화시켰다. EU의 확대는 대륙 전체에 안정, 평화, 번영을 확산시키는 데 크게 기여하였다.
>
> – 유럽 연합 홈페이지 발췌

유럽 연합 확대 설명 페이지

1. 왜 가입하려는 걸까요?

유럽 연합(EU) 가입 국가가 얻는 혜택	유럽 연합(EU)이 얻는 혜택
정치적 안정	세계 무대에서 더 강한 목소리
시민들이 EU 어디에서나 생활하고, 공부하고, 일할 수 있는 자유	유럽 시민과 기업의 번영과 기회 증가
시장에 대한 접근을 통한 무역 증가	더 많은 문화적 다양성

2. 가입하려면 어떤 조건을 갖추어야 할까요?

민주주의, 법치주의, 인권, 소수자 보호를 보장할 수 있는 안정적인 제도 / 기능하는 시장 경제와 EU 시장의 경쟁 압력에 대처할 수 있는 능력 / 모든 EU 법률을 이행하고 연합의 목표를 준수할 수 있는 능력을 포함하여 EU 회원국의 의무를 수행할 수 있는 능력

3. 후보 국가에는 어떤 국가들이 있나요?

알바니아, 몬테네그로, 보스니아 헤르체고비나, 북 마케도니아

조지아, 세르비아, 몰도바, 튀르키예

◆ **교과 세특**

- 여러 나라가 공통으로 사용하는 유로화의 특징을 이해하고 이를 통해 유럽 연합의 필요성과 장점에 대해 논리적으로 설명함.
- 유럽 연합에 속한 국가들을 직접 찾고 지도에 국가 명과 위치를 정확히 표시함.
- 유럽 연합의 사례를 통해 여러 국가가 경제적 통합을 지향하는 원인을 분석하여 발표함.
- 유럽 연합 가입 국가의 특징을 조사하여 가입 국가와 연합이 얻는 혜택을 분석하고 가입 조건과 가입 희망국을 통해 유럽 연합의 궁극적인 지향점을 유추하여 제시함.

📂 읽기 자료

유로 지폐에 있는 건축물은 실제로 어디에 있나요?

'유로'라는 명칭은 1995년 마드리드에서 열린 유럽이사회 회의에서 결정되었다. € 기호는 그리스 문자 엡실론(ϵ)을 기반으로 하며 'Europe'이라는 단어의 첫 글자와 안정성을 의미하는 2개의 평행선을 사용한다. 유로는 유로존이라고도 알려진 유로 지역을 총괄적으로 구성하는 20개 유럽 연합 국가의 공식 통화이다.

유로화 동전은 앞면은 모두 동일하고, 2유로 테두리와 뒷면은 국가별로 다르게 제작한다. 하지만 지폐의 경우 모든 국가에서 같은 디자인을 사용하며, 모든 유로화의 지폐 뒷면에는 로마자와 10자리 숫자가 인쇄되어 있는데 이 로마자가 바로 발행 국가를 나타내는 코드이다. 지폐의 디자인을 결정할 때, 실재하는 건축물을 사용하지 않고 유럽을 대표하는 시기별 건축 양식들을 디자인으로 녹여내는 방법을 사용하였다. 디자인은 공모전에 의해 결정되었으며, 오스트리아 출신의 로베르트 칼리나(Robert Kalina)라는 디자이너가 선정되었다. 권종별 건축 양식은 다음과 같다. 아래 표에 제시되지 않은 500유로는 20세기 양식을 사용한다.

5유로(고전 양식)   10유로(로마네스크 양식)

20유로(고딕 양식)   50유로(르네상스 양식)

100유로(바로크·로코코 양식)   200유로(철과 유리 양식)

이 모자는 누구의 모자인가요?

솅겐 조약(Schengen Agreement)은 유럽에서 조약 가입국 간 국경검문을 철폐해 사람과 물자의 이동을 자유롭게 하고 범죄 수사도 협조하도록 하는 조약이다. 솅겐 조약과 유럽 통합 이후 자유로운 통행이 가능하게 되면서, 가입국의 많은 세관원들은 그 직업을 잃게 되었다. 아래 사진은 국가 간 사람과 물건이 자유롭게 이동할 수 있는 솅겐 협정 이후, 일자리를 잃은 세관원들의 모자를 전시한 것이다. 다행히, 모든 세관원들에게 새로운 직업을 얻을 수 있도록 돕고 이후로도 안정적인 삶을 살 수 있도록 계속해서 지원과 돌봄을 제공하고 있다고 한다.

솅겐 협정이 제정되기 전, 서유럽 여러나라 국민은 국민 ID카드와 여권을 국경에서 제시한 뒤에 주변 국가로 이동할 수 있었다. 타지역의 국민은 여권에 추가로 비자가 필요한 상황에서는 방문하는 유럽의 각 국가별로 취득하지 않으면 안 되었다. 국경 검사소의 비대해진 네트워크가 대륙을 길게 둘러싸면서, 필요한 서류작성 겸 그에 따른 심사로 인해 인적 및 물류에 의한 교류 및 교역에 시간이 걸림에 따라 막대한 비용이 발생하게 되었다.

아일랜드와 영국을 제외한 모든 유럽 연합 가입국과 유럽 연합 비가입국인 EFTA 가입국 아이슬란드, 노르웨이, 스위스, 리히텐슈타인 등 총 26개국이 조약에 서명하였다. 솅겐 협정 가맹국들은 국경 검사소 및 국경 검문소가 철거되었고, 공통의 솅겐 사증을 사용하여 여러 나라에 입국할 수 있다. 이 조약은 EU 이외 국민의 거주 및 취업 허가는 포함하지 않는다.

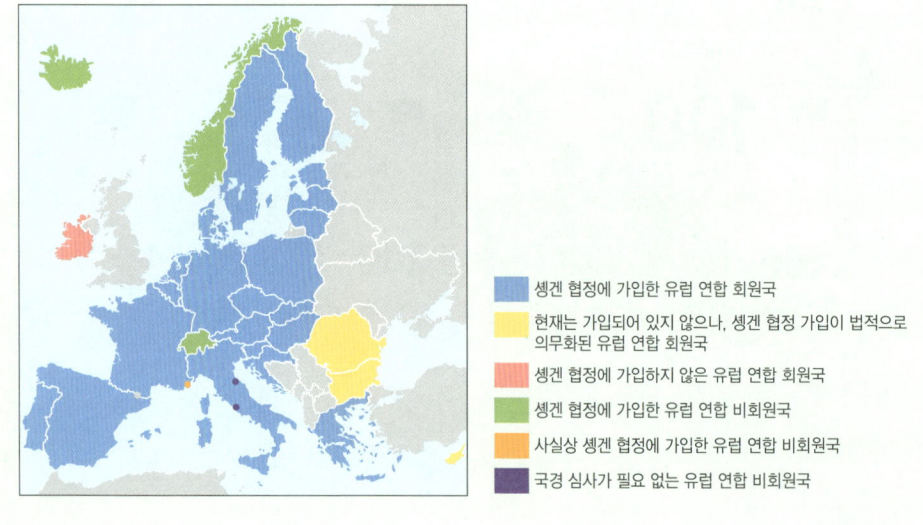

- 솅겐 협정에 가입한 유럽 연합 회원국
- 현재는 가입되어 있지 않으나, 솅겐 협정 가입이 법적으로 의무화된 유럽 연합 회원국
- 솅겐 협정에 가입하지 않은 유럽 연합 회원국
- 솅겐 협정에 가입한 유럽 연합 비회원국
- 사실상 솅겐 협정에 가입한 유럽 연합 비회원국
- 국경 심사가 필요 없는 유럽 연합 비회원국

유럽 연합(EU)이 아니어도 유로화를 쓴다고?

바티칸 1유로
2002~2005년 사용한 요한 바오로 2세 초상화

바티칸 1유로
2017년 이후 사용한 프란치스코 교황의 문장

모나코 1유로
2006년 이후 사용한 알베르 2세 대공 초상화

안도라 1유로
카사 데 라 발
(안도라에 위치한 16세기의 저택)

산마리노 1유로
세콘다 토레
(산마리노의 세 개의 탑 중 두 번째 탑)

바티칸, 모나코, 안도라, 산마리노 이 국가들의 공통점은 무엇일까? 작은 국가? 정답! 첫 번째 공통점으로, 언급된 국가들 모두 유럽에서 작은 국가에 해당한다. 국가 영토가 가장 작은 순서대로 몇 개의 국가를 나열해 보면 바티칸 시국($0.44km^2$), 모나코($2km^2$), 산 마리노($61km^2$), 리히텐슈타인($160km^2$), 몰타($316km^2$), 안도라($468km^2$)이다. 우리나라 서울의 면적이 약 $605km^2$ 정도 되는데, 6개 국가 모두 서울보다 작은 셈이다. 작은 국가들 중에 바티칸, 모나코, 안도라, 산마리노 이 네 국가들만 갖는 공통점은 무엇일까? 네 국가는 모두 유럽 연합(EU)에 가입하지 않았지만 유로화를 사용하는 국가이다. 이 작은 국가에서 발행되는 유로 주화는 희소성이 있어 많은 수집가들의 수집 대상이 되기도 한다.

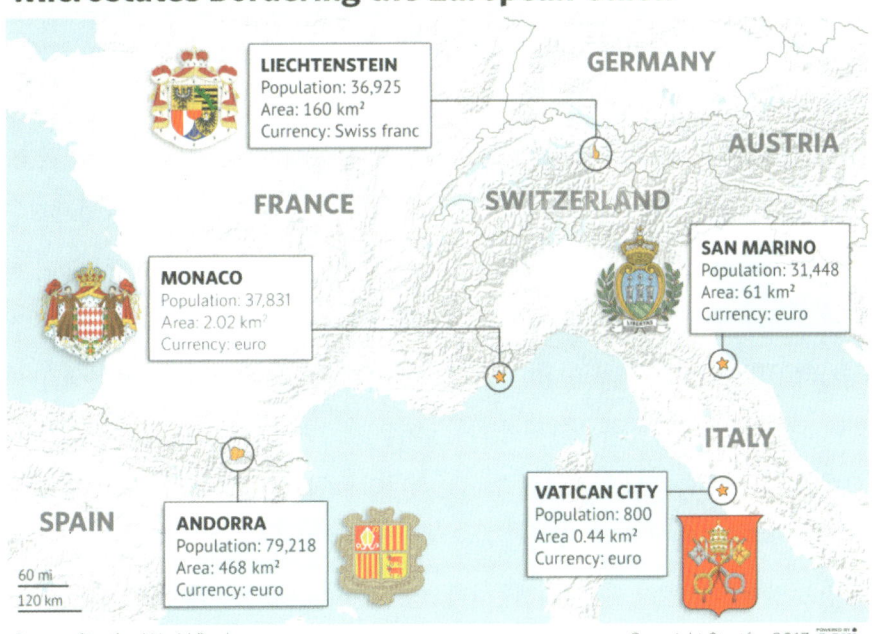

▶ 9사(지리)03-04

마루의 유럽 축구 여행기

성취기준	지역 간 역학관계에 따른 유럽의 통합과 분리의 움직임이 유럽 연합의 변화와 주민 생활에 미치는 영향을 탐색한다.
성취기준 해설	유럽 연합을 통해 유럽의 국가들이 정치·경제적으로 하나의 유럽으로 통합되는 흐름 속에서 고유한 문화권을 중심으로 하는 지역·국가의 분리 움직임이 유럽 연합 및 주민 생활에 미치는 영향을 탐색하기 위하여 설정된 것이다.
핵심 요소	유럽의 분리 움직임
교과 역량	☐ 창의적 사고력　　　　　　　　　☑ 비판적 사고력 ☑ 문제 해결력 및 의사 결정력　　　☑ 의사소통 및 협업 능력 ☑ 정보 활용 능력

📂 수업 안내

하나의 유럽? 지금은 찢어지는 유럽! 혹시 '하나의 유럽'이라는 말을 들어본 적이 있습니까? 1989년 5월에 미국의 부시 대통령이 서독을 방문했을 때 유럽의 냉전 극복과 관련해서 제안한 개념입니다. 냉전이란 제2차 세계대전 이후 미국을 중심으로 한 자본주의와 소련을 중심으로 한 공산주의의 대립을 의미합니다. 이때 유럽은 소련의 영향을 받아 공산주의를 채택한 동유럽과 자본주의의 서유럽으로 나뉘어 냉전을 겪고 있었습니다. 냉전을 극복하고 동유럽과 서유럽이 협력하길 바라며 나온 개념이 바로 '하나의 유럽'입니다. 이후 냉전이 끝나고 유럽은 적극적으로 하나의 유럽이 되기 시작했습니다. 그 결과가 1993년에 유럽 연합(EU)의 탄생입니다. 점진적으로 유럽 연합(EU)은 더욱 확대되어 회원국이 28개국까지 늘었습니다. 그러나 2016년 영국의 브렉시트는 모두를 깜짝 놀라게 했습니다. 하나의 유럽, 하나의 시장, 하나의 통화를 꿈꿔 왔던 유럽은 어쩌다가 찢어지려는 상황에 처하게 되었을까요?

유럽 하면 무엇이 가장 먼저 생각납니까? 중학생들은 아마 축구라고 답하지 않을까 싶습니다. 유럽 축구 팬이라면 유럽 축구 리그 상황만 봐도 유럽의 분리 움직임을 이미 파악했을 수도 있습니다.

📂 수업 들어가기

> **활동 Tip**
> 먼저 학생들은 네컷만화를 보고, 원하는 장면 하나를 선택합니다. 각 모둠은 장면에 해당하는 활동지를 받아서 정리하고 학생들 앞에서 발표합니다. 이렇게 4번의 발표가 끝나면 학급 학생 모두가 네컷만화의 각 장면의 비밀을 모두 풀게 됩니다. 이 활동을 통해서 유럽의 분리 움직임이 주민 생활에 어떤 영향을 미치는지 이해할 수 있습니다.

교사: 장면 1에서 호날두 유니폼을 입은 마루는 왜 바르셀로나에서 눈총을 맞았을까요? 에스파냐 축구 리그를 '라리가'라고 해요. 라리가에는 여러 팀이 있는데 그중 레알 마드리드 CF와 FC 바르셀로나는 가장 유명한 라이벌 관계이죠. 호날두 선수는 한때 레알 마드리드 CF의 대표적인 선수였어요. 그런데 왜 이 두 팀은 라이벌이 되었을까요? 마드리드는 아시다시피 에스파냐의 수도이죠. 바르셀로나는 카탈루냐 지역의 대표 도시입니다. 현재 카탈루냐 지역은 에스파냐에서부터 독립하고자 합니다. 왜 이런 움직임을 보이는지 궁금하지 않나요?

교사: 장면 2는 평소 축구에 관심이 없는 학생들은 의아한 내용일 수 있어요. 우리나라 FIFA 순위는 23위(2024.7.18. 기준)입니다. 그런데 영국 FIFA 순위는 어떻게 될까요? 영국의 순위를 알아보면 여러 개

가 나올 겁니다. 영국의 공식 국명은 'The United Kingdom of Great Britain and Northern Ireland'입니다. 참 길죠? 흔히들 'UK'라고 줄여서 말하곤 합니다. 국명에서 확인할 수 있듯이 영국은 '연합왕국'입니다. 잉글랜드, 스코틀랜드, 웨일스, 북아일랜드로 연합되어 있어요. 그래서 축구 협회가 우리나라처럼 단일된 하나가 아닙니다. 잉글랜드, 스코틀랜드, 웨일스, 북아일랜드 각각 FIFA 회원국에 등록되어 있답니다. 이 중에서 스코틀랜드와 북아일랜드는 영국이라는 연합왕국에서 분리 움직임이 있는 지역입니다.

교사: 장면 3에는 벨기에 축구 국가대표 선수가 영어로 대화하는 이야기가 담겨 있어요. 벨기에는 무슨 언어를 사용하는지 알고 있나요? 벨기에는 북쪽 플랑드르 지역은 네덜란드와 접해 있어 네덜란드어를 사용하고, 남쪽 왈롱 지역은 프랑스와 접해 있어 프랑스어를 사용해요. 그리고 수도인 브뤼셀에서는 네덜란드어와 프랑스어 모두 사용합니다. 그런데 축구 국가대표팀은 국가의 공용어인 네덜란드어와 프랑스어가 있음에도 불구하고 영어를 사용하고 있죠. 왜냐하면 두 지역의 갈등이 심하기 때문이에요. 왜 두 지역은 갈등을 겪고 있을까요?

교사: 장면 4는 이탈리아 축구 리그를 다루고 있는데요. SSC 나폴리랑 유벤투스 FC는 세리에 A로 우리나라로 치면 1부 리그에 해당하는 팀들입니다. SSC 나폴리는 이탈리아 남부 지역의 대표적인 팀이고, 유벤투스 FC는 북부의 토리노를 연고지로 한 세리에 A 최다 우승팀이에요. 이탈리아 남부는 상대적으로 경제력이 약한 편입니다. 그래서 축구 리그도 빈약하게 운영되고 있는데, SSC 나폴리는 매년 세리에 A에서 뛰고 있는 남부에 몇 없는 명문 팀이랍니다. 그런데 이런 SSC 나폴리가 부유한 북부의 팀을 상대로 2023년 우승을 하였답니다!

● 활동 1

호날두 유니폼을 입은 마루는 왜 바르셀로나에서 눈총을 맞았을까?

1. 우리가 알고 있는 에스파냐어는 어느 지방 언어인지 찾아봅시다. 카스티야어

2. 바르셀로나의 표지판에 적힌 언어는 무엇일까?

맨 위의 흰색 글자가 카탈루냐어, 가운데 영어, 맨아래의 노란색 글자가 카스티야어

3. 바르셀로나에서 흔히 볼 수 있는 깃발을 찾아봅시다.

에스파냐 국기

카탈루냐의 주기

4. 바르셀로나에서 유명한 것을 찾아봅시다.

사그라다 파밀리아 성당

구엘 공원

바르셀로나 항구

5. 카탈루냐가 에스파냐에서 차지하는 경제적 위상은 어떠한지 생각해 봅시다.

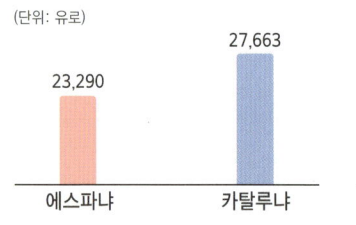

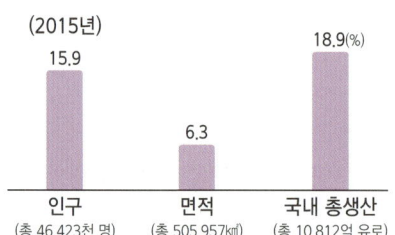

1인당 국민 총생산(왼쪽)과 카탈루냐가 에스파냐에서 차지하는 지표별 비율(오른쪽)

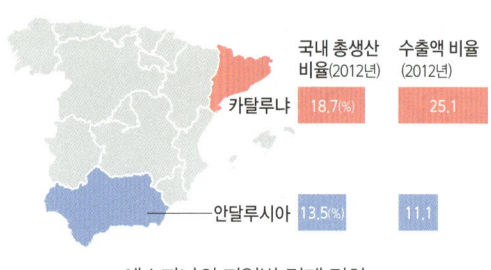
에스파냐의 지역별 경제 격차

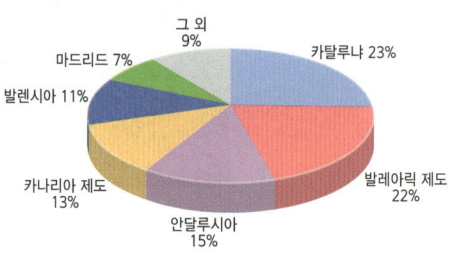
목적지에 따른 외국인 관광객 수(2016)

6. 내가 만약 카탈루냐 지역의 사람이라면?

카탈루냐 지역은 에스파냐 동북부에 위치, 바르셀로나·헤로나·레리다·타라고나 등 4개의 주로 구성돼 있다. 카탈루냐는 원래 하나의 국가로 존재하다 1714년 에스파냐에 병합됐다. 그러나 중세시대부터 지중해 무역을 통해 부를 누려 온 카탈루냐인들은 워낙 민족적 자부심이 높은데다, 수도 마드리드의 카스티야인들과는 다른 문화·역사·언어를 가지고 있다 보니 분리독립 요구가 300년 넘게 이어져 왔다. 무엇보다 중앙정부가 부유한 카탈루냐에서 과도한 세금을 걷어, 다른 지역 개발에 투자하는 등 경제적 착취를 당하는 것에 대한 반발이 심한 편이다.

카탈루냐의 분리독립 요구가 거세게 일기 시작한 것은 에스파냐가 재정위기를 겪기 시작한 2012년 전후였다. 2010년 남아프리카공화국 월드컵 때만 해도 에스파냐가 지역감정을 극복하고 첫 우승을 거두면서 한창 단결의 분위기가 무르익고 있었다. 그러나 에스파냐를 포함한 유럽의 재정위기가 심화되고, 부유한 카탈루냐 지방정부가 연간 지역 국내총생산(GDP)의 약 10%를 다른 가난한 지방정부를 돕는 데 사용하면서 불만이 높아지기 시작한 것이다. (출처: 문화일보, 김다영 기자, 2017)

오랜 역사와 문화·언어를 가진 내 지역에 대한 자부심을 가질 거야. 그리고 우리가 더 많이 낸 세금이 우리 지역이 아닌 다른 지역에 쓰이는 것에 불만을 가질 거 같아.

7. 내가 만약 에스파냐 중앙 정부의 사람이라면?

카탈루냐의 분리독립 요구가 계속되자 2006년에는 에스파냐 중앙의회가 카탈루냐를 '국가적 존재'로 인정하는 법안을 통과시켰다. 카탈루냐 자치정부에 세수입 관할, 카탈루냐어 공용어 인정, 독자적 사법권 보장 등 사실상 '주권 국가'에 준하는 지위를 부여함으로써 자치권을 확대해 주겠다는 내용이었다. 그러나 분리독립에 반대하는 대중당이 헌법재판소에 소송을 제기하고, 헌법재판소가 이를 받아들이면서 무산됐다. 에스파냐의 중앙정부는 카탈루냐를 잃으면 전체 국가 경제의 20%를 잃게 되기 때문에 사활을 걸고 막고 있는 것이다. 실제 2014년 11월에는 정부의 승인 없이 카탈루냐가 독립 찬반투표를 치르기도 했다. 그러나 헌법재판소가 이 투표를 위헌으로 판단했다. (출처: 문화일보, 김다영 기자, 2017)

카탈루냐가 독립해서 에스파냐 전체 GDP의 20%를 잃게 되는 건 큰 문제야. 또한 국가 통합에 위협이 될 수 있어. 하지만 분리 독립까지는 아니더라도, 자치권은 확대해 주는 게 좋을 거 같아.

● 활동 2

FIFA 회원국에 영국은 왜 하나가 아닐까?

1. 잉글랜드, 스코틀랜드, 북아일랜드의 종교를 조사하여 적어 봅시다.

잉글랜드	성공회
스코틀랜드	장로교
북아일랜드	가톨릭

2. 잉글랜드, 스코틀랜드, 북아일랜드의 언어를 조사하여 적어 봅시다.

잉글랜드	영어
스코틀랜드	게일어
북아일랜드	아일랜드어

3. 다음은 영국의 전통 의상 중 하나입니다. 어느 지방에서 볼 수 있는지 찾아봅시다. 스코틀랜드

킬트

4. 스코틀랜드 분리 독립을 위한 주민투표 결과는 어떻게 되었나요?

스코틀랜드는 5세기경에 자신들의 왕국을 건설했지만 이후 계속된 외침에 시달리며 생존해 온 역사가 있다. 앵글로색슨족이 중심인 잉글랜드와 달리 스코틀랜드는 켈트족의 후손들이 주류를 이룬다. 영국과 병합된 지 307년이 지났지만 토속어 게일어를 비롯해 자신만의 전통문화와 관습을 유지하면서 민족적 정체성을 유지해 왔다.

1970년대 북해유전의 발견은 스코틀랜드 독립론에 불을 지피는 계기가 됐다. 마거릿 대처 총리 시절 이후 누적된 스코틀랜드인의 경제적 박탈감과 피해의식은 민족주의 정당인 스코틀랜드 국민당(SNP)에 대한 지지 확산으로 이어졌다. 1979년에는 자치권 확대를 위한 주민투표가 시행됐지만 찬성표가 40%에 그쳐 부결되기도 했다. 이후 토니 블레어 총리가 이끈 노동당 정부의 자치권 확대 조치와 주민투표 가결로 1999년 자치의회가 개원했고, 2011년에는 SNP가 다수당에 오르면서 분리독립 운동이 급물살을 탔다. 세계 금융위기 여파로 중앙정부가 강력한 긴축재정에 나서자 자치정부는 독립투표 요구를 밀어붙였고, 중앙정부가 이를 수용해 2014년 9월 18일 역사적인 주민투표가 실시됐다. (출처: 연합뉴스, 2014)

독립 찬성 44%, 독립 반대 55%로 스코틀랜드는 영국에 남기로 결정되었다. 44%라는 상당히 높은 분리독립 지지를 보여줬다.

5. 아일랜드 록 밴드 U2의 노래 '피의 일요일(Sunday Bloody Sunday)'을 들어 보고 이런 노래를 부르게 된 이유를 아래의 글을 참고하여 생각해 봅시다.

16세기부터 영국인 개신교도들이 북아일랜드로 이주하기 시작하였다. 그러면서 영국인 개신교도들이 아일랜드 지배층이 되어 아일랜드 토착민을 차별하였다. 특히 북아일랜드는 개신교도가 66.2%로 가톨릭교도보다 훨씬 많았다. 이후 아일랜드는 전쟁을 통해 영국으로부터 독립하였으나 친영 세력인 개신교도가 많은 북아일랜드는 영국령에 남았다. 그러나 북아일랜드 가톨릭교도에 대한 차별이 1970년대에도 계속 존재하였다. 북아일랜드의 주요 산업이 조선업이었으나 조선업의 종사자 95% 이상이 개신교도였다. 또한 가톨릭교도들은 공립 학교에 다니지 못하였고, 공공임대주택에 사는 것도 쉽지 않았다. 이로 인해 1972년 피의 일요일 사건이 발생하였다. 피의 일요일 사건이란 아일랜드계의 시위를 진압하러 온 영국군이 시위 중이던 비무장 시민에게 발포하여 14명이 사망하고 15명 이상이 부상당한 사건이다. 북아일랜드 분쟁을 격화시킨 사건 중에 하나이며, 이 사건으로 IRA(아일랜드의 무장 단체)의 무장 투쟁 활동이 활발해지면서 약 30년 동안 잉글랜드와 북아일랜드 간의 분쟁이 지속되었다. 30년간의 유혈투쟁으로 사망자만 3100명이 넘고, 부상자는 3만6000여 명 정도 된다. 결국 1998년 벨파스트 협정을 맺어 분쟁을 종결시켰다. (출처: KBS 역사저널)

6. 2014년 분리 독립 주민투표 이후 10년이 지난 최근의 스코틀랜드는 어떻게 되었을까요?

2016년 6월 영국이 국민투표를 통해 유럽 연합(EU)을 탈퇴(Brexit·브렉시트)하기로 하면서 SNP(스코틀랜드 국민당)가 이끄는 스코틀랜드 자치정부는 영국 중앙정부에 분리 독립 주민투표를 다시 열 것을 요구해 왔다. 스코틀랜드에서는 브렉시트에 반대하는 의견이 더 많았던 만큼 EU에 계속 남을 수 있도록 선택할 기회를 줘야 한다는 것이었다. 브렉시트 후 스코틀랜드 경제가 큰 타격을 입은 것도 독립 열망에 부채질을 했으며, 최근 영국 연방의 구심점이었던 엘리자베스 2세 영국 여왕의 서거 역시 독립 목소리에 힘을 실었다. (출처: 세계일보, 김희원 기자, 2022)

7. 브렉시트 이후 북아일랜드는 어떻게 되었을까요?

2016년 6월 말 브렉시트 찬반 국민투표의 경우 잉글랜드 지역에서는 53.4%가 탈퇴를 지지했다. 하지만 북아일랜드는 55.8%가 브렉시트에 반대했다. 이 지역의 친영파이자 개신교의 85%가 브렉시트를 지지한 반면, 아일랜드와의 통일을 원하는 가톨릭교도 85%가 EU 잔류를 지지했다. 북아일랜드는 영국의 구성 지역 가운데 낙후지역이 많아 EU 예산의 지원을 많이 받았다. 또 북아일랜드 평화협정 과정, 그리고 체결 후 EU가 평화의 보장자로서 기여했기 때문이다. 그런데 브렉시트는 평화협정이 그간 억제해 왔던 종교·인종·역사적 갈등을 다시 끄집어냈다. 1998년의 평화협정은 이곳의 미래를 주민투표에 맡긴다고 규정했다. 당시에는 친영파인 개신교의 비율이 55% 남짓했다. 그러나 2021년 인구조사에 따르면 가톨릭 비율이 45.7%로 개신교보다 2.2%p 높았다. 191만여 명의 북아일랜드 인구 가운데 가톨릭 비율이 개신교도를 추월한 것은 이번이 처음이다. 10년 전 인구조사 때만 해도 개신교도가 3%p 정도 많았다.
영국이 유럽 연합을 탈퇴하면서, 북아일랜드와 아일랜드 공화국 사이의 국경은 유럽 연합 회원국과 비회원국 사이의 경계가 되었다. 사람도 물건도 이동이 엄격하게 통제되어야 하고 관세도 매겨야 하지만 아무런 제약 없이 오고 갈 수 있다. 그 이유는 1998년 평화협정을 통해 북아일랜드와 아일랜드의 자유로운 통행권을 약속했기 때문이다. 영국은 겨우 만들어 낸 평화협정을 깰 수 없으므로 북아일랜드만 EU 단일시장에 잔류시키는 방법을 선택하였다. 그래서 영국과 북아일랜드는 같은 국가임에도 상품 교역 때 통관·검역 절차를 거쳐야 한다. (출처: 내일신문, 안병억 교수, 2024)

북아일랜드의 가톨릭교의 비율이 높아지거나 브렉시트 이후 영국 본토와의 경제적 분리 등으로 인해 북아일랜드의 정치적 긴장이 더욱 악화되었다.

● 활동 3

벨기에의 축구 국가대표는 왜 영어를 사용할까?

1. 다음 지도에서 벨기에의 위치를 찾아보고 주변 국가의 이름과 함께 적어 봅시다.

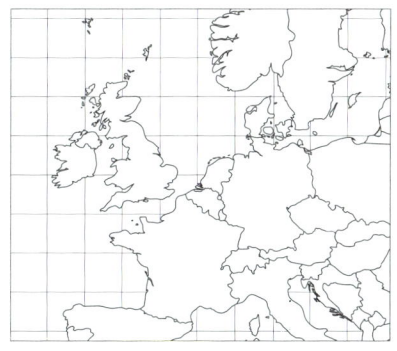

2. 벨기에의 플랑드르와 왈롱 지역은 어떤 언어를 사용하는가?

플랑드르	네덜란드어
왈롱	프랑스어

3. 벨기에의 경제 지표를 참고하여 지역 간 어떤 사회문제가 있을지 예상해 봅시다.

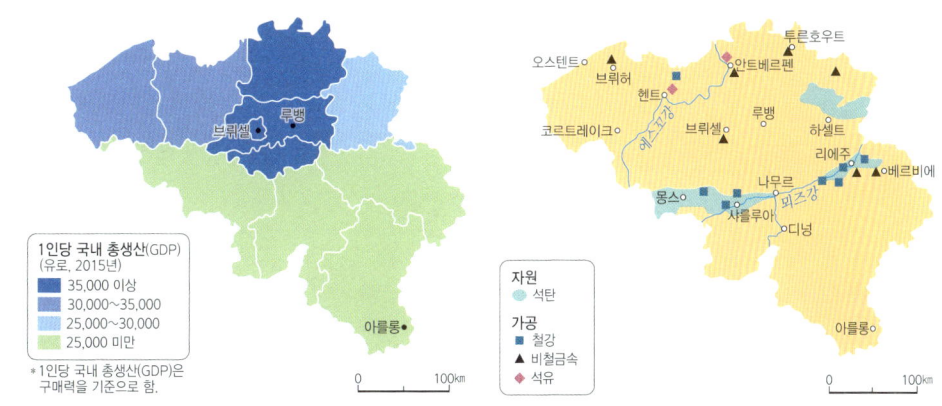

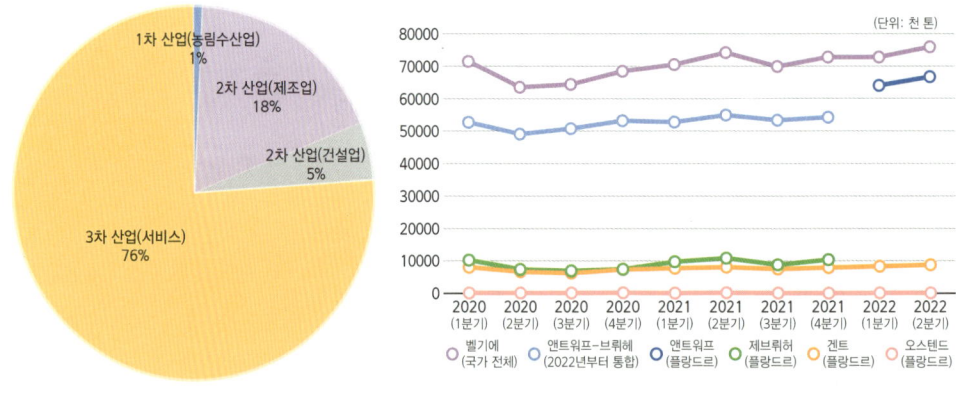

2021년 벨기에 산업별 GDP 비중   벨기에 주요 항만의 운송량

4. 다음 자료를 읽어 보고, 플랑드르 지역과 왈롱 지역의 주민이 되어 자신의 의견을 적어 봅시다.

가톨릭 국가인 벨기에는 1830년 개신교 국가인 네덜란드로부터 독립하였다. 독립 당시에는 석탄과 철강 등 중공업 위주의 산업이 발달한 왈롱 지방이 플랑드르 지방보다 부유했다. 또한 플랑드르 지방의 네덜란드어 사용 인구가 더 많았음에도 불구하고, 프랑스어를 공용어로 지정하였다. 이로 인해 19세기 중엽부터 프랑스어의 독점적 지배에 저항이 발생하여 제1차 세계 대전 이후 오늘날과 같은 언어권으로 분리되었다. 하지만 제2차 세계대전 이후 플랑드르는 상업과 지식기반 산업의 성공으로 부유해지고, 왈롱은 중공업의 쇠퇴로 가난해져, 플랑드르로부터 교부금을 받아야 하는 처지로 전락했다. 이로 인해 플랑드르에서는 분리 독립을 바라는 여론이 높다. (출처: 경향신문, 김기범 기자, 2011)

〈벨기에 헌법〉
제2조 벨기에는 프랑스어 공동체, 네덜란드어 공동체 및 독일어 공동체의 3개 공동체로 구성된다.
제3조 벨기에는 왈롱 지역, 플랑드르 지역, 브뤼셀 지역의 3개 지역으로 구성된다.
제4조 벨기에는 프랑스어권, 네덜란드어권, 2개 언어를 사용하는 수도 브뤼셀 및 독일어권의 4개 언어권으로 구성된다.

브뤼셀 길거리 표지판

플랑드르	네덜란드를 사용하는 우리를 무시하고 프랑스어만 공용어로 지정했던 과거를 생각하면 화가 나. 현재는 우리가 상업과 지식기반 산업으로 성과를 내고 있는데 이를 왈롱 지역에 주는 건 불만이야.
왈롱	지금은 중공업의 쇠퇴로 어려움을 겪고 있지만, 우리가 가치 있는 기여를 하지 않았다는 건 아냐. 헌법에 의하면 벨기에는 프랑스어뿐만 아니라 네덜란드어와 독일어를 공용어로 지정했어. 이제는 플랑드르와의 연대와 협력이 필요해.

● 활동 4

SSC 나폴리랑 유벤투스 FC는 왜 라이벌일까?

1. 백지도에서 나폴리와 유벤투스의 위치를 찾아봅시다.

2. 다음 자료들을 참고하여 이탈리아 남부 지역과 북부 지역의 경제 상황을 예측해 봅시다.

이탈리아 지역별 올리브 오일 생산

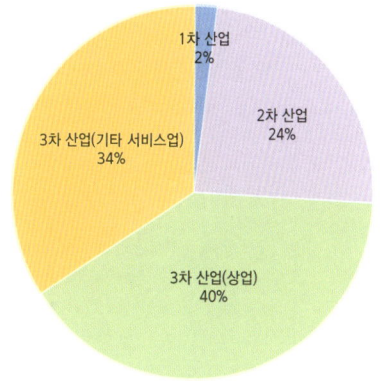
이탈리아 산업별 1인당 국내 총생산 비중(%)

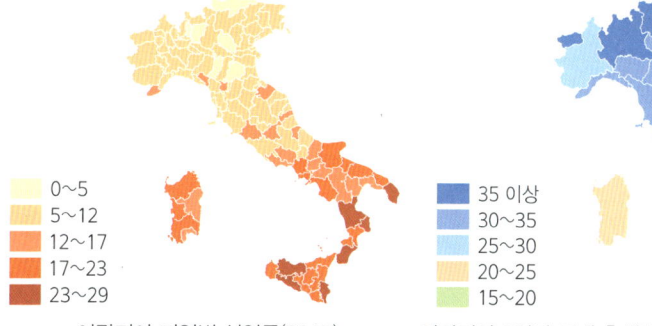
이탈리아 지역별 실업률(2017)　　이탈리아 1인당 국내 총생산(2015, 단위: 천 유로)

▶ 9사(지리)03-04 마루의 유럽 축구 여행기

101

북부 지역	1인당 국내 총생산이 높은 지역으로 경제적으로 발전했다. 밀라노, 토리노와 같은 대도시가 있고, 명품 브랜드들이 있는 강력한 경제 기반을 갖고 있다.
남부 지역	1인당 국내 총생산이 낮은 지역으로, 주로 1차 산업이 이루어진다. 1차 산업은 이탈리아 산업별 GDP 비중에서 2%밖에 안 되며, 높은 실업률을 보인다.

3. 다음 자료를 읽어 보고, 북부 지역과 남부 지역의 사람이 되어 자신의 의견을 적어 봅시다.

> 1910년대 이탈리아는 경제 기반이 약하고 식민지가 적었다. 사회적 혼란기에 무솔리니가 이끈 파시스트당이 독재 체제를 수립하였다. 당시 무솔리니의 독재 정권은 낙후된 이탈리아의 경제를 발전시키기 위해 급속한 산업화를 추진하였다. 북부의 여러 공업 단지가 생겨나자 북부는 노동자가 필요했고, 전통 농업 중심의 남부 지역 사람들은 일자리를 찾아 북부로 많이 이동하였다. 이러다 보니 이탈리아의 경제가 나날이 발전함에도 불구하고, 남부의 농촌 사회는 빠르게 붕괴되었고 실업률은 갈수록 높아졌다.
>
> 이탈리아 정부는 다양한 정책으로 남북 간 균형 발전을 꾀하고 있다. 그러나 북부 지역은 자신들이 낸 세금으로 남부 지역을 보조하고 있다고 불만을 토로하고 있으며, 남부 지역은 정부의 지원을 늘려 달라는 요구를 강력히 제기하고 있다. 이러한 북부 지역의 불만이 점차 높아져 1990년대부터 분리독립운동으로 커지게 되었다. 이를 '파다니아' 운동이라고 부른다. 그러나 지역 이기주의라고 평가받는 등 여론이 좋지 않자 2000년대 이후부터는 분리독립보다는 자치권 확대로 노선을 변경하였다. (출처: 아시아경제, 이현우 기자, 2017)

북부 지역	북부 지역이 발전함에 따라 우리는 많은 세금을 내고 있어. 그런데 이 세금이 주로 남부 지역을 지원하는 데 사용되고 있어 불만이야. 우리의 경제적 기여가 공평하지 않게 사용되는 거 같아. 우리의 성과를 인정해 줘.
남부 지역	1910년대의 산업화 정책으로 인해 북부는 급격히 발전했지만, 남부는 그로 인해 많은 사람들이 일자리를 찾아 북부로 이동하면서 큰 어려움을 겪었어. 정부는 우리에게 더 많은 재정적 지원과 정책적 노력을 줘야 해.

◆ 교과 세특

-○○ 지역의 분리 움직임을 탐구하는 과정에서 지리 정보를 탁월하게 활용함. 모둠 내 맡은 역할을 적극적으로 수행할 뿐만 아니라 유럽의 분리 움직임이 주민 생활에 미치는 영향을 논리적으로 제시함으로써 뛰어난 지리적 문해력을 보여 줌.

📂 읽기 자료

엘 클라시코

에스파냐 라리가의 최대 라이벌인 레알 마드리드 CF와 FC 바르셀로나의 더비 경기를 이르는 용어이다. 본래 '전통의 승부'라는 뜻으로, 카탈루냐어로는 엘 클라식(El Clàssic)이라고 한다. 엘 클라시코는 에스파냐는 물론 국제적으로도 큰 인기를 끌고 있는 축구 경기 중 하나이다. 이처럼 양 팀의 더비가 유명해진 것은 에스파냐의 역사에서 마드리드와 바르셀로나가 갖고 있는 배경 때문이다. 마드리드는 역사적으로 오랜 에스파냐 중앙정부의 수도이며, 바르셀로나는 에스파냐에서의 분리독립을 외치는 카탈루냐주의 중심 도시이다. 이 때문에 두 구단의 대결은 단순 축구 경기가 아닌 지역의 자존심이 걸려 있다. 이에 두 구단에서는 매년 인기 축구선수를 영입하는데, 대표적으로 크리스티아누 호날두(전 레알 마드리드)가 '유벤투스 FC'로 이적하기 전까지 호날두와 리오넬 메시(FC 바르셀로나)의 라이벌전으로 특히 유명했다. 한편, 마드리드와 바르셀로나 두 지역 간에는 축구 외에 농구에서도 엘 클라시코가 치열하게 벌어지고 있다.

출처: 네이버 지식백과

검은 택시 투어

샨킬 로드(Shankill Road)

평화의 벽
(왼쪽은 샨킬 로드 구역, 오른쪽은 폴스 로드 구역이다)

폴스 로드(Falls Road)

폴스 로드에서 볼 수 있는 바비 샌즈 벽화

북아일랜드의 수도이자 독립투쟁의 가슴 아픈 역사를 담고 있는 벨파스트에서는 검은 택시 투어가 운영되고 있다. 검은 택시 투어란 검은 택시를 이용하여 벨파스트 곳곳에서 볼 수 있는 역사와 해설을 들을 수 있는 관광 상품이다. 택시는 가톨릭교와 개신교의 각각 다른 거주 지역, 가톨릭교와 개신교의 충돌을 막기 위해 만든 평화의 벽 등을 안내한다.

구글 어스의 스트리트 뷰를 활용하여 학생들과 함께 간접적으로 검은 택시 투어를 체험할 수 있다. 개신교 거주 지역인 샨킬 로드(Shankill Road), 가톨릭교 거주 지역인 폴스 로드(Falls Road)를 스트리트 뷰로 다니는 것이다. 샨킬 로드는 유니언잭(영국 국기)을 쉽게 볼 수 있는 반면에, 폴스 로드는 영국군에 저항하여 단식 투쟁을 했던 바비 샌즈(Bobby Sands)의 벽화를 볼 수 있다. 그리고 샨킬 로드와 폴스 로드 사이에 아직도 남아 있는 평화의 벽(Peace Wall Belfast, Cupar Way)도 볼 수 있다.

영화로 보는 북아일랜드 분쟁

북아일랜드 분쟁과 관련된 영화 <아버지의 이름으로>, <벨파스트>를 소개한다. 영화 <아버지의 이름으로>는 제리 콘론 사건을 다루고 있다. 제리 콘론 사건이란 영국군과 경찰이 IRA(아일랜드의 무장 단체)를 수색하다가 무고한 제리 콘론을 용의자로 잡아간 일을 말한다. 제리 콘론은 모진 고문을 당하고 아버지까지 용의자로 몰리자 결국 자백하여 종신형을 받게 된다. 세월이 지나 제리 콘론은 15년 만에 무죄 판결을 받아 감옥에서 나오게 되지만 결국 아버지는 감옥에서 생을 마감하게 된다. 이 영화는 가슴 아픈 진실을 전달하지만 그 속에서 부자의 끈끈한 관계와 함께, 부당한 법 시스템과 맞서 싸우는 모습을 통해 정의와 가족의 의미를 되새기게 한다.

영화 <벨파스트>는 1960년대 후반 북아일랜드 벨파스트에서 벌어진 종교적 갈등 속에서 9살 소년 버디와 그의 가족이 겪는 이야기를 다룬 감동적인 드라마이다. 영화는 버디의 순수한 시각을 통해 시대의 혼란과 가족 간의 사랑을 따뜻하게 그려내며, 흑백 화면을 통해 당시의 분위기를 생생하게 전달하고 있다. 가족의 희망과 연대 속에서, 시대의 아픔을 섬세하게 표현한 작품이다.

에스파냐의 바스크

에스파냐에는 카탈루냐 지역뿐만 아니라 바스크 지역에서도 분리 독립 움직임이 있다. 에스파냐-프랑스 국경 지역에 위치한 바스크는 바스크어를 사용하는 바스크 민족(바스코니아, 바스코네스)의 거주지로 바스크-에스파냐-프랑스 간의 갈등이 오랫동안 지속되어 온 지역이다. 10세기에 들어서 바스크 왕국이 쇠퇴하여 1479년 에스파냐에 병합되었으나, 이 지역은 18~19세기까지도 자치정부의 형태를 갖추고 있었다.

19세기 후반 산업혁명으로 바스크 지역이 경제석으로 성장했으나, 에스파냐 중앙정부가 바스크의 자치정부를 인정하지 않은 상황이 지속되면서 바스크 지역의 민족주의 감정이 자극되었다. 당시 바스크 지역은 에스파냐 최대 공업지역으로 에스파냐 정부에 막대한 경제적 이익을 제공하고 있었음에도, 도로·상하수도·위생설비 등 사회간접자본은 매우 미흡한 탓에 바스크인들의 중앙정부에 대한 불만이 매우 컸다.

바스크 지역의 빌바오시는 풍부한 철광석으로 무역항이 번성한 도시였으나 산업이 쇠퇴한 이후, 지금은 1997년에 개관한 구겐하임 미술관으로 세계적인 관광도시가 되었다. 에스파냐에서 경제 수준이 월등히 높은 지역으로, 카탈루냐보다도 1인당 GDP가 훨씬 높다. 바스크의 경제력은 유럽에서도 손꼽히는 수준이다.

이러한 역사적 배경, 민족, 언어, 경제적 상황 등으로 인해 바스크인들은 에스파냐에서 분리 독립을 주장하고 있다.

출처: 네이버 지식백과

제4장 아프리카

04-01 From 아프리카

04-02 대륙별 청년 모임에 갔는데, 어리다고 무시 받았어요

04-03 야! 너두 (아이디어만 있으면) 아프리카 도울 수 있어!

▶ 9사(지리)04-01

From 아프리카

성취기준	다양한 지리 정보와 매체를 활용하여 아프리카의 국가와 주요 도시의 위치를 파악하고, 자연환경의 특성을 지도로 표현한다.
성취기준 해설	다양한 지리 정보 및 매체에 표현된 아프리카의 국가와 주요 도시의 위치를 파악하고, 자연환경의 특성을 지도화하면서 공간적 인식 능력과 지리적 표현력을 기르고 지리적 산출물을 만드는 기회를 제공하는 데 중점을 둔다.
핵심 요소	아프리카의 위치, 아프리카의 여러 국가, 아프리카 대륙의 주요 도시, 아프리카의 자연환경
교과 역량	☐ 창의적 사고력 ☑ 비판적 사고력 ☑ 문제 해결력 및 의사 결정력 ☑ 의사소통 및 협업 능력 ☑ 정보 활용 능력

📁 수업 안내

4-1단원에서는 다양한 지리 정보 및 매체에 표현된 아프리카의 국가와 주요 도시의 위치를 파악하고, 자연환경의 특성을 지도화하면서 공간적 인식 능력과 지리적 표현력을 기르고 지리적 산출물을 만드는 기회를 제공하는 데 중점을 두고 있습니다. 학생들에게 생소한 아프리카 대륙을 본격적으로 학습하기 시작하면서 큰 틀을 잡아 주는 단원이기 때문에 가시적인 활동 자료와 다양한 매체들이 필요합니다. 성취기준을 크게 두 갈래로 나누어 앞 차시에서는 아프리카 대륙의 구체적인 위치와 주요 나라를 익히는 활동을 합니다. 이를테면 55개국이 모여 있는 아프리카의 나라 중 하나를 택하여 직접 구글지도나 사회과 부도를 통해 찾아보고 그 나라의 위치와 이 외 자료들을 조사해 보는 것이지요. 이러한 나라들을 하나씩 모아 아프리카는 어떤 나라와 문화가 공존하는 곳인지 파악하는 것이 중요합니다. 다음 차시에서는 아프리카 대륙의 다양한 자연환경 모습들에 대해서 학생들에게 탐구시켜주는 것이 필요합니다. 이때 필요한 것은 많은 그림 자료 및 사진 자료들입니다. 직접 가 보기 어려운 대륙이기 때문에 가상 체험이나 사전 조사가 뚜렷하게 나타날 수 있는 수업이 나타나면 좋을 듯합니다. 이후에 아프리카 단원의 모든 수업이 끝난 후 테마별 지도를 제작해 보는 것도 추천합니다.

📂 수업 들어가기

교사: 오늘은 우리 세계 여행을 떠나 봅시다. 각자 가 보고 싶은 나라가 있나요?

학생1: 미국이요!

학생2: 영국이요!

학생3: 아프리카요!

교사: 다들 가 보고 싶은 나라가 다양하군요. 그런데 누가 아프리카를 말해 주었어요.

학생: 아프리카는 어떤 나라지요? 나라가 아니고 대륙인가요?

교사: 우리 한 번 같이 생각해 볼까요? 과연 아프리카라는 나라가 있을까요? (사진을 보여 주며)

교사: 지금 보이는 자료는 아프리카의 여러 나라들을 나타낸 그림이에요. 정말 많지요? 이렇게 많은 나라가 존재하는 거대한 대륙 아프리카에 대해 배워 봐요.

● 활동 1

아프리카의 퍼즐 한 조각

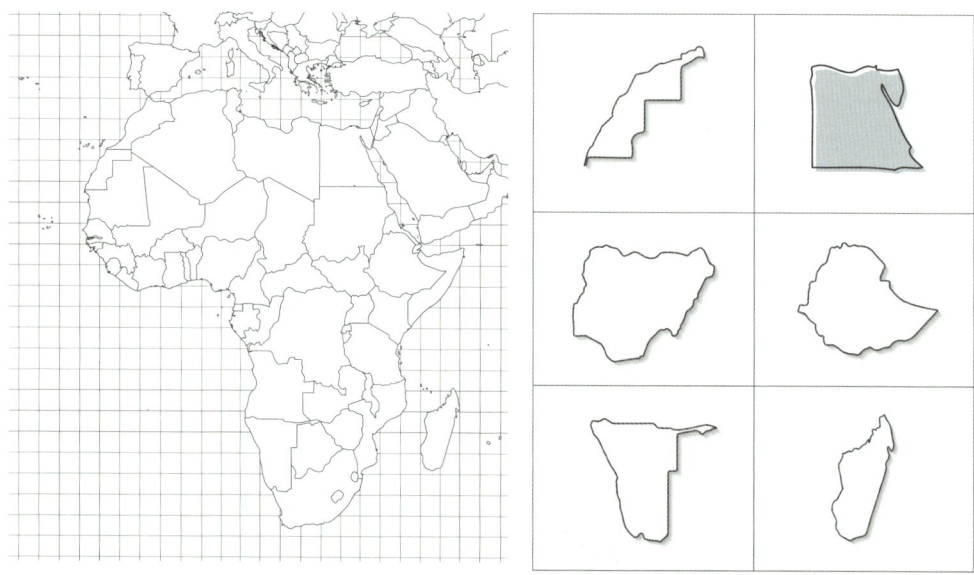

1. 국가 퍼즐의 모양을 보고 왼쪽의 백지도에서 위치를 찾아 표시해 봅시다. 사회과 부도에서 찾아보는 것도 가능합니다.
2. 찾은 국가의 국기, 수도, 자연환경, 인문환경, 종교 등을 담은 안내서를 작성해 봅시다.
3. 조사한 것을 서로 발표해 봅시다.

> **활동 Tip** 칠판에 적당한 크기의 아프리카 백지도를 붙이고 국가 퍼즐을 준비한 후 나라별 퍼즐 조각을 무작위로 배정하여 모둠별 활동을 할 수 있습니다.

● 활동 2

나만의 아프리카 지도를 만들어 보자

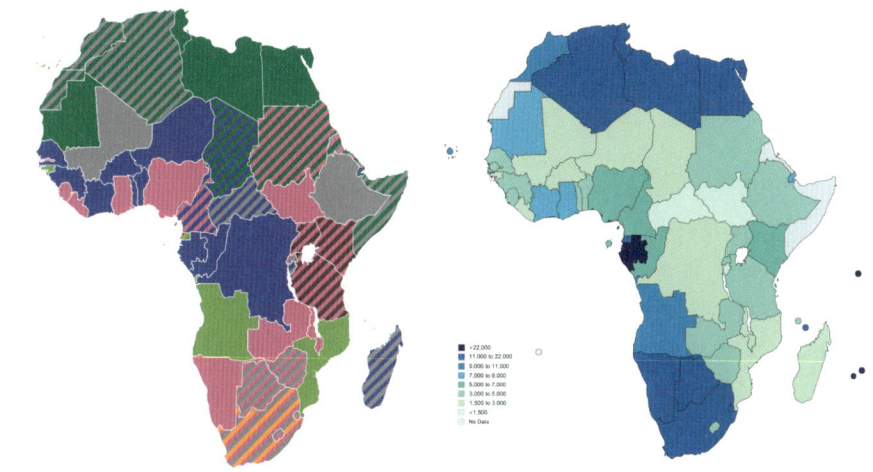

아프리카 공식어 지도

아프리카 국가의 1인당 국내 총생산(2023)

아프리카 자연환경 지도

랜드마크 동식물 지도

◆ **교과 세특**

(활동 1)
- 아프리카의 주요 국가 및 도시의 위치를 파악하고 특징을 모둠원과 함께 협력하여 활동지에 정리함.
- 선정한 국가에 대해 조사하여 국가를 안내할 수 있는 안내서(또는 홍보물)를 제작함.
- 다양한 매체를 활용하여 아프리카 대륙의 특정 나라에 대해 조사하여 '아프리카의 퍼즐 한 조각' 활동을 통해 정리함.

(활동 2)
- 다양한 매체를 활용하여 아프리카의 지형 및 기후와 같은 자연환경을 조사하여 활동지에 정리함.
- 아프리카의 자연환경에 대해 분석하여 자신만의 아프리카 지도를 완성함.
- 아프리카의 인문환경에 대해 분석하여 자신만의 아프리카 지도를 완성함.
- 아프리카 대륙에서 나타나는 다양한 부족들을 조사하고 이를 데이터로 한 인문 지도를 모둠원과 함께 제작함.

읽기 자료

우리가 알고 있는 아프리카? 우리가 알아야 할 아프리카!

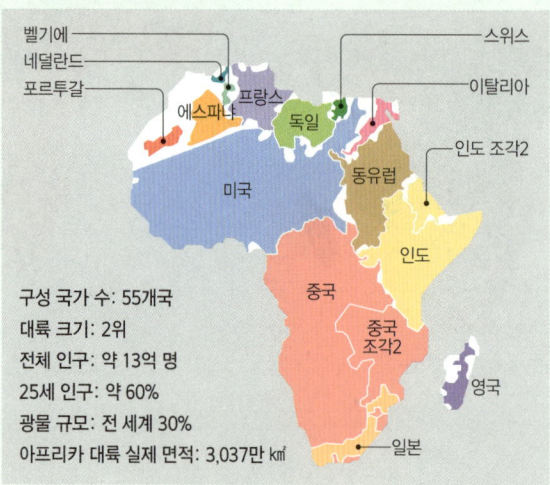

너무 멀어서 관심 밖에 있던 아프리카 대륙에는 55개의 국가가 밀도 있게 자리 잡고 있다. 생각보다 광대한 영토와 그에 따른 다양한 자연지리, 인문지리적 특성이 나타나는 아프리카는 떠오르는 젊은 대륙으로 불리곤 한다. 우리는 아프리카를 하나로 오인하는 경우가 많다. 아프리카 사람들은 아프리카 대륙을 동부와 서부,

남부, 중부, 북부 아프리카 등 5개 지역으로 구분한다. 카타르 월드컵 본선 출전 32개국 중 아프리카 국가는 가나를 포함해 세네갈, 카메룬, 모로코, 튀니지 등 5개국이다. 이 중 가나와 세네갈, 카메룬은 서아프리카에, 모로코와 튀니지는 북아프리카에 포함되어 있다. 지리적으로 북아프리카는 아프리카 대륙에 있지만 이 지역 사람들은 스스로를 아프리카인으로 인식하기보다 아랍 문화권의 일부로 여긴다. 자연히 아프리카 하면 대부분 사하라 이남 아프리카, 즉 블랙 아프리카를 일컫기도 한다.

아프리카 대륙은 아시아에 이어 세계에서 두 번째로 넓은 면적을 갖고 있지만, 인구는 약 13억 명으로 전 세계 인구의 15%에 해당한다. 1억 명 이상 인구를 갖고 있는 국가는 나이지리아와 에티오피아, 이집트 등 3개국뿐이다. 인구가 1,000만 명 이하인 국가도 20여 개나 된다. 우리를 포함한 많은 국가가 인구 고령화와 인구 감소 문제에 직면하고 있지만, 아프리카 대륙은 세계에서 가장 젊은 대륙이다. 인구 중 약 60%가 25세 이하이며, 가장 높은 인구증가율을 보이고 있다. 2050년이 되면 아프리카 인구는 전 세계 인구의 25%를 차지할 것으로 예상된다.

2021년 1월, 세계 최대 자유무역지대인 아프리카대륙자유무역지대(AfCFTA)가 출범했다. AfCFTA는 인구 13억 명에 3조4,000억 달러(약 4,420조 원) 규모의 경제 블록으로 세계무역기구(WTO) 창설 이후 가장 넓은 자유무역지대다. 전문가들은 AfCFTA 출범으로 아프리카 내부 교역이 활발해져 2040년까지 약 700억 달러 규모의 효과가 있을 것으로 예상하고 있다. 특히, 아프리카는 천연자원의 보고로 전 세계 광물의 30%가 묻혀 있으며, 아마존 다음으로 큰 콩고 열대우림도 포함하고 있다. 이러한 변화와 잠재성이 전 세계가 아프리카를 주목하는 이유다. 우리 정부도 아프리카 국가들과의 교류와 협력을 강화하기 위해 2024년 한-아프리카 특별 정상회의를 개최하였다.

아프리카 대륙은 55개 국가를 포괄하고 있는 아주 광활한 대륙이다. 이러한 아프리카 대륙의 실제 크기는 우리가 흔히 '메르카토르 도법'으로 이루어진 여러 세계지도로 인해 많은 오해를 낳고 있다. 실제로 아프리카 대륙은 미국과 중국, 인도, 유럽의 주요 국가들의 면적을 합친 것보다 크다. 이러한 아프리카의 거대함을 우리는 이제는 알아가야 한다.

아프리카 국경선 이야기

'아프리카 쟁탈전(Scramble for Africa)', '아프리카 분할(Partition of Africa)'은 1881년부터 제1차 세계대전이 발생한 1914년 사이 유럽 열강들이 아프리카를 식민화했던 과정을 말하는 용어이다. 더 정확히는 베를린 회의를 기점으로 '아프리카 쟁탈전'이라는 용어는 역사학자들에 의해 생산되어 등장하게 되었다.

1880년대부터 유럽 열강의 아프리카 내 식민지 개척에 대한 관심은 극대화되었고, 유럽 열강 사이에 다툼의 조짐이 보이기 시작했다. 솔즈베리는 1880년 외교부를 떠날 당시만 해도 아무도 아프리카에 관심이 없었으나, 다시 돌아온 1885년에는 유럽 열강들이 아프리카 식민지를 얻기 위해 다투고 있었다고 회고했다. 한정된 아프리카 땅을 놓고 벌어지는 아프리카 쟁탈전으로 유럽 제국들 간 갈등이 고조되고 전쟁의 가능성은 높아졌다.

긴장감이 고조되는 상황에서 '서아프리카 회의' 혹은 '콩고 회의'로도 불리는 '베를린 회의'는 콩고강 어귀에 대한 특별 지배권을 주장하는 포르투갈의 제안으로 개최되었다. 독일 오토 폰 비스마르크(1815~1898)의 주재로 1884년 11월15일부터 1885년 2월 26일까지 열렸다. 이 회의에 참석한 국가들은 오스트리아-헝가리, 벨기에, 덴마크, 프랑스, 독일, 영국, 이탈리아, 네덜란드, 포르투갈, 러시아, 에스파냐, 스웨덴-노르웨이, 튀르키예, 그리고 미국 등 총 14개국이었다. 14개국 중 프랑스, 독일, 영국 그리고 포르투갈은 이 회의 주요국으로 당시 아프리카 식민지 쟁탈전의 이해 당사자였다. 이 회의는 아프리카인이 철저히 배제된 상태에서 유럽 열강 간의 충돌을 줄이고 아프리카 식민화에 대한 규칙을 논하는 자리가 되었다. 베를린 회의가 개최될 시기까지 아프리카의 80%는 그들 전통에 의해 자치적 통치가 이루어지고 있었다. 오직 아프리카 해안 지역만 유럽에 의해 식민지가 되어 있는 상태였다. 하지만 이 회의로 유럽 제국열강들은 아프리카 내륙 통제권을 손에 넣기 위해 다투었다. 그들은 아프리카 원주민들에 의해 결정된 문화, 언어, 종교, 정치적 경계에 대한 고려 없이 기하학적 경계선에 대해 협상을 했다. 아프리카 대륙에 대한 지리학적 이해가 부족한 상태에서 전통적 정치 분할에 대한 이해 없이 경계선을 그리려고 했으니 많은 어려움이 있었다.

새로운 아프리카 대륙 지도가 탄생하자 수천 개의 토착 문화와 지역이 뒤섞이게 됐고 오랫동안 문화와 역사를 공유했던 부족들이 나뉘게 되었다. 또한 아프리카인들은 어울리기 어려운 이질적인 문화를 가진 부족들과 함께 살아가야 하는 운명을 맞게 되었다. 이 회의에 참석했던 유럽 열강들은 1914년까지 부자연스럽고 인위적인 50개의 국가를 탄생시켰다.

출처: 시사저널, 이형은(2016년 6월 30일)

1884년 베를린 회의

식민주의자 세실 로즈가 카이로와 케이프타운을
잇는 전화선 건설 계획을 발표한 것을 풍자한 그림
(에드워드 샌본, 1892)

▶ 9사(지리)04-02

대륙별 청년 모임에 갔는데, 어리다고 무시 받았어요

성취기준	아프리카의 지리적 특성에 기반한 다양한 문화와 지역 잠재력을 탐구하고, 아프리카에 대한 자신의 인식을 성찰한다.
성취기준 해설	아프리카의 다양한 문화 및 지역의 잠재력을 탐구하는 활동을 통하여 아프리카에 대한 지금까지의 인식을 스스로 생각해 볼 수 있는 기회를 제공하는 데 초점을 둔다.
핵심 요소	아프리카의 지리적 특성, 아프리카의 지역 잠재력, 아프리카의 문화, 중위 연령, 출산율
교과 역량	☐ 창의적 사고력　　　　　　　　　☑ 비판적 사고력 ☑ 문제 해결력 및 의사 결정력　　　☑ 의사소통 및 협업 능력 ☐ 정보 활용 능력

📂 수업 안내

4-2단원은 아프리카의 지리적 특성을 이해하고 발전 가능성에 대해 학습한 후, 아프리카에 대해 가지고 있었던 인식 변화를 학생 스스로 성찰해 보는 단원입니다. 학생들이 아프리카에 대해 가지고 있었던 가난, 질병, 기아, 전쟁, 저개발 등의 부정적인 이미지를 지우고 젊은 인구와 높은 출산율을 바탕으로 한 인구 잠재력, 넓은 영토와 많은 자원, 다채로운 문화라는 긍정적인 이미지를 가지도록 하는 것이 수업의 목표입니다.

대부분의 선진국이 저출산과 고령화의 문제 앞에 놓여 있습니다. 아프리카의 젊고 많은 인구는 선진국의 문제점을 해결할 수 있는 열쇠로 작용할 수 있습니다. 아프리카의 인구 특징을 쉽게 이해할 수 있도록 각 대륙의 중위 연령을 비교할 수 있는 활동을 동기유발로 사용하였습니다. 중위 연령 자료를 활용하여 몇몇 눈에 띠는 국가의 중위 연령을 통해 해당 국가의 특징을 추측하는 활동을 할 수 있습니다. 또한 2020년의 자료를 바탕으로, 2100년의 미래의 인구 특징을 추측하는 활동을 할 수 있습니다. 아프리카의 거대한 면적을 깨닫고, 넓은 영토에 담겨 있는 막대한 양의 자원을 이해할 수 있도록 아프리카 대륙 안에 미국, 중국, 인도 등 여러 나라의 면적을 합쳐 비교할 수 있는 지도를 사용하였습니다. 학생들이 직접 카드 뉴스를 만드는 활동을 통해 아프리카 대륙의 잠재력을 쉽게 이해할 수 있을 것입니다.

놀리우드와 엠페사의 사례를 통해 아프리카 대륙의 높은 기술력을 알아보고 음악과 미술 등 문화적 측면에서 아프리카의 새로운 면모도 살펴봅니다.

📁 **수업 들어가기**

활동 Tip
- 대륙별 대표 청년 사진은 학생들에게 익숙한 인물로 제시하여 학생의 흥미를 이끌거나, 해당 대륙의 유명 인물을 제시하여 추가로 다양한 설명을 할 수 있습니다.
- 예를 들면 남아메리카의 대표로 축구 선수인 메시의 30대 시절 사진을 보여 줍니다.

● 활동 1

미래 인구 예측하기

> **중위 연령이란?**
> 총인구를 나이 순서로 나열했을 때 한가운데 있는 사람의 나이를 뜻합니다. 2024년 기준으로 우리나라의 중위 연령은 45세, 일본은 49.5세입니다.

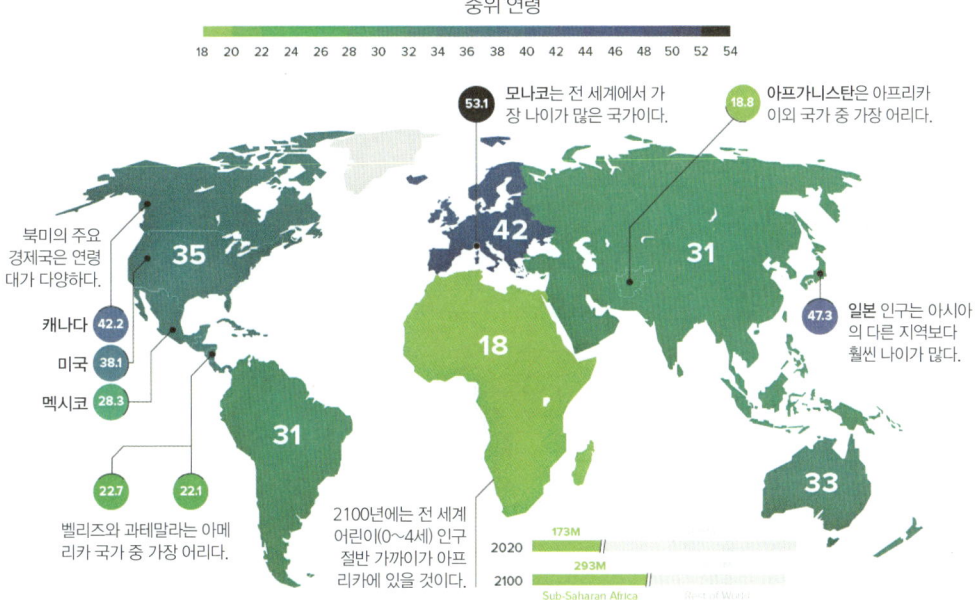

대륙별 중위 연령(출처: visualcapitalist, 2019; CIA world factbook, 2020)

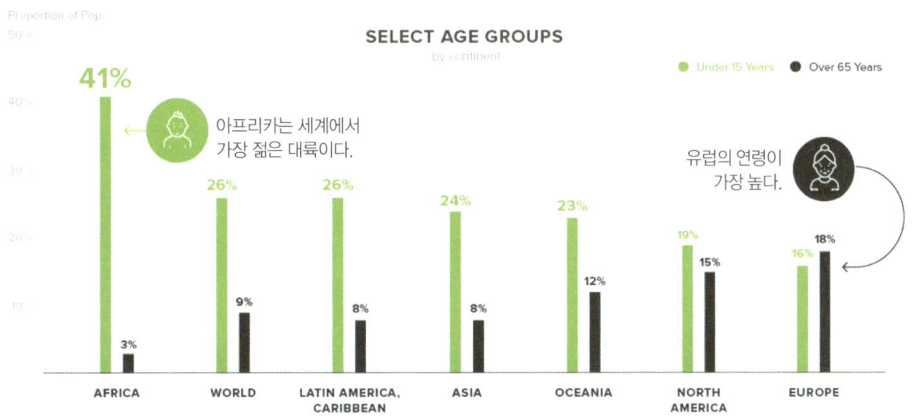

대륙별 연령 그룹 비교(출처: visualcapitalist, 2019; CIA world factbook, 2020)

▶ 9시(지리)04-02 대륙별 청년 모임에 갔는데, 어리다고 무시 받았어요

1. 지도를 보고 가장 젊은 대륙과 가장 늙은 대륙을 찾아보고 나머지 대륙을 연령 순서대로 적어 봅시다.

2. 대륙별로 중위 연령에 차이가 나는 이유는 무엇일까요?

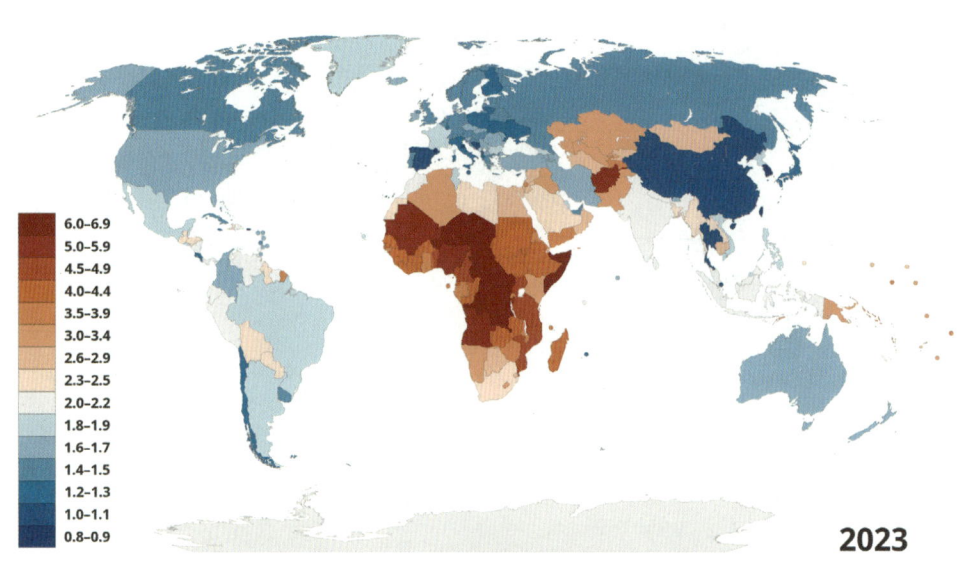

세계 출산율(출처: 위키피디아)

3. 출산율 지도를 보고 인구가 증가할 것으로 예상되는 국가를 적어 봅시다.

📂 읽기 자료

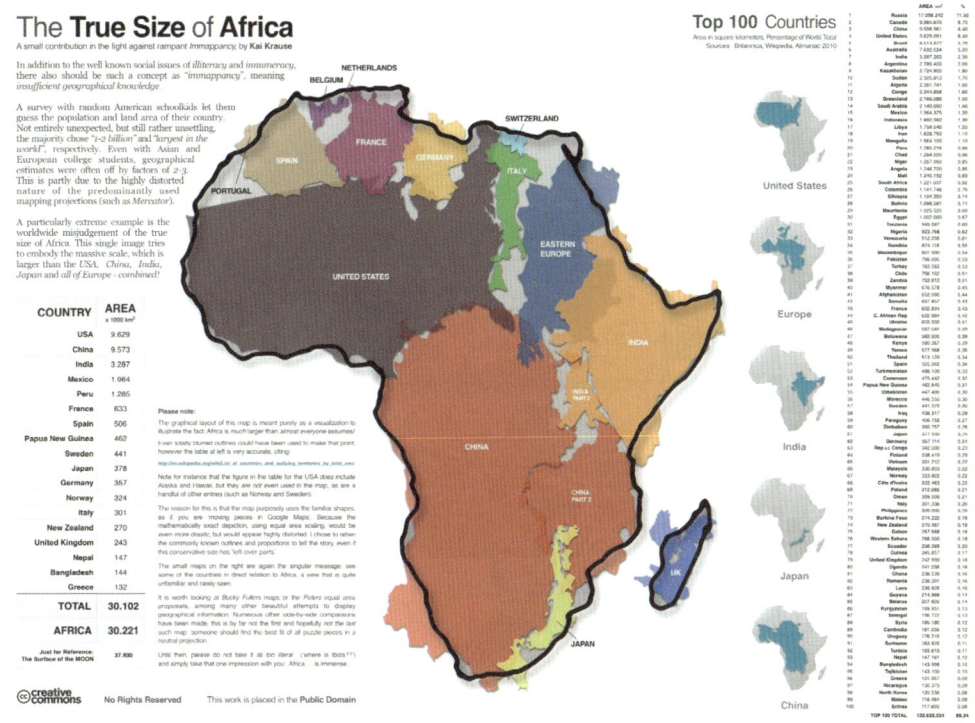

아프리카 대륙과 다른 국가의 면적 비교
(출처: WORLD ECONOMIC FORUM)

세계를 담는 아프리카

아프리카는 젊은 인구와 높은 인구 증가율뿐만 아니라 넓은 크기의 영토도 가지고 있습니다. 미국, 중국, 인도, 프랑스, 에스파냐 등의 여러 국가를 합쳐도 아프리카 대륙 하나의 크기를 넘지 못합니다. 넓은 영토에는 석유, 석탄, 금, 다이아몬드, 구리 등 다양한 지하자원이 매장되어 있습니다. 천연자원의 보고라고 불릴 만큼 다양하고 질 좋은 자원들이 많습니다. 이를 개발한다면 아프리카의 경제 발전에 큰 도움이 될 것입니다. 또한 넓은 대륙을 바탕으로, 미래의 에너지로 주목받는 수력, 풍력, 지열, 태양광, 바이오 에너지 등 다양한 신·재생 에너지도 많습니다. 실제로 케냐는 풍력, 지열, 태양광 등 재생에너지 발전력이 국가 발전량의 70% 이상을 차지하고 있습니다.

● 활동 2

아프리카 카드 뉴스 만들기

> **카드 뉴스란?**
> 주요 이슈나 뉴스를 이미지와 간략한 텍스트로 재구성하여 보여 주는 뉴스로 기사 뉴스보다 가독성과 전파력이 뛰어난 뉴스 형식입니다.

1. 모둠별로 소개하고 싶은 카드 뉴스의 주제를 정하고, 자료를 수집합니다.

- 2100년, 전 세계 어린 아이들(0~4세)의 절반은 아프리카에 살고 있다는 사실을 아시나요?
- '재즈'의 기원이 아프리카라고?
- 아프리카의 아마존 닷컴: 주미아(ZUMIA)를 소개합니다.
- 케냐의 모바일 결제 수단 'M-pesa'를 아시나요?

카드 뉴스 주제 예시

▶ 카드 뉴스 주제

2. 주제와 관련된 자료, 통계 자료, 뉴스 기사 등 다양한 자료를 수집하여 카드 뉴스를 제작합니다.

- 알제리: 아프리카에서 가장 큰 나라
- 남수단: 세계에서 가장 최근에 생겨난 나라
- 보츠와나: 전 세계 다이아몬드 생산량 1위 광산
- 튀니지: 아랍의 봄
- 케냐: 세계를 바꿀 새로운 기술, 실리콘 사바나!
- 라이베리아: 자유의 땅
- 부르키나파소: 페스파코, 아프리카의 영화제

카드 뉴스 예시 및 추천 주제

3. 완성된 카드 뉴스를 친구들에게 공유하고, 다른 모둠의 카드 뉴스를 본 소감을 작성합니다.

_____ 모둠	뉴스 주제:
	소감
_____ 모둠	뉴스 주제:
	소감

● 활동 3

자고 일어났더니, 내가 아프리카 국가의 대통령이었던 건에 대하여

내가 아프리카 국가의 대통령이라고?!

사회 시간에 아프리카의 다양한 문화와 엄청난 잠재력에 대해 배우고, 깊은 감명을 받아 밤새도록 아프리카와 관련된 뉴스 자료를 읽고 다큐멘터리를 시청하였다. 내가 몰랐던 아프리카의 새로운 모습들을 발견할 때 마다 기분이 짜릿했다. 아직 보지 못한 자료들이 많았지만, 내일 학교에 가야 해서 아쉬운 마음을 뒤로하고 잠에 들었다. 그런데…. 아침에 눈을 떠보니, 주변 풍경이 낯설다. 이상하다. 모두가 나를 보고 대통령이라고 한다. 어느 날, 나는 아프리카 한 국가의 대통령이 되었다.
(…생략…)
수많은 노력 끝에, 나는 이 나라를 대한민국에 버금갈 만한 선진국으로 발전시킬 수 있었다.

1. 나는 아프리카 어떤 국가의 대통령이 되었을까요? 대통령이 되어 보고 싶은 국가를 골라 표시해 봅시다.

2. 그 국가는 어떠한 특징이 있나요? 오늘 수업 시간에 배운 내용을 바탕으로 적어 봅시다.

3. 그 국가를 발전시키기 위해, 나는 어떠한 노력을 했을까요? 위에서 적은 국가의 특징을 바탕으로 적어 봅시다.

 활동 Tip 하나의 국가를 선정하여 선진국으로 발전시켜 나가는 방법을 찾아보면서, 아프리카의 현재 모습과 발전 가능성 및 잠재력에 대해 학습할 수 있습니다.

◆ 교과 세특

- 중위 연령의 개념을 활용하여 세계 각 대륙의 인구 구조와 특징을 비교하여 제시함.
- 젊은 인구와 높은 출산율의 인구 특징을 통해 아프리카의 잠재력을 논리적으로 설명함.
- 아프리카의 특징과 최근 이슈를 분석하여 구체적인 통계 자료를 활용한 카드 뉴스를 제작함.
- 아프리카의 현재 모습을 이해하고, 성장하기 위해 필요한 노력에 대해 구체적으로 제시함.
- 전 세계에 유행하는 음악과 미술의 기원이 아프리카에서 시작되었음을 이해하고 아프리카의 다채로운 문화에 대해 정리하여 발표함.

📁 읽기 자료

약주고 병주는 플라스틱?

오래전부터 예술 작품, 피아노 건반 등을 만들기 위해 코끼리 상아가 사용되었다. 특히 아프리카의 코끼리 상아는 품질이 좋아 더욱 높은 값에 팔리고는 했다.

아프리카의 분쟁 자금 조달 및 생계 유지를 위해 상아를 노린 밀렵이 성행하고, 이로 인해 코끼리는 멸종위기에 처하게 되었다. 이후 코끼리 상아를 대체할 수 있는 물질이 발명되어 코끼리는 멸종의 위기에서 벗어날 수 있게 되었는데, 그 물질은 바로 플라스틱이다.

하지만 최근 플라스틱의 무분별한 사용과 이로 인해 많은 양의 쓰레기가 발생하고 있으며, 이는 코끼리의 목숨을 위협하고 있다. 스리랑카의 수도 콜롬보 인근 암파라 지역의 쓰레기장에서 인간들에 의해 삶의 터전에서 내몰린 코끼리들이 플라스틱을 주워 먹고, 이를 소화시키지 못해 죽는 현상이 발생하고 있다.

플라스틱을 먹는 야생 코끼리(KBS 다큐 환경스페셜)

차이나프리카(chinafrica)

'세계의 공장'이라는 별명을 가지고 있는 중국이 '기회의 땅'이라고 불리는 아프리카에 집중 투자하는 현상을 차이나프리카(chinafrica)라고 한다. 이는 중국(China)과 아프리카(Africa)를 합성한 말로, 중국이 경제발전에 필요한 석유, 철광석 등 각종 자원을 확보하고 높은 인구를 바탕으로 한 시장 개척을 위해 아프리카에 진출하고 있음을 일컫는다.

놀리우드: 나이지리아의 영화계

매년 할리우드보다 더 많은 수의 영화를 제작하는 곳이 있다. 이 곳에서는 심지어 매주 50편 이상의 영화가 만들어지며, 100만 명 이상이 영화와 관련된 일에 종사하고 있다. 이곳은 바로 나이지리아의 영화계 '놀리우드'이다. 영화 산업은 나이지리아에서 두 번째로 일자리가 많은 분야이며, 매년 더 많은 수의 사람들이 놀리우드에서 일할 것으로 예상된다.

삼성페이(2015년)보다 몇 년이나 앞선 케냐의 M-PESA(2007년)

집 앞에 있는 가까운 마트를 갈 때 휴대전화 하나만 챙기면 된다. 돈을 이체해야 할 일이 생겼을 때에도 역시 휴대전화 하나로 다 해결이 가능하다. 이는 오늘의 대한민국 이야기가 아니다. 무려 2007년의 케냐의 이야기이다. 아프리카 대륙의 동쪽에 위치한 국가인 케냐는 우리나라의 삼성페이(2015년)보다 몇 년이나 더 빨리 M-PESA(2007년)라는 휴대전화 송  금 시스템을 이용하였다. M-PESA는 영어 단어 모바일(mobile)의 M과 스와힐리어로 돈을 뜻하는 페사(pesa)라는 단어에서 유래하였다. 첨단 모바일 송금 기술이 어떻게 케냐에서 먼저 시작될 수 있었을까? 케냐에서 M-PESA가 성공할 수 있었던 이유는 모순적이게도 케냐의 금융 산업이 발달하지 못했기 때문이다. 은행은 커녕 자동화(ATM)기기도 보기 힘들 뿐만 아니라 돈을 인출하는 일도, 남에게 보내주는 일도 아프리카에는 쉽지 않았다. 낮은 발달 정도로 전화선과 인터넷이 잘 보급되지 않은 케냐에서는 휴대전화 보급률이 매우 높았다. 케냐의 이동통신사 사파리콤의 전 CEO인 마이클 조지프는 이러한 케냐의 상황에 주목했다. 아프리카에서 은행 계좌를 가진 사람은 전체 인구의 고작 24%인 반면 휴대전화를 가진 사람은 80% 이상으로 늘어났다. 마이클 조지프는 '은행 계좌를 만들기 어렵다면 휴대전화를 계좌로 사용하자'는 아이디어를 바탕으로 전화번호로 돈을 주고받는 시스템인 엠페사(M-PESA)를 개발하였다. 오늘날 엠페사는 케냐 인구의 75% 이상이 사용하며, 2012년까지 약 1,700만 개의 M-PESA 계정이 케냐에 등록되었다. 이 서비스는 수백만 명의 사람들에게 공식적인 금융 시스템에 대한 접근권을 제공하고, 투명한 급여 체계 제공과 세금 징수율도 높여 케냐의 경제 발전에 긍정적인 영향을 미쳤다. 현재 M-PESA는 케냐를 넘어 아프리카, 아시아, 유럽으로까지 그 영향력을 확장시키고 있다. 머지않아 우리나라 마트에서도 M-PESA로 결제가 가능한 날이 올 수 있지 않을까?

아프리카의 아마존? ZUMIA

아마존(Amazon)은 도서, 의류, 신발, 보석, 식품 등 다양한 품목을 판매하는 미국의 온라인 커머스(Commerce) 회사다. 이와 비슷한 회사가 아프리카에도 존재한다. '아프리카의 아마존'으로 불리는 주미아이다. 주미아는 2012년 설립되었으며, 2019년에는 뉴욕 증권거래소에 상장한 아프리카 대표 전자상거래 플랫폼이다. 판매 국가는 총 9개국이며 그중 한국 사업자가 판매할 수 있는 나라는 7개국(나이지리아, 남아프리카공화국, 케냐, 이집트, 모로코, 가나, 우간다)이다. 한국에 개방된 7개 국가는 인구가 총 5억 5000만 명에 달하는 거대한 시장으로 예상된다.

우리의 문화는 아프리카에서부터 시작되었다.

드넓은 영토의 아프리카는 다양한 자원 못지않게 다채로운 문화 또한 나타난다. 아프리카 대륙에 위치한 거대한 사하라 사막은 거대한 장벽처럼 작용하여 북부 아프리카와 사하라 이남 아프리카의 서로 다른 의식주 문화에 영향을 미쳤다. 토속 신앙, 이슬람교, 크리스트교의 다양한 종교 경관도 만나볼 수 있다. 아프리카의 문화는 오늘날 우리가 향유하고 있는 문화에도 많은 영향을 미쳤다. 음악의 장르인 재즈, 블루스, 레게, 로큰롤 모두 아프리카의 영향을 받았으며, 삼바와 룸바 같은 춤도 마찬가지이다. 아프리카의 화려한 공예품들은 유럽 미술사에 큰 영향을 미쳤다. 대표적으로 피카소 작품인 <아비뇽의 처녀들>이 있는데, 이 작품에서 진한 아프리카의 향을 느낄 수 있다.

파블로 피카소의 <아비뇽의 처녀들>

삼바

▶ 9사(지리)04-03

야! 너두 (아이디어만 있으면) 아프리카 도울 수 있어!

성취기준	지속가능한 발전을 위한 아프리카 각 지역의 노력과 세계 다양한 주체들의 협력 사례를 조사하고, 세계시민으로서 우리가 참여할 수 있는 방안을 모색한다.
성취기준 해설	지속가능한 발전을 위한 아프리카의 주체적 노력 및 협력 사례를 조사함으로써 아프리카를 교류와 협력의 동반자로 인식하고, 더 공정하고 지속가능한 세계를 만드는 과정에 동참하는 태도를 기르도록 설정되었다.
핵심 요소	지속 가능한 발전, 아프리카 각 지역의 노력, 세계 다양한 주체의 노력
교과 역량	☑ 창의적 사고력　　　　　　　　☐ 비판적 사고력 ☑ 문제 해결력 및 의사 결정력　　☐ 의사소통 및 협업 능력 ☑ 정보 활용 능력

📂 수업 안내

2009년 개봉한 재난 영화 〈2012〉는 지구 멸망을 소재로 하고 있습니다. 고대인들의 예언대로 전 세계 곳곳에서 지진, 화산 폭발, 지진 해일 등 각종 자연 재해들이 발생하여 지구에 최후의 순간이 도래하게 됩니다. 재앙 속에서 살아남기 위해 만든 4척의 잠수선은 몽골에서 출항하여 빠른 속도의 해수면 상승을 극복하고 미지의 대륙에 도착합니다. 생존에 성공한 이들이 도착한 곳은 바로 아프리카 대륙 남단에 위치한 '희망봉'이었습니다.

남아프리카 공화국의 희망봉

아프리카 대륙은 어느 대륙보다도 청년층의 인구구성비가 커서 '젊은 대륙'이라고 불리곤 합니다. 인구의 70% 이상이 30세 미만으로 젊은 세대가 인구의 대부분을 차지하고 있습니다. 또한 넓은 대지와 풍부한 자원이 있어 경제적 자립이 가능한 지리적 조건을 갖추고 있습니다. 아프리카는 저개발의 위기를 극복하고 '세계 마지막 성장 엔진'이 될 충분한 잠재력을 가지고 있습니다. 아프리카는 기회의 땅이자 희망의 땅입니다. 이곳에서 희망의 씨앗이 싹을 틔울 수 있도록, 학생들이 세계시민으로서 실천할 수 있는 것들을 스스로 탐색해 보는 수업을 구성하였습니다.

수업 들어가기

친구1: 이 사진 좀 봐. 아프리카 사람들이 우리나라의 새마을운동 조끼를 입고 있어!

친구2: 아프리카에 수출된 우리나라의 헌옷 아닐까?

친구1: 새마을운동 시절의 옷이 아직까지 남아 있을 수 있을까? 그리고 헌옷이라기에는 너무 깨끗한 것 같아.

교사: 아프리카에 우리나라의 새마을운동이 수출된 모습을 보여 주는 사진이랍니다. 우리나라는 약 20년 전부터 새마을운동 지도자를 양성하여 아프리카를 비롯한 저개발국에 보내 농촌의 자립과 발전을 돕고 있습니다.

교사: 모금 활동만이 아프리카를 도울 수 있는 유일한 방법이 아니랍니다. 번뜩이는 아이디어만 있다면 누구나 아프리카를 도울 수 있습니다!

친구1,2: 저도 한번 기발한 방법을 생각해 봐야겠어요!

● 활동 1

아이디어 모으기

> **지속 가능한 개발이란?**
> 미래 세대가 이용할 환경과 자연을 손상시키지 않고 현재 세대의 필요를 충족시키면서, 자연환경과 자원을 이용할 때는 자연의 정화 능력 안에서 오염 물질을 배출하는 개발을 의미합니다.

1. 다음 글을 읽고 적정 기술이란 무엇인지 적어 봅시다.

적정 기술(Appropriate Technology)은 1973년 슈마허가 "작은 것이 아름답다"에서 제안한 '중간기술(Intermediate Technology)'이란 개념에 기초를 두고 있습니다. 이 책에서 그는 대량생산기술이 생태계를 파괴하고 희소한 자원을 낭비한다고 지적하면서 근대의 지식과 경험을 잘 활용하고 분산화를 유도하며 재생할 수 없는 자원을 낭비하지 않는 대중에 의한 생산 기술을 제안하였습니다. 그는 이 기술이 저개발국의 토착기술보다는 훨씬 우수하지만 부자들의 거대기술에 비해서는 값싸고 소박하다고 하면서 '중간 기술(intermediate technology)'이라고 명명하였습니다. 그는 중간기술이란 **사람들이 살고 있는 현지에 존재하며, 일반적인 사용이 가능할 만큼 충분히 싸고, 상대적으로 간단한 기술과 현지 재료를 사용하여 만들고 활용할 수 있으며, 일자리를 창출할 수 있는 기술**로 정의했습니다. 슈마허가 제시한 '중간 기술'은 그 후에 '적정 기술'이라는 개념으로 발전되었습니다.

적정 기술은 해당 지역의 지리적 조건 내에서 해당 지역의 사람들에 의해 작동·유지될 수 있을 때 적절한 것으로 여겨집니다. 그러므로 적정 기술은 그것이 사용되는 지리, 사회, 문화, 경제, 정치적 기구들과 조화를 이루도록 고안되어야 합니다.

2. 다음의 기술 개발 사례를 살펴보고 어떻게 사용되고 있을지, 장단점이 무엇일지 이야기해 봅시다.

(1) 라이프 스트로(Life straw): 휴대가 가능한 개인용 정수기이며 지표수를 먹을 수 있도록 만들어주는 도구입니다. 이 도구는 장티푸스, 콜레라, 이질, 설사와 같은 수인성 질병을 예방하는 것으로 밝혀졌으며 15마이크론 이상의 입자를 효과적으로 제거해 줍니다.

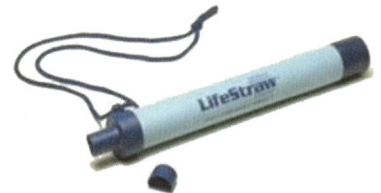

(2) 세라믹 워터 필터(Ceramic water filter): 과테말라의 화학자인 페르난도(Fernando Mazareigos) 박사가 처음 고안한 이 필터는 무기 소재의 여과 기능과 은 콜로이드의 살균 기능을 결합한 제품입니다. 설사를 획기적으로 예방함으로써 시골의 가난한 사람들이 학교나 직장에 빠지는 일수와 의료비 지출을 줄여 주었습니다.

(3) 큐드럼(Q Drum): 아프리카의 시골에서는 수백만 명의 사람들이 깨끗한 물의 공급처로부터 수 킬로미터 떨어진 곳에서 살고 있습니다. 따라서 콜레라와 이질과 같은 수인성 전염병에 쉽게 노

출되어 있습니다. 큐드럼은 75리터의 물을 어린이들도 쉽게 굴릴 수 있도록 고안된 용기입니다. 물동이를 이고 지는 대신에 원주형 용기에 넣고 굴림으로써 물이 필요한 사람들이 힘들이지 않고 물을 운반할 수 있게 되었습니다.

3. 적정 기술의 조건에 해당하는 것에 동그라미 표시해 봅시다.

[저렴한 비용 / 값비싼 비용 / 세계적 범용성 / 아프리카의 지역성 활용 / 대기업의 기술과 노동력 / 현지의 기술과 노동력 / 어려운 사용법 / 손쉬운 사용]

4. 아프리카의 지속가능한 발전 과정에서 주의해야 할 점을 적어 봅시다.

● 활동 2

자료 너머를 바라보기

1. 위의 그림을 보고 그림에 나오지 않은 것을 상상해 봅시다.

1) 아이스크림 통에 붙어 있는 마크는 무엇을 의미할까요?

2) 공정 무역 제품은 일반 제품과 무엇이 다를까요?

3) 공정 무역 제품을 보거나 구매한 적이 있나요?

4) 공정 무역 제품을 구매해야 하는 이유는 무엇일까요?

5) 공정 무역 제품을 홍보하기 위한 방법에는 무엇이 있을까요?

2. 그림을 보고 내가 분석한 내용을 짝과 함께 비교해 봅시다.

● 활동 3

야! 너두 할 수 있어!

1. 아프리카의 지속가능한 개발을 위해 어떤 방법을 활용할지 선택해 봅시다.

– 새마을운동과 같은 농촌 개발 방법 제안

– 라이프 스트로, 큐드럼과 같은 적정 기술 개발

– 아프리카의 폐자원을 활용한 업사이클링 상품 제안

– 공정 무역 제품 홍보 방법 제안 및 홍보물 제작

2. 선정된 방법을 활용하여 아프리카의 '지속가능한 개발 프로젝트 계획서'를 작성해 봅시다.

프로젝트명	
지속가능한 개발 방안	
프로젝트 계획	

3. 사회 학습 게시판 또는 패들렛에 공유하여 아이디어가 기발하고 실현 가능성이 높은 계획서에 투표해 봅시다.

📂 읽기 자료

아프리카 사람들은 가난하기 때문에 도와줘야 한다?

이 문제의 원인을 더듬어 올라가면 분명 좋은 의도로 시작했겠지만 저변에 깔려 있는 그들 단체가 가진 사고방식의 한계에 도달하게 된다. '아프리카를 돕고' 싶다는 기본 전제에 이어 '아프리카는 우리의 도움을 필요로 한다'는 잘못된 시혜적 태도가 그것이다. 이러한 심리를 재평가하고 그에 대해 비판적으로 의문을 제기하는 것은 원조 분야에서 일하는 사람뿐 아니라 비즈니스에 몸담고 있는 사람들에게도 중요하다.

아프리카의 많은 사람들이 빈곤선 밑에서 살고 있기는 하지만(빈곤선을 어떻게 규정하든), 그럼에도 불구하고 아프리카 대륙은 여행을 하거나 외국인이 비즈니스를 하기에는 대단히 돈이 많이 드는 곳이다. 2014년 머서 컨설팅(Mercer Consulting)의 생계비 순위에 따르면 국외 거주자가 살기에 가장 돈이 많이 드는 세계 20대 도시 중에 네 곳이 아프리카에 있다. 이 목록의 1위 자리에 있는 것이 앙골라의 수도 루안다이고, 2위는 차드의 수도 은자메나다. 루안다의 집세는 보통 런던, 파리, 뉴욕, 도쿄, 샌프란시스코의 고급 아파트보다 비싸다. 이는 중간 단계의 시장이 아직 발전하지 않은데다 석유 업계의 간부들로 인한 거품이 많기 때문이다.

출처: 제이크 브라이트, 2016, 『넥스트 아프리카』

2019년 UN 경제사회이사회(ECOSOC, United Nations Economic and Social Council) 최빈개발도상국 자료에 따르면 아프리카 국가 중 33개국이 최빈개발도상국에 속하며(최빈개발도상국의 70%) 절대빈곤층 인구의 절반 이상인 약 4억 명이 사하라 이남 아프리카 지역에 거주하는 것으로 알려져 아프리카 국가들 내 많은 인구가 빈곤층인 것은 사실이다. 통계수치 면으로는 아프리카와 빈곤을 동일하게 인식하는 것이 무리가 아닐 것이다.

물론 아직도 많은 아프리카 국가가 빈곤한 삶을 살고 있지만 아프리카 대륙 전체가 그런 것은 아니다. 남아프리카공화국의 경우 물가가 한국과 별반 다르지 않다. 또한 많은 아프리카 국가의 수도는 잘 발달되어 있어 기업들이 진출할 때도 상당한 자금을 필요로 한다.

아프리카의 빈곤과 결부된 이미지는 미디어와 NGO 광고에서 사용되는 자료에서 기인하는 경우가 많다. 국내에 아프리카와 관련된 이미지와 자료는 빈곤이나 동물, 분쟁 등 부정적인 것이 대부분이기 때문이다.

그러나 아프리카 사람들이라고 해서 모두가 가난하고 무조건적인 도움을 바라는 것은 아니다. 오히려 지금까지의 많은 공적 원조와 NGO 및 다양한 단체의 많은 도움은 결국 '누구를 위한 도움이었나'라는 의문을 남겨 왔다. 공여국의 안전과 이익을 도모하기 위해 추진해 왔던 개발원조는 심지어 아프리카 국가들의 발전을 저해하는 데 영향을 미쳤다는 비판을 받기도 했다. 현실주의 학자인 조지 리스카(George Liska)는 대외 원조는 냉정한 외교 수단에 불과하다며 정권의 수단이라고 비판하기도 했다.

국제사회와 공여국들의 도움도 결국은 자체적인 이해관계에 따라 유익이 되는 방향으로 이행하는 한계가 있었고, 공여 주체 측 이해에 반하는 지원은 사실상 집행이 불가능하다. 1990년대 이후 원조 효과성이나 죽은 원조 등에 관련한 자아성찰적 비판이 끊임없이 제기되어 왔으나 수십 년간 선진국들이 실천해 온 노력은 결과적으로 효과를 거두지 못했다.

1970년대 석유파동으로 시작된 아프리카 국가들의 외채 상환 불능, 1980년대 일어난 구조조정정책과 신자유주의 그리고 이어진 원조 피로, 이후 추진된 새천년개발목표와 지속가능한 발전목표 성과의 한계 등 식민 종주국 및 공여 주체들의 원조가 아프리카에서는 실효를 거두지 못하였다. 아프리카 물 부족 국가에 식수 펌프를 보급하려 했던 '플레이펌프스인터내셔널'이 결국 국제사회의 비난을 받으며 폐업한 것을 비롯하여 수많은 원조 사업이 실패로 종료되었고, 빈곤이 종식되기는커녕 심지어 일부 국가에서는 증가했다.

'아프리카는 무조건 지원이 필요하다'는 태도는 아프리카에서 임의로 사업을 추진하는 것이 가능하고 필요 시 착취가 가능하다는 인식을 갖게 했으며, 아프리카 모든 지역이 우리보다 못 살고 형편이 좋지 않은 곳이라는 편협한 고정관념만 키웠다. 장기간 아프리카 지역에 투자된 개발원조는 현지 국가의 주인의식과 회복탄력성을 저해했고, 아프리카 국가들 또한 대외 원조에 익숙해지며 의존하게 되었다. 특히 많은 아프리카 국가에서 보유하고 있는 천연자원은 외부 세력의 끊임없는 개입을 야기하면서 내생적이고 주체적인 개발을 추진하는 데 현실적인 한계가 있었던 것도 사실이다.

르완다 같은 일부 국가에서는 이를 자각하고 원조 분업과 같은 자체적인 개발 전략을 추진하려고 노력하고 있으나 안정적이고 지속가능한 단계에 접어들기까지는 적지 않은 시간이 필요할 것으로 보인다.

출처: 김유아, 2021, 「나의 첫 아프리카 수업」

제5장 아메리카

05-01 칠레에서 일주일 만에 사계일주

05-02 멕시코 성모상은 원주민 출신?

05-03 사람들은 왜 스마트폰에 케이스를 입힐까?

▶ 9사(지리)05-01

칠레에서 일주일 만에 사계일주

성취기준	다양한 지리 정보와 매체를 활용하여 아메리카의 국가와 주요 도시의 위치를 파악하고 자연환경의 특성을 지도로 표현한다.
성취기준 해설	다양한 지리 정보 및 매체에 표현된 아메리카의 국가와 주요 도시의 위치를 파악하고, 자연환경의 특성을 지도화하면서 공간적 인식 능력과 지리적 표현력을 기르고 지리적 산출물을 만드는 기회를 제공하는 데 중점을 둔다.
핵심 요소	아메리카의 주요 국가와 도시의 위치, 아메리카의 다양한 자연환경
교과 역량	☑ 창의적 사고력 ☐ 비판적 사고력 ☐ 문제 해결력 및 의사 결정력 ☑ 의사소통 및 협업 능력 ☑ 정보 활용 능력

📂 수업 안내

5-1단원은 지식 전달보다는 학생들의 흥미를 유발하며 아메리카의 주요 도시 위치를 파악하고 자연환경의 특성을 알아보는 것에 중점을 두었습니다. 칠레는 남북으로 긴 국가여서 위도 차이가 나타나기 때문에 다양한 자연환경과 계절을 한 국가에서 볼 수 있습니다. 이를 활용하여 칠레에 대한 전반적인 소개로 수업을 시작합니다. 칠레의 자연환경만 설명해도 다양한 지형과 기후를 접할 수 있어서 배운 내용을 바탕으로 비슷한 특징이 있는 아메리카 대륙 내 국가나 도시의 자연환경을 찾아보는 활동을 전개하는 것도 좋은 방법이 될 수 있습니다.

미국의 유명한 도시 'LA가 멕시코였다고?'라는 발문을 통해 학생들의 궁금증을 유발하여 수업을 진행하고 북아메리카, 남아메리카의 주요 국가와 도시명 십자 말풀이 등의 활동을 하면서 온라인 매체를 활용하여 학습합니다. 자료를 직접 찾아보고 지도에서 그 위치를 찾는 활동은 아메리카의 국가와 주요 도시의 위치를 파악하게 합니다.

📁 수업 들어가기

교사: 대훈이가 일주일 동안 여행을 다니면서 모은 마그넷이예요. 마그넷을 보고 어디를 다녀왔는지 한 번 맞혀 보는 시간을 가져 볼게요.

학생: 낙타가 있는 것을 보니 사막인 것 같아요!

교사: 맞아요. 세상에서 제일 건조하다는 아타카마 사막입니다.

학생: 포도랑 포도주가 그려져 있어요! 뒤에 초록색은 포도밭일까요?

교사: 맞아요. 지중해성 기후가 나타나는 지역에 다녀온 것 같네요. 수목농업이 활발하게 이루어지는 기후 지역이죠?

학생: 우아, 펭귄이 사는 곳에 갔었나 봐요. 펭귄은 남극에 살지 않나요?

교사: 푼타아레나스라는 도시인데, 남극으로 가는 기지가 되는 도시입니다. 이곳에서 약 32km 정도 떨어진 막달레나섬에는 펭귄이 살고 있어요.

학생: 얼음 같은데, 혹시 빙하일까요?

교사: 네, 모레노 빙하라고 불리는 곳인데 남위 50° 이상 지역에 위치하고 있지요. 자, 그럼 대훈이가 일주일 동안 다녀왔던 국가는 어디일까요?

학생: 일주일이라는 짧은 기간 동안 여러 나라를 다녀왔나 봐요.

교사: 왜 그렇게 생각하는지 이야기해 줄 수 있나요?

학생: 사막, 포도농장, 빙하 등등 다양한 기후가 나타나는 것 같아서요. 기후는 위도별로 다르게 나타난다고 배웠으니 당연히 여러 나라를 다녔을 거라 생각했어요!

교사: 오 접근은 맞았는데, 국가는 여러 국가가 아니라 한 군데만 다녀왔어요! 힌트는 남아메리카에 위치한 국가입니다. 이제 맞출 수 있을까요?

남아메리카에는 세계에서 가장 긴 국가가 있습니다. 바로 칠레죠.

남·북 극단의 위도 차이가 38°나 돼서 북부, 중부, 남부 지역별로 기후 차이가 극명하게 나타나며, 이에 따른 지형 경관도 다양하게 나타나지요. 북부 지역에는 세상에서 제일 건조하다는 아타카마 사막이 있습니다. 아타카마 사막 내부에는 약 4000년간 비가 내린 흔적이 없는 곳도 존재한다고 하니 어느 정도인지 알 수 있겠죠? 이곳에 사막은 왜 생긴걸까요? 이 지역의 해안에는 페루 해류가 흐릅니다. 이 해류는 한류로 차가운 성질을 갖고 있어 대기를 안정 상태로 유지시키죠. 그렇기 때문에 상승기류가 발생하지 않고 저기압 환경이 형성되지 않으면서 비가 내리지 않게 됩니다. 또한 동쪽으로는 높고 험준한 안데스산맥이 위치하고 있어 동쪽으로부터 불어오는 바람의 그늘이 되어 건조함이 더 극대화되는 것이죠.

아타카마 사막

산티아고 포도밭

그럼 칠레의 중부 지역에는 무엇이 유명할까요? 일단 이 지역에는 칠레의 수도인 산티아고가 위치합니다. 왜 하필 칠레의 수도는 중부에 위치하고 있을까요? 사람이 모여 살기 좋은 환경을 갖추고 있는 곳이기 때문이겠죠? 칠레의 중부 지역은 온대 기후가 나타납니다. 그중에서도 지중해성 기후가 나타나기 때문에 수목농업에 유리하죠. 그래서 칠레 하면 포도, 와인, 등이 수식어로 따라붙는답니다!

조금 더 남쪽으로 이동해 볼까요? 칠레 중남부에 위치한 푸콘이라는 도시입니다. 이 도시에는 현재도 활동 중인 화산 즉, 활화산인 비야리카 화산이 있습니다. 2015년에도 용암 분출이 있어 주민들이 대피했으며, 2022년에도 불기둥과 함께 폭발 징후가 관찰되었다고 하네요.

이번엔 칠레의 남부로 떠나 볼게요. 칠레의 최남단은 약 남위 56°에 위치하고 있어 최난월 평균 기온 10℃ 미만의 한대 기후가 나타납니다. 편서풍이 안데스 산맥과 만나는 바람받이 사면으로 강수량이 풍부하고 이는 대규모 빙하를 만들어 냈지요. 칠레 해안가는 빙하기 때 형성된 대규모 빙하들이 만들어놓은 피오르가 펼쳐지며, 아르헨티나 쪽으로 가면 거대한 모레노 빙하도 직접 볼 수 있습니다. 남아메리카 대륙의 칠레라는 국가에서도 이렇게 다양한 자연환경을 살펴볼 수 있었죠? 동기유발과 연결하여 칠레 지도를 놓고 스스로 자연환경의 위치를 표시해 볼 수 있는 시간을 가질 수 있도록 해 주세요. 위도별 기후 차이를 비롯하여 칠레의 다양한 지형 경관의 위치까지 한눈에 파악할 수 있게 될 거예요.

바야리카 화산

모레노 빙하

칠레 피오르

● 활동 1

지도로 보는 칠레

1. 지도 위의 칠레에 위치를 표시해 봅시다.

1) '아타카마 사막–산티아고–푸콘–모레노 빙하–칠레 피오르' 위치를 표시해 봅니다.
2) 그 위치를 보고 위도별로 차이가 나는 기후 특징에 대해 생각해 봅니다. (칠레의 위도를 확인해 보도록 합니다.)
3) 사막, 화산지형, 빙하지형 등 남아메리카 대륙에서 볼 수 있는 다양한 지형 경관에 대해서도 찾아보고 위치를 확인해 봅니다.

2. 위치 태그를 달아서 경관 지도를 만들어 봅시다.

1) 북아메리카, 남아메리카 경관 사진을 제시해 주세요.
2) 무슨 경관인지 추측해 보게 하고, 이 경관이라면 대략적으로 어디에 위치할 것 같은지, 어떤 자연경관인 것 같은지에 대해 자유롭게 대화 나눠주세요.
  예시) 그랜드캐니언: 건조한 대륙 내부에 위치할 것 같아요. 절벽이 멋진 협곡같아요.
       침엽수림: 냉대 기후가 나타나는 위도대에 위치할 것 같아요.
3) 백지도에 경관 사진을 부착할 수 있도록 해 주세요. 패들렛의 지도 기능을 활용해서 학생들이 직접 위치를 찾아 사진도 추가하고, 소개 내용을 적어 보는 활동을 하는 것도 좋습니다.

활동 Tip

패들렛 지도 기능 활용법
1. 패들렛 접속 및 가입
2. +만들기 클릭
3. 빈게시판–지도–완료
4. 하단부 +(게시물 추가) 누르기
5. 자연경관 검색해서 위치 찾고, 사진 찾아 넣고 설명 작성한 뒤, 발행 누르기

● 활동 2

국가의 특징을 담아 마그넷 만들기

국가별 다양한 마그넷 사례를 참고하여 마그넷을 직접 디자인해 봅시다.

국가명:	
마그넷에 담고 싶은 요소	마그넷 제작하기
	왼쪽에 적은 요소들을 담은 나만의 마그넷을 디자인해 주세요.

활동 Tip
- 직접 그린 마그넷을 코팅하고, 뒤에 자석을 붙여 완성품을 제작해 주세요.
- 마그넷이 아닌 그립톡 만들기 등 다양한 소품 제작으로 활용해도 됩니다.

● 활동 3

십자말풀이

<세로 퍼즐>

1. 캐나다 퀘벡주의 도시. 캐나다에서 토론토에 이어 두 번째로 큰 도시로 프랑스어권 도시
2. The City that Never Sleeps
3. 페루 중앙부에 위치하고 태평양에 접한 수도
4. Space City, 미국 텍사스주 남동부에 위치하고 있는 도시
6. 이 국가의 이름은 에스파냐인들이 이 지역에 처음 왔을 때, 해안 근처에 살았던 원주민 민족들이 장신구를 많이 달고 있었던 점에서 풍요로운 해안(la costa rica)이라 이름 붙였다는 데서 유래
8. 남아메리카의 파리로 불리며 아르헨티나의 수도
10. 남아메리카에 위치한 국가로, 면적이 한반도의 6.5배로 남미에서 브라질, 아르헨티나 다음으로 큰 나라
13. 미국 서부 네바다주의 사막 한가운데 위치한 도시. 별명: 신(Sin)시티
16. 멕시코 땅이었다가 미국 땅이 된 곳으로 노예 해방 뒤 점차 정착한 수많은 흑인들, 19세기에 유입된 동양인들로 인해 다양한 인종이 살고 있음. 미국 서부 캘리포니아주에 위치한 항구 도시
17. 칠레의 수도

<가로 퍼즐>

2. Crescent City, NOLA
5. 과거 에스파냐의 식민지였으며, 북쪽에는 미국과 국경을 접하고 있는 국가
7. 캐나다의 수도로 온타리오주 동부에 위치하며, 퀘벡주와 맞닿아 있는 도시
9. 수도는 키토이고, 적도가 관통하는 남아메리카의 국가
11. 수도는 몬테비데오이고, 대한민국의 대척점에 위치한 국가
12. 삼바축제와 축구가 유명하며, 남아메리카와 남반구에서 가장 넓은 나라
14. 미국 서부에서 제일 크고 인구가 많은 도시이자 미국 전체에서는 뉴욕시에 이어 두 번째로 큰 도시
15. Windy City, Chi-Town

16. America's Finest City Birthplace of California
18. 남반구에 위치한 국가 중 호주와 함께 전통적인 농업 강국으로 남미에서 브라질에 이어 국가가 두 번째로 큰 나라

[해설]

						몬					멕	시	코	
						트							스	
		부				리		휴			오	타	와	
		에	콰	도	르	뉴	올	리	언	스		리		
		노				욕		마		턴	산		카	
		스									티			
	페	아		브	라	질				아	르	헨	티	나
우	루	과	이			스		샌	디	에	고			
		레				베		프						
		스				이		란						
						거		시	카	고				
					로	스	앤	젤	레	스				
								코						

● 활동 4

메모리 카드 게임

국기 또는 사진 카드	활동 방법
미국, 브라질, 캐나다, 아르헨티나, 브라질의 리우데자네이루, 페루의 마추픽추, 미국의 뉴욕 맨해튼, 볼리비아의 우유니사막	1. 모든 카드를 보이지 않게 뒤집어서 펼쳐 놓고 준비한다. 2. 먼저 할 순서를 정하고 카드 2장을 순서대로 뒤집는다. 3. 짝을 맞추면 카드를 가져가고 어느 국가의 국기일 것 같은지 또는 어느 도시(or국가)의 경관일 것 같은지 이야기한다. 4. 게임을 마친 후 교사는 학생들에게 어느 국가의 국기인지 그리고 경관 사진들은 어느 도시(or국가)에 위치하는지 등에 대한 정보를 제공한다. 5. 모둠원들은 각자 1~2개씩 맡아 자신이 맡은 지역의 위치 및 특성에 대해 조사해 본 뒤, 모둠원들과 이 내용을 나누는 시간을 갖는다. 6. 토론 후 카드를 가진 학생은 카드를 가지고 나와 백지도에 붙인다. 7. 학급 친구들과 함께 아메리카의 주요 국가 및 도시의 위치를 확인한다.
활동 정리	

내가 맡은 국가(도시)	국가(도시명):
	특징:

모둠에서 조사한 국가(도시)	국가(도시명)	특징

활동 Tip
- 백지도를 크게 출력해서 칠판에 붙여 활동을 진행합니다. 크기는 국기(사진) 카드 6~10개를 붙일 만한 크기로 준비합니다.
- 2장씩 짝이 되는 같은 그림(사진)을 준비해 주세요. 이때 제시될 그림(사진)은 국기 4세트, 도시 경관 4세트입니다. 교사가 직접 제작해도 좋고, 학생들이 직접 제작하는 것도 좋습니다.
- 게임을 할 수 있는 일정 시간을 부여한 뒤, 교사는 학생들에게 어느 국가의 국기(도시)인지 정보를 제공합니다.
- 국가와 도시가 어디인지 알게 된 학생들은 각자 1~2개씩 맡아 학교 내 준비된 노트북, 태블릿 PC, 크롬북 등을 활용하여 지역을 조사한 뒤 모둠원과 함께 내용을 공유합니다.
- 마지막으로 모둠 대표가 카드를 가지고 나와 백지도에 붙여 학급 친구들과 함께 아메리카의 주요 국가 및 도시의 위치를 확인합니다.

◆ 교과 세특

(활동 1)
- 지도 속 칠레의 위치를 보고 칠레가 위도 차이가 큰 남북으로 긴 국가라는 점을 통해 다양한 기후가 나타날 것이라는 점을 유추함.
- 수업 시간에 배운 칠레의 지형 경관의 위치를 지도에서 정확하게 찾음.
- 칠레를 통해 배운 자연환경 특징을 바탕으로 아메리카의 다른 지역의 자연환경을 파악함.

(활동 2)
- 냉대기후가 넓게 나타나 침엽수림이 분포하는 캐나다의 자연환경 특징을 잘 담아 마그넷을 제작함.
- 페루의 마그넷을 제작할 때, 원주민의 피부색이나 의복 특징을 강조하여 열대고산기후가 나타나는 그 지역의 자연환경을 특색 있게 표현함.
- 지중해성 기후가 나타나 수목농업이 활발한 지역인 캘리포니아를 표현하기 위해 오렌지, 포도 등의 그림을 그려 마그넷을 제작함.

(활동 3)
- 아메리카 국가와 도시의 설명만으로 그 지역의 명칭을 떠올려 십자낱말퀴즈를 풀고, 해당 국가와 도시를 인터넷 지도 속에서 정확하게 찾음.
- 아메리카 도시와 국가의 위치를 정확하게 알고, 이를 바탕으로 백지도에 경관 카드 붙이는 활동을 완벽하게 수행함.

(활동 4)
- 아메리카 국가 혹은 도시의 경관을 보고 배경지식을 통해 어느 지역인지 유추함.
- 게임을 통해 알아낸 아메리카 국가와 도시의 위치를 세계지도에서 정확하게 찾아냄.
- 적극적인 태도로 활동에 참여하며, 아메리카 국가와 도시에 대해 조사한 내용을 일목요연하게 정리하여 발표함.

📁 읽기 자료

로스앤젤레스가 원래 멕시코였다고?

과거 멕시코가 에스파냐로부터 독립하고 난 뒤, 미국 남부의 상당 부분은 멕시코 땅이었다. 이 중 텍사스주는 1836년 텍사스 공화국을 건설하고 1845년 텍사스 합병을 통해 미국의 28번째 주가 되었고, 이 결과 멕시코 전쟁이 시작되었다. 1848년 양국은 과달루페 이달고 협정을 체결하여 전쟁을 공식적으로 끝냈으며, 멕시코는 텍사스의 미연방 합류를 인정했다. 그리고 미국과 멕시코 간의 국경을 뉴에이서스강(Nueces River)이 아닌 리오그란데강(Rio Grande River)으로 삼는 것에 동의했다. 이와 별개로 멕시코는 미국에 오늘날의 캘리포니아, 유타, 네바다 3개 주 전체와 뉴멕시코, 애리조나주의 대부분, 콜로라도주의 절반 이상 등에

달하는 영토를 헐값에 팔게 된다. 멕시코 전쟁의 결과로 현재 미국 남부의 상당 부분은 멕시코 영토였다가 미국 영토가 되었다. 실제로 현재도 미국 남부 지역에는 히스패닉(특히 멕시코계)이 많이 거주하고 있다. 국경이 접해 있고, 과거부터 멕시코인들이 거주하던 지역이기 때문에 지속적으로 멕시코인들이 이주해서 정착하기 편하지 않았을까?

치카노를 아시나요?

멕시코계의 미국 시민을 부르는 말로, 남성은 치카노(Chicano or Xicano), 여성은 치카나(Chicana or Xicana)라고 한다. 치카노라는 말의 어원에 대해서는 의견이 분분하지만 멕시칸(Mexican)의 에스파냐어 형태인 멕시카노(Mexicano)로부터 기원했다는 설이 있습니다.

1920년대와 1930년대 멕시코인들의 미국 이민 초창기에는 주로 멕시코인들을 비하하는 말로 사용되었으며, 이 말이 널리 사용되기 시작한 것은 1960년대 말에서 1970년대 초, 멕시코계인들의 권리를 주장한 '치카노 운동(The Chicano Movement or Chicano Cilvil Rights Movement)'부터입니다.

이 운동에 참여한 활동가들은 멕시코계인들을 단결시키려는 의도로 치카노라는 말을 사용하며, 비하의 느낌을 걷어내고 인종·민족적 자긍심과 정체성, 주체성을 표현하는 말로 정착시켰고, 그래서 치카노라는 말에는 미국시민으로서 존중받고 자신들의 존재감을 알려야 한다는 정치적 의식과 고유한 문화의식이 담겨 있습니다. 치카노 운동을 통해 형성된 치카노 문화는 문학(시와 소설), 시각예술(벽화, 그래픽 아트), 음악(록·재즈·랩 등) 분야에서 활발하게 전개되었으며, 특히 치카노 문학과 시각예술은 그들의 정체성과 문화, 그리고 차별문제를 주요 주제로 삼았습니다.

출처: 네이버 지식백과, 치카노

캐나다 몬트리올 '언더그라운드 시티'

캐나다 몬트리올에는 땅속 깊은 곳에 '언더그라운드 시티(underground city)'라고 불리는 지하 도시가 있습니다. 이 지하 도시는 전체 길이가 32km나 이어져 지하철역 10개, 기차역 2개, 버스 터미널 2개와 연결되어 있고, 수많은 상점이 들어서 있습니다. 왜 이렇게 큰 규모의 지하 도시가 존재하는 것일까요? 그 이유는 바로 몬트리올의 겨울 한파와 폭설 때문입니다. 몬트리올은 냉대 기후가 나타나는 곳으로 겨울이 5개월이나 되고, 최한월 평균 최저 기온이 영하 15℃에 이르고, 체감 온도는 영하 30℃ 밑까지 떨어지는 경우도 많습니다. 이러한 혹독한 추위와 폭설에 대비하여 시민들이 언더그라운드 시티를 통해 이동하도록 설계한 것이지요.

출처: 통합사회(천재교육)

▶ 9사(지리)05-02

멕시코 성모상은 원주민 출신?

성취기준	다양한 민족(인종)으로 구성된 아메리카의 인구 특징을 살펴보고, 사례를 들어 아메리카의 문화 혼종성을 설명한다.
성취기준 해설	민족(인종)의 관점에서 아메리카의 인구 구성 특징을 알아보고, 아메리카 국가들의 문화적 특징을 다양한 문화와 시간들의 공존과 교차의 결과로 이해할 수 있도록 설정된 것이다.
핵심 요소	문화 혼종성, 앵글로 아메리카의 민족 분포, 라틴 아메리카의 민족 분포
교과 역량	☑ 창의적 사고력 ☑ 비판적 사고력 ☑ 문제 해결력 및 의사 결정력 ☑ 의사소통 및 협업 능력 ☑ 정보 활용 능력

📂 수업 안내

뉴욕 안에 작은 나라가 존재한다는 말을 들어보았나요? 뉴욕이라는 도시 안에는 리틀이탈리, 코리아타운, 차이나타운 등 자그마한 나라를 찾아볼 수 있습니다. 리틀이탈리는 이탈리아 색깔이 묻어나는 레스토랑, 카페, 상점들로 많은 뉴요커의 사랑을 받고 있습니다. 또 코리아타운을 지나다 보면 익숙한 k-pop 노래가 흘러나오고 이 문화를 즐기러 온 뉴요커들을 볼 수 있습니다. 원주민만이 살고 있었던 아메리카 대륙에 어쩌다 많은 나라가 생겼는지 궁금증을 불러오는 것이 이 단원의 시작일 것입니다.

아메리카는 16세기 무렵부터 유럽인을 시작으로 흑인, 히스패닉, 아시아계가 들어오며 다양한 인구 구성을 가진 대륙이 되었습니다. 역사적 흐름 속에서 여러 인종이 유입된 배경을 찾아보고 그들의 입장에서 이주가 갖는 의미를 생각해볼 수 있도록 수업을 구성하였습니다.

서로 다른 인종들이 만나게 되며 그들이 가지고 있는 문화에 변화가 생겨나기 시작하였습니다. 문화는 고정된 것이 아니라 시간이 지나며 새로운 형태로 변해가는 역동성을 가지고 있기 때문이죠. 따라서 활동 3에서는 사례를 통해 여러 문화가 만나 혼합되는 과정을 살펴보고 직접 찾아봄으로써 국가들의 문화적 특징을 다양한 문화와 시간의 공존과 교차의 결과로 이해할 수 있도록 도왔습니다.

📁 **수업 들어가기**

유럽의 성모　　　　　　　　과달루페 성모 그림

교사: 선생님이 제시한 두 가지 사진 모두 성모마리아입니다. 하지만, 차이점이 있죠?

학생: 네 피부색이 다른 것 같아요!

교사: 맞아요, 아주 잘 찾아냈어요. 그럼 왜 피부색이 다를까요?

학생: 흠…. 오른쪽 사진이 더 오래돼서 그런가요?

교사: 그렇게 생각할 수도 있겠네요. 힌트를 하나 주자면 두 사진이 각각 다른 나라에서 왔답니다.

학생: 아하! 그러면 왼쪽은 백인이 주로 많은 유럽에서 만들어졌을 것 같아요! 그런데 오른쪽 그림은 어디에서 만들어졌는지 모르겠어요.

교사: 오른쪽은 멕시코의 과달루페 성당에서 볼 수 있는 원주민의 피부색이 반영된 성모상의 그림이랍니다. 왼쪽의 그림이 그 지역의 문화와 결합해 오른쪽의 그림으로 새롭게 바뀌게 된 현상을 문화의 혼종성이라고 합니다. 이번 시간에는 이런 문화의 혼종성이 어떻게 나타나게 됐는지, 또 다른 사례에는 무엇이 있을지 배워 볼 거예요.

● 활동 1

앵글로 아메리카의 인구 유입 타임라인 그리기

1. 다음 대화를 읽고 물음에 답해 봅시다.

> 미국 역사학자: 안녕하세요? 오늘은 미국의 다양한 인종들을 만나보도록 하겠습니다.
> 아프리카계 미국인: 저희 할아버지의 조상은 18세기부터 아프리카에서 미국으로 끌려와 새벽부터 저녁까지 목화 농장에서 일을 했다고 합니다. 열심히 하지 않으면 농장주에게 채찍으로 맞아가며 고통의 시간을 보냈어요.
> 영국계 미국인: 제 선조는 영국에서 청교도 박해가 너무 심해 종교의 자유를 찾아 배를 타고 미국으로 건너왔습니다. 그 과정에 여러 명이 죽기도 하였지만 기존에 사는 곳보다 법적으로 자유와 도덕이 보장된 곳에 살고 싶어서 영국을 떠났다고 합니다.
> 멕시코계 미국인: 저희 어머니께서는 어렸을적 멕시코에서 일을 하다 가까운 미국이 임금이 훨씬 높다는 이야기를 듣고 이주하게 되었습니다.

1) 위 대화를 참고하여 〈보기〉의 인종들이 앵글로 아메리카에 정착한 시기를 타임라인으로 나타내 봅시다.

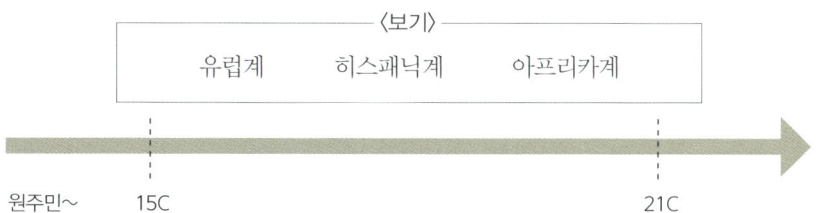

2) 대화를 참고하여 각 인종이 미국으로 오게 된 원인을 정리하여 작성해 봅시다.

• 유럽계: _____

• 히스패닉계: _____

• 아프리카계: _____

▶ 9사(지리)05-02 멕시코 성모상은 원주민 출신?

2. 현재 미국의 인종 분포를 예측하여 빈칸 ⓐ, ⓑ에 알맞은 인종을 적어 봅시다.

전체	328,016,242(명)	100(%)
ⓐ	197,132,096	60.1
히스패닉	61,755,289	18.8
ⓑ	39,980,733	12.2
아시아인	17,711,305	5.4
인도인	2,150,496	0.7
하와이인	540,532	0.2
기타	8,735,719	2.7

*출처: WORLD POPULATION REVIEW(2021)

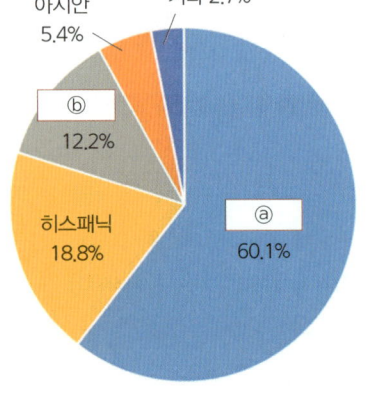

ⓐ: _____   ⓑ: _____

3. 다음 자료를 참고하여 앞으로의 미국의 인종 분포는 어떻게 될지 토의해 봅시다.

> 미국이 25년 뒤면 백인이 주류인 국가에서 유색인종이 인구의 다수를 차지하는 나라로 바뀔 것이라는 전망이 나왔다. 미국 브루킹스연구소 인구통계학자인 윌리엄 프레이 선임연구원에 따르면 16세 미만 연령대의 백인 비율은 이번에 처음으로 절반을 넘지 못했다. 반면 16세 미만의 히스패닉계(25.8%)와 흑인(17.7%) 등 유색인종은 백인을 제치고, 인구 구성상 과반을 차지했다. 프레이 연구원은 16세 미만 백인과 유색인종 구성 비율의 역전 현상과 관련해 "바닥에서부터 색깔이 변하고 있다"고 비유하면서 25년 뒤면 백인이 소수 민족이 될 것으로 예상했다. 미 인구조사국에 따르면 2019년 기준 전체 인구에서 백인 비율은 61%였지만, 2010년 대비 백인 인구 증가율은 4.3%에 그쳤다. 반면 아시아계 인구는 같은 기간 29.3% 증가했고, 히스패닉(6천57만 명)과 흑인(4천822만 명)은 각각 20.0%, 11.6% 늘었다. (중략)
>
> (출처: 연합뉴스, 정윤섭 기자, 2020)

● 활동 2

캐나다 속 작은 프랑스 퀘벡

1. 사진으로부터 정보를 추출하고, 지도에서 확인한 것과 자신의 지식을 연결지어 봅니다.

기술하기	현상의 특징을 파악해 있는 그대로 기록한다.
설명하기	파악한 특징을 자신의 지식과 연결한다.
추론하기	파악된 특징과 자신의 지식을 근거로 삼아 다른 판단을 이끌어 낸다.

추론하기
(예) 영어와 프랑스어가 공존하는 퀘벡주에서 갈등이 발생한다.

설명하기
(예) 캐나다 동부의 퀘벡주는 프랑스 출신의 유럽계 비율이 높아 프랑스어를 사용한다.

기술하기
(예) 캐나다 퀘벡주에 프랑스어 간판이 걸려 있다.

캐나다 퀘벡주의 간판

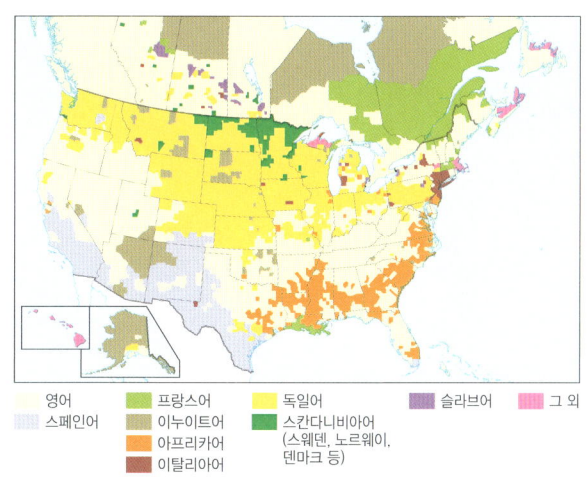

영어 / 프랑스어 / 독일어 / 슬라브어 / 그 외
스페인어 / 이누이트어 / 스칸디나비아어 (스웨덴, 노르웨이, 덴마크 등)
아프리카어
이탈리아어

2. 사진 분석으로 추출한 내용에서 발생할 수 있는 갈등 상황을 조사하여 신문 기사를 작성해 봅시다.

_____
_____
_____

● 활동 3

문화의 혼종성 사례 찾기

〈자료1〉
콜롬버스의 신대륙 발견 이후 아메리카 대륙에는 이민족과의 공존 및 문화적, 인종적 혼혈이 다양해졌으며 부족한 노동력을 메우기 위해 강제 이주시킨 흑인 노예들과 섞이는 과정으로 인해 새로운 문화와 혼혈족을 형성하였다. 결과적으로 아메리카 대륙에는 백인과 흑인, 그리고 원주민이 융합된 문화권을 형성하며 함께 살게 되었고 이것으로 인해 문화적 혼종성이 이루어졌다. 그 문화적 혼종성으로 인해 아메리카의 음악은 다양한 동시대적 음원과 형식을 차용하고 자국 음악과 결합하여 세계의 대중음악에 큰 영향을 끼치고 있으며 그 음악적 혼종성은 유럽과 아프리카 그리고 앵글로 아메리카와 라틴아메리카를 아우르게 되었다.

〈자료2〉

페이조아다는 콩과 고기를 함께 끓인 것으로 대표적인 브라질 요리이다. 포르투갈인들에 의해 브라질에 도입되었다. 주로 흰강낭콩 등을 쓰는 유럽식 콩 요리와 달리 라틴 아메리카에 넘어오며 과거에 브라질의 흑인 노예들이 만들어 먹던 음식에서 유래하였다. 노예들은 먹을 것이 부족하였기 때문에 농장주인들이 먹지 않고 버린 돼지꼬리·귀·족발 등을 페이조(feijo)라고 하는 검은콩과 함께 삶아 먹었다고 한다. 요즘은 여러 가지 고기·소시지·베이컨 등과 야채를 넣어 다양한 맛을 낸다.

위 사례들을 참고하여 모둠원들과 함께 아메리카의 문화적 혼종성의 사례를 찾아보고 이를 설명하는 글을 작성해 봅시다.

(예시: 재즈, 탱고, 플라멩코, 라틴댄스 등)

활동 Tip
- 본 활동은 모둠으로 이루어집니다.
- 활동에 들어가기 앞서, 선생님께서 문화의 혼종성을 설명합니다.
- 활동지 〈자료 1〉과 〈자료 2〉의 문화의 혼종성 사례를 읽어 보는 시간을 가집니다.
- 문화의 혼종성을 파악한 뒤, 태블릿 PC를 통해 실제 사례를 찾아보는 활동을 진행합니다.
- 활동이 끝난 뒤 모둠별로 발표하는 시간을 갖고 활동을 마무리합니다.

▶ 9사(지리)05-02 멕시코 성모상은 원주민 출신?

📂 읽기 자료

라티노의 역사

라티노는 라틴아메리카 혹은 에스파냐의 혈통을 지닌 이민자를 부르는 말을 칭합니다. 현재 미국 인구의 약 20%를 차지할 정도로 많은 수를 차지하는 라티노는 다양한 국적, 세대, 인족, 민족이 혼합되어 있습니다. 따라서 라티노라고 통칭하지만 다양한 출신국과 배경 문화를 가졌기 때문에 이들의 공동체의 다양성을 잘 살펴보아야 합니다. 미국 내에서도 라티노는 출신국에 따라 다양한 지역에 분포합니다. 캘리포니아와 애리조나, 텍사스를 아우르는 맥스아메리카 지역에는 주로 멕시코계 사람들이, 플로리다주에는 쿠바와 푸에르토리코 출신 사람들이, 뉴욕주에는 카리브 출신이 분포하고 있습니다. 멕시코계 사람들이 미국 남서부에 주로 분포하는 이유를 살펴보기 위해서는 미국과 멕시코의 역사를 함께 살펴봐야 합니다. 현재 미국의 남서부는 1848년 전쟁 이전에는 멕시코 땅이었습니다. 따라서 캘리포니아의 도시명을 살펴보면 '샌(san)' '샌타(santa)'가 붙은 곳이 많이 있는데 이는 멕시코의 수도원을 나타내는 말입니다.

라티노가 미국으로 이민을 오게 된 원인은 다양하지만 경제적 요인이 가장 큰 비중을 차지합니다. 미국은 라틴아메리카 국가들에 비해 소득 수준이 높고, 일자리가 많기 때문입니다. 멕시코 노동자의 경우 미국에서 벌 수 있는 일당이 자국 일터에 비해 약 4배 이상을 벌 수 있습니다.

현재 미국의 라티노는 젊은 층 인구 비율이 상대적으로 높고 출산율이 높아 점차 미국에서의 그 비율은 높아질 것이라고 예상됩니다. 따라서 미국 내에서 정치, 경제, 사회적인 영향력이 더 커지게 될 것입니다.

더 이상, 메스티소, 물라토, 삼바는 없다

1492년 콜럼버스가 신대륙을 발견한 이후, 남아메리카의 인종 구성은 점차 복잡해졌습니다. 16세기에 들어 해상을 누비던 에스파냐와 포르투갈은 미지의 세계에 축적된 황금과 향료를 얻기 위하여 남아메리카로 들어왔으며, 광활한 토지를 이용하기 위해 아프리카의 흑인들을 강제로 이주시켰습니다. 이런 과정을 거쳐 남아메리카에는 다양한 인종 간의 혼혈을 이루게 되었습니다. 백인과 원주민이 결합하여 '메스티소'가 생겨났고, 흑인과 원주민의 혼혈인 '삼바', 유럽계와 흑인의 혼혈 '물라토'가 탄생하였습니다. 19세기 이후 아일랜드, 이탈리아, 프랑스, 폴란드, 러시아 등지에서 백인과 일본, 중국, 한국 등의 동양인들이 유입되며 남아메리카는 메스티소, 인디언, 흑인, 물라토, 유럽계 백인, 황인종 등 다채로운 인종 구성을 이루게 되었습니다. 현재는 메스티소와 삼바, 삼바와 물라토, 물라토와 메스티소의 혼혈에 더해

부	모	자녀
에스파냐	원주민	메스티소
메스티소	에스파냐	카스티소
에스파냐	카스티소	에스파냐
흑인	에스파냐	물라토
에스파냐	물라토	모리스코
에스파냐	모리스코	알비노
에스파냐	알비노	노르타 아트라스
원주민	노르타 아트라스	로보
로보	원주민	잠비아고
잠비아고	원주민	캄부호
캄부호	물라토	알바라사도
알바라사도	물라토	바르시노
바르시노	물라토	코요테
코요테	원주민	차미소
차미소	메스티소	코요테 메스티소
코요테 메스티소	물라토	아이 데 에스타스

인종이 계속해서 섞이며 더 이상 메스티소, 삼바, 물라토로 정의되는 혼혈의 개념은 의미가 무색해졌습니다.

따라서 라틴아메리카에서 '메스티사헤(mestizaje)'라는 개념이 더 적합합니다. '메스티사헤'란 다른 인종 간의 생물학적 혼혈을 의미하는 영어의 'miscegenation'보다 넓은 의미에서 생물학적 혼혈과 더불어 문화적 혼종까지 모두 포함하는 개념으로 현재의 라틴아메리카의 상황을 잘 나타냅니다. 메스티사헤 이데올로기에 따르면 라틴아메리카에는 오랜 기간에 걸친 혼혈로 인해 순수한 인디언과 흑인은 존재하지 않으며, 나아가 문화적으로도 순수한 인디언 문화 혹은 흑인 문화라는 것은 없다고 합니다. 따라서 인종차별도 존재하지 않으며, 지금 존재하는 인종 간의 경제, 사회적 차이는 단지 식민지적 유산 혹은 노예제의 유산으로 시간이 지나면 점차적으로 개선될 것이라는 주장입니다.

▶ 9사(지리)05-03

사람들은 왜 스마트폰에 케이스를 입힐까?

성취기준	초국적 기업의 글로벌 생산체제에 대한 이해를 바탕으로, 초국적 기업의 아메리카 지역 내 입지와 해외 이전의 이유, 그에 따른 해당 지역의 변화를 분석한다.
성취기준 해설	이 단원은 아메리카 지역을 사례로 초국적 기업의 생산체제가 지역에 미치는 영향을 분석하기 위해 설정된 것이다. 초국적 기업의 입지 및 해외 이전에 따른 지역의 변화를 분석함으로써 '어디에?', '그곳에 왜?'라는 지리적 질문을 제기하고 해결하는 사고 과정을 유도한다.
핵심 요소	초국적 기업, 공간적 분업, 글로벌 생산 체제, 초국적 기업의 해외 이전
교과 역량	☑ 창의적 사고력 ☐ 비판적 사고력 ☑ 문제 해결력 및 의사 결정력 ☐ 의사소통 및 협업 능력 ☑ 정보 활용 능력

📁 수업 안내

우리의 삶과 가장 밀접해 있는 전자기기인 스마트폰은 대표적인 초국적 기업 생산품입니다. 삼성의 갤럭시폰, 애플의 아이폰이 그 예라고 할 수 있죠. 이들 초국적 기업은 글로벌 생산 체제를 구축하여 규모의 경제를 실현함으로써 스마트폰을 소품종으로 대량생산합니다. 그러므로 신제품이 출시될 때마다 소비자가 선택할 수 있는 스마트폰의 디자인은 몇 가지 색상으로 국한되어 있습니다.

최근 개성을 중시하는 전 세계의 젊은층을 중심으로 주문 제작 스마트폰 케이스가 유행하고 있습니다. 해당 브랜드의 온오프라인 매장에서 소비자는 자신의 취향에 따라 케이스의 재질, 색상, 그래픽 등 케이스를 구성하는 모든 요소들을 수천 가지의 옵션들 가운데 취향에 맞게 선택하여 제작을 요청할 수 있습니다. 오프라인 매장의 경우에는 매장 뒤편에 마련된 공간에서 30분 이내에 케이스를 제작하여 소비자에게 제공합니다. 주문 제작 방식을 적극적으로 활용하여 소비자의 디자인에 대한 욕구를 충족하는 것이죠. 한정된 디자인의 스마트폰과 무궁무진하게 다양한 디자인의 스마트폰 케이스가 생산되는 과정을 학생들 스스로 비교하여 생각해 봄으로써, 초국적 기업의 의미와 생산 과정을 스스로 탐구할 기회를 제공할 수 있습니다.

스마트폰 케이스를 주문 제작하는 오프라인 매장

수업 들어가기

1. 청바지가 파키스탄, 케냐, 영국을 거쳐 한국에 오게 된 사연을 상상해 봅시다.

2. 초코의 엄마와 아빠는 어쩌다 한국에서 만나게 되었을지 생각해 봅시다.

● 활동 1

백지도 색칠하기

1. 청바지를 생산하는 초국적 기업의 본사, 실 공장, 염색 공장, 영업 지점이 있는 국가를 지도에 각각 다른 색으로 색칠해 봅시다.

2. 초콜렛을 생산하는 초국적 기업의 본사, 카카오 농장, 설탕 공장, 영업 지점이 있는 국가를 지도에 각각 다른 색으로 색칠해 봅시다.

3. 두 장의 지도에서 본사, 공장, 영업 지점을 위치를 비교해 봅시다.

	본사	공장	영업 지점
청바지 기업			
초콜렛 기업			

● 활동 2

생산 공장이 선진국에 들어온다구요?

> **리쇼어링이란?**
> 기업이 해외로 진출했다가 다시 본국으로 돌아오는 현상을 의미합니다. 이는 기업이 고비용의 문제를 해결하기 위해 인건비가 비교적 저렴한 국가로 생산시설을 옮겼다가, 해당 국가에서도 임금 상승 등으로 인한 비용 문제에 직면하면서 다시 본국으로 생산시설을 이전하는 현상입니다.

1. 가상 기자회견 시나리오를 만들어 봅시다.

(뉴스 영상)
팬데믹을 기점으로 해외로 나갔던 기업들이 다시 본국으로 돌아오는 '리쇼어링' 현상이 더욱 빈번하게 이루어지고 있습니다. 현장에 계신 ○○○ 기자 나와 주시죠.
(기자회견 현장)
CEO: 베트남에 위치해 있던 생산 공장을 다시 본국으로 옮기기로 결정하였습니다.
기자: 생산 공장을 베트남에 위치시켰던 이유는 무엇인가요?
CEO: _____
기자: 생산 공장을 다시 본국으로 옮기게 된 이유는 무엇인가요?
CEO: _____
기자: 생산 공장이 빠져나간 베트남에 어떤 변화를 예상하시나요?
CEO: _____
기자: 생산 공장이 새로 들어온 본국에 어떤 변화를 기대할 수 있을까요?
CEO: _____

3. 사회 학습 게시판 또는 패들렛에 공유하여 가장 잘 만든 시나리오에 투표합니다.

제6장 오세아니아와 극지방

06-01 호주머니는 어디서?

06-02 태평양에는 새로 만들어지는 땅도 있고, 줄어드는 땅도 있다?

06-03 골드러시?! 이제는 콜드러시!

▶ 9사(지리)06-01

호주머니는 어디서?

성취기준	다양한 지리 정보와 매체를 활용하여 오세아니아의 국가와 주요 도시의 위치, 자연환경의 특성을 파악하고, 자원 수출을 중심으로 세계 다른 지역과의 상호연계성을 탐색한다.
성취기준 해설	다양한 지리 정보 및 매체에 표현된 오세아니아의 국가와 주요 도시의 위치, 자연환경의 특성을 파악할 수 있도록 설정되어 있으며, 오세아니아와 세계 다른 지역 간의 연계 및 공간적 상호 작용을 자원 수출의 측면에서 탐구하는 데 중점을 둔다.
핵심 요소	오세아니아, 오세아니아의 국가와 주요 도시의 위치, 오스트레일리아와 뉴질랜드의 주요 수출품 및 수출국
교과 역량	☐ 창의적 사고력　　　　　　　　☑ 비판적 사고력 ☐ 문제 해결력 및 의사 결정력　　☑ 의사소통 및 협업 능력 ☑ 정보 활용 능력

📂 수업 안내

이번 단원에서 주요하게 할 일은 크게 두 가지입니다. 먼저 오세아니아 국가와 주요 도시의 위치, 자연환경의 특성을 파악해야 하고, 다음으로 오세아니아 국가의 수출과 관련해서 다른 지역과의 상호연계성을 파악해야 합니다. 첫 번째 과업을 위해서는 학생의 관심과 암기가 필수적입니다. 따라서 조금이라도 쉽게 국가명을 기억하게 해 보려고 '시작하기' 만화를 넣어보았고, 조금이라도 더 관심을 가지게 하려고 '책 편 김에 세계 일주'에 오세아니아 국가들의 흥미로운 이야기를 담아보았으며, 학생들이 좋아할 만한 보드게임('오세아니아 전문가' 선발 대회)을 '활동 자료1'로 제작해 보았습니다. 해당 보드게임을 반복해서 하다 보면 자연스럽게 오세아니아 국가와 주요 도시의 위치, 자연환경의 특성을 자연스럽게 기억할 수 있으리라 믿습니다.

그리고 두 번째 과업 달성을 위해서 '활동 자료2'를 설계했습니다. 오세아니아에서 가장 중요한 국가를 하나 꼽으라면 대부분은 오스트레일리아(호주)를 꼽을 것이고, 하나를 더 꼽으라면 뉴질랜드가 떠오를 것입니다. 따라서 이 두 국가의 주요 수출품과 수출국에 대해 파악하고, 왜 그런지에 대해 생각하는 과정이 필요합니다. 그래서 두 국가의 주요 수출품과 수출국 자료와 이에 대한 설명을 제공하였고, 추가적으로 해당 자료를 최신화할 수 있도록 사이트를 소개했습니다. 또한 활동 과정에서 학생들이 자료를 해석하고 왜 오스트레일리아와 뉴질랜드는 동아시아 국가와 교역을 많이 하는지 함께 생각하게 하여, 학생들의 정보 활용 능력, 비판적 사고력, 의사소통 및 협업 능력이 발휘될 수 있도록 수업을 설계하였습니다.

📂 **수업 들어가기**

● 활동 1

오세아니아 전문가 선발 대회

'오세아니아 전문가' 선발 대회

☆ 기본 규칙
◎ 게임은 참가자 최대 5명과 심판 1명으로 진행된다.
① 자기 차례에 주사위를 던지고, 나온 수 만큼 이동한다.
② 이동한 지역에 미션이 있는 경우 이를 수행한다.
③ 화살표가 있는 경우 화살표를 따라 이동한다.
④ 미션 수행 결과로 이동한 지역에 미션이 있다면, 그 지역의 미션을 수행하지 않고 그 자리에 멈춘다.
⑤ 가장 먼저 결승점에 도착한 사람이 '오세아니아 전문가' 칭호를 받는다.

☆ 팀 미션!
게임 참여자 모두 함께 미션을 수행합니다.
미션에 15초 안에 모두 대답하고, 심판은 판결을 내립니다.
성공 시, 모두 2칸 전진! / 실패 시, 모두 2칸 후퇴!

🌐 개인 미션!
혼자 미션을 수행합니다.
질문에 10초 안에 대답하고, 심판은 판결을 내립니다.
성공 시, 1칸 전진! / 실패 시, 1칸 후퇴!

⚠ 무인도 비상!
당신은 무인도에 도착했습니다.
다음 차례에 주사위를 던지지 못 합니다ㅠㅠ

🔍 심판용 답안지

☆ 팀 미션!
1. 남극, 남아메리카, 북아메리카, 아시아, 아프리카, 오세아니아, 유럽
2. 개인 미션(10~23) 참고
3. 남극해, 대서양, 북극해, 인도양, 태평양
4. 다윈, 멜버른, 브리즈번, 시드니, 애들레이드, 앨리스 스프링스, 캔버라 등
5. 개인 미션(11~23) 참고
6. 한국, 중국, 일본, 오스트레일리아(호주), 뉴질랜드, 필리핀, 말레이시아, 싱가포르, 인도네시아, 타이(태국), 브루나이, 베트남, 라오스, 미얀마, 캄보디아 = 총15개국 알지?
7.
8. 철광석, 석탄, 보크사이트, 양모(양털), 양고기, 소고기, 밀, 유채종, 보리 등

🌐 개인 미션! - 틀린 경우, 심판은 답을 알려줄 것. 특히 OX 문제
1. 캔버라
2. 웰링턴
3. 초록
4. 보라
5. 노랑
6. 주황
7. 빨강
8. 파랑
9. 남색
10. 11 오스트레일리아
11. 14 뉴질랜드
12. 10 사모아
13. 5 나우루
14. 7 솔로몬 제도
15. 6 키리바시
16. 13 나우루
17. 12 피지
18. 4 파푸아뉴기니
19. 8 투발루
20. 9 바누아투
21. 1 팔라우
22. 2 미크로네시아
23. 3 마셜 제도
24. X 그레이트디바이딩산맥은 동부 해안 쪽에 위치
25. O
26. O
27. O주로 북섬에 화산지형, 남섬에 방하지형
28. O
29. X 한국, 중국, 일본과의 교역 비중이 더 높다
30. X 주로 북부는 열대 기후, 내륙은 건조 기후
31. O
32. O

▶ 9사(지리)06-01 호주머니는 어디서?

164

제6장 오세아니아와 극지방

⊕ 8. (도시 위치) 멜버른의 위치는?	⊕ 11. (국가 위치) 뉴질랜드의 위치는?	⊕ 14. (국가 위치) 솔로몬 제도의 위치는?	⊕ 17. (국가 위치) 피지의 위치는?	⊕ 20. (국가 위치) 바누아투의 위치는?
⊕ 7. (도시 위치) 앨리스스프링스의 위치는?	⊕ 10. (국가 위치) 오스트레일리아(호주)의 위치는?	⊕ 13. (국가 위치) 나우루의 위치는?	⊕ 16. (국가 위치) 통가의 위치는?	⊕ 19. (국가 위치) 투발루의 위치는?
⊕ 6. (도시 위치) 브리즈번의 위치는?	⊕ 9. (도시 위치) 오클랜드의 위치는?	⊕ 12. (국가 위치) 사모아의 위치는?	⊕ 15. (국가 위치) 키리바시의 위치는?	⊕ 18. (국가 위치) 파푸아뉴기니의 위치는?

카드

21. (국가 위치) 팔라우의 위치는?

22. (국가 위치) 미크로네시아의 위치는?

23. (국가 위치) 마셜 제도의 위치는?

24. (OX 퀴즈) 오스트레일리아의 서부 해안 쪽으로는 남북으로 긴 그레이트디바이딩 산맥이 뻗어있다.

25. (OX 퀴즈) 오스트레일리아의 그레이트디바이딩 산맥의 서쪽 중앙부에는 대찬정 분지가 있다.

26. (OX 퀴즈) 오스트레일리아의 북동부 해안에는 대보초가 있다.

27. (OX 퀴즈) 뉴질랜드의 북섬은 화산 지형이, 남섬은 빙하 지형이 잘 나타난다.

28. (OX 퀴즈) 오스트레일리아의 서부는 철광석, 동부는 석탄이 주로 생산된다.

29. (OX 퀴즈) 최근 오스트레일리아와 뉴질랜드는 한국, 중국, 일본보다 미국, 영국과의 교역 비중이 높다.

30. (OX 퀴즈) 오스트레일리아의 북부 지역은 건조 기후, 내륙 지역은 열대 기후가 나타난다.

31. (OX 퀴즈) 뉴질랜드도 주로 온대 기후가 나타난다.

32. (OX 퀴즈) 태평양에 위치한 많은 섬은 화산 활동 혹은 산호초가 쌓여 만들어졌다.

⚖ 기본 규칙 1
① 자기 차례에 주사위를 던지고 나온 수 만큼 이동한다.
② 이동한 지역에 미션이 있는 경우 이를 수행한다.
③ 화살표가 있는 경우 화살표를 따라 이동한다.

⚖ 기본 규칙 2
④ 미션 수행 결과로 이동한 지역에 미션이 있더라도 그 지역의 미션을 수행하지 않고 그 자리에 멈추어 있는다.
⑤ 가장 먼저 결승점에 도착한 사람이 '오세아니아 전문가'

🌴 비상!
당신은 무인도에 도착했습니다. 다음 차례에 주사위를 던지지 못 합니다.

제6장 오세아니아와 극지방

> **활동 Tip** 학급 전체를 대상으로 선생님이 심판이 되고 조별로 한 개의 말을 이용하여 진행해도 되고, 조별로 심판을 한 명 뽑고 각자 참여자가 되어 진행할 수도 있겠습니다. 학급의 오세아니아 전문가를 선발해 보세요.

● 활동 2

호주머니는 어디서?

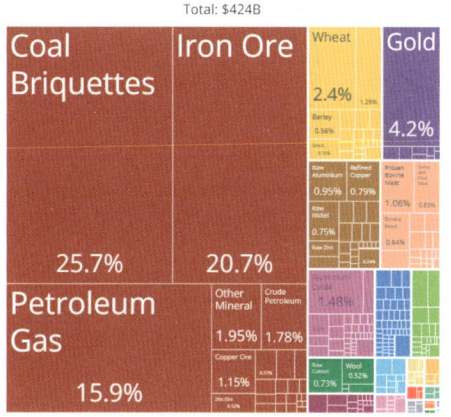

2022년 호주의 주요 수출 품목

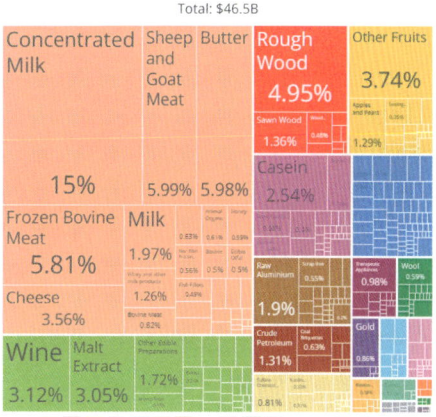

2022년 뉴질랜드의 주요 수출 품목

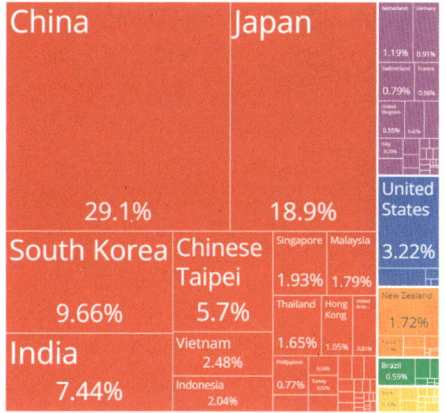

2022년 호주의 주요 수출국

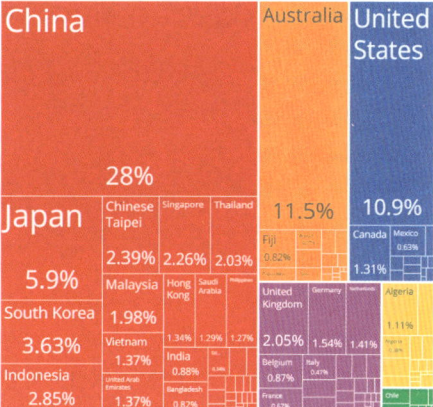

2022년 뉴질랜드의 주요 수출국

▶ 9사(지리)06-01 호주머니는 어디서?

1. 호주와 교역을 많이 할 것 같은 국가를 적고, 그 이유를 서술해 봅시다.

(영국 / 미국 / 중국 /   )가 호주와 가장 많이 교역할 것입니다. 그 이유는

_____

_____

2. 2022년 호주의 주요 수출 품목 자료를 보고 해당 품목을 주로 수입하는 국가의 특징을 생각해 봅시다.

① 석탄   ② 철광석   ③ 석유 가스
④ 금   ⑤ 밀

①~④: 천연자원을 주로 수입하는 국가의 특징은 무엇일까요?

_____

_____

⑤: 식량자원을 주로 수입하는 국가의 특징은 무엇일까요?

_____

_____

2022년 호주의 주요 수출 품목

3. 다음은 호주의 주요 수출국입니다. 해당 국가들의 공통점은 무엇인지 생각해 봅시다.

① 중국   ② 일본   ③ 대한민국   ④ 인도   ⑤ 타이완

_____

_____

활동 Tip
- 활동지에 제시된 내용을 조별 퀴즈로 진행해도 좋습니다. 아이들에게 국가명이 적힌 카드를 주고 질문을 던지며 설명을 적절하게 하는 학생에게 추가 점수를 준다면 적극적인 참여를 끌어낼 수 있습니다.
- 위에 제시된 것과 비슷하게 뉴질랜드 혹은 다른 국가의 자료로도 퀴즈를 진행하실 수 있을 것입니다.

◆ 교과 세특

- 국가의 수출품 자료를 보고, 주요 수출품의 특징을 파악하며 이를 해당 국가의 자연 및 인문 환경과 연결하여 설명하는 모습이 인상적임. 또한 이를 바탕으로 주요 수출국의 공통점을 논리적으로 추론하여 설명하는 등 지리적 사고력 및 비판적 사고력이 돋보임.

오세아니아의 주요 국가

📁 읽기 자료

사모아, 하루가 가장 늦게 시작하던 나라에서, 하루를 빠르게 시작하는 나라로

'사모아'의 경도는 서경 171° 46′입니다. 그러니까 영국에 있는 본초자오선을 기준으로 서쪽 끝에 위치하죠. 경도를 기준으로 시간을 계산하는 법을 배웠다면, 이 나라가 전 세계에서 가장 시간이 늦은 국가임을 알 수 있을 것입니다. 그런데 사모아의 주요 교역 상대는 호주와 뉴질랜드인데, 이들과 교역할 때 날짜 차이로 오해가 빚어져 손실이 발생하는 경우가 많았습니다. 이러한 손실을 없애기 위해 2011년 사모아는 날짜를 하루 앞당기고, 키리바시에 이어 하루를 두 번째로 빠르게 시작하는 국가가 되었답니다.

통가, 프로 올림픽 참석러가 불참한 이유

2016 리우데자네이루, 2018 평창, 2021 도쿄, 3번 연속으로 올림픽에 코코넛 오일을 바르고 등장한 '통가'의 기수, 피타 니콜라스 타우파토푸아는 올림픽마다 화제가 되었습니다. 특히 동계 올림픽이었던 평창에서도 멋진 육체미를 선보이며 등장하여 관심을 받았죠. 그러나 2022 베이징 올림픽에는 참석하지 못했습니

다. 그 이유는 2022년 통가에서 벌어진 화산 폭발 때문이죠. 통가 근처에 자리한 바닷속 화산이 폭발하면서 화산 폭발의 영향과 쓰나미로 인해 통가는 큰 피해를 입었고, 상황이 여의치 않아 베이징 올림픽에는 참가할 수 없었습니다.

나우루, 자원이 많으면 부유할까?

나우루의 구아노(인광석): 동물의 배설물이 바위 위에 쌓여 굳어진 덩어리. 질소분이나 인산분이 많아 비료나 화약의 원료로 쓰인다.

우리나라에서 천연자원이 나오면 우리는 무조건 잘 먹고 잘살 수 있을까요? 태평양의 섬나라 나우루는 구아노(인광석)라는 자원이 많아, 이를 수출하며 한때 1인당 국민소득이 3만 달러를 넘는 상황이었습니다. 지금의 최고 부자 국가라고 불리는 카타르나 룩셈부르크만큼 잘 사는 상황이었던 것이죠. 그러나 나우루의 국민은 이를 투자하거나 개발하는 데 사용하지 않고, 흥청망청 돈을 사용했어요. 또 직접 일을 하지 않고 외국인 노동자에게 모든 노동을 맡기어, 일하는 법을 잊어버렸답니다. 결국 구아노가 바닥나자, 국가의 경제 상황은 급격하게 안 좋아졌고, 현재는 세계 최빈국 중 하나가 되었습니다. 자원이 많다고 안주하면 안 된다는 교훈을 주는 사례이지 않을까요?

파푸아뉴기니, 세계에서 두 번째로 넓은 섬

여러분은 지구의 7개의 대륙 이름을 댈 수 있나요? 대륙은 그린란드보다 큰 땅덩이입니다. 따라서 그린란드는 세계에서 가장 큰 섬이 되겠지요. 그렇다면 2등은 어딜까요? 바로 '파푸아뉴기니'와 인도네시아가 함께 사용하고 있는 뉴기니섬입니다. 그린란드섬의 면적은 약 217만 km^2, 뉴기니섬의 면적은 약 79만 km^2로 3배가량 차이가 있지만, 그래도 세계 2위라는 타이틀은 어디 가지 않습니다.

▶ 9사(지리)06-02

태평양에는 새로 만들어지는 땅도 있고, 줄어드는 땅도 있다?

성취기준	태평양 지역이 겪고 있는 환경 문제를 조사하고 그 해결에 참여할 수 있는 방안을 제안한다.
성취기준 해설	태평양 지역이 겪고 있는 환경 문제(해양 쓰레기, 해수면 상승 등)를 조사함으로써 우리의 삶이 다른 지역의 삶에 영향을 미칠 수 있음을 인식하고 지구적 관점에서 행동할 수 있는 세계시민의 자질을 기르는 데 중점을 둔다.
핵심 요소	해양 쓰레기 문제 및 해결 방안, 해수면 상승 문제 및 해결 방안
교과 역량	☑ 창의적 사고력 ☐ 비판적 사고력 ☑ 문제 해결력 및 의사 결정력 ☐ 의사소통 및 협업 능력 ☑ 정보 활용 능력

수업 안내

태평양 지역이 겪고 있는 환경 문제에는 크게 해양 쓰레기 문제와 해수면 상승 문제가 있습니다. 먼저 태평양 지역이 겪고 있는 해양 쓰레기 문제, 한국어가 또렷하게 적힌 우리나라 플라스틱 쓰레기가 태평양에서 발견됐다는 뉴스, 북태평양 한복판에는 남한 면적의 14배나 되는 거대한 플라스틱 섬이 있다는 소식, 전 세계에서 흘려보낸 해양 쓰레기로 만들어진 거대한 섬은 크기만 따지면 '제7의 대륙'이라고 부를 수 있다는 사실! 이 모든 것을 종합하면 '새로 만들어지는 땅이 있다?'로 표현할 수 있습니다.

다음으로 해수면 상승 문제. 투발루, 키리바시, 몰디브 등 태평양에 위치한 많은 섬나라들이 해수면 상승 문제를 겪고 있다는 것은 이미 많은 사람이 아는 사실입니다. 투발루 외무장관인 사이먼 코페가 지난 2021년 개최된 제26차 유엔기후변화협약 당사국총회(COP26)에서 수중 연설을 하는 영상은 꽤 유명하지요. 기후변화로 인해 수몰 위기에 놓인 투발루의 현실을 알리기 위해 이 같은 영상을 촬영한 투발루의 외무장관. 이 영상을 보고 "바다에 들어가 있는 외무장관?", "저 사람은 왜 바다에 들어갔을까?"라는 흥미로운 질문을 수업에 활용할 수 있습니다. "해수면의 상승으로 국토 면적이 좁아지고 있는 상황을 알리기 위해 바다에 들어갔겠구나!", "그렇다면 앞서 말한 '새로 만들어지는 땅'과는 반대로 '줄어드는 땅'도 있네!"라는 흥미를 유발할 수 있습니다. 해당 단원의 활동(1)에서는 해양 쓰레기와 해수면 상승의 원인과 그로 인한 문제점을 파악하고, 활동(2)에서는 이를 해결할 수 있는 방안을 학생 스스로 제안함으로써 세계시민의 자질을 기를 수 있도록 설계했습니다.

📂 수업 들어가기

교사: 오늘 수업의 주제는 '태평양에는 새로 만들어지는 땅도 있고, 줄어드는 땅도 있다?'입니다. 이 주제를 기억하면서 선생님이 하는 질문에 답을 해 봅시다.

교사: 사진 속 인물은 무엇을 하는 중일까요?

학생: 이야기를 하는 것 같아요, 영상을 촬영하는 것 같아요, **연설하는 것 같아요** 등의 답변

교사: 사진 속 인물의 직업은 무엇일까요?

학생: 유튜버/기자/앵커/**정치인(외무장관)**이요.

교사: 사진의 배경은 어디일까요?

학생: 바닷가에요, 더운 나라에요, **태평양 지역이에요**.

교사: 사진 속 인물은 왜 바다에 들어갔을까요?

학생: 더워서요, 관심을 끌기 위해서요, **해수면 상승의 심각성을 알리기 위해서요**.

교사: 사진 속 인물이 바다에 들어간 이유는 '새로 만들어지는 땅'과 '줄어드는 땅' 중에 무엇과 관계가 있을까요?

학생: **해수면이 상승하니까 줄어드는 땅이에요**.

● 활동 1

새로 만들어지는 땅과 줄어드는 땅

1. 해양 쓰레기 문제

출처: '태평양 쓰레기섬'에 한국 쓰레기가?!… 최초 발견(KBS News)

1) 우리나라 플라스틱 쓰레기는 어디서 발견되었을까요? 태평양

2) 태평양 지역에 여러 국가의 플라스틱 쓰레기가 모이면 어떤 일이 발생할까요?
해양 오염, 해양 생물을 다치게 함 등

3) 우리에게는 어떤 영향을 미칠까요?
미세 플라스틱으로 쪼개져 먹이 사슬을 통해 우리 몸에 흡수됨 등

4) 이것은 '새로 만들어지는 땅'과 '줄어드는 땅' 중에 무엇과 관계가 있을까요? 새로 만들어지는 땅

2. 해수면 상승 문제

1) 투발루 외무장관 사이먼 코페는 왜 바다에 들어갔나요?
해수면 상승의 심각성을 알리기 위해

2) 해수면 상승으로 태평양 지역 주민이 겪는 문제점은 무엇일까요?
해발 고도가 낮은 남태평양 지역의 국가가 바닷물에 잠기는 등의 문제 발생

3) 해수면 상승이 발생하는 이유는 무엇일까요?
도시화와 산업화에 따라 화석 연료 사용이 늘어나면서 온실가스 배출량이

투발루 외무장관 사이먼 코페의 수중 연설

증가하고, 지구의 평균 기온이 올라가면서 극지방과 고산 지역의 빙하가 녹고, 그 물이 바다로 흘러들어 해수면이 상승함

> **활동 Tip**
>
> 1. 해양 쓰레기 문제
>   1) 질문을 통해 우리의 삶이 태평양 지역에 영향을 미치는지에 대해 생각 유도
>   2) 태평양 지역의 해양 쓰레기 문제의 심각성을 설명
>   3) 해양 쓰레기는 해양을 오염시킬 뿐만 아니라 해양 생물을 다치게 하며, 미세 플라스틱으로 쪼개져 먹이 사슬을 통해 우리 몸에 흡수되는 등 생태계 전체에 큰 피해를 끼침을 설명
>   4) 단원명과 연관 지어 생각해 볼 수 있도록 지도
>
> 2. 해수면 상승 문제
>   1) 동기 유발과 연결하여 태평양 지역의 해수면 상승 문제의 심각성에 대해 의견 나누기
>   2) 해수면 상승으로 인해 해발 고도가 낮은 남태평양 지역의 국가들의 국토가 바닷물에 잠기는 등의 문제가 발생함을 설명
>   3) 도시화와 산업화에 따라 화석 연료 사용이 늘어나면서 온실가스 배출량이 증가하고, 지구의 평균 기온이 올라가면서 극지방과 고산 지역의 빙하가 녹고, 그 물이 바다로 흘러 들어가 해수면이 상승하고 있음을 설명

● 활동 2

태평양을 지키는 약속

1. 태평양을 지키기 위해 내가 할 수 있는 실천 약속을 적어 봅시다.

> [예시] 일회용품 사용 줄이기 / 대중교통 이용하기

▶ 9사(지리)06-02 태평양에는 새로 만들어지는 땅도 있고, 줄어드는 땅도 있다?

2. 나의 실천 약속을 모둠원과 공유하고 가장 먼저 할 수 있는 실천 약속을 정해 봅시다.

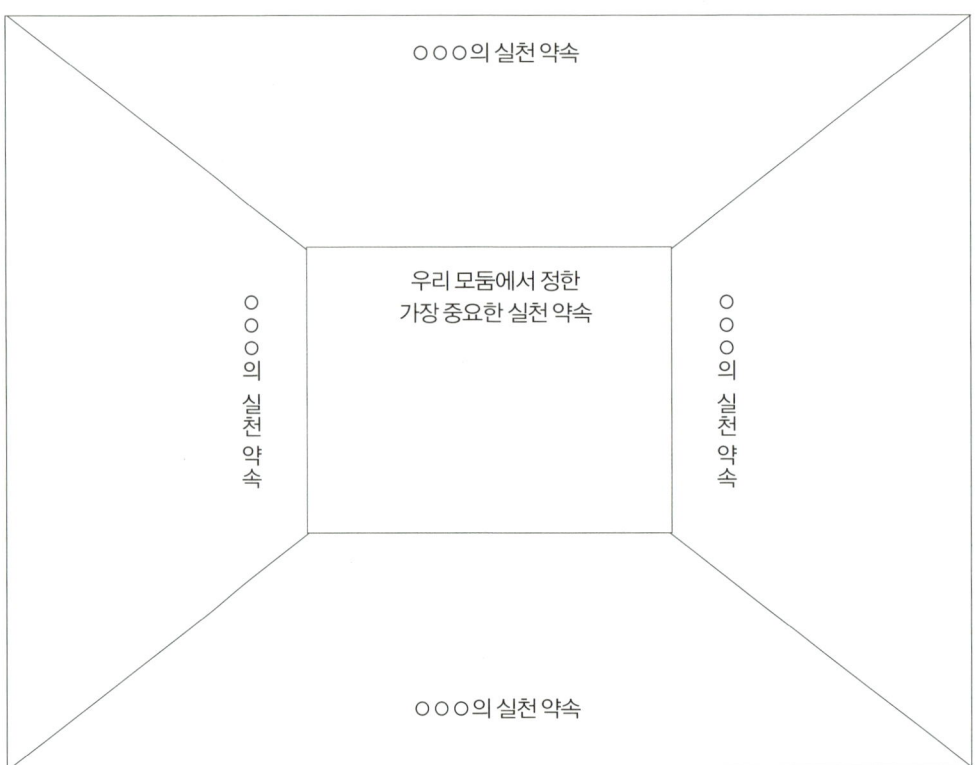

> **활동 Tip**
>
> 1. 태평양 지역의 환경 문제 해결 방안을 교과서에서 찾아 작성하도록 지도(주로 국제 사회나 정부 차원의 해결 방안)합니다.
> 2. 태평양 지역의 환경 문제 해결을 위한 실천 약속을 정해 봅니다.
>   1) 이메일만 지워도 이산화탄소가 줄어드는 것, 일회용품 사용 줄이기, 대중교통 이용하기(다른 사례로 변경 가능)처럼 우리의 일상 속에서 태평양 지역의 환경 문제를 해결할 수 있는 방안을 찾을 수 있도록 지도
>   2) 모둠원(구성원 수에 따라 사각형, 오각형 등으로 모양 변경 가능)의 실천 약속을 적은 후 각 모둠에서 가장 중요한 실천 약속을 정할 수 있도록 지도

◆ 교과 세특

(활동 1)

- 태평양 지역의 해양 쓰레기 문제가 우리 삶에도 영향을 미칠 수 있음을 파악하고, 그 지역에서 해수면 상승이 발생하는 원인을 정확하게 설명함. 태평양 지역의 환경 문제를 해결하기 위한 **일회용품 사용 줄이기**라는 실천 약속을 정하고, 그 중요성을 모둠원에게 설명함으로써 문제 해결력 및 의사 결정 능력을 발휘함.

(활동 2)

- 태평양 지역에서 해양 쓰레기 문제와 해수면 상승 문제가 나타남을 확인하고, 그 심각성을 발표함. 해당 지역의 환경 문제를 해결할 수 있는 **대중교통 이용하기**라는 실천 약속을 제안하고, 협업 능력을 바탕으로 모둠 실천 약속 정하기를 주도적으로 이끌어가는 모습을 보임.

읽기자료

"우리가 처한 현실"… 섬나라 투발루 장관이 바다에서 연설한 이유

"이게 우리가 처한 현실입니다."

태평양의 섬나라 투발루의 사이먼 코페 외무장관(법무·통신·외교부 장관)이 바다에 들어가 한 말이다. 정장 차림을 한 그는 무릎까지 차오른 바닷물 속에서 기후변화로 위기를 맞은 섬나라들의 입장을 전했다. 섬나라들이 처한 현실을 시각적 비유로 보여 주기 위해, 직접 바다로 걸어 들어가 수중 연설을 한 것이다. 그는 기후 위기에 전 세계가 힘을 모아 행동해야 한다고 촉구했다.

미국 워싱턴포스트(WP), CNN방송 등 외신에 따르면, 지난 8일(현지 시각) 영국 스코틀랜드 글래스고에서 열린 제26차 유엔기후변화협약 당사국총회(COP26)에서는 수중 연설을 하는 코페 장관의 모습이 담긴 영상이 공개됐다.

영상에서 코페 장관은 "여러분들이 지금 저를 보시듯, 투발루에서는 기후변화와 해수면 상승이라는 현실을 살아내고 있다. 우리는 가라앉고 있다"고 말했다.

그는 "바닷물이 차오르고 있기 때문에 우리는 말뿐인 약속을 기다릴 여유가 없다. 기후 이동성이 가장 먼저 고려되어야 한다"고 했다. 기후 이동성이란 지구 온난화 등 기후위기로 초래된 재난으로 인해, 생활 터전을 잃고 비자발적으로 이동·이주하는 것을 뜻한다.

코페 장관은 9일 공개된 또 다른 영상에서 "우리는 영토가 물에 잠겨 국민들을 이주시켜야 하는 최악의 시나리오를 대비한 계획을 세우고 있다. 해양수역의 소유권과 국제법상 국가의 지위를 유지하기 위한 법적 방안을 모색하고 있다"고도 했다. 그러면서 "투발루는 신성한 섬으로 선조들이 살던 곳이자 현재 우리가 사는 터전이다. 투발루를 미래 우리 국민의 터전으로 물려주길 원한다"고 덧붙였다.

출처: 조선일보, 김가영 기자(2021년 11월 12일)

북태평양 떠도는 제7대륙 '쓰레기 섬'

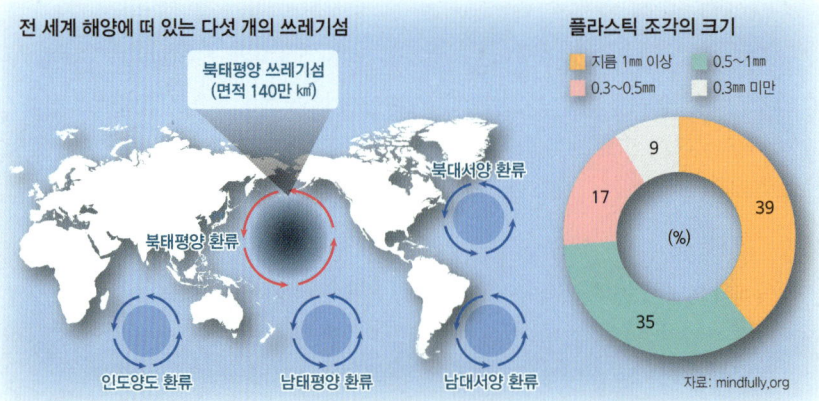

… (전략) …

북태평양 한복판에는 이보다 훨씬 큰 쓰레기 더미가 오래전부터 존재하고 있다. 남한 면적의 14배나 되는 거대한 '플라스틱 섬'으로 크기만 따지면 '제7의 대륙'이라고 할 만하다.

제7의 신대륙을 처음 발견한 사람은 미국 캘리포니아에 사는 찰스 무어다. 그는 1997년 로스앤젤레스에서 하와이까지 태평양을 횡단하는 항해 경기에 참가했다. 알루미늄 쌍동선(雙胴船·선체 두 개를 나란히 연결한 배)을 몰던 그는 하와이 호놀룰루 근처에서 신대륙과 맞닥뜨렸다. 넓은 바다 한가운데 온갖 쓰레기가 떠다니고 있었다. 쓰레기는 끝없이 파도에 밀려와 선체에 부딪혔다. 플라스틱 컵과 병뚜껑, 고기잡이 그물과 낚싯줄 등 없는 게 없었다. 이 쓰레기 더미에는 훗날 '태평양 대쓰레기장(Great Pacific Garbage Patch)'이라는 이름이 붙여졌다.

무어는 자신이 발견한 '섬'을 해양학자들에게 알렸다. 1999년에는 직접 조사단을 꾸려 다시 현장을 찾기도 했다. 해양학자의 조사 결과 쓰레기 더미를 이루는 플라스틱 조각들은 대부분 쌀알 크기로 잘게 부숴져 떠다니고 있었다. 인공위성도 비행기에서도 볼 수 없는 대륙이었다. 2001년 조사에 따르면 이 해역에는 km^2당 33만 5000점의 쓰레기 조각들이 분포하고 있었다.

해양 쓰레기는 바다에서 생명력을 부여받는다. 북태평양을 시계 방향으로 크게 맴도는 북태평양 환류(gyre)를 타면서 무리 지어 다니는 물고기처럼 한데 뭉치는 응집력을 얻는다. 맴돌이 해류에 쓰레기가 휩쓸리면 바람에 밀려 중심부로 모여들기 때문이다. … (중략) …

플라스틱 조각은 해양생태계에 적지 않은 문제를 일으키고 있다. 무엇보다 바닷새·물고기·거북이 등이 플라스틱 조각을 먹이로 잘못 알고 삼킬 수 있기 때문이다. 플라스틱 조각은 스펀지처럼 유해물질을 빨아들인다. 유해물질로 오염된 플라스틱은 먹이사슬을 통해 '생물농축(Biomagnification)' 현상을 일으킬 수도 있다.

한국해양연구원 강원수 박사는 "보통 태평양의 쓰레기 중 80%는 육지에서 떠내려온 것이고, 나머지 20% 정도는 선박에서 버린 것으로 추정된다"며 "일부는 더 작은 조각으로 부서지기도 하고, 일부는 바닷속으로 가라앉기도 한다"고 말했다. … (후략) …

출처: 머니투데이(2011년 4월 20일)

▶ 9사(지리)06-03

골드러시?! 이제는 콜드러시!

성취기준	극지방의 지리적 중요성과 지역 개발을 둘러싼 다양한 이해관계를 살펴보고, 이에 대한 자신과 상대방의 의견을 비판적으로 검토한다.
성취기준 해설	극지방의 중요성과 지역 개발을 둘러싼 다양한 이해관계를 살펴봄으로써 지역의 지리적 이슈를 여러 측면에서 평가하고 논리적으로 자신의 의견을 정리하여 소통할 수 있는 능력을 기르는 데 중점을 둔다.
핵심 요소	극지방의 위치와 특징, 극지방의 지리적 중요성, 극지방을 둘러싼 이해관계
교과 역량	☐ 창의적 사고력 ☑ 비판적 사고력 ☑ 문제 해결 및 의사 결정력 ☑ 의사소통 및 협업 능력 ☑ 정보 활용 능력

📂 수업 안내

6-3단원은 극지방의 지리적 중요성에 대한 이해가 필요한 단원입니다. 학생들에게 극지방의 위치와 특징, 지리적 중요성 등의 개념은 교사의 설명이 필요한 부분입니다. 수업의 활동 부분에서 학생들이 스스로 극지방 지역 개발을 둘러싼 다양한 이해관계를 살피고, 지리적 이슈를 평가해야 하기 때문에 수업의 초반부터 핵심 개념을 정확히 설명해 주는 것이 필요합니다.

이에 더해 현재 가속화되고 있는 지구 온난화로 인해 북극의 얼음이 녹아 북극 항로가 개통되며 북극해 및 극지방의 경제적인 가치가 더 높아지고 있는 현 상황에 대한 설명이 필요합니다. 이러한 상황에서 학생들은 각 나라의 입장과 다양한 이해관계를 살펴봄으로써 지역의 지리적 이슈를 여러 측면에서 평가할 수 있는 능력을 기를 수 있습니다. 또한, 지역 개발을 둘러싼 다양한 이해관계를 살피고 시뮬레이션, 역할극, 모의재판, 토의·토론 학습 모형을 통해 학생들은 자신 및 상대방의 의견을 비판적으로 검토하는 능력을 기를 수 있습니다.

학생들은 대부분 북극과 남극에 대한 장소감이 부족한 상태입니다. 실제로 가 본 학생들도 매우 드물뿐더러 '우리가 관련이 없는데 생각해 봐야 할 주제인가?'라고 생각하기 쉽습니다. 철저히 제3자로서의 우리 학생들에게 객관적인 시선에서 다양한 이해관계를 살필 수 있도록 '청중단 토론'으로 활동을 구성했습니다. 찬성 역할, 반대 역할, 그리고 제3자인 청중단 역할을 모두 돌아가면서 맡아 보고 해당 지역 주민의 입장과 객관적인 시선을 모두 생각해 볼 수 있는 중요한 계기가 되길 바랍니다.

📂 수업 들어가기

교사: 여러분 대형마트에 사람들이 항상 많이 있는 이유는 무엇일까요?

학생: 물건이 많아서요!

교사: 맞습니다. 그러면 이와 비슷한 사례를 보죠.

교사: 골드러시라는 표현을 들어보았나요? 골드러시는 19세기 미 대륙 개척 시대 황금을 찾아 사람이 몰려들었던 현상을 지칭합니다. 그런데 요즘에는 골드러시를 빗댄 '콜드러시'라는 말이 생겨났다고 하네요.

학생: 콜드러시가 뭐예요? 추우면 사람이 모이지 않을 것 같은데요?

교사: '콜드러시(Cold Rush)'란, 북극해 자원을 확보하기 위해 세계 각국이 벌이는 치열한 북극해 개발 경쟁을 뜻합니다. 북극의 바다 얼음(해빙)이 2019년 역대 두 번째 최소면적을 기록한 데 이어 15년 뒤인 2035년이면 사라진다는 영국의 연구 결과가 나왔어요. 이 틈을 노려 세계 각국은 북극의 풍부한 자원 확보를 위해 콜드러시 경쟁에 뛰어들고 있지요.

● 활동 1

북극을 개발해야 할까? 아니면 보존해야 할까?

> **콜드러시(Cold Rush)?**
> 북극해 자원을 확보하기 위해 세계 각국이 벌이는 치열한 북극해 개발 경쟁을 뜻합니다. 이는 19세기 미 대륙 개척 시대 황금을 찾아 사람이 몰려들었던 '골드러시(Gold Rush)' 현상을 빗댄 표현입니다.

지구 온난화의 영향으로 지표면 온도가 올라가면서 빙하의 면적이 줄어들고 있다. 지구 표면의 6%를 차지하는 북극권은 연평균 기온이 7℃ 정도 올라 지난 30년간 얼음 면적이 10% 감소했으며, 두께도 40%나 줄었다. 과거의 기후 정보를 간직하고 있는 빙하가 점점 녹아서 기후 연구와 환경 보호가 더뎌지고 있다. 하지만, 극지방의 빙하가 줄어들면서 수산 자원 및 에너지 자원 확보에 유리해지고 있으며, 북극 항로가 개통된 이후 북극해 주변 국가들이 자국의 경제적·군사적 이익을 얻기 위해 북극해 영유권을 주장하고 있다.

활동 Tip

- 학생들의 맥락적 학습 요소를 도와주기 위해서 툰드라 관련 다큐멘터리를 시청할 수 있습니다.
- 이해관계를 둘러싼 각 주체들의 입장문 또는 대화문으로 맥락을 만들어 주는 방법도 추천합니다.

1. '북극을 개발해야 할까? 아니면 보존해야 할까?'를 주제로 청중단 토론을 해 봅시다.

예시) 학생 정원 24명, 4명씩 6모둠
　　　A모둠과 B모둠이 토론을 한다면, C, D, E, F모둠 학생들이 청중단 역할을 맡는다.

1) 준비된 글 자료를 읽고, 북극을 개발해야 할지 보존해야 할지 생각해 봅시다.
(토론 모둠에 해당하는 학생들이 작성)

나의 주장	나는 북극 개발에 반대한다.
이유	북극을 개발하면 할수록 북극의 빙하가 녹아서 해수면이 상승할 것이다. 북극에 사는 동식물의 삶의 터전이 위협받을 것이기 때문이다.

2) 모둠별로 북극 지역 개발에 대한 입장을 정하고, 토론 준비를 해 봅시다.
   (토론 모둠에 해당하는 학생들이 작성)

우리 모둠의 입장과 그 근거	입장: 근거: 비판받을 수 있는 점:
상대측 모둠의 예상 반론	
상대측 모둠의 입장과 예상 근거	입장: 근거: 주장에 대한 비판 의견:
우리 모둠의 예상 반론	

3) 토론을 준비한 대로 '북극을 개발해야 할까? 아니면 보존해야 할까?'를 주제로 토론을 해 봅시다.

토론 과정

4) 토론을 진행하는 모둠을 제외한 청중단은 이 토론 주제에 대해 어떻게 생각할까?
   (청중단에 해당하는 학생들이 작성)

구분	북극 지역 개발	북극 환경 보존
주요 근거		
청중 질문 사항과 답변 내용		
잘한 점		
개선할 점		

5) 토론 후 주제에 대한 자신의 최종 생각을 적고, 자신과 다른 의견을 가진 입장 중 하나를 선택하여 비판적으로 검토해 봅시다.

(모든 학생들이 작성)

나의 최종 생각	
비판할 입장	
비판할 입장의 주장과 근거	
나의 비판 의견	

◆ 교과 세특

- 북극 지역의 개발을 주제로 진행한 청중단 토론에서 찬성 입장의 주장을 논리적으로 제시함.
- 북극 지역의 개발을 주제로 진행한 청중단 토론에서 논리적인 근거를 들어 상대방의 입장을 반박함.
- 북극 지역의 개발을 주제로 진행한 청중단 토론에서 청중단 역할을 맡아 토론 과정을 상세히 기록하고 각 주장에 대한 반박 근거를 조사함.
- '북극을 개발해야 할까? 아니면 보존해야 할까?'라는 주제에 대한 본인의 입장을 밝히고 타당한 근거를 들어 주장을 뒷받침함.
- 극지방 개발을 둘러싼 다양한 이해관계를 조사한 뒤, 각 주체의 주장에 대한 근거를 비판적으로 검토하는 글을 작성함.

제7장 대한민국, 우리가 살아가는 곳

07-01 우리가 사는 땅, 어디까지가 대한민국 땅일까?

07-02 서울에 있는 김포공항, 부산에 있는 김해공항

07-03 지도는 어떻게 만들어요?

▶ 9사(지리)07-01

우리가 사는 땅, 어디까지가 대한민국 땅일까?

성취기준	우리 국토의 위치와 영역에 대한 이해를 바탕으로 세계 속에서 우리나라의 위치를 지정학, 지경학적 측면에서 탐색한다.
성취기준 해설	우리 국토의 위치와 영역에 대한 기본적 지식과 개념 이해를 바탕으로 국토의 공간적 범위를 명확하게 인지하도록 하는 데 초점을 둔다. 그리고 우리나라의 위치를 다른 국가와의 관계 속에서 바라본 지정학적 위치뿐만 아니라 글로벌 경제 속에서 바라본 지경학적 위치 측면에서 조망할 기회를 제공한다.
핵심 요소	우리나라의 위치와 중요성, 독도, 영역감
교과 역량	☑ 창의적 사고력　　　　　　☐ 비판적 사고력 ☐ 문제 해결력 및 의사 결정력　☐ 의사소통 및 협업 능력 ☑ 정보 활용 능력

📁 수업 안내

7-1단원에서는 우리나라 국토의 공간적 범위를 학생들이 인식하도록 하는 데 초점을 맞추고 있습니다. 우리나라 영토의 범위를 살펴볼 뿐만 아니라 주변 국가들과의 관계를 파악하며 공간적 관점에서 수업을 만들어갈 필요가 있습니다. 특히 우리나라 동쪽 끝인 독도의 사례를 다양한 동식물과 연관 지어 학생들의 흥미를 높이고, 영토의 중요성을 되새길 수 있도록 활동을 제작하였습니다.

최근 영토 문제 중에서도 이슈가 되고 있는 곳은 서해 앞바다의 조업 활동입니다. 과거에는 더 많은 영토를 차지하기 위해 '땅'을 둘러싸고 전쟁을 벌였다면, 최근에는 더 큰 경제적 이익을 얻기 위해 '바다'를 둘러싼 갈등이 나타나고 있는 것이죠. 해당 사례를 만화를 통해 살펴보고 우리나라 영해의 범위를 명확히 인식하도록 하는 활동을 진행할 수 있습니다.

우리 국토의 위치와 영역에 대해 이해하는 것은 우리나라의 역사와 위상과도 관련이 깊습니다. 단순히 우리가 살고 있는 땅이라는 의미를 넘어 국토의 중요성과 영역감, 장소감을 느낄 수 있도록 교사가 지도한다면 더욱 의미 있는 수업이 될 수 있습니다.

📂 수업 들어가기

교사: 사진 속 사람들의 모습을 살펴볼까요? 사람들이 그물로 잡고 있는 동물이 무엇처럼 보이나요?

학생들: 물개 같기도 하고…, 바다사자 같기도 해요!

교사: 잘 살펴보았네요. 언뜻 보면 물개 같기도 하고 바다사자 같기도 한 이 동물의 이름은 '강치'예요. 과거 독도와 울릉도에 살던 동물이지요.

학생: 그럼 지금은 살고 있지 않다는 말씀이신가요?

교사: 맞아요. 안타깝게도 지금은 독도에서 강치를 볼 수 없어요. 일본인들의 무분별한 남획으로 현재는 멸종되었지요.

학생: 너무 아쉬워요. 일본인들은 왜 강치를 잡은 건가요?

교사: 강치로부터 가죽과 기름을 얻을 수 있었기 때문이에요. 일본 측 기록에 따르면, 1904년 한 해 동안 무려 3,200여 마리의 강치를 잡았다고 하며, 1941년까지 약 1만 5,000여 마리의 바다사자를 총이나 몽둥이로 남획했다고 해요.

학생: 그런데 독도는 우리나라 땅 아닌가요? 어떻게 독도에서 일본인들이 강치를 잡을 수 있었던거죠?

교사: 일제강점기라는 상황이 이런 비극적인 상황을 만들었어요. 1905년, 일본 정부는 독도가 주인 없는 땅이라고 주장하며 자국 영토로 불법적으로 편입해 강치잡이를 허락하였고, 그 후 일본 어부들은 무자비하고 잔인하게 강치를 잡았어요.

학생: 그런 안타까운 일이 있었군요. 우리 땅인 독도에 대해 더 알고 싶어졌어요.

교사: 그럼 이번 시간에는 우리나라 영토와 독도에 대해 자세히 알아볼까요?

> **활동 Tip**
> 학생들이 강치 포획 이유를 추측할 수 있도록 돕기 위해 당시의 역사적 배경을 제시해 주세요.
> 관련 영상: 유튜브 EBSCulture(EBS 교양) 독도채널e-제5부-강치 멸종의 비밀

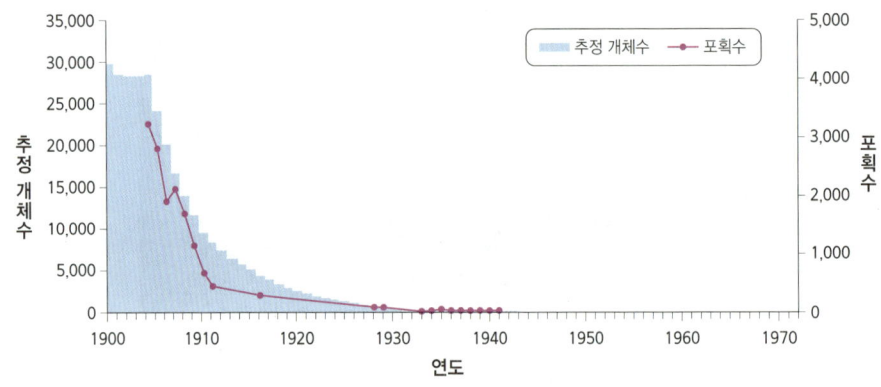

연도별 독도 강치의 개체 수(자료: 해양수산부)

● 활동 1

우리나라의 바다는 어디까지일까요?

1. 다음 자료를 살펴보고 아래 질문에 답해 봅시다.

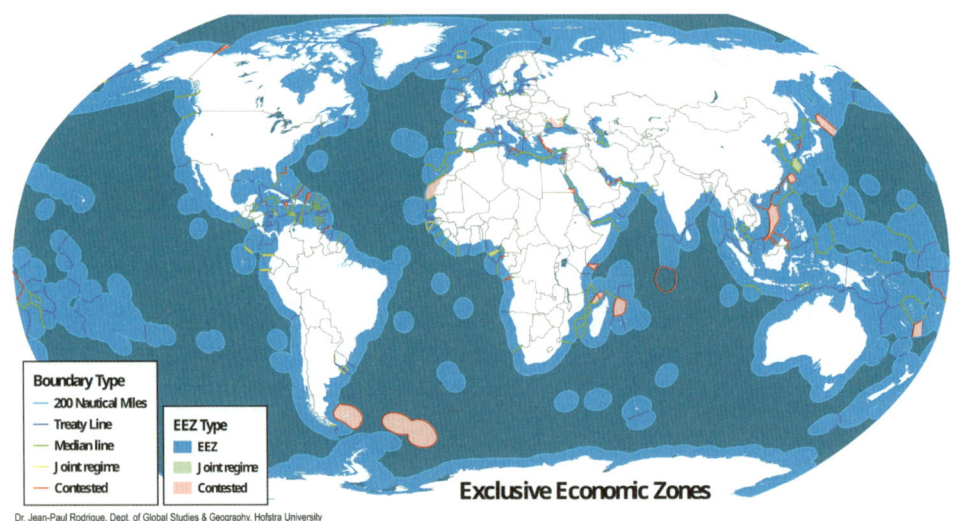

세계의 배타적 경제 수역(EEZ)과 유형별 경계

1) 배타적 경제 수역(EEZ)이란 무엇일까요?

배타적 경제 수역(EEZ)이란 기선으로부터 200해리에 이르는 수역 중에서 영해를 제외한 수역이다.

2) 우리나라의 영해는 어디까지일까요? 아래 지도에 우리나라 영해의 범위를 표시해 봅시다.

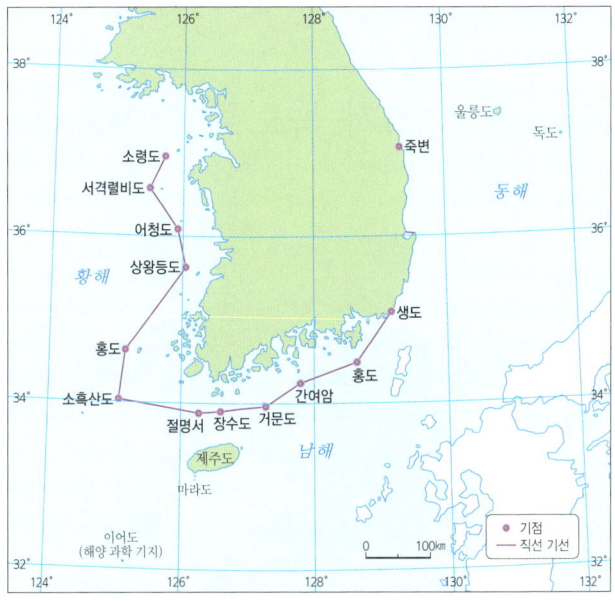

> **활동 Tip**
> - 우리나라 영해의 범위를 표시하기 위해 통상기선과 직선기선, 대한 해협에 대한 설명을 충분히 제공해 주세요.
> - 지도 축척에 맞추어 1해리의 범위를 선생님께서 설정해 주시고, 학생들이 이에 맞게 자를 이용하여 12해리를 그리도록 안내해 주세요.
> - 대한 해협의 영해 범위와 그렇게 설정한 이유를 학생들이 충분히 고민해 보고 지도에 그릴 수 있도록 지도해 주세요.

3) 서해안과 남해안에서 통상 기선을 기준으로 영해를 설정하면 어떤 문제가 발생할까요?

서·남해안은 동해안에 비해 섬이 많고 해안선이 복잡하여 영해를 정확하게 정하기 어려운 문제가 발생한다. 따라서 가장 바깥쪽의 섬들을 직선으로 연결한 직선 기선을 기준으로 영해를 정하였다.

4) 대한 해협이 있는 곳에서 우리나라와 일본이 모두 12해리를 영해로 설정하면 어떤 문제가 발생할까요?

두 나라의 영해가 겹쳐 국가의 주권이 미치는 범위가 불분명해진다. 이곳을 지나가는 선박과의 일본과의 마찰을 피하기 위해 3해리로 설정하였다.

5) 불법 조업 어선을 단속하는 일이 왜 중요할까요?

국민이 생활하는 삶의 터전을 안정적으로 보호하고, 우리나라의 영역과 주권을 지키기 위해 불법 조업 어선을 단속해야 한다.

● 활동 2

사라진 강치가 독도로 돌아오다!

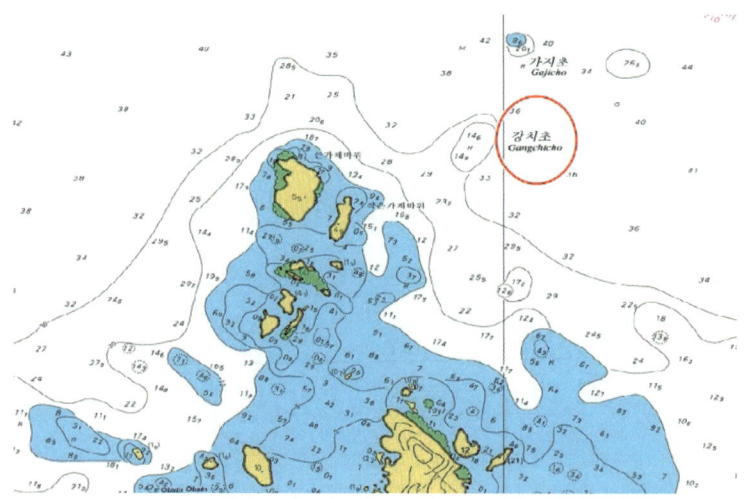

2015년, 국립해양조사원은 독도 해역의 해저 지형 중 하나에 '강치초'라는 이름을 붙이고 이 이름을 공식적으로 사용하기로 하였다. 강치초의 위치는 위도 37°14′53″, 경도 131°51′59″이고, 최소 수심은 약 14m이다.

1. 암초에 '강치초'라는 이름이 붙으면 어떤 긍정적인 효과가 있을지 생각해 봅시다.

강치와 관련한 독도의 역사와 이야기에 사람들이 관심을 기울이며 일제강점기의 아픈 역사를 되새기고, 동시에 우리나라 영토임을 널리 알릴 수 있는 계기가 될 것이다.

2. 강치 이외에도 독도의 멸종위기 동식물에는 어떤 것들이 있을까요? 조사한 내용을 바탕으로 독도 암초의 이름을 정하고 이유를 적어 봅시다.

(멸종위기종 사진 붙이는 곳)	멸종위기 동식물의 이름	
	새로운 암초의 이름	

(멸종위기종 사진 붙이는 곳)	암초의 이름을 붙인 이유	

> **활동 Tip**
> - 독도 지명 학습을 통해 학생들이 우리 국토의 공간적 범위를 명확하게 인식하도록 하기 위한 활동입니다. 해저 지형의 이름으로 독도의 동식물 이름이 쓰였음을 설명하여 학생들이 독도의 지명 및 역사에 관심을 가질 수 있도록 지도해 주세요.
> - 독도 이외에도 지명이 중요하게 작용하는 사례를 추가로 제시한다면 지명과 주권의 관계에 대한 심화 학습이 이루어질 수 있습니다.

◆ 교과 세특

(활동 1)

- 우리 국토의 공간적 범위를 인지하고 영해의 범위를 설정할 수 있음. 통상기선과 직선기선의 차이점을 바탕으로 우리나라 동해와 서해의 영해 범위를 어떻게 설정할 것인지 모둠원과 함께 탐구함.
- 지도를 보며 우리나라 영토의 모양을 살펴보고 영해를 설정하기 위해 어떠한 기준이 필요할지 고민함. 특히 대한 해협 부근에서 12해리로 영해를 설정하기 어렵다는 사실을 깨닫고 관련 규정에 대해 조사함.
- 우리나라의 영역과 주권에 대해 학습하고 영토의 중요성을 깨달음. 국민이 생활하는 삶의 터전에 대한 이해와 자긍심을 높임.

(활동 2)

- 독도를 둘러싼 역사를 살펴보고 독도가 우리나라 영토로서 가지는 중요성에 대해 탐구함. 영토에 대한 주권을 강화하기 위해서는 지명이 중요하다는 사실을 바탕으로 독도 해저 지형의 다양한 명칭에 대해 조사함.
- 독도 해저 지형 중 '강치초'에 담긴 의미와 일제강점기 역사에 대해 탐구함. 독도의 상징성을 담은 멸종위기종을 조사하고 관련 지명을 만드는 활동을 통해 독도가 우리나라 영토임을 알리고자 힘씀.
- 지명과 주권의 관계를 바탕으로 독도 해저 지형의 이름에 담긴 의미를 조사함. 우리 국토의 공간적 범위를 인지하고 독도가 가진 지정학적 중요성을 깨달음.

📁 읽기 자료

『대동여지도』에는 없는 독도?

조선시대 지리학자 김정호에 대해 한 번쯤 들어본 적 있죠? 김정호가 그린 지도에는 유명한 『대동여지도』도 있지만 그 전에 그린 「청구도」도 있습니다. 그런데 두 지도 사이에는 특이한 점이 있습니다. 그린 시기가 이른 「청구도」에는 독도가 나와 있지만 이후 그려진 『대동여지도』에는 독도가 빠져 있다는 사실입니다. 그 유명한 『대동여지도』에 독도가 없다니…. 그럼 김정호는 독도를 우리나라 영토로 보지 않았다는 뜻일까요? 이런 궁금증을 안고 『대동여지도』에서 독도가 빠지게 된 이유에 대해 함께 살펴봅시다.

독도는 역사적, 지리적, 국제법적으로 명백한 우리 고유의 영토입니다. 따라서 일본이 자신들의 고유 영토라고 우기고 있지만 우리 정부는 독도에 대한 영토 분쟁을 인정하고 있지 않습니다. 우리 역사에서 독도에 대한 기록은 삼국시대부터 등장합니다. 『삼국사기』에 따르면, "지증왕 13년 여름 6월에 우산국이 항복하고 매년 토산물을 공물로 바쳤다. 우산국은 명주(현재 강릉)의 정동 쪽에 있는 섬으로 울릉도라고도 한다."라는 기록이 남아 있습니다. 이를 통해 삼국시대에는 문헌에서 우산도로 표기되어 왔음을 알 수 있어요.

독도에 대한 기록은 조선시대에도 계속해서 등장합니다. 1531년에 그려진 『신증동국여지승람』에 수록된 조선전도인 「팔도총도」에서 울릉도와 우산도가 나타남을 확인할 수 있습니다(그림 1). 이 뿐만 아니라 정상기는 18세기 조선 후기에 「동국지도」를 제작하며 울릉도의 동쪽에 지금의 독도인 우산도를 그렸습니다(그림 3). 심지어 김정호가 1834년에 『대동여지도』보다 앞서 제작한 「청구도」에도 울릉도와 독도가 등장합니다(그림 2).

그러나 이보다 늦은 1861년에 그려진 『대동여지도』에는 독도가 등장하지 않습니다. 그 이유는 무엇일까요? 그 이유를 둘러싸고 여러 의견이 있지만, 『대동여지도』가 목판으로 찍어낸 지도라는 점에 주목할 필요가 있습니다. 목판 지도를 만들기 위해서는 우선 종이에 지도를 그린 후, 나무를 깎아 목판을 제작합니다. 그 다음 목판 위에 지도의 그림과 선, 글자를 따라 칼로 새긴 뒤 먹을 칠해 종이에 찍어냅니다. 이런 과정을 거쳐 만들어진 지도가 바로 『대동여지도』이지요. 『대동여지도』는 목판지도인 동시에 분첩절첩식 지도입니다. 동서로 19면, 남북으로 22층으로 나누어 총 126개의 목판을 사용하여 찍어낸 후, 이를 접어 다니기 편리하도록 만들었습니다. 이러한 이유로 독도를 표시하기 위해서는 동해의 먼 바다까지 빈 종이로 이어야 했습니다. 지리학자인 김정호의 판단으로는 효율적인 지도 제작 방식이 아닐뿐더러 들고 다니기 편리한 분첩절첩식 지도의 목적과도 상반되는 것이지요. 이 때문에 『대동여지도』 목판본은 독도가 포함되지 않은 채로 탄생하게 되었습니다. 김정호가 독도의 존재를 몰랐던 것이 아니라, 오히려 지도의 축척을 고려하고 효율성을 추구하기 위해 탄생한 결과물이라는 점을 알아야 할 것입니다.

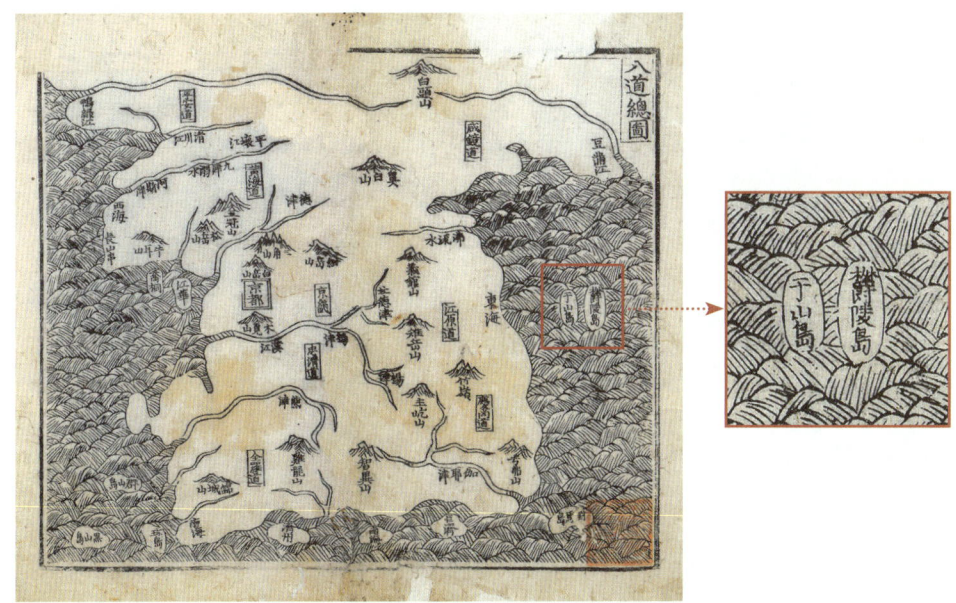

그림 1. 「신증동국여지승람」 「팔도총도」

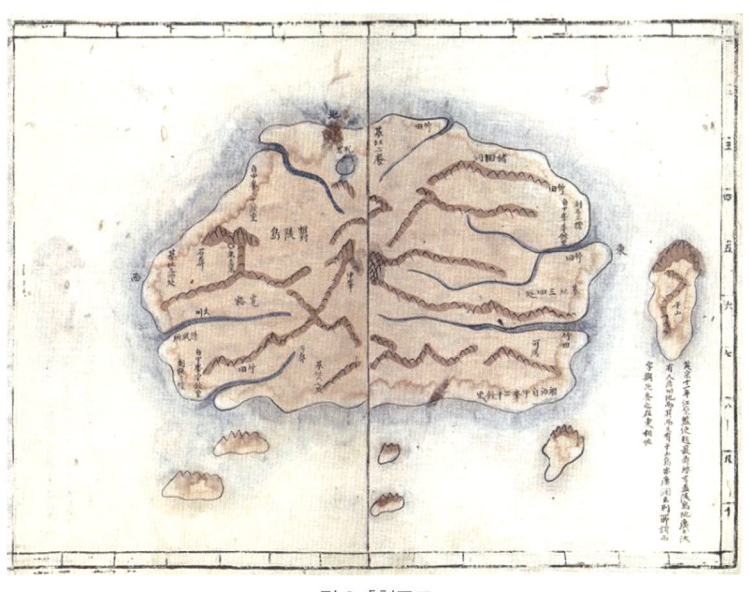

그림 2. 「청구도」

그림 3. 「동국지도」

▶ 9사(지리)07-02

서울에 있는 김포공항, 부산에 있는 김해공항

성취기준	우리나라의 행정구역과 주요 도시의 위치를 파악하고, 자신이 살고 있는 장소성과 장소감을 표현한다.
성취기준 해설	우리나라를 구성하는 지역의 절대적 위치 및 상대적 위치를 파악하기 위한 공간의 인식 틀로서 다양한 수준의 행정구역을 파악할 수 있도록 설정하였다. 많은 사람이 모여 살고 다양한 기능이 집중하는 생활 공간으로서 우리나라 주요 도시의 위치를 파악하도록 한다. 자신이 살고 있는 장소에 관심을 갖고 장소가 지니는 의미와 특성을 살펴보는 과정에서 장소감과 장소애를 가질 수 있도록 하는 데 중점을 둔다.
핵심 요소	우리나라의 행정구역, 우리나라의 도시, 장소감, 장소애
교과 역량	☑ 창의적 사고력　　　　　　　　　☐ 비판적 사고력 ☑ 문제 해결력 및 의사 결정력　　　☐ 의사소통 및 협업 능력 ☑ 정보 활용 능력

📂 수업 안내

우리나라의 행정구역과 주요 도시를 아는 것은 지리 학습의 시작이며 기본입니다. 학습에서 기본이 되는 요소들은 가장 중요하기 때문에 지명 학습은 단순한 암기보다는 맥락적인 공부가 되어야 합니다. 지명과 관련된 내러티브를 아이들에게 들려준다면 재미있게 지리 공부를 할 수 있습니다. 최근에 지역의 이슈나 쟁점뿐만 아니라 지명과 관련된 역사적 배경을 소개하는 것도 좋은 방법입니다. 지명 속에는 무수한 스토리가 있습니다.

한편, 학생들이 자신이 살고 있는 지역에 대해 아는 것도 중요합니다. 애국심, 애사심이라는 용어는 많이 쓰이지만 애향심이라는 용어는 많이 사용되지 않습니다. 7-2단원에서 학생들에게 우리 동네에서 내가 좋아하는 장소가 어디인지 찾아보도록 하고, 왜 그 장소가 좋은지 어떤 추억이 있는지 생각해 보도록 하는 방법을 추천합니다. 아이들이 직접 시간을 내서 내가 좋아하는 공간에 가고, 사진을 찍어서 나만의 이야기를 친구들 앞에서 발표하면 그 공간은 자신만의 장소로 변할 것이며, 자연스럽게 장소감, 장소애가 생겨날 것입니다.

📂 수업 들어가기

서울시를 인접한 경기도 지자체들

교사: 선생님이 제주도로 여행을 가기 위해서 김포공항을 가려고 해요. 그런데 선생님은 김포시로 가지 않고 서울특별시 강서구로 갈거예요. 왜 그럴까요?

학생: 김포공항이 강서구에 있어서요! 김포가 서울에 포함되나요?

교사: 김포시는 경기도에 속하지만, 김포공항은 서울시 강서구에 있습니다. 원래 김포공항이 있던 곳은 경기도 김포시 양서면이었지만, 양서면 일대가 서울시로 편입되었습니다. 양서면이 서울시로 편입된 이유는 무엇일까요? 만약, 경기도 김포시 전체가 서울시로 편입된다면 어떻게 될까요?

학생: (서울이 너무 커져요 등 저마다 대답한다.)

교사: 이와 비슷한 사례로 부산에 있는 김해공항이 있어요. 행정구역은 시대와 상황에 따라 바뀌기도 합니다. 오늘은 우리나라의 행정구역과 주요 도시들의 위치를 파악해 봅시다.

> **활동 Tip**: 최근 경기북도의 이름 공모전에서 '평화누리특별자치도'가 대상을 받은 사례를 제시하며 '내가 행정구역 명칭에 공모한다면?' 활동을 진행할 수 있습니다.

우리가 살고 있는 지역은 경도와 위도를 통해 절대적 위치로 표현할 수 있습니다. 그러나 행정구역은 시대와 상황에 따라 가변적입니다. 행정구역을 어떻게 설정하느냐에 따라 내가 살고 있는 지역이 경기도가 될 수도 있고 서울시가 될 수도 있습니다. 김포공항은 초기에는 경기도 김포군 양서면에 있었으나, 1963년에 양서면이 서울시에 편입되면서 현재는 서울특별시 강서구에 위치하고 있습니다. 양천구도 과거 김포시의 일부였지만 지금은 서울특별시로 편입되었습니다. 김포공항이 국제공항 지정 당시 공항 일대가 김포군 관할에 있어 '김포'를 사용한 것이 60

년 전, 이 일대가 서울시에 편입된 이후에도 지금까지 이름을 유지하고 있습니다. '서울공항'으로 이름을 바꾸려는 시도가 여러 번 있었지만 성남 군 비행장에 있는 '서울공항'과의 중복 문제로 성사되지 못했습니다. 서울에 있는 김포공항과 관련된 이야기는 학생들의 동기유발 시 활용할 수 있습니다.

● 활동 1

나비 모양의 충청도, 충청북도와 충청남도가 아니라 충청동도와 충청서도 아닌가요?

우리나라의 행정구역은 1개의 특별시, 6개의 광역시, 6개의 도, 3개의 특별자치도, 1개의 특별자치시로 구성되어 있으며, 그 하위에 시·군·구 등이 존재합니다. 이때 행정구역은 국가의 일을 효율적으로 처리하기 위해 국가를 여러 지역을 구분한 것입니다. 6개의 도중에서 충청도, 전라도, 경상도는 남도와 북도로 구분됩니다. 그런데 충청도를 자세히 살펴보면 전라도와 경상도처럼 세로로 긴 형태가 아니라, 가로로 긴 형태임을 알 수 있습니다. 그렇다면 충청남도와 충청북도가 아니라 충청서도와 충청동도가 되어야 하지 않을까요? 학생들에게 과거 고지도에서는 충청도를 어떻게 분류했는지 찾아보도록 하는 활동을 추천합니다.

충청도가 남북으로 구분된 배경을 알기 위해서는 과거 우리나라 행정구역에 대해 알아볼 필요가 있습니다. 조선 초기에는 조세와 군사적 편의를 위해 지역을 구분하려는 시도가 지속적으로 있었는데요, 1413년 태종은 한반도를 8개의 도로 구분하여 8도제로 행정구역을 개편합니다. 이때 태종은 전라도와 경상도를 좌우로 나누었으며, 이후 세종 때 충청도가 좌우로 나뉘어 충청우도, 충청좌도가 됩니다. 조선 후기인 1895년, 고종 때 기존 행정 범위가 광범위하다는 이유로 23부제로 개편되면서 지역이 더욱 세분화됩니다. 하지만 23부제는 행정구역을 너무 많이 나눠서 관리에 어려움을 겪었고, 1년 후인 1896년 13도제가 등장합니다. 13도제는 기존 8도제에서 전라도, 경상도, 충청도, 평안도, 함경도만 남·북도로 분할한 것으로, 이때 충청도가 남북으로 나누어지게 됩니다.

15세기 세종 때는 충청도가 지리적 위치에 기반해 충청서도와 충청우도로 구분되었지만, 20세기 이후부터는 행정상 편의를 위해 충청남도와 충청북도로 구분되어 사용되고 있습니다. 어쩌면 남북으로 구분되는 전라도와 경상도의 영향을 받은 것이 아닐까요?

대부분의 지명은 역사적 배경과 유래가 있습니다. 행정구역도 마찬가지입니다. 모두 사연이 있습니다. 지명과 행정구역이 관례적으로 사용되지는 않는지, 그 명칭이 타당하며 사람들이 사용하는 데 어려움이 없는지 한 번쯤 고민해 볼 필요가 있습니다.

> **활동 Tip**
> - 역사와 지리 교과의 융합 수업이 용이한 주제입니다.
> - 학생들에게 과거 충청우도, 충청좌도로 분류한 고지도를 찾아보도록 하는 방법을 추천합니다.
> - 충청좌도와 충청우도는 조선시대에 왕의 관점에서 생겨난 지명이기 때문에 지금의 방위로 생각한다면 서쪽이 충청우도, 동쪽이 충청좌도가 됩니다. (조선시대의 좌묘우사와 같은 원리입니다.)

● 활동 2

나의 장소 이야기, 우리 동네 낯설게 바라보기

> 내게 의미 있는 장소는 도구머리길인데, 바로 집 앞에 위치하고 있다. 이곳은 엄마 뱃속에 있을 때부터 자주 왔던 곳이고, 내가 태어나고 계속 이 길로 산책을 했던 곳이다. 유치원 시절 식목일 날 산 위에 올라가서 나무를 심었던 것이 기억에 남고, 강아지를 키웠을 때 여기서 산책을 자주 했었던 이 길이 이제는 나의 하굣길이 되어 버렸다. 요즘 도구머리길을 걷다 보면 낙엽이 많이 떨어져 있어서 혼자 가을을 즐기곤 한다.
> (하략)
>
> 출처: 2020학년도 중등학교교사 임용후보자 선정경쟁시험 지리 B형 3번

1. 예시와 활동 사진을 참고하여 다음의 물음에 답해 봅시다.

1) 내가 좋아하는 장소들(학원 가는 길, 집 앞 공원, 서점, 독서실, 노래방, 음식점 등)

2) 위 장소들에서 내가 경험한 추억

2. 평소 자주 가던 곳이나 낯익은 거리를 의도적으로 낯설게 바라봅시다.

> **낯설게 바라보기란?**
> 익숙한 지역을 처음 방문하는 여행객처럼 새로운 관점으로 바라보는 것을 말합니다. 예로는 평소에 자주 다니지 않는 길로 등교해 보기, 하굣길에 꽃을 찾아 유심히 들여다보기, 하늘을 5초 이상 바라보기 등이 있습니다.

1) 우리 동네에서 낯설게 바라본 곳은 어디인가요?

2) 낯설게 바라보기 활동을 하고 난 후 장소에 대해 새롭게 드는 느낌을 적어 봅시다.

● 활동 3

일본의 고지도가 인증하는 한국땅 독도

1. 다음은 일본에서 그려진 지도입니다. 지도에서 표시한 곳은 각각 어디인지 써 봅시다.

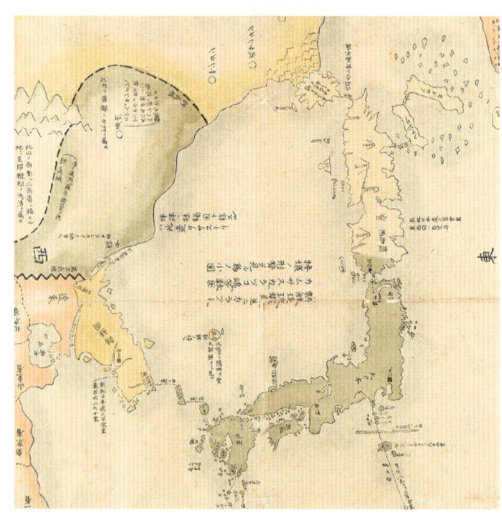

삼국통람여지노정전도
(1785년 일본의 실학자 하야시 시헤이 제작)
울릉도와 독도 부분은 조선과 같은 색으로
칠해 조선의 영토임을 표시

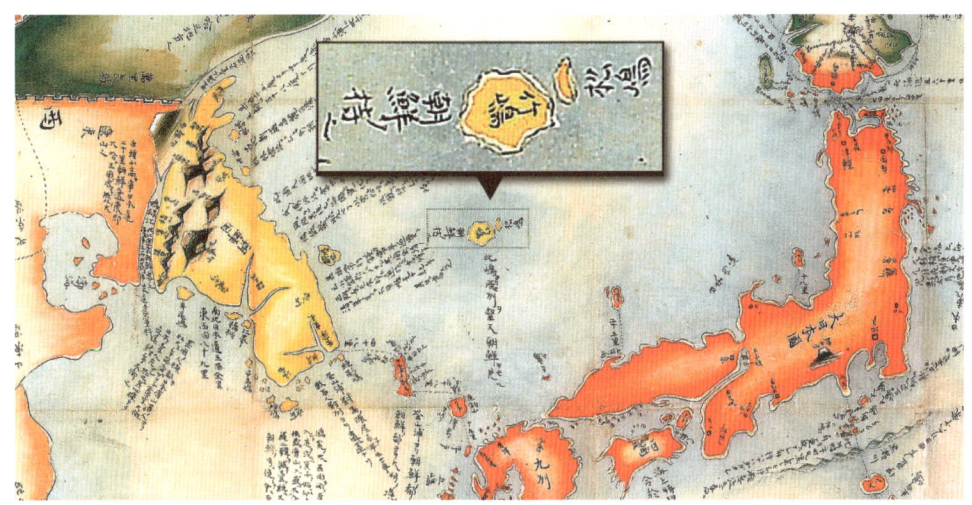

대삼국지도(1802년 하야시 시헤이 제작)
일본은 빨간색, 조선은 노란색으로 칠해져 있음. 확대한 부분은 울릉도와 독도의 모습으로 노란색으로 칠해져 있음.
울릉도 위쪽에 조선의 것이라고 해설을 달았음

◆ 교과 세특

- 우리나라 행정구역의 역사적 배경을 고지도를 참고하여 탐구함. 특히 충청남도와 충청북도가 과거 충청우도와 충청좌도로 분류되었다는 사실을 지적하며 행정구역 설정의 가변성을 역설함. 우리나라 국민들이 직관적으로 쉽게 이해할 수 있고 행정적으로도 효율적인 행정구역 설정을 해 보고 싶다는 포부를 밝힘.
- 나의 장소 이야기(또는 우리 동네 낯설게 바라보기)라는 주제로 직접 촬영한 사진을 친구들과 공유하며 발표함. 한강변에서 휴식하며 새롭게 느낀 감정들을 솔직하게 이야기해 친구들의 큰 호응을 얻음. 심화 활동으로 『공간과 장소』(이푸 투안)을 읽고 공간에 주관적인 경험이 더해지면 자신만의 장소가 되고, 장소에 대한 정서적 유대감을 통해 장소애가 형성되는 과정에 대해 설명함.

읽기 자료

공간과 장소

인문지리학자인 이푸 투안(Yi-Fu Tuan)은 '장소애'라는 아름다운 단어로 인간과 장소의 사랑에 대해 다음과 같이 말합니다.

사람은 자신의 경험과 감정, 그리고 문화를 지닌 채 어떤 공간 앞에 서게 된다. 그런데 이제 그 공간이 자기에게 친숙한 곳이 될 때에…
다시 말하면 한 번 와 보고, 두 번 와 보고, 세 번 와 보고
또 그 장소와 배경에 대한 이해를 하게 되고 그 경험이 쌓여 가면서,
막연한 추상적인 공간은 친밀하고 의미가 가득한 장소로 바뀌어 간다.
모든 사람은 그의 감정을 가지고 장소를 대하게 되는데 이것을 장소감(a sense of place)라고 하고, 이 장소감은 반드시 장소애를 낳는다.

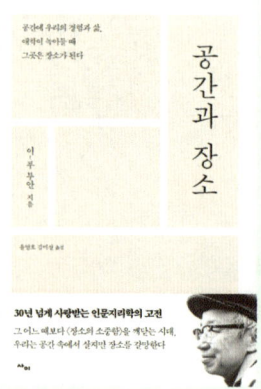

지리학자의 인문여행

여행이란 의도적으로 낯선 장소감을 느끼는 여정이다. 낯선 것이 주는 불안감과 두려움을 이겨 내는 노력, 낯선 것을 낯익은 것으로 만드는 노력은 가치 있는 인생의 여정이 아닐 수 없다. 여행은 이런 새로운 장소감을 느끼는 것, 즉 제자리를 벗어나는 경험이다.

사실 여행에서는 거리의 멀고 가까움보다 낯섦과 낯익음을 교차시키는 마음가짐, 즉 장소감을 얼마나 극명하게 느끼는지가 더 중요하다. 평소 가던 곳이라도 낯익은 것들을 의도적으로 낯설게 바라본다면 충분히 제자리를 벗어난 여행이 가능하지 않을까? 낯익은 장소의 평범한 일상도 호기심의 안테나를 세우고 낯설게 바라보면 흥미롭게 보인다. 모든 장소에는 저마다 많은 것이 숨겨져 있다. 그걸 끄집어 내어 보고 생각하는 것이 바로 여행이다.

도농 통합시

생활권이 같은 도시와 농어촌이 하나로 합쳐져 광역 생활권을 갖춘 도시이다. <도농 복합 형태의 시 설치 등에 관한 법률>에 의거하여 1995년 32개의 도농 통합시가 탄생한 이후, 2013년 여주시, 2014년 통합 청주시가 출범함에 따라 지금까지 56개의 도농 통합시가 만들어졌다.

하나의 생활권이 시와 군으로 구분되면 주민 생활권과 행정구역의 불일치로 문제가 나타나기도 한다. 도농 통합시를 통한 도시와 농촌의 통합은 주민의 생활권과 경제권을 행정 구역과 일치시키고, 도농 간의 균형 개발을 통해 지역 격차를 줄일 수 있으며, 행정 관리 비용의 중복 투자를 줄일 수 있다.

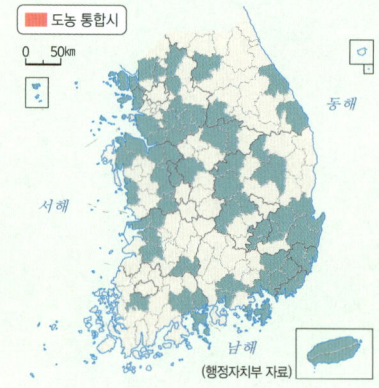

(행정자치부 자료)

지도로는 충청동·서도인데 충청남·북도로 나뉜 까닭

왕이 있는 한양을 기준으로 분류한 충청좌도와 충청우도

공주와 충주 기준 설

충청남도와 충청북도로 명칭이 정해지긴 했지만 구체적인 이유는 사료에서 찾아보기 힘들다. 다만 당시 충남의 수부도시와 충북의 수부도시를 기준으로 남과 북이 나뉘었단 설이 가장 유명하다. 1895년 갑오개혁 이후 23부제가 실시되며 충청도는 공주부, 홍주부, 충주부로 관할 구역이 삼분됐고 공주부에는 대전, 공주, 청주, 논산, 계룡, 부여, 천안, 금산, 옥천, 영동, 보은, 연기(세종) 일대 26개 군, 홍주부에는 홍주, 서산, 당진, 보령, 서천, 태안, 아산, 예산, 청양 일대 22개 군, 충주부에 충주, 음성, 괴산, 제천, 단양, 이천, 용인 등 20개 군으로 구성됐다. 공주부의 수부도시는 명칭대로고 공주, 홍주부는 홍성과 예산, 충주부에선 충주가 각 부에서 가장 잘나가는 도시였다. 그래서 충청도를 충청남도와 충청북도로 분리할 때 각 부의 수부도시를 기점으로 남과 북을 굳이 나눴을 것이란 주장이다. 실제 충주의 위도는 경기 최남부인 평택과 비슷한 북위 37~38도다. 반면 공주, 홍성과 예산은 이보다 낮은 북위 36~37도이다. 결국 상대적으로 더 북측인 충주를 포함한 지역이 충북으로, 공주와 홍주를 핵심으로 하는 지역이 충남으로 설정됐다는 게 해당 가설의 핵심이다.

그러나 해당 설에도 이해가 가지 않는 부분이 있다. 당시 행정구역을 나누는 기준이 금강이었을 텐데 굳이 위도 1도 차이에 불과한 걸 근거로 썼을까란 의문이다. 도면회 대전대 역사문화전공 교수는 "지도로 봤을 때 충청북도가 약간 위에 있는 것이어서 남과 북으로 나눴다는 것으로는 설명할 수 없는 부분이 많다"라고 말했다. 육동일 충남대 명예교수 역시 "충청도가 충주와 청주의 첫 글자로 만들어진 곳이다. 충청이 충남과 충북으로 분리하면서 충북 수부도시가 더 북측에 있었기에 나눴다고 보는 건 무리가 있지 않을까 싶다"라고 분석했다.

타지역과의 형평성 설, 그리고

남도와 북도로 나눈 기준에 대해 사료가 전혀 없는 건 아니다. 1896년(건양 원년) 8월 4일 칙령 제36호 부록 지방구역급군등설명서엔 구체적이지 않지만 작은 실마리를 제공한다. 설명서를 보면 조선 초기 좌우로 구분하였지만 지형이 편하지 않아 남북으로 나누었다는 내용이 있다. 충청도의 경우도 충청좌도와 충청우도로 구분됐지만 제도상 불편함이 있어 남북으로 구분하게 됐다는 것이다. 문제는 기록이 이게 다다. 지금 해석하자면 충청도는 가로로 긴 지형을 갖고 있어 지리적으로 남북으로 나누기 모호하지만 행정상 편의를 위해 다른 지역처럼 남북으로 나뉘었다는 뜻으로 볼 수 있다. 다른 지역과 달리 충청도만 동서로 구분하면

모종의 형평성 문제가 생길 것이라 당시엔 판단한 것으로 보인다. 이렇듯 지역을 남북으로 나눈 13도제가 큰 틀에서 유지되면서 충청남도와 충청북도라는 지명이 현재까지 그대로 내려왔을 가능성이 크다. 다른 한편으론 임금의 모든 걸 기록하는 조선왕조실록에도 충청남도와 충청북도의 비밀을 담지 않았기에 정작 비밀은 그리 중요치 않았을 것이란 해석도 나온다.

육동일 교수는 "1895년에 지방제도를 재개정할때 일괄적으로 구분한 것일 뿐 어떤 원칙으로 변경했는지는 사료 상으로도 확인되지 않는다. 그래서 지금은 추측할 수밖에 없는데 특별한 기준이 없기 때문에 기록되지 않았을 가능성도 있다"라고 조심스럽게 밝혔다. 전국에서 유일하게 남과 북이 아닌데도 충청남도와 충청북도로 불린 충청도의 비밀을 완전히 밝히는 데 시간이 더 필요할 것 같다.

출처: 금강일보

▶ 9사(지리)07-03

지도는 어떻게 만들어요?

성취기준	다양한 지리 정보와 매체를 활용하여 우리 지역의 문제를 선정하고 지리적으로 시각화한다.
성취기준 해설	우리가 살고 있는 지역의 지리적 문제를 발견하고 발견한 문제의 내용을 효과적으로 시각화할 수 있는 매체를 사용하여 지리적으로 표현해봄으로써 지리적 시각화 방법을 학습하고 우리 지역에 대한 관심을 높일 수 있는 경험을 제공한다.
핵심 요소	지역 문제, 지리 정보, 시각화, 통계지도
교과 역량	☑ 창의적 사고력 ☑ 비판적 사고력 ☐ 문제 해결력 및 의사 결정력 ☑ 의사소통 및 협업 능력 ☑ 정보 활용 능력

📁 수업 안내

카드 뉴스는 학생이 해당 주제에 대해 정보를 수집하고 이를 간략하게 정리하여 타인이 보기 쉬운 형태로 재가공하는 활동으로 주제에 대한 이해와 더불어 정보 활용 능력을 기를 수 있는 아주 유용한 활동입니다. 또한 팀 단위로 만들 경우 의사소통 및 협업 능력을 향상시킬 수 있을 뿐 아니라, 자료 제작 과정에서 비판적·창의적 사고가 이루어집니다. 카드 뉴스에는 대체로 시각 자료를 많이 활용하는데, 학생들은 대체로 표와 그래프, 사진을 시각 자료로 사용합니다. 더불어 '지리'를 수업하기 때문에 공간 정보가 반영되는 '지도'라는 시각 자료도 활용하도록 장려하는 것이 바람직합니다. 지역 문제는 통계지도를 활용하기 매우 좋은 카드 뉴스 주제입니다. 우리 지역이 다른 지역과 대비되는 모습을 통계지도는 다른 어떤 시각 자료보다 효과적으로 표현합니다. 7-3단원에서는 통계지도를 만들 때 유의할 점과 함께 간단하게 통계지도를 만드는 방법을 소개하고, 이를 활용한 수업을 제안하고자 합니다.

📂 수업 들어가기

교사: 여러분, 어떻게 하면 지역 문제 관련해서 좋은 카드 뉴스를 만들 수 있을까요?
학생1: 선생님, 카드 뉴스에는 다양한 시각 자료가 들어가면 좋을 것 같아요!
교사: 그렇죠. 그러면 어떤 시각 자료가 있을까요?
학생2: 사진이요!
학생3: 그래프요!
학생1: 지역 문제니까 지도도 좋을 것 같아요!
교사: 맞아요, 세 명 다 좋은 대답입니다.
학생1: 그런데 선생님, 사진이나 그래프는 찾을 수 있을 것 같은데, 제가 원하는 지도를 찾을 수 있을까요?
학생2: 내가 원하는 지도를 내가 직접 만들면 되지 않을까?
학생3: 그런데 지도는 어떻게 만들지요?
교사: 지도를 만드는 방법은 굉장히 다양한데요, 오늘은 그중에 하나를 알려줄게요.

우선 통계지도는 단계구분도, 도형표현도, 등치선도, 유선도, 점묘도 등 종류가 다양한데, 제작이 용이하고 자주 쓰이는 지도로는 단계구분도와 도형표현도가 있습니다. 단계구분도는 통계 값을 몇 단계로 나누어 명암·색상으로 표현한 지도이고, 도형표현도는 막대나 원 등의 도형을 이용하여 표현한 지도입니다. 여기서 주의할 점은 도형표현도는 가공되지 않은 데이터를 주로 사용하고, 단계구분도는 평균값과 같은 표준화된 값을 사용한다는 것입니다. 예를 들어 도형표현도에서는 인구수를 표현하고, 단계구분도에서는 인구 밀도를 표현합니다. 단계구분도에서 인구수를 표현하게 되면, 공간 단위의 면적이 넓은 곳에 사람이 넓게 퍼져 사는 것이 좁은 면적

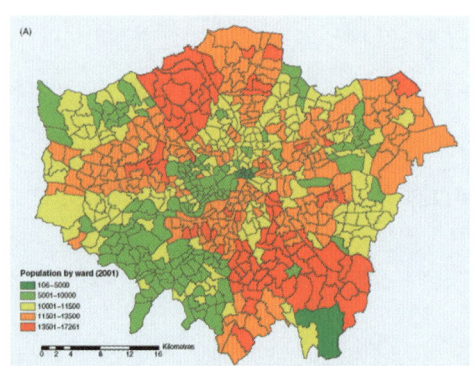
런던의 인구수를 단계구분도로 표현한 것

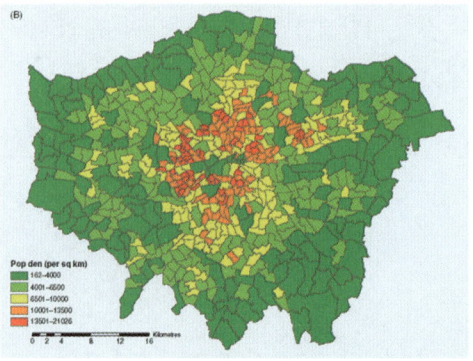
런던의 인구 밀도를 단계구분도로 표현한 것

에 사람이 밀집되어 사는 것보다 진하게 표시되어 어디에 사람이 많이 사는지 헷갈리게 만들 수 있습니다.(두 지도 참고) 이는 바람직하지 않은 왜곡을 만들 수 있습니다.

자, 이제 그러면 본격적으로 지도를 만들어 볼까요? 오늘날 내 입맛에 맞는 지도를 만들 수 있는 방법은 굉장히 다양합니다. 국토교통부에서 운영하는 브이월드, 국토지리정보원에서 운영하는 국토정보플랫폼, 통계청에서 운영하는 통계지리정보서비스(이하 SGIS) 등 여러 사이트에 주요 국가기관에서 다양한 자료를 지도와 함께 업데이트해 두었고, 여기서 본인이 원하는 자료와 지역을 선택하면 이에 맞는 지도를 보여줍니다. 다소 아쉬운 점은 해당 사이트에서 제시한 자료가 아니면 지도를 만들 수 없습니다.

직접 조사한 자료를 가지고 지도를 만들기 위해서는 ArcGIS나 QGIS와 같은 GIS(지리정보시스템) 프로그램을 활용하는 것이 일반적인데, 이는 학교 현장에서 활용하기에 어려움이 있습니다. 이를 절충한 도구로 SGIS의 '통계지도체험'을 활용할 수 있습니다. SGIS의 '통계지도체험'에서는 따로 프로그램을 내려받지 않아도 본인이 조사한 자료를 직접 입력하여 인터넷상에서 지도를 만들 수 있습니다.

● 활동 1

통계지도체험

통계지도체험은 그림 1과 같이 SGIS 사이트 우측 하단에 바로가기 버튼(①)이 있습니다. 활용서비스 탭에도 있으니(②), 이를 통해 들어갈 수도 있습니다.

다음으로 통계지도체험에 들어가면 그림 2와 같은 화면이 나옵니다. 그러면 여기서 가장 먼저 지도의 연도와 행정구역의 단위를 설정하게 됩니다. 우리나라의 행정구역은 연도에 따라 조금씩 바뀌기 때문에 연도 설정도 유의해야 합니다. (예를 들어 2022년도의 대구광역시에는 군위군이 포함되지 않지만, 2023년도의 대구광역시에는 군위군이 포함됩니다) 행정구역 단위는 시도 단위부터, 시군구, 읍면동 단위까지 폭넓게 제공하고 있습니다.

그리고 지도에 보여지는 범위를 설정할 수 있습니다. ①에서 행정구역 단위를 시도로 설정했다면 최소 범위가 시도겠지만, 행정구역 단위를 시군구나 읍면동으로 설정한 경우 최소 범위가 시군구까지 설정 가능합니다(그림 3 참고). 추가적으로, 사용자 지정을 활용하면 내가 원하는 지역만 지도에 표시하는 것도 가능합니다. 예를 들어 행정구역 단위를 시도 단위로 설정하고, 보여지는 범위를 사용자 지정으로 한 후, 입력하려는 지역에서 서울특별시 추가, 경기도 추가, 인천광역시 추가를 누르면 수도권의 지

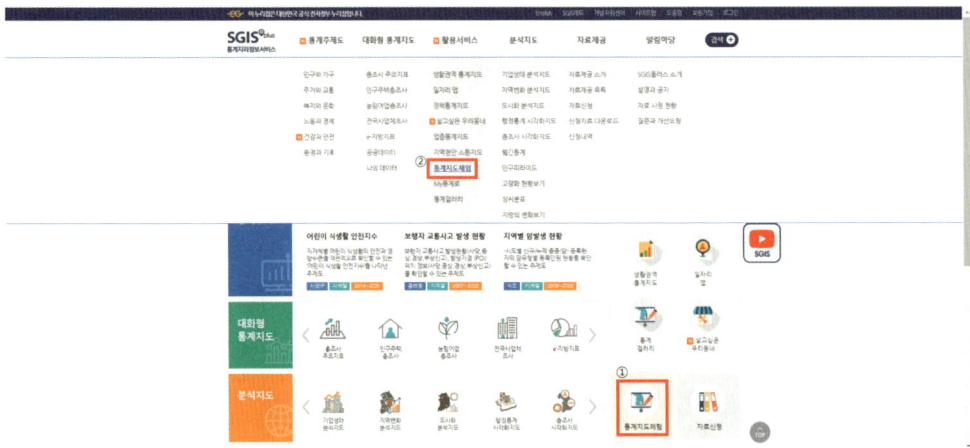

그림 1. SGIS 사이트 첫 화면

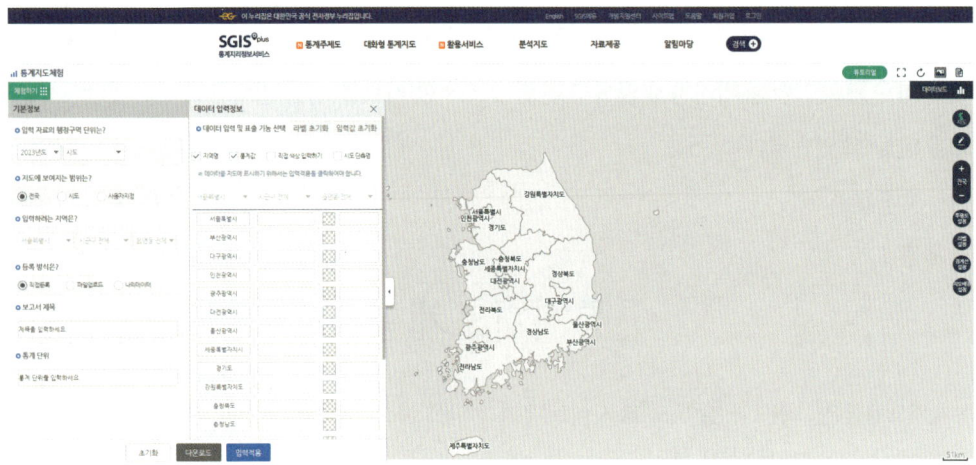

그림 2. 통계지도체험 첫 화면

도 제작도 가능합니다(그림 4 참고).

등록 방식은 데이터를 등록하는 방식을 말하는데, 파일 양식을 다운받은 후 이에 맞게 자료를 가공하고 다시 업로드하여 데이터 입력이 가능하지만, 양이 적거나 조작이 어려울까 걱정된다면 직접 입력하는 것이 오히려 편할 수 있습니다. 그리고 보고서 제목과 통계 단위는 지도의 제목과 통계 자료의 단위를 입력하여 주면 됩니다. 그리고 지역명 체크 박스

그림 3. 행정구역 단위를 읍면동으로 한 경우 지도에서 보여지는 범위는 시군구까지 설정할 수 있다.

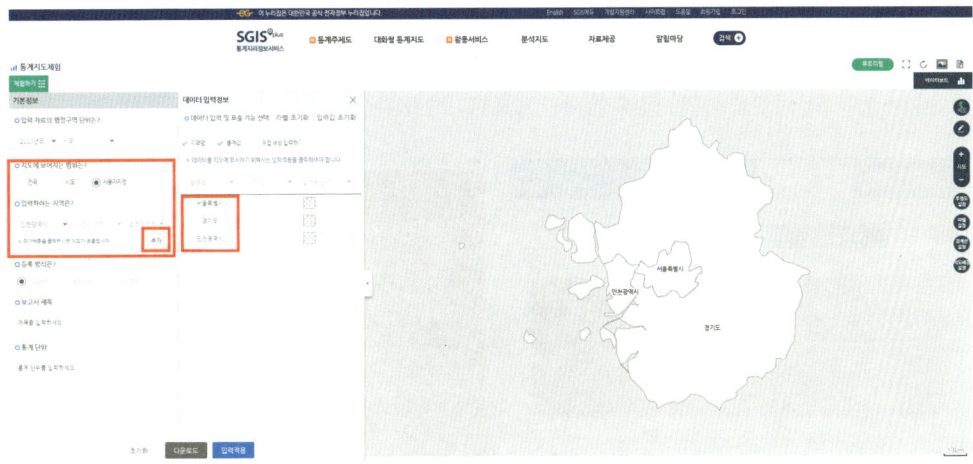

그림 4. 보여지는 지도의 범위 설정 가능

에 체크를 하면 지도에 지역 이름이 나타나고 체크를 해제하면 나타나지 않으며, 통계 값 체크 박스도 마찬가지입니다. 이제 데이터를 넣고 입력 적용을 누르면 지도가 하나 완성됩니다. 기본적으로 단계구분도가 나타나게 됩니다.

마지막으로 입력창을 접으면 지도 디자인을 할 수 있습니다(그림 5 참고). 가장 눈에 띄는 것은 범례입니다(그림 6 참고). 범례는 단계 설정을 통해 조절해 줄 수 있는데요, 단계 설정에 들어가면 몇 단계로 구분할건지, 구분의 방식은 어떻게 할 건지를 선택하게 됩니다. 색상 설정을 통해 색상도 변경할 수 있지요. 여기서 데이터의 종류에 따라 적합한 통계지도가 달라진다는 점을 고려해야 합니다. 예를 들어 제시된 자료의 데이터는 수도권의 출생아 수로 출생아 수는 표준화된 값이 아니기 때문에 단계 구분도

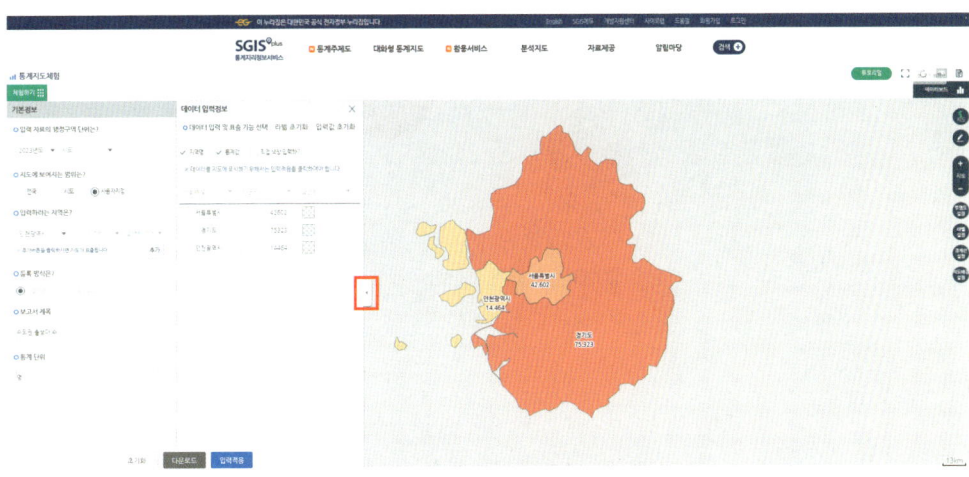

그림 5. 디자인 설정 가능

보다는 도형표현도가 적합한 통계 자료입니다. 도형표현도로 바꾸는 방법은 타입 설정에서 버블을 선택해 주시면 됩니다. 타입 설정에서 색상은 단계 구분도, 버블은 도형표현도로 기억해 주시면 되겠습니다(그림 7 참고). 이렇게 하면 그럴싸한 나만의 통계지도가 완성됩니다.

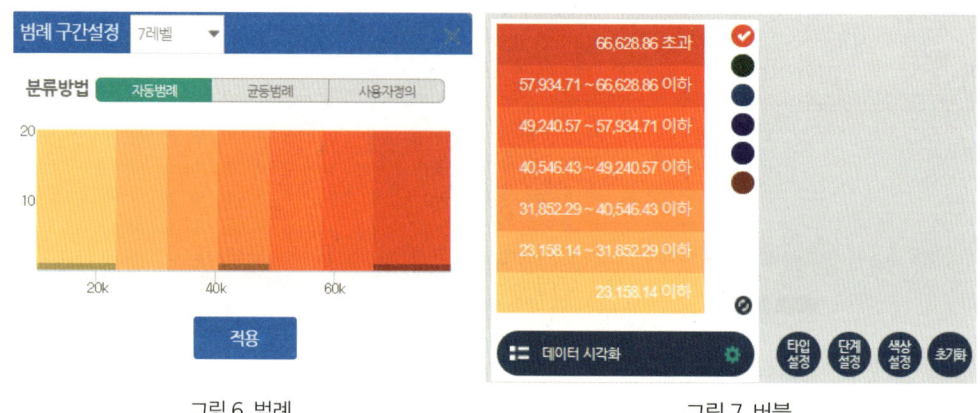

그림 6. 범례   그림 7. 버블

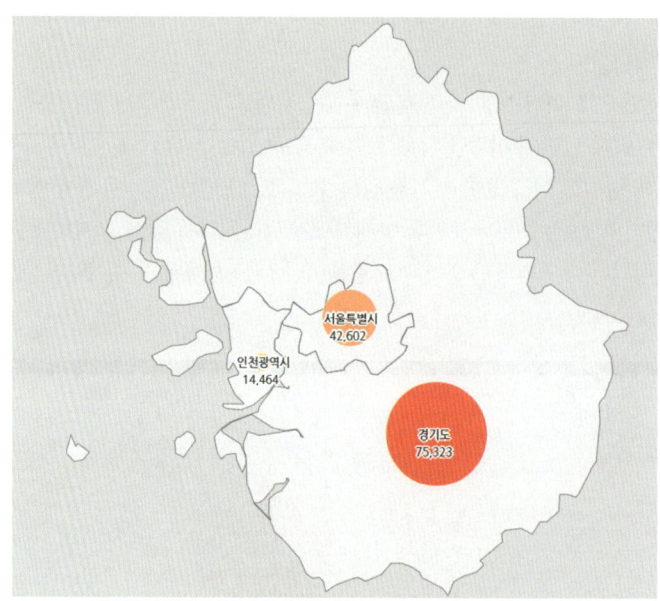

그림 8. 2023년 수도권 출생아 수 지도 결과물

● 활동 2

지역 문제 카드 뉴스 만들기

1. 우리 지역의 문제를 생각해 봅시다.

2. 해당 문제를 가장 잘 보여 줄 수 있는 통계 자료를 찾아봅시다.

그리고 이 자료는 (단계구분도 / 도형표현도)로 나타내는 것이 더 적합해 보입니다.

3. 해당 자료를 인터넷에서 찾아보고 아래 표에 작성해 봅시다.

(통계 자료 구할 수 있는 사이트 예시: 국가통계포털)

시도별	연도:	시도별	연도:
전국		경기도	
서울특별시		강원도	
부산광역시		충청북도	
대구광역시		충청남도	
인천광역시		전라북도	
광주광역시		전라남도	
대전광역시		경상북도	
울산광역시		경상남도	
세종특별자치시		제주특별자치도	

국가통계포털

4. 조사한 자료를 바탕으로 지도를 제작해 보고, 아래 조건에 맞추어 카드 뉴스를 제작해 봅시다.

① 통계지리정보서비스(SGIS)에서 제작한 지도를 1장 이상 포함하기
② '제목 – 지도 및 해설 – 심각성 설명'의 구성을 가지고 6장 이내로 제작하기
③ 자료의 출처를 명확히 밝히기

SGIS

활동 참고용 데이터 1: 2022년 시도별 합계출산율

시도별	2022 합계출산율
전국	0.778
서울특별시	0.593
부산광역시	0.723
대구광역시	0.757
인천광역시	0.747
광주광역시	0.844
대전광역시	0.842
울산광역시	0.848
세종특별자치시	1.121
경기도	0.839
강원도	0.968
충청북도	0.871
충청남도	0.909
전라북도	0.817
전라남도	0.969
경상북도	0.930
경상남도	0.838
제주특별자치도	0.919

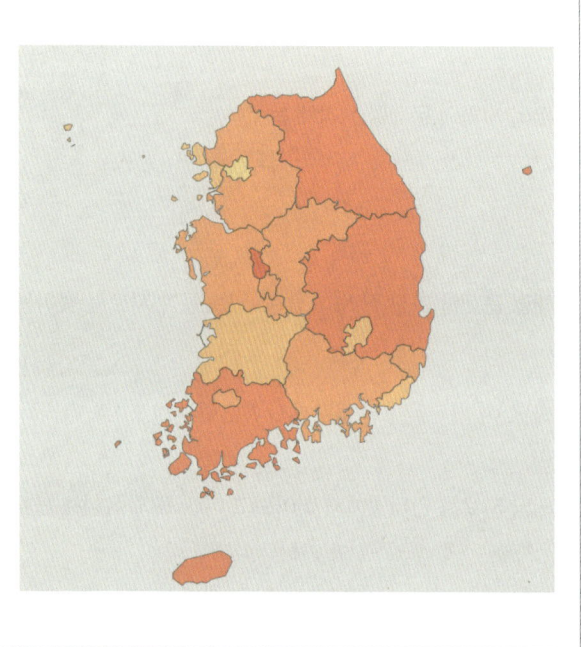

활동 참고용 데이터 2: 2022년 시도별 인구수

시도별	2022 합계출산율
전국	51,692,272
서울특별시	9,417,469
부산광역시	3,295,760
대구광역시	2,366,852
인천광역시	2,989,125
광주광역시	1,468,972
대전광역시	1,473,662
울산광역시	1,110,516
세종특별자치시	382,589
경기도	13,717,827
강원도	1,528,037
충청북도	1,624,993
충청남도	2,193,214
전라북도	1,774,248
전라남도	1,771,431
경상북도	2,620,373
경상남도	3,280,829
제주특별자치도	676,375

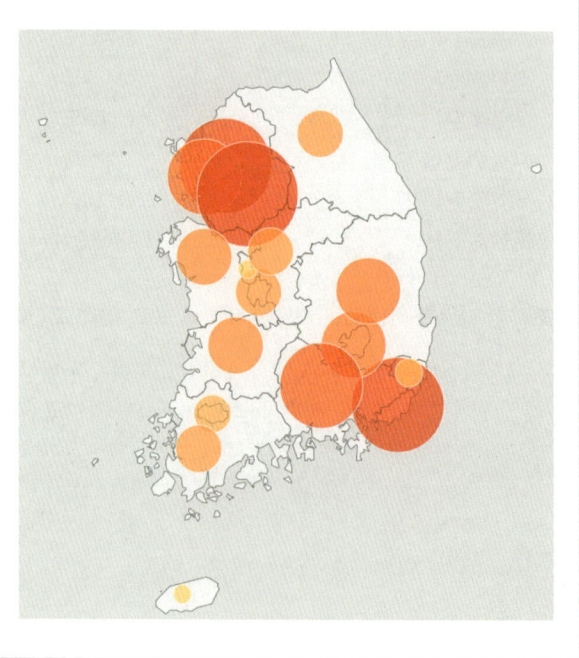

활동 참고용 데이터 3: 2023년 고령인구비율

행정구역별	고령인구비율 (A÷B×100)(%)	65세 이상 인구(A)(명)	전체인구(B)(명)
전국	19.0	9,730,411	51,325,329
서울특별시	18.5	1,733,580	9,386,034
부산광역시	22.6	745,199	3,293,362
대구광역시	19.6	466,338	2,374,960
인천광역시	16.6	497,057	2,997,410
광주광역시	16.5	233,878	1,419,237
대전광역시	17.0	244,756	1,442,216
울산광역시	15.9	175,709	1,103,661
세종특별자치시	11.0	42,560	386,525
경기도	15.6	2,122,718	13,630,821
강원특별자치도	24.0	366,555	1,527,807
충청북도	20.8	332,237	1,593,469
충청남도	21.3	454,534	2,130,119
전라북도	24.1	423,128	1,754,757
전라남도	26.1	470,874	1,804,217
경상북도	24.7	630,486	2,554,324
경상남도	20.6	669,646	3,251,158
제주특별자치도	17.9	121,156	675,252

활동 참고용 데이터 4: 2023년 고령인구비율

행정구역별	고령인구비율 (A÷B×100)(%)	65세 이상 인구(A)(명)	전체인구(B)(명)
전국	19.0	9,730,411	51,325,329
부산광역시	22.6	745,199	3,293,362
중구	30.7	11,866	38,619
서구	28.1	29,273	104,089
동구	28.6	25,093	87,792
영도구	31.6	33,675	106,548
부산진구	22.1	79,321	359,508
동래구	21.2	57,512	270,815
남구	23.2	58,953	254,185
북구	21.6	59,154	273,596
해운대구	20.9	79,666	380,448
사하구	23.2	69,050	297,831
금정구	25.1	54,066	215,590
강서구	14.2	20,180	142,396
연제구	22.5	46,217	205,766
수영구	24.4	42,528	174,518
사상구	22.5	45,700	202,932
기장군	18.4	32,945	178,729

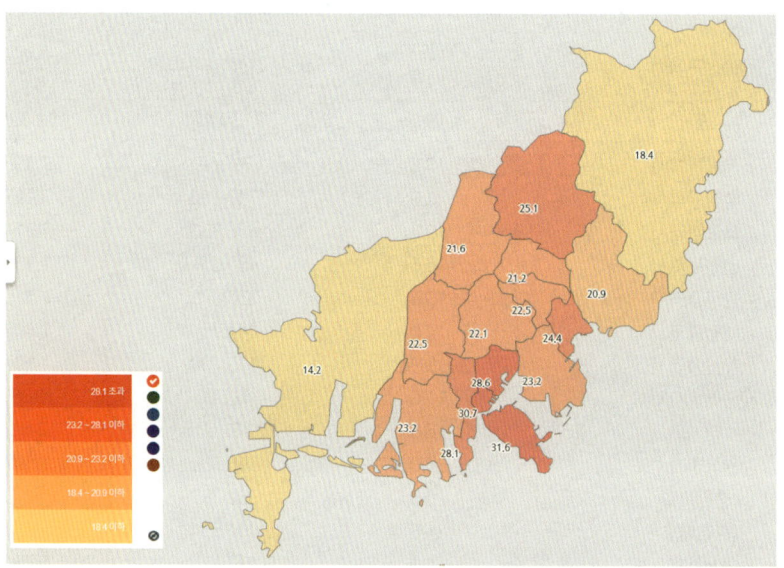

결과 예시

> **활동 Tip**
> - 학생들이 적절한 통계 자료를 찾고 지역 문제와 연결하기 어려울 것 같다면, 통계 자료를 먼저 제시하고 해당 자료에서 유추할 수 있는 문제를 찾게 해도 좋습니다.
> - 통계 자료는 통계청, 국가통계포털, 통계지리정보서비스 홈페이지 등에서 얻기 쉽습니다.
> - 자료는 참고용 데이터 1~3와 같이 전국 시도 단위로 제시해줘도 되고, 4와 같이 한 광역자치단체의 시군구 단위로 제시해줘도 좋습니다.
> - 일반적으로 도형표현도보다는 단계구분도 제작 시 보기 좋은 결과가 나옵니다.
> - 제작이 어렵다면, 청소년을 위한 국가지도집(http://nationalatlas.ngii.go.kr/pages/page_1158.php) 등의 기존 지도를 활용하여 작성하도록 지도할 수도 있습니다.
> - 카드 뉴스 구성에 대한 팁을 주자면, 첫 장은 뉴스 제목과 조원 이름으로 구성합니다. 두 번째 장은 지도와 지도 제목, 범례 등 온전히 지도 한 장으로 구성합니다. 세 번째 장은 두 번째 장에 나와 있는 지도를 해석합니다. 지역의 값들을 텍스트 및 그래프 등을 활용하여 다른 지역과 직접적으로 비교할 수 있겠죠. 네 번째 장은 값들의 차이를 활용하여 해당 문제의 심각성을 강조하고, 이를 상징하는 사진을 함께 첨부할 수 있습니다.

◆ 교과 세특

- 지역 문제 카드 뉴스 제작 활동에서, 지역의 인구 문제와 관련하여 고령인구 비율 등 적절한 통계 데이터 선정 후, 이를 바탕으로 통계지도를 직접 제작하여 고령화 문제를 주제로 카드 뉴스를 제작함.
- 데이터의 출처를 명확히 밝히고 적절하게 시각화하는 등 정보 활용 능력이 뛰어나며, 조원들과 협력하여 결과물을 만들어 내는 과정이 인상적임.

제8장 우리나라의 자연환경과 인간 생활

08-01 아름다운 팔도강산, 누가 만들었을까?

08-02 우리나라 무기가 전 세계적으로 인기 있는 이유는?

08-03 물폭탄을 맞으면 물에 뜨는 편의점

▶ 9사(지리)08-01

아름다운 팔도강산, 누가 만들었을까?

성취기준	우리나라 주요 산지·하천·해안 지형의 위치와 특성을 파악하고, 매력적인 지형 경관을 탐색하여 우리 국토의 아름다움을 느낀다.
성취기준 해설	우리나라 주요 산지·하천·해안 지형의 위치와 특성을 파악함으로써 우리나라의 지역 구분과 주민 생활에 영향을 주는 주요 지형에 대한 기초적인 지식을 갖추는 데 중점을 둔다. 우리나라의 매력적인 지형 경관을 다양한 매체를 통해 탐색함으로써, 우리 국토에 대한 호기심과 아름다움을 느끼고 이를 소중하게 여기는 태도를 가지도록 한다.
핵심 요소	산지지형(돌산, 흙산), 하천지형(곡류하천, 폭포), 해안지형(갯벌, 모래사장), 카르스트지형, 화산지형
교과 역량	☑ 창의적 사고력　　　　　　　　　☐ 비판적 사고력 ☐ 문제 해결력 및 의사 결정력　　☑ 의사소통 및 협업 능력 ☑ 정보 활용 능력

📁 수업 안내

8-1단원은 지형에 관한 기초적인 지식을 갖추는 것이 중요한 단원입니다. 중학생 수준에서 자세한 지형의 형성 과정이나 지형의 종류를 흥미 있게 배울 수 있는 활동과 그 지형을 살아가는 주민들의 모습은 어떠한지를 다양한 활동과 읽기 자료로 배울 수 있도록 구성해 보았습니다.

지형 경관은 사진이나 영상 등으로 학생들이 직접 보는 것이 확실히 큰 도움이 된다는 점과 수업 시작 전 '왜?'라는 의문이 떠오르면 집중도가 높아진다는 점을 고려해서 '같은 바닷가지만 왜 축제의 모습이 다를까?' 등 학생들이 의문을 가질 만한 질문을 초반에 언급하며 동기를 유발하고 수업에 참여하면서 그 의문을 해결해 보도록 한다면 성취감을 느낄 수 있을 것입니다.

학생들이 조금 더 쉽게 이해할 수 있도록 주민 생활 관련 읽기 자료를 통해 학생들의 흥미를 유발할 수 있습니다.

우리나라에는 산지 지형, 하천 지형, 해안 지형, 화산 지형, 카르스트 지형과 같은 다양한 지형 경관들이 있습니다. 다양한 경관 사진들과 관련된 활동을 제공함으로써 우리나라의 매력적인 지형 경관의 아름다움을 수업을 통해 학생들이 느낄 수 있으면 좋겠습니다.

📂 수업 들어가기

교사: 두 사진의 공통점은 무엇일까요?

학생: 둘 다 지역 축제 같아요!

교사: 그럼 두 사진의 차이점은 무엇일까요?

학생: 위 사진이랑 아래 사진이랑 축제에 사용되는 게 다른 거 같아요.

교사: 맞아요. 왼쪽 사진은 '보령 머드 축제'이고, 오른쪽 사진은 '해운대 모래 축제'예요. 축제 이름에서 바로 알 수 있죠? (보령과 부산 해운대의 위치를 지도로 확인 시켜주세요.) 자 그럼 두 지역은 공통점과 차이점에 대해서 생각해 볼까요?

학생: 두 지역 모두 해안가에 위치하고 있어요! 보령은 우리나라 서쪽에 위치하고, 부산(해운대)은 동쪽에 위치하고 있어요!

교사: 서해안에 위치한 보령과 동해안의 끝자락에 위치한 부산, 우리 친구들이 공통점과 차이점에 대해 잘 찾아 주었네요. 그럼 지금부터 왜! 보령에서는 머드축제가 유명한지, 부산에서는 모래 축제가 유명한지에 대해 알아볼까요?

▶ 9사(지리)08-01 아름다운 팔도강산, 누가 만들었을까?

● 활동 1

하천 옆에 소뿔이 있다고?

하천 유로의 변화 과정의 순서를 정해 보고 왜 그렇게 생각하는지 그림을 그려 가며 설명해 봅시다.

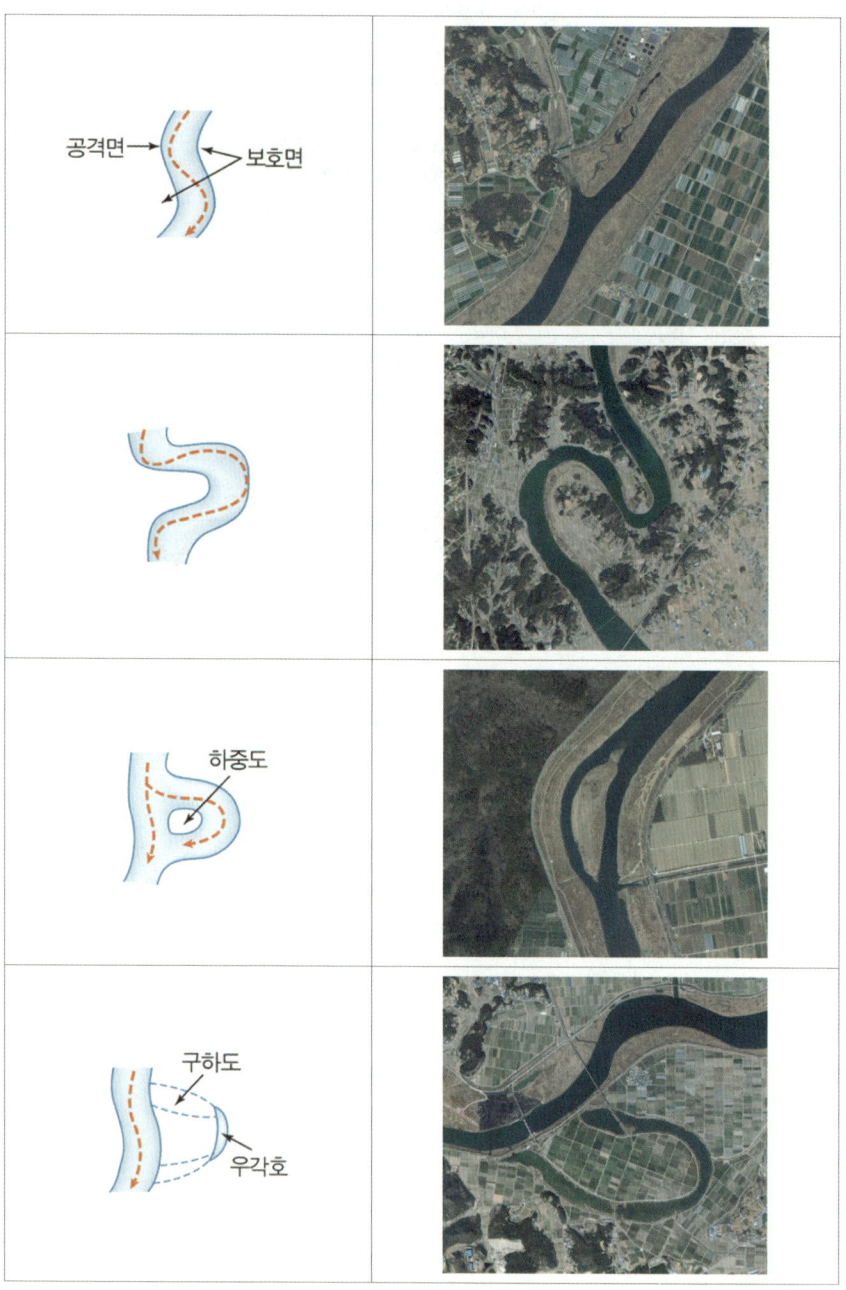

하천의 중하류 지역의 평야를 자유롭게 흐르는 자유곡류하천은 유로변경이 활발합니다. 물이 흐르면서 양안이 침식을 받게 되는데, 이를 측방침식이라고 하며 유속이 빠른 공격사면은 침식작용을, 상대적으로 유속이 느린 보호사면은 퇴적작용을 받으며 하천의 곡류 정도는 점점 더 심해집니다. 이러한 과정이 계속 진행되다 보면 하천으로 둘러싸인 섬인 하중도가 생겨나고, 침식이 더 활발해서 기존의 유로가 끊기며 새로운 유로가 생겨나면 소뿔형태의 우각호가 형성됩니다. 과거에는 하천의 유로였으나 우각호 형태로 떨어져 나온 뒤 시간이 흘러 현재는 논경지 등으로 사용되며 그 흔적만 남은 곳은 구하도라고 불립니다.

> **활동 Tip**
> - 하천 유로의 변화 과정을 보여 주고, 마지막 변화 모습은 스스로 유추해서 그려보도록 해 주세요. 자연스럽게 하천의 곡류 과정에 대해 알게 될 거예요. 그런 다음 4컷 만화의 과정을 자신만의 용어들로 설명해 보게 한 뒤에 교사가 설명해 주면서 오개념을 잡아주세요.
> - 활동을 마친 뒤에는 우리나라의 대표적인 자유곡류하천인 영산강의 위성사진을 통해 실제 하천의 모습을 보여 주세요.

● 활동 2

지형 경관 알아맞히기 카드 게임

우리나라의 아름다운 경관은 누가 만들었을까요?

카드 앞면의 지형 경관 사진과 힌트를 보고, 이 지형이 어떻게 만들어졌는지 이야기해 보고 뒷면에 적힌 내용을 확인합니다.

앞면	뒷면
(사진) 힌트 1. 나는 용식작용으로 만들어져요. 힌트 2. 수직으로 깊은 동굴이에요. 힌트 3. 종유석, 석순, 석주 등을 볼 수 있어 내부구조가 복잡해요. 나는 누구일까요? 나는 누가 만들었을까요?	석회동굴: 지하수가 석회암을 녹여 형성(용식작용)

앞면	뒷면
 힌트 1. 벽에 가로 방향으로 긁힌 흔적이 있어요. 힌트 2. 수평으로 깊은 동굴이에요. 힌트 3. 동굴 내부 구조가 단순해요. 나는 누구일까요? 나는 누가 만들었을까요?	용암동굴: 용암 표면이 먼저 굳는 냉각 속도의 차이에 따라 굳지 않고 내부를 흘렀던 용암의 통로가 빈 공간으로 남아 형성 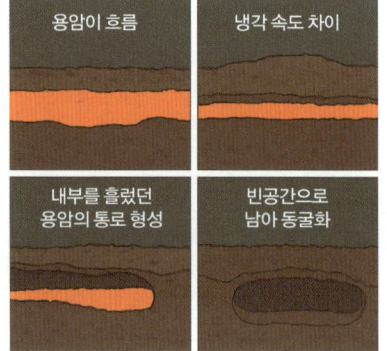
앞면	뒷면
 힌트 1. 우리나라 서, 남해안에서 볼 수 있어요. 힌트 2. 해안선이 복잡해요. 힌트 3. 경관이 수려해 관광하기 좋아요. 나는 누구일까요? 나는 누가 만들었을까요?	리아스식 해안: 하천의 침식작용으로 형성된 골짜기가 빙하기 이후 해수면 상승으로 바닷물에 잠겨 형성됨→골짜기는 만이 되고, 산봉우리는 섬으로 변함 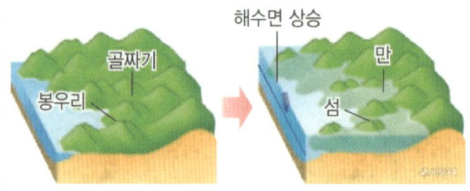
앞면	뒷면
 출처: 강원특별자치도 힌트 1. 우리나라 동해안에서 주로 볼 수 있어요. 힌트 2. 과거에는 바다였지만 지금은 호수예요. 힌트 3. 하천이 운반하는 퇴적물이 쌓이면 규모가 작아지기도 해요. 나는 누구일까요? 나는 누가 만들었을까요?	석호: 빙기 때 만들어진 골짜기에 후빙기 해수면 상승으로 바닷물이 차고, 그 후 파랑과 연안류로 퇴적물이 이동·퇴적하면서 형성된 사주가 만의 입구를 막아 형성됨 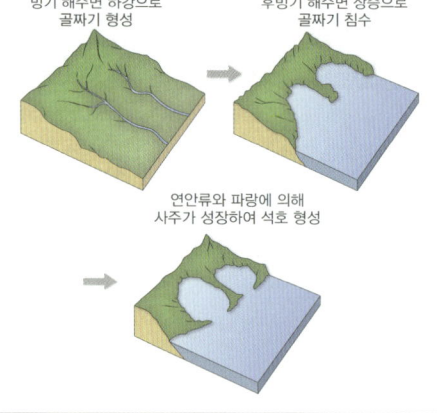

> **활동 Tip**
> - 학생들이 카드를 가지고 활동을 진행한 뒤에 선생님께서는 학생들이 오개념이 있다면 그 부분을 수정해서 설명해 주시고, 지도를 열어서 대표적인 위치나 위성사진 등을 보여 주면서 활동 내용을 머릿속에 다시 한 번 각인시킬 수 있는 시간을 가지면 좋을 것 같습니다.
> - 돌산(설악산), 흙산(지리산), 주상 절리(제주도), 시 스택(서귀포 외돌개), 갯벌(태안), 모래사장(맹방해수욕장) 등의 지형카드를 만들어도 좋습니다.

● 활동 3

교가로 보는 지형

서울에 위치한 중학교와 대구에 위치한 초등학교의 교가를 보고 우리 학교의 교가를 살펴보며, 우리가 살고 있는 지역의 대표적인 지형 경관에 대해 알아봅시다.

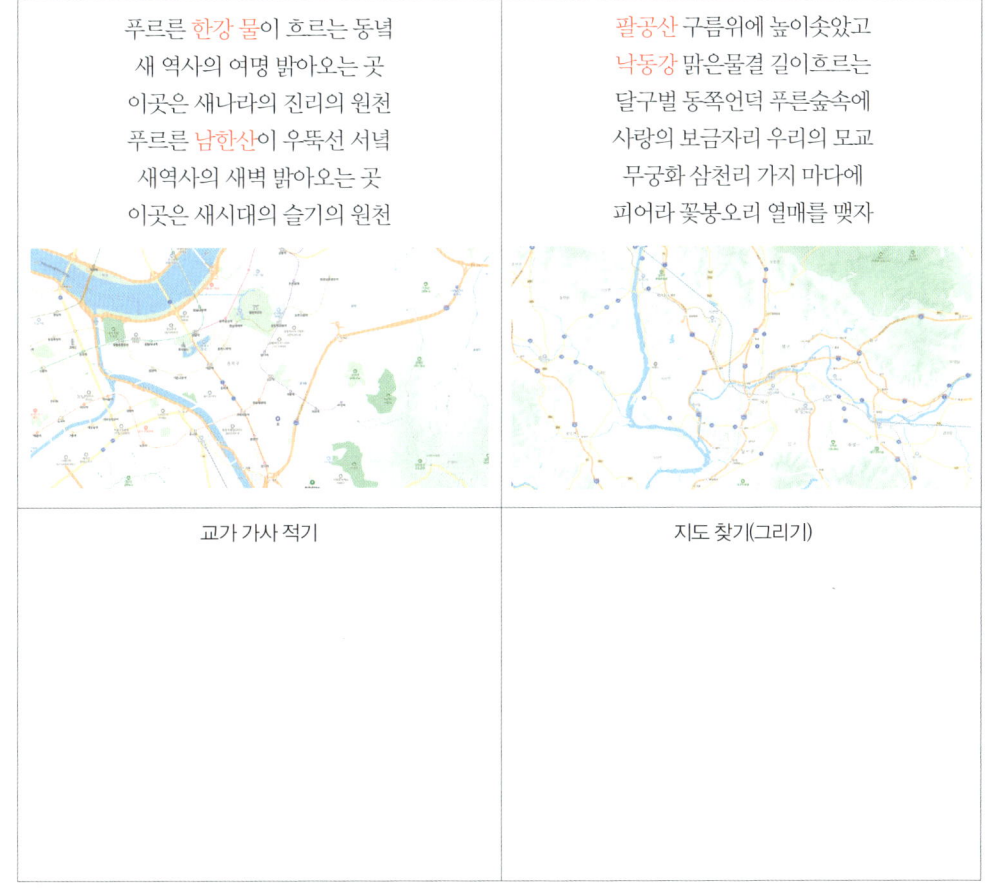

▶ 9사(지리)08-01 아름다운 팔도강산, 누가 만들었을까?

> **활동 Tip**
> - 왜 교가에 산과 하천의 이름이 자주 언급이 되는지 이야기를 나누어 주세요. 배산임수 즉, '산을 등지고, 앞으로는 물이 흐른다'라는 뜻으로 명당 자리를 뜻하죠. 한강이 흐르고, 남산을 등지고 있는 예시 속 학교는 명당에 위치한 것이라 할 수 있습니다.
> - 혹시라도 교가에 산이나 하천이 언급되지 않는다면 학생들이 직접 주변의 지형 경관을 찾아 개사를 해 보거나 아예 새로운 지형 경관을 활용하여 새 교가를 만들어 보는 활동을 할 수 있습니다.

◆ 교과세특

(활동 1)
– 하천의 유로 변화 과정을 보고 스스로 최종 단계 하천의 모습을 유추해서 그림.
– 하천의 유로 변화 과정에 대해 공격면, 보호면, 하중도 등의 용어를 사용하여 옳게 설명함.

(활동 2)
– 종유석, 석순, 석주 등의 동굴 내부 구조의 모습이 담긴 지형 경관 사진을 보고 석회동굴임을 잘 유추하고, 이와 비교하여 용암동굴의 내부 구조가 상대적으로 단순하다는 점을 강조하여 설명함.
– 벽에 가로 방향으로 긁힌 흔적이 있는 것을 보고 용암동굴임을 유추하고, 용암동굴이 용암의 냉각 속도 차이에 의해 형성됨을 조리 있게 잘 설명함.
– 복잡한 해안선이 두드러지는 경관 사진을 보고 우리나라의 서·남해안의 모습임을 유추하고, 이러한 해안 경관이 하천의 침식작용으로 형성된 골짜기가 바닷물에 형성되었다는 점에 대해 설명함.
– 만의 입구를 사주가 막아 형성된 지형 경관이 석호라는 점에 대해 배우고, 석호의 형성과정에 대한 이해를 바탕으로 시간이 흐름에 따라 석호의 규모가 작아질 수 있음에 대해 설명함.

(활동 3)
우리 학교의 교가 개사 활동에서 우리 지역에서 볼 수 있는 지형 경관을 가사에 담아 창의성이 돋보이는 교가를 새롭게 만듦.
산과 하천이 흐르는 가상의 도시 설정하여, 그 도시 내 학교의 교가를 참신하게 만들고 학생들 앞에서 자신감 있는 목소리로 교가를 열창하여 박수갈채를 받음.

읽기 자료

단양의 마늘

우리나라에서 단양에는 다양한 카르스트 지형 경관이 분포한다. 석회동굴, 돌리네 등등. 이 중에서도 돌리네란 석회암이 빗물에 의한 용식작용을 받아 형성된 와지 지형으로, 테라로사라는 토양이 발달되어 있어 경작지로 주로 이용된다. 붉은색을 띤다 하여 이탈리아어 'terra(흙) rossa(붉은)'라 불리며 배수가 좋아 밭으로 이용한다. 단양을 여행하다 보면 붉은색 토양의 와지를 많이 볼 수 있고, 주로 마늘을 많이 재배한다. 단양은 마늘 축제를 진행할 정도로 마늘이 특산물로 재배되는 곳이다.

안동의 간고등어

안동은 경상북도 내륙에 위치하고 있다. 내륙 지역에서 고등어가 유명하다니, 왜 그럴까? 안동은 과거부터 각종 의례들이 많은 지역이다. 이때마다 가격은 비싸지 않고 격식을 갖출 수 있는 음식이 필요했다. 그래서 주로 가까운 해안 지역인 영덕에서 해산물을 공수해 왔는데, 싱싱한 해산물 그 상태로 공수해 오는 것이 힘들었을 것이다. 옛날엔 지금처럼 교통수단이 발달하지도 않았을 거고, 배송이 로켓처럼 빠르지도 않았을테니 말이다. 그래서 영덕에서 잡은 고등어가 상하지 않도록 소금으로 간을 하고, 영덕에서 안동으로 이동되는 동안 햇빛과 바람에 의해 자연적으로 숙성이 되면서 맛있는 간고등어가 탄생하게 된 것이다.

물이 흐르지 않는 하천이 있다?

위 사진은 하천일까, 아닐까? 정답은 하천이다! 물이 흐르지 않는 하천, 즉 건천이다. 제주도에서는 이런 건천을 많이 볼 수 있다. 제주도에 비가 많이 내릴 때는 건천에 물이 흐르다가 비가 내리지 않는 시기가 되면 물이 사라진다. 왜 그럴까?
제주도의 형성과정을 알면 정답을 쉽게 생각해 낼 수 있다. 제주도는 화산 활동으로 인해 만들어진 섬으로 제주도의 땅은 현무암으로 덮여 있다. 현무암은 물이 계속 유입되지 않는다면 고이지 않고 빠져나간다. 이러한 이유로 제주도에는 건천이 많이 분포한다. 물론! 제주도에도 항상 물이 흐르는 하천도 존재한다.

우리나라에도 알프스가 있다고?

영남 알프스라는 명칭은 유럽의 알프스에서 따온 것으로, 홈페이지에서는 '수려한 산세와 풍광을 자랑하며 유럽의 알프스와 견줄 만하다 하여 붙여진 이름이다'라고 설명하고 있다. 현재 영남알프스로 지정된 산은 총 7개인데 높이 순으로 정렬하면 가지산(해발 1,241m), 천황산(해발 1,189m), 운문산(해발 1,188m), 신불산(해발 1,159m), 영축산(해발 1,081m), 간월산(해발 1,069m), 고헌산(해발 1,034m) 순이다. 가장 낮은 고헌산도 해발 1,000m가 넘을 정도로 우리나라 산 중에서는 높이가 높으며 산세도 굉장히 가파르고 험준한 편이므로 등산에 각별히 주의를 요하는 산이지만 풍경은 알프스란 이름답게 매우 아름답다. 영남알프스의 산들이 있는 울주군, 밀양시, 양산시, 청도군에서는 완등인증제를 운영하는데, 매년 7봉 완등을 인증하면 선착순 3만 명에게 순은 메달을 지급한다고 한다.

동해안 사빈 침식

위 사진은 강원도 삼척시에 위치한 해안가 사진이다. 궁평항 방파제가 만들어지면서 파랑의 흐름이 바뀌어 사빈 침식이 진행되었으며, 실제로 파도가 레일바이크가 설치된 송림 바로 직전까지 밀려들어오는 것을 확인할 수 있다. 이러한 사빈의 침식을 막기 위해 방사제(해안 부근의 물 속에 있는 모래의 이동을 방지하기 위해 만든 둑)와 잠제(해안으로부터 먼 바다 쪽에 해안과 거의 수평하게 만들어지는 높이가 낮은 방파제. 잠제에 의해 파랑의 에너지를 감소시켜 침식성을 완화시키고자 하는 구조물) 등을 설치하였지만 해안 침식이 계속 진행되고 있어 심각한 상황이다. 이곳을 제외하고도 동해안의 해안침식은 생각보다 활발하게 진행 중이다. 개발을 통해 더 살기 좋은 환경을 만들려던 인간의 활동(하천 개발로 인한 퇴적물 유입 감소, 돌출항만구조물 설치, 해안 도로 등 인공 해안구조물 설치 등)으로 인해 자연스러운 파랑, 연안류의 흐름이 변화되면서 해안 침식이 진행되었다. 이미 진행된 해안 침식을 다시 방사제, 잠제 등과 같은 구조물로 막아내기에는 역부족인가 싶다. 이러한 사빈 침식이 더 이상 진행되지 않게 하기 위해서는 어떤 노력이 필요할까?

▶ 9사(지리)08-02

우리나라 무기가 전 세계적으로 인기 있는 이유는?

성취기준	우리나라의 계절별, 지역별 기후 특성 및 변화 양상을 파악하고, 기후변화에 대한 지역별 대응 노력을 조사한다.
성취기준 해설	우리나라의 계절별, 지역별 기후 특성에 대해 학생들이 파악할 수 있도록 도우며 이러한 기후가 현재 어떻게 변화하고 있는지 그 변화 양상과 기후 변화를 위한 지역별, 지자체별 대응 노력에 대해 충분한 자료를 제공할 수 있도록 한다.
핵심 요소	연교차, 기후 변화, 지역별 기후 특성
교과 역량	☐ 창의적 사고력　　　　　　　　　　☑ 비판적 사고력 ☑ 문제 해결력 및 의사 결정력　　　　☐ 의사소통 및 협업 능력 ☑ 정보 활용 능력

📂 수업 안내

8-2단원에서는 우리나라의 계절별, 지역별 기후 특성을 파악하는 것이 중요합니다. 기후 변화 양상을 파악하기 위해 학생들이 수업 활동에서 기상청에서 제공하는 우리나라의 다양한 기후 변화 지표를 통해 기후 변화의 모습에 대해 살펴볼 수 있어야 합니다. 이러한 기후 변화의 모습이 우리나라의 농업에 미친 변화에 대해서도 살펴보며 실질적인 기후 변화의 영향에 대해 학생들이 스스로 깨달을 수 있습니다. 더워지는 여름에 대비하거나 폭우로 인한 홍수에 대비하는 모습들에 대한 읽기자료를 활용하여 지역별 노력 사례를 요약하고 더 나아가 우리 지역의 기후 변화에 대한 대응 노력을 찾아볼 수 있습니다.

📁 수업 들어가기

우리나라에서 무기 수입을 하는 상위 7개의 나라 중 1년 내내 더위가 지속되는 사우디아라비아와 매우 추운 겨울 기후를 가지고 있는 핀란드의 예시를 통해 지역별 기후의 특성 또한 파악할 수 있습니다.

한반도의 기후

우리나라는 북위 33~38도, 동경 126~132도에 걸쳐 있어 사계절이 뚜렷하며 겨울에 건조한 대륙성 기후를 보이고 있습니다.

3월 초~5월 초 이동성 고기압의 영향을 받아 따뜻하고 건조한 봄 날씨를 가지고 있으며 5월 중순~8월에는 북태평양 고기압의 영향을 받아 무덥고 습한 여름 기후를 보이고 있습니다. 9~10월까지는 또다시 이동성 고기압의 영향으로 맑고 건조한 가을 날씨가 나타나며 11월~2월 말까지 시베리아 고기압의 영향을 받아 춥고 건조한 날씨가 나타나고 있습니다.

▶ 9사(지리)08-02 우리나라 무기가 전 세계적으로 인기 있는 이유는?

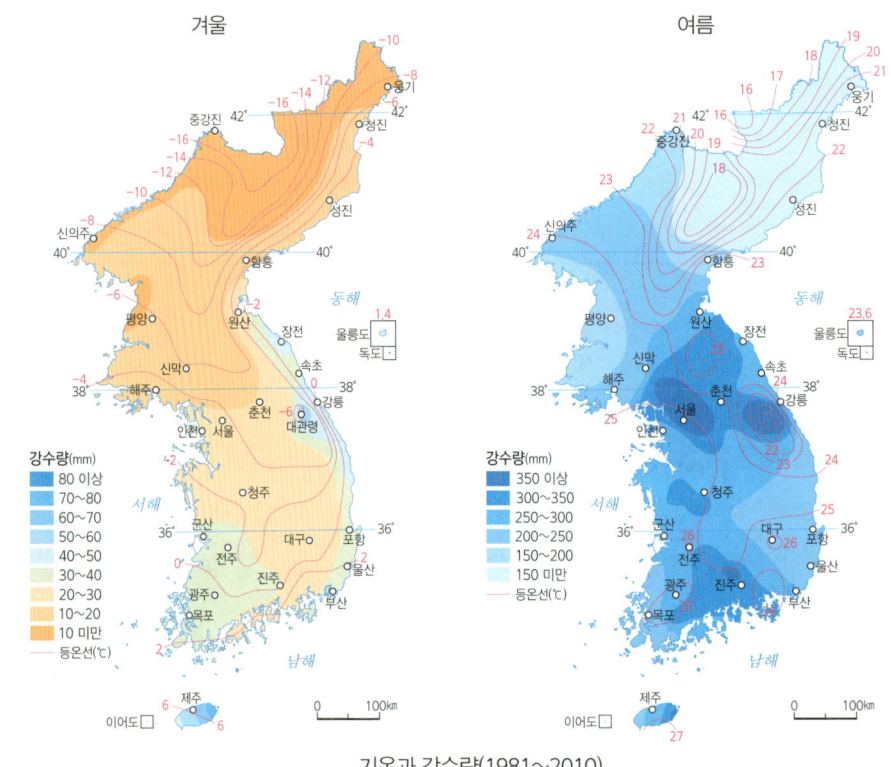

기온과 강수량(1981~2010)

우리나라의 연 평균 기온은 7~15℃ 정도이며 가장 무더운 달인 8월의 월평균 기온은 19.7~26.7℃로 나타나고, 가장 추운 달인 1월에 -6.9~3.6℃로 나타납니다.

전국 평균의 연 강수량은 1306.3mm이며, 중부지방의 연 강수량은 1191.4~1444.9mm이고 남부지방의 연 강수량은 1011.2~1921.2mm로 나타난다. 계절별로는 여름철 강수량이 710.9mm로 연 강수량의 54%를 차지하고 있습니다.

또한 6월 중순 후반 제주 지역에서 시작하여 6월 말 남부 지역과 중부 지역에 이르게 되는 장마와 북태평양에서 발생하는 태풍 중 3~4개가 우리나라에 직·간접적으로 영향을 주며 우리나라 여름 강수에 영향을 끼칩니다.

기상 관측 이래 일 최고기온으로 2018년 8월 1일 홍천 41.0℃가 있으며 일 최저기온으로는 1981년 양평 -32.6℃, 21세기 일 최저기온으로는 2001년 1월 16일 철원이 -29.2℃를 기록하였습니다.

● 활동 1

우리나라의 기후변화 보고서

SSP(Shared Socioeconomic Pathways, 공통사회 경제 경로): IPCC 6차 평가보고서를 위해 2100년 기준 복사 강제력 강도(기존 RCP)와 함께 미래 사회 경제 변화를 기준으로 기후변화에 대한 완화와 적응 노력에 따라 5개의 시나리오로 구별되며, 인구 통계, 경제 발달, 복지, 생태계 요소, 자원, 제도, 기술 발달, 사회적 인자, 정책을 고려하였다. SSP 전지구 시나리오(135km)는 2019년 12월부터 동아시아(25km)는 2020년 12월부터, 남한 상세(1km)는 2021년부터, 행정구역(읍면동) 전망정보는 2022년 12월부터 기후정보포털에서 제공하고 있다.

종류	의미	이산화 탄소 농도 (2100년, 단위: ppm)
SSP1~2.6	재생에너지 기술 발달로 화석연료 사용이 최소화되고 친환경적으로 지속 가능한 경제 성장을 이룰 것으로 가정하는 경우	432
SSP2~4.5	기후변화 완화 및 사회경제 발전 정도가 중간 단계를 가정하는 경우	567
SSP3~7.0	기후변화 완화 정책에 소극적이며 기술 개발이 늦어 기후변화에 취약한 사회 구조를 가정하는 경우	834
SSP5~8.5	산업 기술의 빠른 발전에 중심을 두어 화석 연료 사용이 높고 도시 위주의 무분별한 개발이 확대될 것으로 가정하는 경우	1089

1. 위의 기후변화 시나리오를 바탕으로 SSP1 시나리오와 SSP5 시나리오가 나타날 시 우리나라의 기후 변화가 어떻게 나타날지 예측해 봅시다.

기온	SSP1	
	SSP5	
강수	SSP1	
	SSP5	
자연 재해	SSP1	
	SSP5	

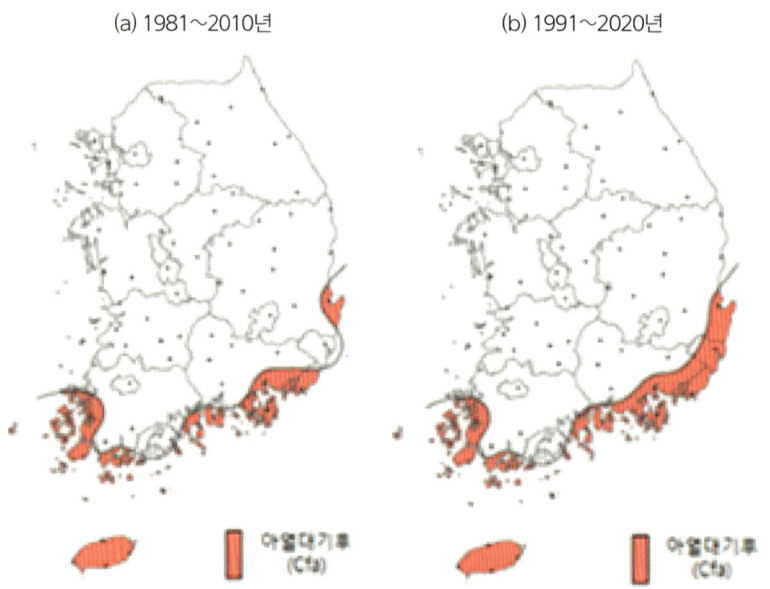

현재 우리나라 아열대 분포(30년별 기후형 구분 결과)

미래 우리나라 아열대 분포

SSP1~2.6에서 SSP5~8.5로 시나리오가 진행될 시 우리나라의 기후 예측 지도를 그려 봅시다.
(기후정보포털 접속 → 기후변화 영향정보 → 기상·기후 부문에서 자료찾기)

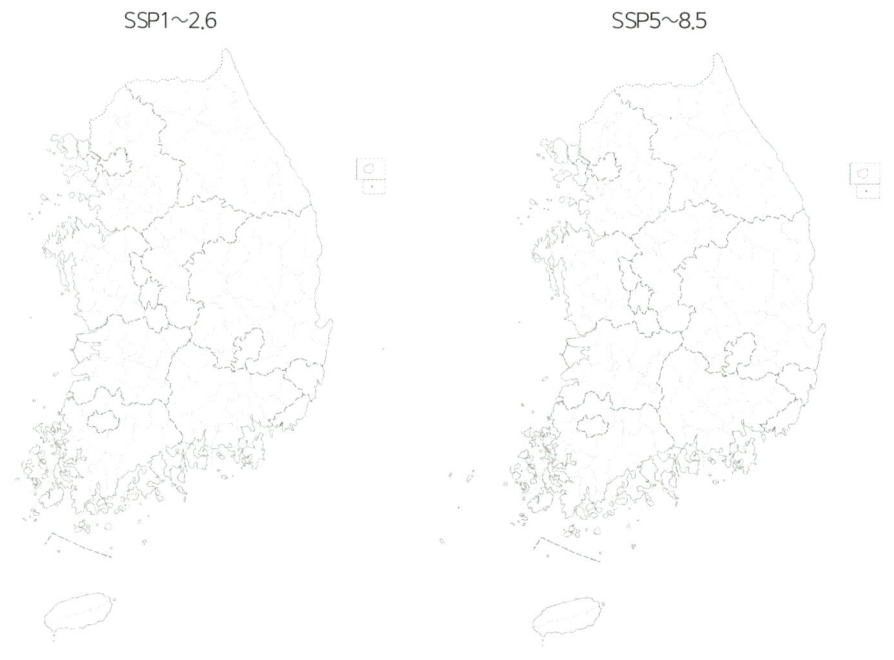

● 활동 2

우리나라 기후 변화?
그래서 우리의 삶이 어떻게 바뀌는데요?

기상청 기후정보포털

기후 변화로 우리의 삶이 어떻게 변할지 자료를 보고 예상하여 보고서를 작성해 봅시다.

> 기상청 기후정보포털 '기후변화 영향 정보'에 접속하여 기상·기후, 농업, 산림, 생태계 등 각 분야별 우리나라 기후변화 영향 정보와 미래의 영향 정보를 확인할 수 있습니다. 기후정보포털에 접속하여 각 부문에서 여러분들이 관심 있는 주제를 활용하여 포털에 제시된 내용과 지도 등을 분석한 보고서를 작성해 보세요. 본인의 진로나 흥미를 반영한 주제라면 더욱 좋습니다.

부문	주제	보고 내용
기상·기후	극한 고온	예시) 극한 고온이란, 평년값을 크게 벗어난 상태 혹은 일전 기준값보다 매우 높은 기온을 의미한다. 기후 변화로 극한 고온은 점점 자주 발생하고 있으며 미래에는 더 심화될 전망이다. 서울의 경우 일 최고 기온이 33℃ 이상인 폭염 일수가 1910년대 7.7일에서 2010년대 13.3일로 증가하였으며 현재 추세대로 온실가스를 배출할 경우 21세기 후반에는 68.7일로 약 5배 증가할 것이라고 예측된다.
농업·축산		
해양·수산		
산림·생태계		
보건		

활동 Tip

- 우리나라의 다양한 기후 변화의 특성과 그로 인한 변화에 대해 알아보는 활동입니다.
- 멀티미디어 기기(태블릿, 휴대폰)를 활용하여 우리나라의 기후 변화 영향에 대해 추가적으로 조사할 수 있습니다.
- 기상청에서 제공하는 기후정보포털의 기후변화 예상 시나리오 및 기후변화 영향 정보 등을 활용하여 학생들이 스스로 기후가 어떻게 변해가고 있는지와 우리나라에서 볼 수 있는 기후 변화의 영향에 대해 파악할 수 있습니다.

◆ 교과 세특

- 우리나라의 기후변화 보고서 작성 활동을 통하여 기후 예상 시나리오를 분석하는 시간을 가짐. 각 시나리오 별 우리나라의 기후 변화 양상을 지도에 직접 그려 보며 기후 변화의 심각성에 대해 파악함. 기후 변화 영향을 다양한 부문으로 나누어 분석함.
- 본인이 관심 있어 하는 ○○ 분야의 변화에 대해 예측하며 기후 변화가 미래 본인의 삶에 어떠한 영향을 끼칠지에 대해 분석함.

읽기 자료

기후변화가 가져온 신흥 작물, 아열대 채소

지구온난화로 기후변화가 심해지면서 우리의 먹거리 트렌드도 빠르게 변화하고 있다. 그중 가장 주목받는 작물이 있으니, 바로 아열대 채소이다. 최근 들어 아열대 채소 재배 농가가 급속하게 늘고 있다. 국내에서 생산되는 아열대 채소의 대부분은 외국인 근로자 밀집 지역에서 소비되었으나, 최근에는 아시아 음식의 인기가 높아지면서 내국인 소비도 꾸준히 증가하고 있다.

현재 아열대 채소 소비시장은 한정적으로 아열대 채소의 생산량은 많지는 않다. 그러나 소비는 꾸준히 늘고 있어 성장 가능성이 기대되는 작물이다. 최근 지구온난화로 기존 작물들의 재배 여건이 나빠지면서 이러한 기대는 현실화되고 있다. 온난화대응농업연구소에서는 앞으로 아열대 채소 소비량은 꾸준히 늘어날 것으로 예상했으며 재배면적은 지속적으로 증가할 것으로 전망했다. 특히, 기후변화로 인한 국내 작물의 변화 추이를 보면 아열대 채소의 성장성은 단순 기대치를 넘어선다. 기후변화가 가져온 다양한 가능성을 고려했을 때, 아열대 채소의 시기적 성장 요건은 충분하며 가까운 미래에 우리 농가의 새로운 소득작물로서 자리 잡을 것으로 예상된다.

아열대 채소가 가져올 우리 식탁 변화

지구온난화와 더불어 소비자들은 점차 새로운 식재료들을 요구하고 있다. 소비자들의 이러한 니즈를 충족시키기 위해 풍부한 영양소를 가진 아열대 채소를 우리 식문화에 적용하기 위한 노력은 계속되어 왔다. 2016년에는 대한민국 최고의 셰프들이 모여 그동안 도입된 아열대 채소를 활용해 요리 시연 및 시식회를 가졌다. 아열대 채소의 성장은 동남아, 아프리카, 중남미 등의 에스닉 푸드(ethnic food)가 국내 시장에 정착하는 시발점이 될 것으로 보이며, 한식과 에스닉 푸드를 결합한 새로운 식문화의 탄생이 기대된다. 아열대 채소의 도입과 재배는 모든 면에서 긍정적인 기대와 효과를 가져오며 우리 식생활의 다양성과 우리 미래 먹거리의 경쟁력을 강화할 것이다. 그리고 6차산업으로서 새로운 가능성도 보여 줄 것이다.

우리가 주목할 아열대 채소

| 천연 인슐린의 보고, 여주

경남 함양을 중심으로 전국적으로 재배 지역이 증가하고 있는 여주는 주로 동남아시아에서 재배되는 아열대 채소이다. 여주는 특유의 쓴맛 때문에 '쓴 오이' 또는 '쓴 멜론'이라 불리며, 익지 않은 상태로 주로 요리나 차에 곁들이는 데 사용된다. 당뇨와 고혈압 등 성인병에 좋다고 알려진 카란틴(charantin)과 식물 인슐린(P-insulin)이 많이 들어 있으며, 쓴맛을 내는 모모르데신(momordicin)은 장 기능 개선에 효과가 있어 최근 많은 관심을 받는 작물이다. 씨앗 등에 들어 있는 공액리놀레산(CLA)은 체내 지방을 분해해 다이어트 식품 재료로 주목을 받고 있다.

| 채소계의 귀족, 아티초크

아티초크는 지중해 연안이 원산지인 작물로 유럽, 중남미 등에서는 우리나라의 무, 양파처럼 대중화된 채소이다. 육질이 연하고 영양이 풍부한 꽃봉오리 부위만 먹으며, 식용 부위가 적다 하여 '귀족 채소'라 불린다. 콜레스테롤 수치를 낮추고, 신장과 간 기능을 개선하는 효과가 있다. 비만 억제와 성인병 예방에 효과가 있는 시나린(cynarin)이라는 기능성 물질이 있어 약용으로도 이용된다. 최근 국내에서도 아티초크 차 등 가공품이 개발되고 있다.

| 효소의 보고, 그린 파파야

태국 요리 '쏨땀'의 주재료인 그린 파파야는 칼로리가 적고 영양분이 풍부해 주로 샐러드로 애용된다. 익은 열매는 과일로서 이용되지만, 익기 전의 청과는 채소용으로 이용된다. 최근 국내에서 동남아 음식이 인기를 끌면서 소비가 많이 늘어났다. 그린 파파야는 '효소의 보고(寶庫)'라고도 알려져 있다.

| 절세미인의 채소, 오크라

오크라는 아프리카 북동부가 원산지로 13세기 이집트에서 채소로 재배되어 온 작물이다. 이후 인도 등 아열대 지역과 신대륙으로 전파되었다. 겉모습은 풋고추와 비슷하지만 조리 방법이 다양하다. 볶은 종자는 커피 대용으로 사용되며, 어린 깍지로는 수프, 딱딱한 깍지로는 술을 담그기도 한다. 영양가가 높으며, 낮은 칼로리로 다이어트에 효과가 있어 미인들의 채소로도 불린다.

| 왕가의 작물, 모로헤이야

모로헤이야는 남부 아시아 및 아프리카가 주 원산지로 예로부터 귀하게 여기던 작물이다. 이집트에서는 불치병을 앓던 왕이 모로헤이야로 만든 수프를 먹고 바로 회복했다고 하여 '왕가의 채소'라 불렸으며, 왕족만이 먹을 수 있는 채소로 클레오파트라도 즐겨 먹었다고 한다. 약간 씁쓸한 맛이 나며 칼륨 함량이 매우 높다. 자양강장용으로 많이 쓰이며 성인병, 노화 예방에 효과적이다.

출처: 그린매거진 테마스토리, 이승호 농업연구관(2020년 3월)

지역의 기후변화 노력–울산시, 물 순환 선도도시 구축 속도 낸다

땅속 빗물 침투, 증발 등으로 이뤄지는 '물 순환'이 도시화에 따른 불투수면 증가로 인해 왜곡이 심각한 상황이다. '물 순환 왜곡문제'란 불투수 면적율이 높아 비가 많이 내릴 경우 빗물이 땅속으로 흡수되지 못하고 직접 하천으로 유출됨으로써 홍수량 증가, 지하수 부족 등이 일어나고, 가뭄 시에는 도시에 저장된 물이 부족하여 하천이 마르는 등의 문제를 말한다.

울산시는 이 왜곡된 물 순환 체계를 개선하고자 지난 2016년부터 발 벗고 나서고 있다.

울산시 물 순환 선도도시 선정

울산시는 2016년 환경부 공모사업인 '물 순환 선도도시'로 선정됐다.
'물 순환 선도도시'란 빗물이 땅으로 잘 스며드는 투수블록을 설치하거나 식물로 만들어진 식생수로, 빗물정원 등의 저영향개발(LID)기법을 도시 곳곳에 적용하여 기존 도시에 비해 빗물 저장능력이 뛰어난 도시를 말한다. 울산시는 '물 순환 선도도시'를 조성하기 위해 '물 순환 선도도시 기본계획 수립', '물 순환 회복조례 제정', '비점오염원 관리지역 지정', '저영향개발 사업 시행' 등 4가지 과제를 마련했다.

물 순환 선도도시 기본계획 수립

'물 순환 선도도시 기본계획'은 물 순환정책을 종합적이고 체계적으로 추진하기 위해 울산연구원이 2017년 6월부터 2018년 8월까지 연구용역을 수행하여 수립됐다. 기본계획의 범위는 2017년을 계획기준연도로 하고 계획목표연도는 단기 1차 2020년, 단기 2차 2025년, 중기 2035년, 장기 2065년으로 설정됐다. 주요 사업은 '물 순환 상태평가', '물 순환 목표설정', '물 순환 관리지역 선정', '재원조달계획 '유지관리계획', '시민 교육·홍보 및 참여 계획' 등으로 짜였다. 현재 울산시 '물순환 회복율'은 시가화지역 61.99%, 비시가화지역 86.94%로 나타났다. '물 순환 관리구역'은 크게 시가화, 비시가화, 산업단지로 구분했으며, 각 구역별로 우선순위를 설정했다. 이에 따라 시가화구역은 중구 학산동, 비시가화구역은 중구 다운동, 산업단지구역은 온산읍을 우선 사업 대상 지역으로 선정했다. 사업비는 2065년까지 총 5,090억 원이 소요되는 것으로 나타났다.

울산시 관계자는 "지난 2018년 10월 '물 순환 선도도시 울산 선포식'을 통하여 자연적 물 순환 회복과 건강한 물 환경 조성으로 도시화에 따른 불투수면의 증가로 야기되는 수질오염, 하천 건천화, 지하수 고갈, 도시열섬, 도시홍수, 가뭄·폭염 등의 문제 해결에 선제적으로 대응한다고 천명했다."면서 "강력한 지진·홍수 등이 빈번하게 발생하는 지금 물 순환 선도도시 조성 사업이 무엇보다 중요하며 자연을 기반으로 하는 물 순환 환경조성에 최선을 다하겠다."라고 밝혔다.

출처: 비전21, 정서영 기자(2023년 10월 6일)

지역의 기후변화 노력-대구 중구청, 쿨링포그 시스템 가동

대구 중구청이 여름철 폭염 대응을 위해 버스정류장 7곳에 설치한 쿨링포그 시스템을 이달 말부터 본격 가동한다고 19일 밝혔다.
쿨링포그 시스템은 정수된 깨끗한 수돗물을 버스정류장 지붕에 설치된 노즐을 통해 분사하는 것으로 미세한 물입자가 주변 온도를 최대 5℃까지 낮추고 공기 중 미세먼지 입자를 지면으로 떨어뜨려 미세먼지 저감에도 효과적이다.
관내 버스정류장에 설치된 쿨링포그는 무더위가 시작되는 이달부터 매일 오전 10시~오후 7시까지 온도 28℃ 이상, 습도 65% 이하일 때 10분 가동 후 10분 중단을 반복하며 자동 운행된다.
류규하 중구청장은 "쿨링포그 시스템을 통해 쾌적한 도심환경을 조성하고 여름철 대중교통을 이용하는 주민들이 잠시나마 시원한 시간을 보내길 바란다"고 말했다.

출처: 대한경제, 이혜련 기자(2022년 6월 19일)

◆ **추가 도움**

- 김기창, 2021, 『기후변화 시대의 사랑』, 민음사.
- 레베카 헌틀리 저, 이민희 역, 2022, 『기후변화, 이제는 감정적으로 이야기할 때』, 양철북.
- 이재형, 2023, 『기후피해세대를 넘어 기후기회세대로』, 퍼블리온.
- 박정재, 2021, 『기후의 힘』, 바다출판사.

▶ 9사(지리)08-03

물폭탄을 맞으면 물에 뜨는 편의점

성취기준	우리나라 자연재해의 지리적 특성과 피해 최소화를 위한 노력을 파악하고, 일상생활 속 다양한 상황에서 자연재해 발생 시 자신의 대처 방안을 탐색한다.
성취기준 해설	우리나라에서 빈번하게 발생하는 자연재해의 지리적 특성을 파악하고, 자연재해의 피해를 최소화하기 위한 노력뿐만 아니라 일상생활 속에서 발생할 수 있는 다양한 자연재해 상황에서 학생 자신이 안전하게 대처할 수 있도록 하는 데 초점을 맞춘다.
핵심 요소	자연재해, 기상 현상, 지형 작용, 태풍, 집중 호우, 폭염, 폭설, 한파, 황사, 가뭄, 지진, 화산 활동, 해일
교과 역량	☐ 창의적 사고력　　　　　　　　　　☑ 비판적 사고력 ☑ 문제 해결력 및 의사 결정력　　　☐ 의사소통 및 협업 능력 ☑ 정보 활용 능력

📂 수업 안내

기후변화에 관한 정부 간 협의체(Intergovernmental Panel on Climate Change, IPCC) 6차 평가보고서(2023)에 따르면 전 지구 표면 온도는 산업화 이전 대비 현재 1.09℃ 상승했으며, 가까운 미래(2021~2040년)에 1.5℃에 도달할 것으로 전망된다고 합니다. 이러한 기후변화 속에서 이상기후로 인한 자연재해 발생이 지속적으로 증가하고 있습니다. 특히, 기후변화와 관련성이 높은 집중호우, 태풍, 대설, 폭염 발생이 뚜렷한 증가 경향이 보입니다. 사실 기후변화는 인류 모두의 생존을 위협하지만, 그 영향이 모든 국가, 지역, 사람에게 동등하게 나타나지 않습니다. 한 국가 내에서도 지리적 위치나 경제적, 사회적 여건 등 대응 역량에 따라 편차를 보입니다.

우리나라는 태풍, 호우, 대설, 강풍, 가뭄 등 기상 관련 자연재해가 특히 자주 발생하고, 지진과 같은 지형 관련 자연재해도 발생하고 있습니다. 각 지역의 위치, 자연환경, 산업 등 처한 상황에 따라 발생하는 자연재해의 종류 및 영향력이 다르기 때문에 학생이 위치한 지역에 초점을 맞추어 학습을 하는 과정이 필요합니다. 이뿐만 아니라 우리나라의 지역별 자연재해 현황에 대한 학습을 통해 각 지역 주민들의 어려움에 대해 공감하고 연결되어 있는 사회에서 타 지역의 일이 곧 나의 일이라는 것을 이해할 수 있습니다. 예를 들어 우리나라의 자연재해 피해 횟수와 피해액을 비교해 보면, 전국에서 자연재해 발생 횟수가 가장 많은 지역은 전라남도이지만, 피해액수가 가장 많고 횟수 대비 피해액이 많은 곳은 강원도입니다. 인구가 적은 지역일지라도 국가적인 관심과 방재 정책을 소홀히 해서는 안 되는 이유를 알 수 있습니다. 최근에는 기후 변화로 인해 태풍과 호우의 강도가 보다 강해져 피해가 커지면서 사회가 책임져야 할 비용이 증가하고 있기 때문에 자연재해 예방을 위한 학습이 보다 중요합니다.

8-3단원에서는 우리나라에서 자연재해가 빈번히 발생하는 지역의 특성을 지도와 다양한 매체를 통해 파악하고 해당 지역에서 자연재해가 자주 발생하는 이유를 지리적 요소를 활용하여 표현할 수 있도록 지도하는 활동을 구성하였습니다. 또한 일상생활에서 발생할 수 있는 자연재해에 대처하는 방안을 숙지하여 실제로 학습자의 안전한 삶을 실천할 수 있도록 하였습니다.

📂 수업 들어가기

평소의 한강 공원

평소의 한강 공원 편의점

홍수 시 한강 공원

홍수 시 물에 뜬 편의점

교사: 서울은 한강이 가로지르는 멋진 도시예요. 한강을 따라 펼쳐진 서울의 아름다운 풍경과 역동적인 도시의 모습을 보고 있으면, 과거 우리나라의 발전 모습을 왜 '한강의 기적'이라고 표현했는지 절로 고개가 끄덕여져요. 여러분은 한강에 가 본 적이 있나요?

학생1: 네, 친구들과 한강 공원에서 자전거를 타 본 적이 있어요. 그리고 요즘 인기 있는 편의점에서 즉석 조리되는 라면을 먹었어요!

교사: 그래요. 한강 주변의 공원은 시민들이 휴식과 여가를 즐길 수 있는 좋은 장소예요. 폭 1km 남짓의 거대한 하천이 가로지르는 대도시는 세계에서도 찾아보기 힘들어요. 파리의 센강, 런던의 템스강, 태국의 차오프라야강 등 강을 끼고 있는 대도시는 많지만 강 폭이 좁은 경우가 많거든요.

학생2: 우리나라의 자랑거리네요! 한강 주변은 늘 평화로울 것 같아요.

교사: 한강은 큰 물줄기라는 뜻의 이름처럼 한반도에서 유량이 가장 많고, 유역 면적도 한반도에서 가장 넓어요. 그래서 비가 많이 내려 홍수가 발생하면 이렇게 아름답고 평화로운 곳도 전쟁터처럼 변하지요. 뉴스에서 한강 둔치 전체가 물에 잠긴 모습을 본 적이 있나요?

학생1: 공원이 흔적도 없이 사라지고 나무 정수리만 겨우 보일랑 말랑했어요. 선생님, 한강 공원에 있는 시설들은 어떻게 되나요? 제가 갔던 편의점 같은 건물은 물에 잠기면 피해가 너무 클 것 같아요.

교사: 그렇죠? 그런데 한강변의 가게들은 홍수가 나도 가라앉지 않는 장치를 해 두었어요. 예전에는 가게를 이동하기 쉬운 컨테이너로 만들어서 하천 수위가 높아지면 지게차로 훌쩍 들어서 옮기곤 했대요. 최근에는 수위가 오르면 건물도 자동으로 물에 뜨도록 만들었어요. 어때요? 자연재해에서 살아남기 위한 아이디어 참 대단하지 않나요? 우리 지역에서는 자연재해를 극복하기 위해 어떤 노력들을 하는지 살펴볼까요?

● 활동 1

자연재해 진진가(진짜진짜가짜) 게임하기

게임 방법

1. 모둠별(또는 개인별)로 우리나라에서 발생하는 자연재해를 한 가지 선택한다.
2. 선택한 자연재해에 대한 세 가지 문장을 작성한다. 단, 두 문장은 '진짜', 한 문장은 '가짜'를 작성한다.
3. 문장을 다 쓴 후에는 돌아가면서 우리나라의 자연재해를 소개한다.
4. 다른 모둠(또는 학생)은 몇 번이 가짜 문장인지 찾는다.
5. 문제를 제시한 모둠(또는 개인)은 몇 번이 가짜인지, 올바른 답도 함께 설명한다.
6. 모든 문제가 끝나면 점수를 합산한다.

문제지 예시

주제: (폭염   )
1. 폭염주의보는 일 최고 체감온도 30℃ 이상인 날이 2일 이상 지속될 것으로 예상될 때 발표된다. (기상청)
2. 우리나라에서 연간 폭염일수가 가장 많았던 해는 2018년으로 35일이었다. (기상청)
3. 2018년 온열 질환 사망자 수는 직전 10년간(2008~2017년) 태풍과 호우로 발생한 평균 인명 피해자 수보다 많았다. (KBS뉴스 2021.7.22.)

답지(해설)
1. 가짜, 33℃ 이상일 때는 폭염주의보, 35℃ 이상일 때는 폭염경보 발표된다.
2. 진짜
3. 진짜, 2018년 온열 질환 사망자 수 48명, 직전 10년간 태풍과 호우로 발생한 평균 인명 피해 15.2명

〈정답지〉

	1번	2번	3번	점수
1모둠				
2모둠				
3모둠				
4모둠				
5모둠				
6모둠				
점수 합계			( )점	

활동 Tip
- 우리나라에서 발생한 자연재해에 대한 사실을 게임으로 재미있게 학습할 수 있습니다. 학생은 자신이 선택한 자연재해에 대해 조사하며 깊은 학습을 진행하고, 게임을 통해 여러 자연재해에 대해 두루 학습할 수 있습니다.
- 통계청의 통계 자료, 신문 기사, 뉴스 등을 활용하여 정확한 사실과 가짜 뉴스를 구별할 수 있도록 하고, 문장을 작성할 때 출처를 기입하도록 합니다.
- 사진, 동영상 등 다양한 자료를 추가하여 게임을 진행할 수 있습니다.

● 활동 2

우리나라에서 무슨 일이 일어나고 있을까?

1. 대중매체에 등장한 우리나라 자연재해 사진을 찾아봅시다.

    – 뉴스, SNS 등을 통해 알려진 자연재해 사진을 찾고, 발생한 일시, 장소를 살펴봅니다.

2. 사진 속에 나타난 상황을 분석해 봅시다.

> 추론하기
> (예) 도시에서 홍수 피해를 막기 위해 배수 시설의 확보가 중요하다.
>
>> 설명하기
>> (예) 비가 많이 와서 홍수가 발생하면, 도로가 침수되어 차 운행이 불가능하다.
>>
>>> 기술하기
>>> (예) 차가 물 속에 잠겼고, 운전수로 보이는 남자가 차 위에 앉아 있다.
>>>
>>>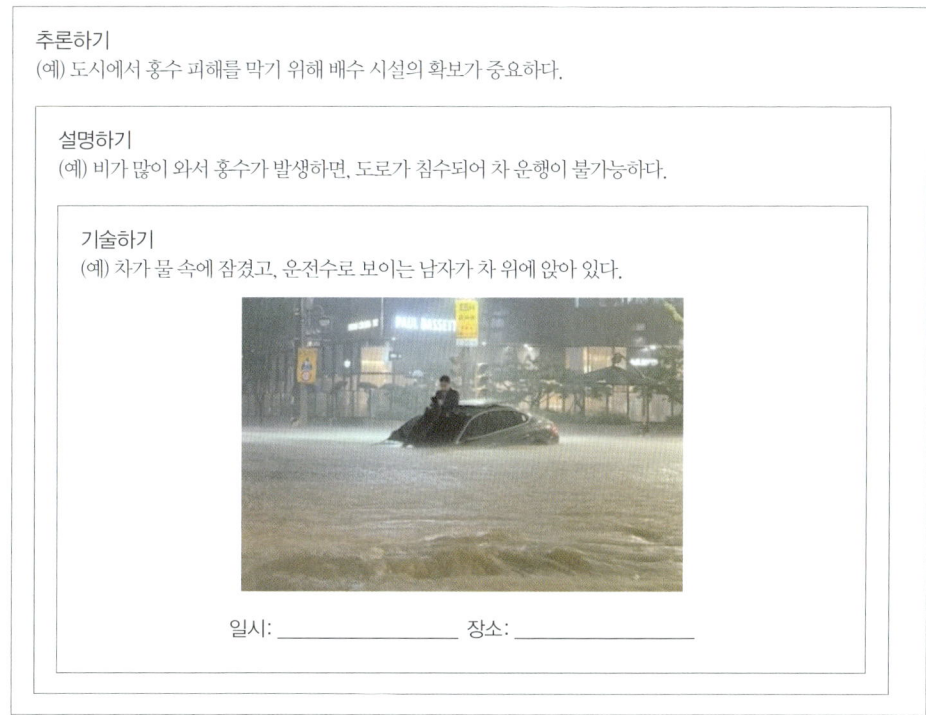
>>>
>>> 일시: _____ 장소: _____

3. 사진 분석 자료를 학급 친구들과 공유해 봅시다.

4. 친구들이 공유한 사진을 보고, 자연재해를 총정리한 마인드맵을 만들어 봅시다.

활동 Tip

- 대중매체에 등장한 우리나라 자연재해의 지리적 특성을 분석하기 위한 활동입니다. 다양한 자연재해 사례를 교사가 제시하거나 학생들이 직접 조사하도록 할 수 있습니다.
- 자연재해의 모습이 담긴 사진으로부터 정보를 추출하고, 학생의 지식과 연결지어 볼 수 있도록 사진 분석의 단계를 설명해 주세요.

기술하기	현상의 특징을 파악해 있는 그대로 기록한다.
설명하기	파악한 특징을 자신의 지식과 연결한다.
추론하기	파악된 특징과 자신의 지식을 근거로 삼아 다른 판단을 이끌어 낸다.

- 학생들이 조사한 사례를 공유하고 유사한 자연재해를 묶어 계절별, 지역별 공통점을 찾는 활동으로 확장할 수 있습니다.
- 학생들이 조사한 사례를 종합하여 함께 마인드맵을 작성해 볼 수 있습니다.

● 활동 3

내가 우리 지역 방재전문가

1. 우리 지역의 자연재해 데이터를 분석하고, 지역에 필요한 방재 시설을 점검해 봅시다.

1) 자연재해와 관련한 공공빅데이터를 활용하여 우리 지역에서 자주 발생하는 자연재해를 분석합니다.

> **자연재해 관련 공공빅데이터를 확인할 수 있는 사이트**
> 지표누리, 홍수위험지도 정보시스템, 산사태 정보시스템, 기상청 기상자료개방포털, 기상청 지진연보 등

방법

기상청 기상자료개방포털 → 기후통계분석 → 기상현상일수 → 분포도

 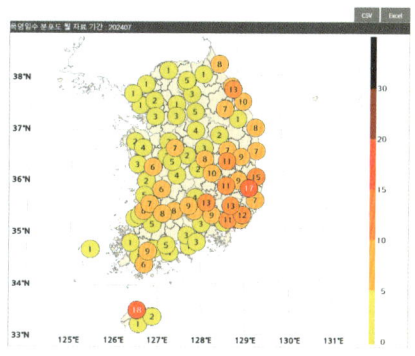

(출처: 기상자료개방포털)

2) 우리 지역에서 주로 나타나는 자연재해를 분석해 봅시다.

강수 일수:

폭염 일수:

열대야 일수:

지진 발생 현황:

기타:

2. 우리 지역에서 발생한 자연재해 중 한 가지를 골라 카드로 만들어 봅시다.

태풍 사진

태풍은 북태평양의 필리핀 동부 해상에서 발생하는 열대 저기압 중에서 중심 부근의 최대 풍속이 17m/s 이상인 것을 의미하며, 강한 폭풍우를 동반한다. 태풍은 진행 방향의 오른쪽에 위치한 남부 지방의 피해가 크다.

1) 우리 지역의 방재 전문가가 되어 어떠한 시설이 필요할지 논의해 봅시다.

2) 우리 지역의 자연재해 카드를 만들어 봅시다.

태풍 사진	태풍은 북태평양의 필리핀 동부 해상에서 발생하는 열대 저기압 중에서 중심 부근의 최대 풍속이 17m/s 이상인 것을 의미하며, 강한 폭풍우를 동반한다. 태풍은 진행 방향의 오른쪽에 위치한 남부 지방의 피해가 크다.
폭설 사진	겨울철 폭설은 한반도 주변의 기압 배치에 따라 달라진다. 서해안에 폭설이 내리는 경우는 서고동저형의 기압 배치에 북서 계절풍이 강할 때이다. 이때는 서해안 외에도 제주도 산간 지방과 울릉도에 눈이 많이 내린다. 반면 북고남저형의 기압 배치에 북동 기류가 뚜렷할 때는 영동지방에 많은 눈이 내린다. 기상청의 대설 특보 기준에 따르면, 대설 주의보는 하루 동안 5cm 이상, 대설 경보는 하루 동안 20cm 이상의 눈이 예상될 때 발령된다. 대설은 순식간에 교통을 마비시킬 수 있으며, 항공기 운항에도 큰 영향을 준다. 또한 비닐하우스 등의 약한 구조물을 훼손하여 농가에 큰 피해를 준다.
황사 사진	황사는 3~5월에 많이 발생하며, 상공의 강한 서풍을 타고 우리나라를 거쳐 일본, 태평양, 북아메리카까지 날아간다. 우리나라에서 발생하는 황사의 횟수와 강도는 1990년대 이래 빠른 속도로 증가하고 있다. 서울의 황사 발생 일수를 보면 1971~1980년 28일, 1981~1990년 39일, 1991~2000년 77일, 2001~2010년에는 122일로, 1970년대에 비해 2000년대에는 무려 4배 이상 급증했다. 황사는 건강, 농업 및 축산, 산업, 교통, 해양 등 다양한 부문에 걸쳐 피해를 입힌다.
지진 사진	유라시아판 내부에 위치한 한반도는 일본, 네팔과 같이 판 경계부에 위치한 국가에 비해 상대적으로 안전한 지역으로 분류된다. 하지만 1978년 기상청에서 공식적으로 지진 관측을 시작한 이후 홍성 지진(1978년, 규모5.0), 영월 지진(1996년, 규모 4.5), 오대산 지진(2007년, 규모 4.8), 경주 지진(2016, 규모 5.8), 포항 지진(2017, 규모 5.4) 등 규모가 큰 지진들이 한반도 내륙에서 발생하였다. 지진 관측 이후로 한반도에서 발생한 최대 강진은 2016년 9월 경주 남남서쪽 8km 지점에서 발생한 규모 5.8의 지진이다. 최근에 일어난 경주, 포항 두 지진에서 주목할 점은 규모가 작은 포항 지진이 경주 지진보다 더 큰 구조물 피해를 야기했다는 점이다. 이는 포항이 경주보다 약한 지반에 위치하고 진원이 얕았기 때문이다.

활동 Tip
- 공공빅데이터를 활용하여 우리 지역에서 자주 발생하는 자연재해를 분석할 수 있습니다. 통계 자료뿐 아니라 지도를 활용하여 우리나라의 자연재해 경향을 파악하거나 지도로 표현할 수 있도록 지도해 주세요.
- 우리 지역의 자연재해 경향을 분석하여 우리 지역에 필요한 방재 시설을 생각해 보고 실제로 어떤 시설이 활용되고 있는지 조사해 봅니다. 미비한 사항이 있으면 시청, 군청 등 공공기관에 청원하는 활동으로 이어지도록 지도할 수 있습니다.

3. 아래의 사이트에서 자연재해 관련한 공공빅데이터를 직접 살펴봅시다.

▶ 지표누리

자연재난 발생 현황을 분석할 수 있습니다.

▶ 홍수위험지도 정보시스템

환경부에서 제공하는 홍수 관련 정보 시스템으로 100년 빈도의 홍수가 발생했을 시 침수범위와 깊이를 등급으로 제시합니다.

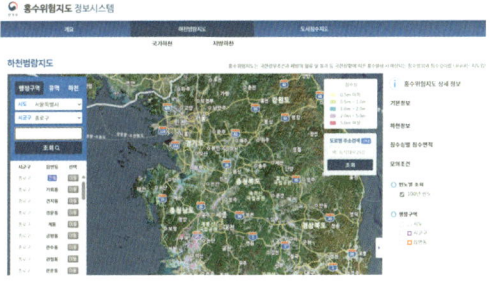

▶ 산사태 정보시스템

산사태에 영향을 미치는 9개 인자들을(예, 숲의 모습, 사면경사, 기반암, 지형의 습윤 정도 등) 종합하여 산사태 발생 확률을 지도에 표시합니다.

● 활동 4

자연재해 예스 or 노 챌린지

1. 대중매체에 등장한 우리나라 자연재해 사진을 보고 자연재해 발생 시 적절한(예스) 또는 부적절한 (노) 행동 요령에 대한 홍보 자료를 만들어 봅시다.

〈   도시 홍수   발생 시 우리의 대응 요령〉

YES

(예시)

바닥에 물이 조금이라도 차오르거나
하수구 역류 시 즉시 대피

NO

(예시)

불어난 물에서 수영 금지

설명: _____   설명: _____

활동 Tip
- 학생들의 눈높이에서 자연재해 발생 시 해야 할 행동과 하지 말아야 할 행동을 살펴봄으로써 일상생활 속 안전한 생활이 가능하도록 지도해 주세요.
- 국민재난안전포털 홈페이지에서 다양한 재난 대응 요령을 참고할 수 있습니다.
  https://www.safekorea.go.kr
- 각자 만든 홍보 자료를 합쳐 SNS에 게시하거나 패들렛으로 공유할 수 있도록 해 주세요.

◆ 교과 세특

(활동 2)
- 미디어에서 자연재해로 인한 피해 모습이 담긴 다양한 사진을 적절하게 찾아 제시함. 사진 속에 나타난 자연 현상, 인간 활동의 영향 등을 살펴보고 활동지에 상세하게 작성함.
- 다양한 지역에서 발생하는 자연재해의 사례를 조사하고, 게시판 플랫폼을 활용하여 자연재해 발생 지도로 표현함. 지역별 자주 발생하는 자연재해의 특징을 탐구하고 자신 있게 발표함.
- 미디어에 나타난 자연재해 사례를 조사하고 자연재해가 인간 생활에 미친 영향을 상세하게 기술함. 자연재해로 인해 어려움에 처한 사람들에 공감하는 마음을 표현하고, 자연재해 발생 시 우리가 해야 할 일에 대해 발표함.

(활동 3)
- 다양한 공공빅데이터를 활용하여 우리 지역에서 자주 발생하는 자연재해를 객관적으로 분석함. 자연재해의 원인, 영향 등을 상세하게 기술한 자연재해 카드를 완성함.
- 다양한 공공빅데이터를 활용하여 우리 지역에서 자주 발생하는 자연재해를 지도로 표현함. 자연재해의 피해를 줄이기 위한 시설을 조사하여 보고, 우리 지역에 필요한 시설을 공공기관에 건의하는 글을 작성함.
- 다양한 공공빅데이터를 활용하여 지역별로 자주 발생하는 자연재해의 특징을 분석함. 자연재해로 인한 피해를 사진과 글로 상세하게 표현한 자연재해 카드를 완성함. 일상생활에서 자연재해 피해를 줄이기 위한 실천 사항을 발표함.

📂 읽기 자료

눈도 몸무게를 잰다고?

2022년 전국 곳곳에 내린 폭설의 원인으로는 '수증기'가 꼽혔습니다. 상대적으로 따뜻한 바다 위의 수증기가 시베리아에서 불어온 찬바람에 부딪히면서 강력한 눈구름이 발생한 건데요. 많은 수증기가 물과 얼음으로 변하면 폭설이 내리곤 합니다. 이를 '호수 효과'라고 부르죠. 호수 효과는 대기와 바다의 온도 차가 클수록 강합니다. 지난해 겨울은 이 호수 효과가 더 강했던 것으로 나타났습니다.

올해 잠시 주춤하긴 했지만, 엘니뇨의 최전성기는 한겨울입니다. 향후 엘니뇨가 더 발달하면서 바다를 따뜻하게 하고, 많은 양의 수증기를 만들면서 폭설로 이어질 수 있다는 겁니다.

행정안전부 자연재난 통계를 보면 2011년부터 2020년까지 10년간 대설 피해액은 1574억3000만 원(2020년도 환산가격)으로 집계됐습니다. 대설 피해액 중 상당 부분은 '눈의 무게' 때문이었는데요. 눈송이는 무게가 안 느껴질 정도로 가볍지만, 눈이 쌓여 눈더미가 되면 비닐하우스 등 시설물이 무게를 견디지 못하고 무너질 정도로 무겁습니다.

쌓인 눈이 물로 따지면 얼마나 되는지 변환해 보면 무게를 추산하기 쉬운데요. 습기가 많아 잘 쌓이는 '습설'은 '눈이 10cm 쌓인 것은 물이 1cm 높이로 차 있는 것과 같다'고 생각하면 됩니다. 즉 100m²(약 30.25평) 면적에 눈이 50cm 쌓였다면, 같은 면적에 물이 5cm 높이로 5m³만큼 차 있는 것과 같은 셈인데요. 물의 밀도는 약 1000kg/m³로, 물 5m³ 무게는 5톤이 됩니다.

이에 기상청은 그간 제공했던 적설량 정보뿐 아니라 눈의 무게를 추정할 수 있는 정보를 제공할 방침입니다. 이는 올해 2월 발표한 정책목표 '위험기상과 기후위기로부터 안전한 국민, 든든한 국가'를 바탕으로 마련한 올해 주요업무계획의 일환인데요. 당시 기상청은 핵심 추진 과제 5가지로 재난문자 직접 발송, 강풍 정보 추가 제공, 강설 정보 세분화, 도로 살얼음·안개 위험기상정보 전달, 수출 기반 마련 등을 발표한 바 있습니다.

수분 함량이 높은 습설은 잘 흩어지고 가벼운 '건설'보다 눈 결정이 크고, 2~3배가량 무거운 것으로 알려져 있습니다. 이처럼 눈의 종류에 따라 다르게 나타나는 피해를 최소화하겠다는 취지입니다. 기상청은 전북 동부권에 '눈 무게' 예보 체계를 전국에서 처음으로 도입하기로 했습니다. 가벼운 눈, 평균적 눈, 무거운 눈 등 세 단계로 구분해 예보할 방침인데요. 무거운 눈이 주택 지붕이나 비닐하우스에 쌓여 붕괴까지 일으킬 수 있는 수준이 되면, 해당 지역에 기상 통보문이나 정례 브리핑으로 위험성을 알리기로 했습니다.

출처: 이투데이, 장유진 기자(2023년 11월 20일)

자연재해 피해 예방, 환경 오염 방지 두 마리 토끼를 잡아라
- 친환경 제설제, 배추 절인 소금물 -

소금을 만드는 염전, 보통 바닷가를 떠올리게 되지요? 이러한 염전이 강원도 산골 마을에도 있습니다. 이른바 육지염전입니다. 특이한 건 여기서 쓰는 소금물이 배추를 절일 때 썼던 버리는 물을 재활용한다는 점입니다. 실내수영장처럼 보이는 수조에 하얀 소금이 가득합니다. 그 옆엔 물이 가득 고여 있는데, 소금물입니다. 영월군이 만든 '육지염전'에 대해 알아볼까요?

우선, 배추를 절일 때 쓴 소금물을 가져다 깊은 수조에 모아 놓습니다. 그 다음, 이 물을 깊이가 얕은 수조로 빼내 조금씩 증발시킵니다. 여기서, 보름 동안 햇빛에 말리면 바싹 마른 소금만 남게 됩니다. 이렇게 나온 소금은 겨울철 제설제로 재활용됩니다. 주민들로선 배추를 절일 때 나오는 소금물을 따로 처리하지 않아도 돼 환경오염도 방지하고 수고도 덜게 됐습니다.

무엇보다 눈이 많이 오는데도 제설차가 접근하기 어려워 애를 먹던 건 이제 옛 일이 됐습니다. 미끄러움을 방지할 수도 있고, 농작물의 피해도 줄일 수 있는 방법 중에 하나가 되었습니다. 주민들은 염화칼슘보다도 많이 선호하기도 합니다. 이 염전이 가동된 지 8년. 지금까지 만들어진 제설 소금은 230톤에 달합니다.

이번 겨울에 만든 물량은 9개 읍면에 배분해 톡톡히 효과를 봤습니다. 1차 배분을 마친 재생 소금들이 이렇게 각 읍면사무소에 쌓여 있는데, 소포장돼 있어서 주민들이 겨우내 필요할 때마다 가져다 쓸 수 있습니다. 영월군은 앞으로도 증류조 용량 등 시설을 개선해 절임배추 생산과 함께 늘어나는 소금물의 재활용 사업을 확대할 계획입니다.

출처: 뉴스펭귄, 이상철 기자(2023년 1월 5일)

📁 융합 수업

〈사회 + 기술·가정〉 융합 수업

자연재해 대응 기술 상상하기

※ 다음 사례를 보고, 자연재해에 대응 방안에 대해 생각해 봅시다.

침수 전   침수 후

편의점 업계에 따르면, 한강 둔치에 있는 편의점들은 플로팅 하우스 방식과 이동형 컨테이너 방식 중 하나로 설계된다. 서울에 집중호우가 내리거나 팔당댐 방류로 강수 위가 높아질 때마다 한강 둔치의 매장들이 침수 손해를 입자, 점차 플로팅 하우스 방식이 우세해졌다. 플로팅 하우스는 물이 차면 부력에 의해 건물이 자동으로 떠오른다. 건물 무게를 이길 만한 부력을 내도록 밑바닥에 밀폐된 공간을 만들었기 때문이다. 또 가장자리에 최고 높이 12m까지 지탱할 수 있는 쇠기둥이 박혀 있어 이 건물은 떠내려가지 않는다고 한다. 컨테이너식 매장은 컨테이너식 편의점을 물이 범람하기 전에 지게차를 활용해 높은 지대로 옮기는 방식으로 과거에 주로 사용한 방식이다. 하지만 이 방식을 이용하면 순식간에 한강 둔치가 침수되면 물이 들어가 못 쓰게 되거나 건물이 떠내려가는 경우도 있었다. 실제 편의점이 서해까지 떠내려간 적도 있었다고 한다.

자연재해	태풍
특징	집중 호우와 강한 바람을 동반한다.
피해	하천 수위가 급격하게 높아지면 주변 시설이 침수 피해를 입는다.
대응 아이디어	홍수가 나도 물에 잠기지 않는 시설을 만들면 어떨까? 건물도 움직이게 만들면 어떨까?
실제 사례	플로팅 하우스

※ 자연재해의 피해를 막을 수 있는 기술을 자유롭게 상상해 봅시다.

자연재해	
특징	
피해	
대응 아이디어	

▶ 9사(지리)08-03 물폭탄을 맞으면 물에 뜨는 편의점

- 새로운 기술에 대해 실현 가능성이 낮더라도 다양한 아이디어를 제시할 수 있도록 자유로운 분위기를 만들어 주세요.
- 브레인스토밍, 기발하게 사용하기, 스캠퍼, 강제 결합법 등 창의력 개발을 위한 아이디어 훈련 방법을 적용할 수 있습니다.

제9장 중부 지역

09-01 죽은 여행 정보? 살아있는 여행 정보!

09-02 수도권에는 왜 토박이가 적을까?

09-03 내 택배는 왜 옥뮤다 삼각지대에 빠졌을까?

09-04 롯데리아 햄버거만 먹는 내 친구

▶ 9사(지리)09-01

죽은 여행 정보? 살아있는 여행 정보!

성취기준	다양한 지리 정보와 매체를 활용하여 중부 지역의 지리적 특성 및 매력적인 여행 장소들을 탐색한다.
성취기준 해설	이 단원은 중부 지역의 지리적 특성 및 매력이 드러나는 여행 장소를 선정하고, 이를 바탕으로 중부 지역의 매력적인 자연환경 및 문화에 대한 이해와 관심을 높이도록 설정되었다.
핵심 요소	중부 지역의 범위, 중부 지역의 지리적 특성, 지리 정보 매체 활용
교과 역량	☑ 창의적 사고력　　　　　　　　☐ 비판적 사고력 ☐ 문제 해결력 및 의사 결정력　　☐ 의사소통 및 협업 능력 ☑ 정보 활용 능력

📂 수업 안내

중부 지역의 매력적인 여행 장소를 탐색하는 과정에서, 지도뿐만 아니라 다양한 시각화 매체와 지리 정보를 활용하여 탐색함으로써 여행지 및 여행 경로에 대한 정보를 수집하는 기능과 여행 계획 수립 능력이 향상될 수 있도록 지도합니다. 이를 통해 중부 지역에 대한 학생들의 흥미를 높이고 학습의 과정과 결과가 학생의 삶과 연계될 수 있도록 수업을 설계하여야 합니다. 학교에서 여행 계획 활동을 해 보면, 학생들이 여행 공식 홈페이지를 찾는 경향이 있습니다. 그러나 우리가 실제로 여행을 갈 때는 공식 홈페이지뿐만 아니라 다양한 경로로 여행 정보를 탐색하게 됩니다. 그러므로 학생들에게 공식 홈페이지와 더불어 그들에게 익숙한 sns에서도 여행정보를 얻을 수 있다는 것을 통해 학생들이 가지고 있는 사고의 틀을 깰 필요가 있습니다.

📂 수업 들어가기

교사: 여행을 계획할 때 우리가 빼먹지 않는게 있죠? 바로 여행지에서의 먹거리 검색, 다시 말해서 맛집 검색이죠?

학생: 네 저는 먹으러 여행가요!

교사: 그런데, 한번쯤 이런 경험이 있지 않나요? 분명히 맛집이 있다고 해서 그 지역으로 여행갔는데 막상 가

보니 맛집이 없거나 있더라도 기대한 만큼 맛이 없었던 경험 말이죠.

학생: 맞아요. 맛있는 거 먹으러 갔는데 정작 여행지에는 그 식당이 없는 일이 있었어요

교사: 자 그럼 왜 이런 일이 생겼을까요? 검색해서 나오는 모든 정보는 최신의 정보일까요? 우리 한번 알아봅시다.

● 활동 1

백지도를 활용하여 중부 지역 구분하기

중부 지역이란 무엇일까요? 내가 생각하는 중부 지역은 어디인지 백지도에 표시해 봅시다.

1. 대한민국 백지도에 내가 생각하는 중부 지역을 표시해 봅시다.
2. 남한 지역만 나타낸 백지도에 내가 생각하는 중부 지역을 표시해 봅시다.
3. 두 결과물을 보고 왜 그렇게 표시했는지 이야기해 봅시다.
4. 중부 지역을 구분하는 기준에 대해 이야기해 봅시다.

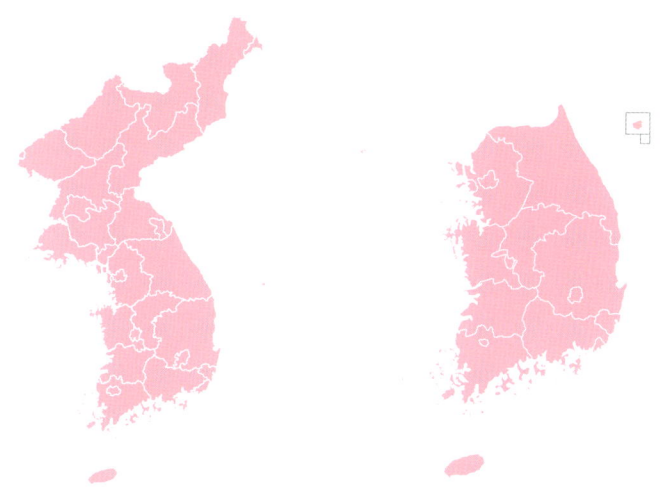

활동 Tip
- 중부 지역의 범위에 대해 생각해 볼 기회를 제공할 필요가 있습니다. 학생들이 스스로 중부 지역을 구분해 볼 수 있게 자유롭게 백지도에 표현할 수 있게 해 주세요.
- 학생들이 표시한 중부 지역을 발표하게 한 뒤 그 구분 기준을 같이 이야기하게 해 주세요.
- 학생들의 발표가 끝난 뒤 일반적인 중부 지역 구분(수도권, 강원권, 충청권)에 대해 이야기하고 이 지역을 중부 지역으로 묶은 기준이 무엇인지 생각해 보게 해 주세요.

● 활동 2

내가 하고 싶은 중부 지역 여행은?

중부 지역의 한 곳을 정하여 여행 계획을 직접 세워 봅시다.

여행의 주제는 무엇인가?	예) 문화유산 탐방, 음식 여행, 봉사 여행 등
왜 가고 싶은가?	－가고 싶은 이유 －목적
무엇을 볼 것인가?	－여행의 종류, 주제 정하기 －여행 경로, 일정
어디를 갈 것인가?	－가고 싶은 곳과 반드시 가야 할 곳 정하기
누구와 갈 것인가?	개인, 단체 등
언제 갈 것인가?	－시기 －기간
어떻게 갈 것인가	－예산 －교통수단

활동 Tip
중학생들의 여행경험은 대부분 부모님과 함께한 여행입니다. 이러한 형태의 여행은 스스로 여행 계획을 할 기회가 매우 적습니다. 그러므로 구체적인 기준을 제공해야 학생들이 여행 계획 세우기를 시도할 수 있습니다.

● 활동 3

여행 포트폴리오 작성하기

> **여행 포트폴리오란?**
> 사진과 글 또는 직접 그린 그림이 함께 있는 여행기, 사진을 중심으로 하는 여행 사진집, 여행 때 수집한 자료를 바탕으로 만드는 스크랩북, 화면으로 생생한 현장을 보여 주는 여행 동영상 등 다양한 방법을 담는 것을 말합니다.

1. 산지 여행 사례

에베레스트산이나 알프스처럼 거대한 산만 좋은 여행지일까? 우리 주변에서 쉽게 갈 수 있고 작지만 오르기 쉬우면서, 볼거리도 많은 산도 많다. 서울에는 1억 8000만 년 전 중생대에 생성된 화강암으로 이루어진 아름다운 산지가 많다. 특히 산지의 남쪽에는 다양한 풍화 지형이 있어 다양한 모양의 바위를 보는 재미가 있다.

인왕산 선바위 / 응봉산에서 바라본 풍경

2. 용암이 만들어 낸 절경, 한탄강 여행 사례

중부지방에는 다양한 하천이 있지만, 그중에서도 한탄강은 볼거리가 많다. 용암이 만들어 낸 협곡과 폭포들을 보고 있으면, 우리나라가 아닌 해외여행을 온 것 같은 기분이 들기도 한다.

▶ 9사(지리)09-01 죽은 여행 정보? 살아있는 여행 정보!

비둘기낭 폭포
(출처: 한국관광공사 포토코리아-강원지사 모먼트스튜디오)

한탄강 협곡
(출처: 한국관광공사 포토코리아-김경조)

◆ 교과 세특

- 스마트기기를 활용한 정보 검색 활동에서 중부 지역의 매력적인 여행 장소를 검색해 여행 지역의 다양한 정보를 찾아 구체적으로 활동지에 작성함.
- 여행 계획 작성하기 활동에서 자신이 하고 싶은 여행의 주제를 정해 여행을 가고 싶은 이유와 볼거리, 여행 시기와 기간, 교통 수단을 구체적으로 활동지에 적어 발표함.

> **활동 Tip**
> 여행의 다양한 종류를 생각해 보고 아래의 여행 예능 프로그램을 참고하여 나만의 여행 프로그램을 만드는 활동을 할 수 있습니다.
>
>
>
> 택시 기사와 함께 세계를 여행하는 예능 프로그램
>
>
>
> 보물찾기하듯 동네의 숨은 매력을 재발견하는 예능 프로그램

▶ 9사(지리)09-02

수도권에는 왜 토박이가 적을까?

성취기준	수도권의 공간 구조를 파악하고, 인구·문화·경제적 측면을 중심으로 수도권의 변화 양상을 탐색한다.
성취기준 해설	수도권 공간 구조의 특성 및 변화 양상을 인구·문화·경제적 측면에서 종합적으로 탐색하는 데 중점을 두었다. 수도권의 공간 구조 특성 및 변화를 이해하기 위해서는 인구·문화·경제와 같은 계통지리적인 학습도 중요하지만, 무엇보다 수도권의 변화 과정에서 형성된 지역성을 이해하고 우리의 삶에 끼친 영향을 추론하고 파악할 수 있도록 지도한다. 특히 수도권은 급격한 변화가 나타나는 지역이 많으므로, 변화 전·후를 비교할 수 있는 다양한 자료를 활용하여 인구·문화·경제 측면의 변화 양상을 종합적으로 파악할 수 있도록 설계한다.
핵심 요소	수도권, 수도권의 공간 구조, 수도권의 인구, 수도권의 문화, 수도권의 경제, 접근성, 위성 도시
교과 역량	☑ 창의적 사고력　　　　　　　　　☑ 비판적 사고력 ☑ 문제 해결력 및 의사 결정력　　　☑ 의사소통 및 협업 능력 ☑ 정보 활용 능력

📂 수업 안내

수도권 변화의 배경을 이해하고 이를 통해 수도권의 공간 구조 변화를 학습하는 단원입니다. 수도권 중심으로 성장하게 된 배경을 6·25전쟁 이후 빠른 경제성장을 위해 실시했다는 것과 관련하여 설명한다면 학생들의 이해를 도울 수 있습니다. 9-2단원의 내용은 서로 연결되어 있기 때문에 교사가 연결고리를 잘 만들어 주는 것이 중요합니다.

도입으로 수도권에는 다른 지역에서 온 사람들이 많다는 것에 아이디어를 얻어 '수도권에는 왜 토박이가 적을까?'라는 발문을 활용했습니다. 한 지역에서 계속 거주하는 사람의 비율이 낮다는 것을 인식하고 사람들이 어디서 이동해 왔는지, 왜 이동해 왔는지를 분석해 보며 수도권의 공간 구조를 인지할 수 있습니다.

〈활동 1〉은 구글어스의 타임랩스 기능을 사용하여 많은 변화가 나타난 지역을 조사해 보는 활동입니다. 1980년대부터 현재까지의 항공사진을 활용하여 수도권의 변화를 학생들이 눈으로 확인할 수 있습니다. 또한 한 지역을 구체적으로 조사함으로써 지역성을 이해할 수 있습니다.

〈활동 2〉는 1960년대 학생들이 현재 수도권으로 와서 궁금한 점에 대해 답하는 형식의 활동입니다. 수도권 변화를 분석할 수 있는 자료들과 설명을 연결하면서 수도권에 대해 이해할 수 있을 거라 기대합니다. 자료를 제시하기 전에 교과서 내용을 학습한다면 더 효율적인 활동이 가능합니다. 강의 후, 내용 정리로 사용할 수 있는 활동입니다.

〈활동 3〉은 기사를 활용하여 수도권의 변화를 분석하는 활동입니다. 개인별로 흥미 있는 주제를 선택하여 수도권과 관련된 기사를 찾아 내용을 정리한 후, 수도권의 공간 변화와 연결해 보는 활동입니다. 기사를 보면서 가지게 된 궁금증에 대한 답변을 자신이 직접 해 보며 비판적 사고력을 기를 수 있습니다.

📁 수업 들어가기

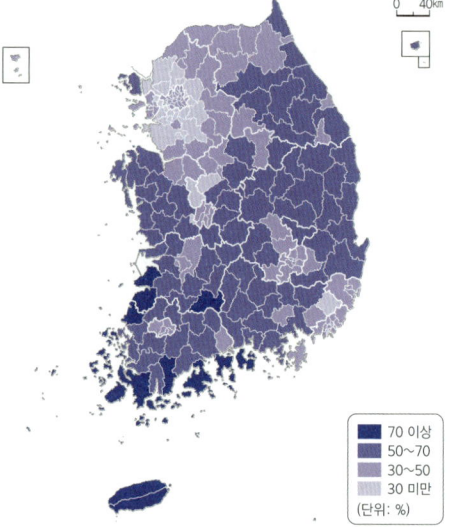

교사: 여러분은 토박이라는 단어를 들어 본 적이 있나요?
학생: 네. 같은 지역에 계속 사는 사람이요.
교사: 맞습니다. 토박이는 한 지역에서 대대로 살아온 사람을 의미해요. 이 그래프는 전국 시군구별 출생지 거주 인구를 나타낸 것입니다. 태어나서 생활하는 곳이 한 지역인 사람의 비율을 나타낸 것이죠. 즉, 토박이의 비율을 나타냈다고 할 수 있어요. 그래프를 봤을 때 토박이의 비율이 낮은 곳이 어디인가요?
학생: 서울 주변 지역에 토박이의 비율이 낮은 것 같아요.
교사: 잘 분석했습니다. 우리가 수도권이라고 부르는 서울, 경기, 인천에서 토박이의 비율이 낮은데요. 그 이유가 무엇일까요?
학생: 사람들이 다른 지역에서 많이 왔을 것 같아요.
교사: 1960년대 산업화가 시작되면서 농어촌에 살던 사람들이 서울로 일자리를 찾아 이동했어요. 이러한 현상을 이촌향도라고 해요. 서울에 사람들이 빠르게 증가하다 보니 주택이 부족해졌어요. 그래서 출퇴근이 가능한 경기도와 인천으로 사람들이 이동하게 되었어요. 경기도와 인천에서 통근하는 사람들의 편리함을 위해 교통도 발달하게 되었습니다. 이러한 현상으로 수도권의 공간 구조가 변화하게 되었는데요. 오늘은 수도권의 공간 구조에 따른 인구, 문화, 산업의 변화에 대해서 알아보도록 합시다.

● 활동 1

수도권에서 공간 구조가 가장 많이 변한 곳은?

1. 구글어스에서 수도권 타임랩스를 확인해 봅시다.

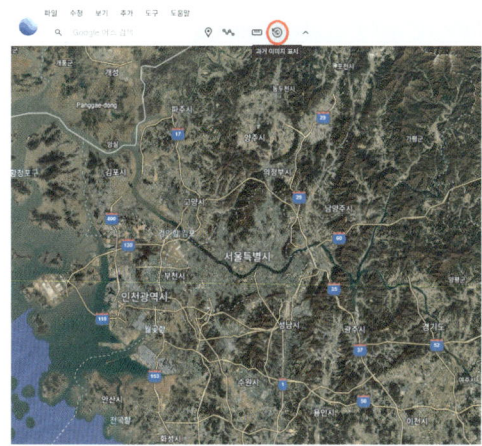
① 과거 이미지 표시 클릭

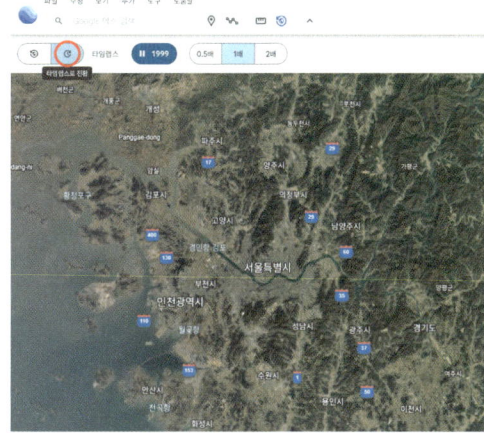
② 타임랩스 전환(1984년 클릭)

2. 구글어스의 타임랩스를 봤을 때 가장 많이 변화한 지역 3곳을 정해 봅시다.

| 1. 인천 | 2. 안양 | 3. 용인 |

3. 2번에 적은 지역 중 한 곳을 골라 변화한 점을 조사해 봅시다.

지역명	인천
인구 변화	1981년 114만 명 → 2024년 301만 명
문화적 변화	인천은 다문화 축제가 있을 정도로 다양한 국적의 사람들이 살고 있는 곳이다. 다문화 가족의 비율은 전국 3위이다.
경제적 변화	과거에는 제조업 중심의 2차 산업 중심이었다. 공항과 항만의 발달로 운수업과 서비스업이 성장하여 우리나라의 대표적인 물류도시가 되었다.

4. 조사한 지역이 변화한 원인을 유추해 봅시다.

▶ 9사(지리)09-02 수도권에는 왜 토박이가 적을까?

● 활동 2

1960년대 학생들이 현재 수도권으로 온다면?

1961년 압구정동 전경

2018년 압구정동 전경

1. 타임머신을 타고 온 학생들의 질문에 아래의 자료를 활용하여 답을 해 봅시다.

> 과거에서 온 학생들: 여긴 우리가 알던 압구정이 아니야. 무슨 일이 있었던 건지 자료를 활용해서 설명해 줘.

1) 갑자기 사람들이 왜 이렇게 많아졌어?

수도권·비수도권 총인구 추이
(출처: 파이낸셜뉴스, 이진혁 기자, 2020)

무작정 상경(출처: 경향신문 1958년 6월 5일자)

답변: 1960년대 이후 서울을 중심으로 경제 개발이 이루어졌어. 지방에 사는 사람들이 일자리가 많은 서울로 이주했기 때문이야.

2) 수도권의 범위는 어디까지야?

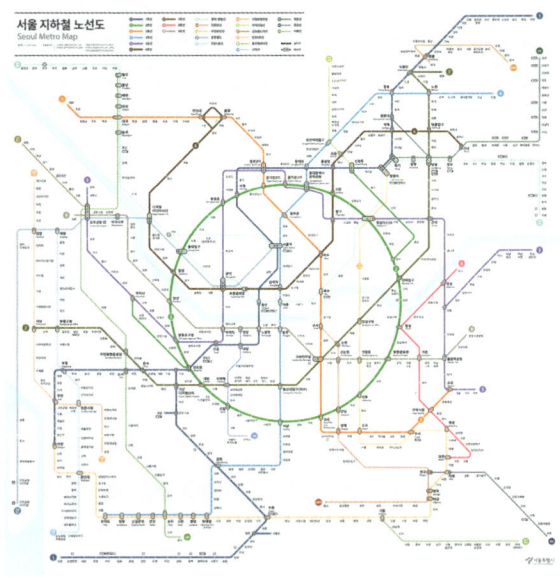

서울 지하철 노선도(출처: KOREAN VISIT SEOUL NET)

답변: 수도권의 범위는 서울, 인천, 경기도로 볼 수 있어.

3) 위성 도시가 뭐야?

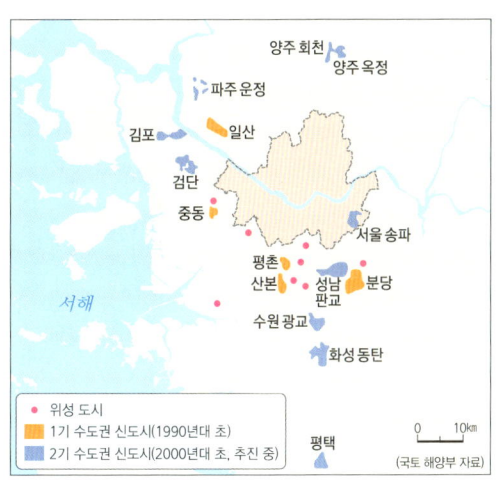

우리나라 수도권 신도시(출처: 금성출판사 티칭백과)

답변: 위성도시는 교통이 편리한 대도시 주변에 위치하면서 대도시의 기능을 분담하는 곳을 말하는데 대표적인 도시로 의정부(군사기능), 과천(행정기능), 안산(공업기능), 성남(주거기능)이 있어.

▶ 9사(지리)09-02 수도권에는 왜 토박이가 적을까?

4) 서울에 일자리가 많다고 했잖아. 서울에 일하는 사람들은 다 서울에 살아?

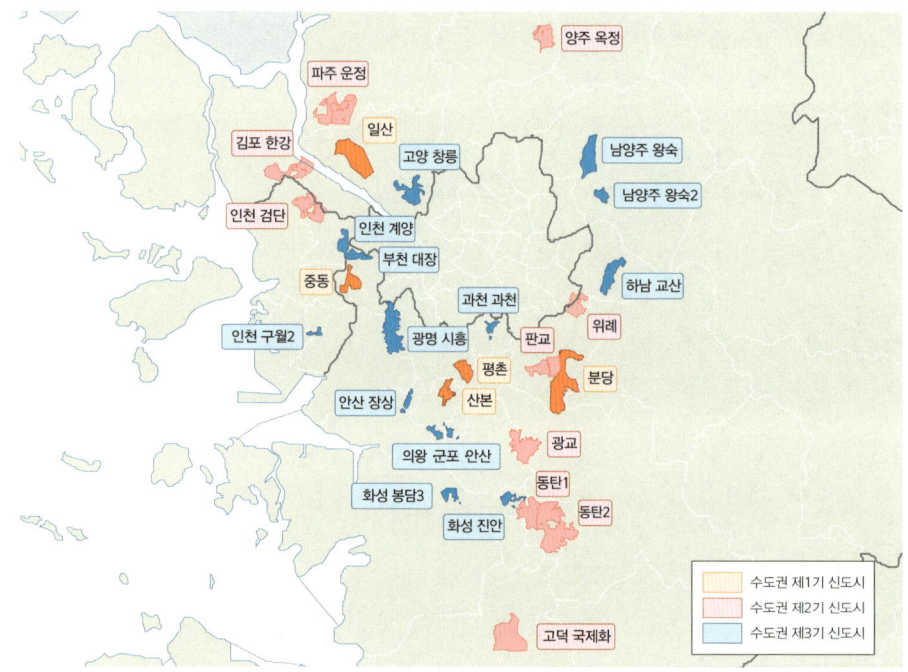

수도권 신도시(출처: 국가지도집)

답변: 인구가 계속 증가해 서울의 주택 부족 문제가 생겼어. 서울 주변의 주거 기능을 담당하는 신도시가 많이 건설되어 사람들은 인천, 경기의 신도시에 많이 살고 있어.

5) 수도권에는 외국인들이 많아?

답변: 교통과 산업의 발달로 해외에서 우리나라로 오는 사람들이 많아졌어. 특히 수도권에는 국내 거주 외국인이 늘어나 다문화 공간이 만들어지고 있어.

다문화 축제 홍보물
(출처: 강남구청 홈페이지)

6) 구로 공단이 너무 많이 변화했어. 무슨 일이 있었던 거야?

1960년대　　　　　1990년대　　　　　2020년대

답변: 1960년대 서울의 구로 공단의 제조업은 지가가 상승하여 인천, 안산으로 이동했어. 대신 높은 지가를 감당할 수 있는 첨단 산업이 구로 공단에 입지했어.

> **활동 Tip**
> - 학생들이 활동을 어려워하면 질문 하나를 같이 적어 봅니다.
>   ※ 활동 후 교사의 충분한 설명이 이루어진다면 수도권의 공간 구조 변화를 쉽게 이해할 수 있습니다.
> - 사례에 나온 압구정 지역 이외에 수도권에서 과거와 현재의 모습이 달라진 지역을 활용하여 활동을 진행할 수 있습니다.

● 활동 3

기사로 보는 수도권 변화

1. 수도권 변화와 관련된 기사의 내용을 정리해 봅시다.

- 기사 제목: 난개발의 역습, 용인시민 안전을 위협한다.
- 신문사 이름: 용인시민신문
- 기고 일자: 2022.09.08
- 기사 선정 이유: 도시의 성장으로 인한 부정적 영향을 알아보고 싶었다.

2. 기사 주제와 관련하여 브레인 스토밍을 해 봅시다.

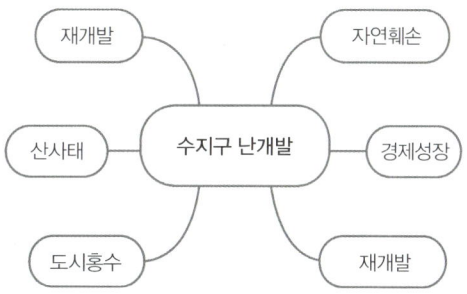

3. 수도권 변화와 관련된 기사의 내용을 정리해 봅시다

항목	내용		
기사의 키워드	1. 자연 훼손	2. 재난 예방 필요	3. 난개발 후유증
기사의 내용 정리	1. 용인시는 빠른 개발로 많은 성장을 했으나 기반 시설이 확충되지 않았다.		
	2. 난개발로 인한 좁은 도로, 확보되지 않은 빗물 빠짐 시스템 등은 시민들의 안전을 위협한다.		
기사와 관련하여 생긴 궁금증	궁금증: 용인시는 왜 이렇게 빠르게 개발을 했을까?		
	이유: 서울의 주택 부족 문제를 해결하고자 위성도시인 용인에 많은 주택을 건설했다.		

4. 기사를 읽고 느낀 점을 적어 봅시다.

활동 Tip
- 수도권 변화와 관련된 기사를 찾도록 합니다.
- 수도권 공간 변화를 알 수 있는 뉴스 기사를 먼저 예시를 들어주는 것도 좋습니다.
- 다양한 시각에서 수도권의 공간적 변화를 인지할 수 있도록 순회 지도를 하며 개인별 피드백을 진행합니다.

기사 예시

◆ 교과 세특

(활동 1)
- 주어진 자료를 활용하여 수도권의 변화를 파악하고 선택한 지역의 지역성과 수도권 변화를 논리적으로 분석하였으며 직접 변화 사례를 조사하는 등 적극적으로 활동을 수행함.

- 수도권 변화에 따라 변화한 지역의 사례를 조사하고, 교통 통신의 발달로 변화된 지역의 특징을 인터넷 지도 서비스를 사용하여 통시적으로 고찰·정리하는 창의적인 모습을 보여 줌.

(활동 2)
- 수도권의 이해를 바탕으로 공간 구조의 변화를 제시된 자료로 논리적으로 분석하였으며, 최선의 답변을 제시하기 위하여 노력하는 적극적 태도를 보임.
- 수도권의 의미와 특징을 이해하고 다양한 자료를 비판적으로 검토하여 수도권의 공간 구조 변화가 인구, 문화, 산업에 미치는 영향을 종합적으로 분석함.
- 수도권의 특성과 위성 도시, 산업의 변화에 대해 구체적으로 학습지에 정리함으로써 수도권 공간 구조의 변화에 대한 정확한 이해력을 보여 줌.
- 수도권의 공간 구조를 이해하고, 인구와 문화, 경제적 측면에서 변화 양상을 탐구하여 위성도시와 수도권과의 관계를 분석하여 변화 과정을 설명함.

(활동 3)
- '기사 주제'를 선택하여 수도권 공간 구조를 조사하고 구체적 사례를 분석하여 현재 수도권에 나타나고 있는 변화를 학습지에 정리함.
- '기사 키워드'를 이해하여 산업의 변화가 지역 사회에 미친 영향을 파악하였으며 그로 인한 사회적, 문화적 변화를 예측함.
- (기사 선정 이유)로 '기사 제목'을 분석한 부분이 우수하며 수도권 공간의 변화가 미친 영향을 문화적, 경제적 측면에서 설명함.

읽기 자료

과거의 서울과 현재의 서울의 크기가 다르다?

조선왕조 초기에 형성된 서울의 도시구조는 조선 중기까지 큰 변화 없이 유지되었습니다. 그러나 중기 이후 인구가 차츰 늘어나고 상업이 번성해 가면서 후기에는 도성 외곽지역에 점적인 형태로 위성도시들이 형성되는 변화가 일어났습니다. 개항기와 일제강점기 동안에는 서울이 시가지가 남쪽으로 확산하여 조선시대의 동서축의 도시구조가 남북축의 도시구조로 바뀌기 시작했습니다. 또 사대문 안 도성 내에 한정되었던 시가지가 확대되어 용산, 영등포 일대가 개발되기 시작했습니다. 광복 이후에는 도시인구의 급격한 증가와 함께 시가지가 한강 이남까지 확산하여 나가고, 기존의 도심 외에도 영등포·영동·잠실 등의 부도심이 형성되는 동시에 주변에 위성도시들이 형성되는 거대도시 서울로 탈바꿈하였고, 또 수도권이 하나로 묶이는 광역도시화의 길을 열게 되었습니다.

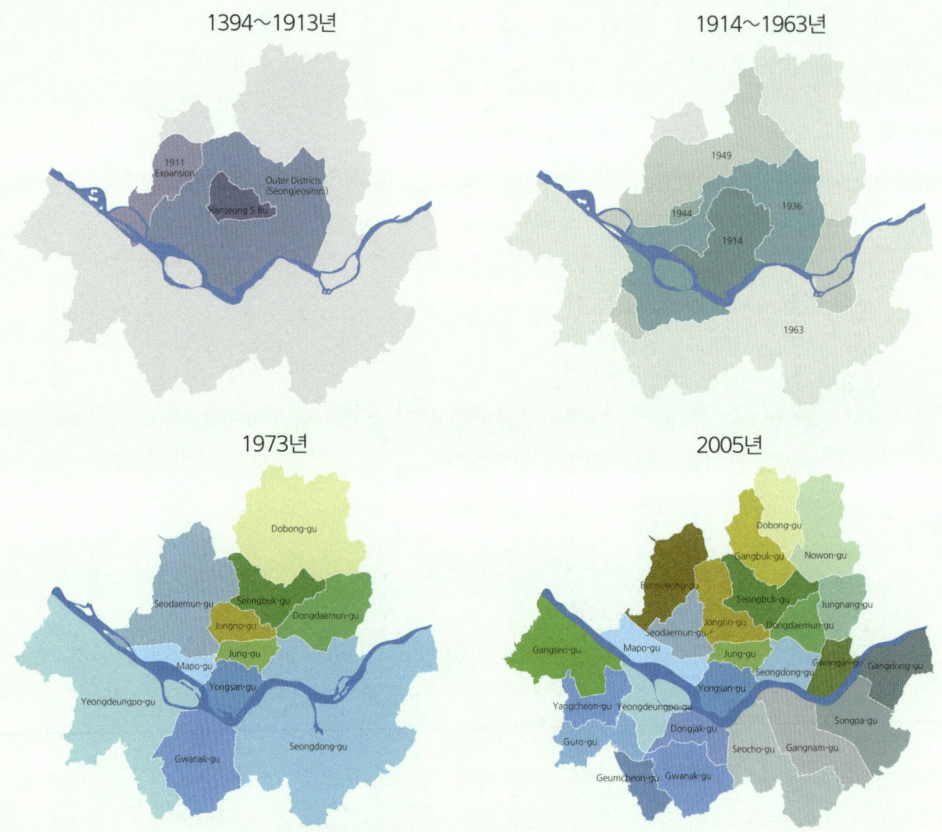

행정구역의 변화(출처: 대한민국 국가지도집)

대한민국 인구 2명 중 1명 수도권에 산다?

올해 수도권 인구가 처음으로 지방 인구를 넘어섰다. 최근 지방 인구가 일자리를 찾아 수도권으로 몰려오면서 이런 흐름이 가속화됐다. 통계청은 29일 이 같은 내용을 담은 '최근 20년간 수도권 인구이동과 향후 인구 전망'을 발표했다. 보고서에 따르면 2020년 수도권 인구는 2596만 명, 비수도권 인구는 2582명이다. 올해부터 수도권 인구가 비수도권 인구를 앞지르게 됐다.

보고서에 따르면 수도권과 지방의 인구 격차는 앞으로 점점 더 벌어질 예정이다. 수도권 인구는 앞으로 2032년(2650만 명)까지 증가세를 이어갈 것으로 추정됐다. 반면 비수도권 인구는 2018년(2593만 명)을 정점으로 이미 감소를 시작했다. 수도권 순유출이 발생하던 당시에는 수도권 집값 폭등과 과밀화 등으로 오랜 흐름인 '이촌향도' 현상이 끝나고 '귀촌'이 새로운 흐름으로 자리 잡는 게 아니냐는 해석도 있었다. 그러나 이런 현상도 잠시, 인구가 다시 수도권이 몰리기 시작했다.

인구가 수도권으로 다시 몰려드는 가장 큰 이유로는 '직업'이 꼽혔다. 2019년 기준 수도권으로 전입하는 인구의 전입 사유 중 '직업'은 6만4000명, '교육'이 2만1000명, '주택'이 1만2000명이었다. 직업을 구하려는 동기가 가장 컸다.

출처: 뉴스1, 서영빈 기자(2020년 10월 15일)

수도권이라고 다 인구가 증가할까?

연천군수 "수도권이라고 인구 소멸 정책 배제 안 될 말"

김덕현 경기 연천군수가 정부의 지방소멸 지역에 대한 정책과 관련, "수도권 지역이란 이유로 규제만 앞서고 지원에서 배제되는 일은 없어야 한다"고 강조했다. 김덕현 군수는 지난 18일 세종시 정부세종컨벤션센터(SCC)에서 열린 '인구감소 지역 정부-지자체 정책간담회'에서 이같이 밝혔다.

김덕현 군수는 "'지방자치분권 및 지역균형발전에 관한 특별법'을 통해 수도권임에도 접경지역이자 소멸위험 지역인 연천 등의 지자체에 기회가 마련됐다"며 "그러나 아직도 중앙부처는 수도권이라는 이유로 소멸의 위기를 겪는 연천 등의 군 단위 지자체를 배제하고 있다"고 역설했다. 이어 "소규모 관광단지 조성사업 등 생활인구를 늘리기 위한 정책이 시도되고 있지만, 여기에 연천군 등 수도권은 또다시 제외되고 있다"며 "전국을 수도권과 비수도권으로 나누는 과거의 수도권 규제정책, 이분법적 사고에서 벗어나야 진정한 지역 균형 발전이 가능하다. 수도권이지만 접경지역 군 단위 지역인 연천군 등을 위한 지원이 반드시 필요하다"고 강조했다.

출처: 뉴스1, 박대준 기자(2024년 3월 19일)

서울 초등학교 2곳 다문화 학생 비율 70% 넘었다

"10년 전만 해도 한 명도 안 보일 때도 많았는데 이제는 한 반에 한두 명은 있어요"

서울 중랑구의 한 공립초등학교 교사는 최근 몇 년간 다문화 학생을 갈수록 많이 목격하고 있다고 전한다. 국내 거주 외국인이 갈수록 늘어나고 국제결혼 또한 증가하면서 이제 다문화 학생과 그 교육은 우리 사회의 한 부분으로 자리 잡고 있다. 한 학교에 다문화 학생이 10명 중 7명이 넘는 학교도 서울에 2곳이나 있다.

7일 서울시교육청에 따르면 서울 영등포구 영림초등학교와 대동초등학교는 지난해 다문화 학생 비율이 각각 70.93%, 70.88%로 모두 70%를 넘어섰다. 서울에서 다문화 학생 비율이 40%를 넘는 초등학교도 두 학교를 비롯해 모두 9곳에 달한다.

구로구 구로초, 동구로초, 구로남초, 영일초, 용산구 보광초, 영등포구 도신초, 금천구 문성초 등은 학생 10명 중 4명 이상이 다문화 학생이다. 서울의 다문화 학생들은 영등포구, 구로구, 금천구 등 남부 지역에 많지만, 다른 지역도 다문화 학생이 갈수록 늘어나고 있다.

출처: 동아일보(2024년 1월 7일)

▶ 9사(지리)09-03

내 택배는 왜 옥뮤다 삼각지대에 빠졌을까?

성취기준	강원·충청 지역의 변화를 교통 발달과 수도권과의 관계를 중심으로 파악하고, 강원·충청 지역의 산업 변화와 지역경제 활성화를 위한 노력을 조사한다.
성취기준 해설	장소 간 연계를 강화시켜 주는 교통의 발달 및 공간적 상호 작용의 측면에서 강원·충청 지역의 변화를 파악하도록 하였다. 또한 산업 변화와 지역 경제 활성화 측면에서 해당 지역의 노력을 이해하는 데 중점을 두었다.
핵심 요소	강원·충청 지역의 교통 변화 및 수도권과의 관계, 강원·충청 지역의 산업 변화
교과 역량	☑ 창의적 사고력 ☑ 비판적 사고력 ☑ 문제 해결력 및 의사 결정력 ☑ 의사소통 및 협업 능력 ☑ 정보 활용 능력

📂 수업 안내

9-3단원은 장소 간 연계를 강화시켜 주는 교통의 발달 및 공간적 상호 작용의 측면에서 학생들이 강원·충청 지역의 변화를 파악할 수 있도록 내용을 구성했습니다. 또한, 산업 변화와 지역 경제 활성화 측면에서 해당 지역의 노력을 학생들이 이해할 수 있도록 수업을 구성하고자 했습니다.

강원·충청 지역의 변화 모습을 공간적 상호 작용에 중점을 두고 교통 및 도시 발달, 산업 변화를 파악하도록 지도해야 합니다. 강원·충청 지역의 산업구조 변화가 주민 생활에 미친 영향을 학생들이 파악하도록 지도하고, 다양한 매체를 활용하여 강원·충청 지역 경제 활성화를 위한 노력을 조사하는 과정을 통해 지역의 변화 과정을 학생 스스로 체계화할 수 있습니다.

이러한 성취기준에 맞추어 해당 단원에서는 충청 지역의 교통 변화에 따른 영향을 알아보는 동기 유발 활동으로 학생들에게 친숙한 택배 이야기로 시작합니다. 어떤 택배는 빨리 오고, 어떤 것은 늦게 오는지에 대한 이야기를 교통의 발달과 연계시켰습니다. 강원 지역의 산업 변화 모습 및 미래산업을 예측하는 활동으로 구성해 보았습니다. 특히 미래의 직업을 추측해 보는 활동으로 산업 변화를 예측하는 내용도 포함해 보았습니다.

📂 수업 들어가기

교사: 여러분은 택배 서비스를 많이 이용하나요?

학생: 네.

교사: 택배는 보통 얼마 만에 도착하나요?

학생: 다음날 바로 와요.

학생: 어떤 것은 한 2~3일 걸려요.

교사: 오호~! 어떤 택배는 바로 다음 날 오고, 어떤 것은 2~3일 걸리고…. 왜 차이가 날까요?

학생: 택배 회사가 달라서…?

교사: 같은 택배 회사라도 하루만에 오는 물건이 있고 3일이 걸리는 물건도 있을 것 같은데요?

학생: 앗…, 왜 그럴까요…?

교사: 운송장 확인 내역을 보면서 택배가 발송되고 난 후 거쳐오는 지역을 살펴볼까요? 택배가 출발한 곳에서 바로 우리집까지 오나요?

학생: 아니요! 자꾸 여러 군데를 거쳐서 멀리 돌아와요.

교사: 그러면 하루 만에 오는 택배는 어떨까요?

학생: 거치는 지점이 별로 없을 것 같아요.

단계	처리		상품상태	담당 점소
상품인수	2024-	19:22:53	보내시는 고객님으로부터 상품을 인수받았습니다	평택B직영
상품이동중	2024-	22:32:53	배송지역으로 상품이 이동중입니다.	평택BMP
상품이동중	2024-	00:04:36	물류터미널로 상품이 이동중입니다.	평택BMP
상품이동중	2024-	04:31:07	배송지역으로 상품이 이동중입니다.	안성MPHub
배송지도착	2024-	09:51:11	고객님의 상품이 배송지에 도착하였습니다.	
배송출발	2024-	12:34:00	고객님의 상품을 배송할 예정입니다.(17~19시)	경기

택배가 배달되는 과정

▶ 9사(지리)09-03 내 택배는 왜 옥뮤다 삼각지대에 빠졌을까?

교사: 택배는 한 사람의 택배만 취급하는 것이 아닙니다. CJ대한통운에 따르면 이 회사는 하루에만 평균 270만 박스의 택배를 처리합니다. 그러니 택배를 한데 모았다가 배송지역에 따라 재분류하는 과정을 거칠 수밖에 없는데, 택배 회사에서 운영하는 허브 터미널에서 이런 역할을 하는 것이죠! 이렇게 허브 터미널을 활용하면 회사 운영 비용 및 상품 분류, 보관, 배송 등 택배 서비스 전반에 드는 비용을 절감할 수 있다고 합니다. 우리나라에서 제일 큰 허브 터미널은 '옥천HUB'입니다. 물량이 워낙 많다 보니 허브 터미널을 이용하여 택배를 분류하다가 지연되거나 분실되어 배송이 늦어지게 되기도 해요. 그래서 택배가 옥(옥천HUB)뮤다 삼각지대에 빠졌다고 하는 유머가 생겨난 것입니다.

교사: 교통의 발달로 인해 우리의 택배가 빨리 도착하기도 하고 늦어지기도 하네요. 교통의 발달은 또 어떤 변화를 가지고 왔을까요?!

● 활동 1

교통 발달에 따른 충청 지역 변화

〈자료 1〉
10년 전만 해도 호두과자의 도시라고 불리던 충남 천안시의 이미지는 현재 수도권 지하철이 다니고 백화점 2곳이 입점한 충남 제1의 중심도시로 변모했다. 천안시의 인구가 증가할 수 있었던 것은 도시가 가진 지리적 입지를 활용한 인프라 확충과 꾸준히 추진되는 도시개발사업이 주된 원인이다. 오늘날, 천안시는 수도권과 지방을 잇는 중심 위치에 있고 그에 적합한 교통 인프라를 가지고 있다. 특히 인근 충북 청주시의 항공과 경기 평택시의 항만 등 다른 교통수단과도 연계할 수 있어 최적의 물류 이동 환경을 갖추고 있다. 그렇게 지리적 이점과 교통 인프라를 갖춘 천안시를 매력적인 사업 장소로 여긴 대규모 기업들이 입점하기 시작했고 이들이 지역에 제공하는 양질의 일자리가 늘면서 자연스럽게 인구도 증가하게 됐다. (중략)

(출처: 전북일보, 이준서 기자(2024년 1월 1일)

〈자료 2〉
천안시의 숙원사업인 수도권광역급행철도(GTX)-C노선 천안 연장이 본격화될 전망이다. 국토교통부는 GTX-C노선이 기존 양주 덕정~수원에서 수원~천안까지 55km 연장한다고 공식 발표했다. GTX-C노선은 기존 경부선을 활용해 본선 종착점인 수원부터 천안역까지 55km를 설계속도 시속 180km로 운행하는 전철이다. (중략) GTX-C노선이 천안까지 연장되면 수도권과 서울의 주요 지점을 50분 내외로 접근할 수 있게 되며 수도권과의 접근성이 획기적으로 개선된다. 또 수도권으로 출퇴근하는 천안 시민의 일상에도 많은 편의 증진과 함께 원도심 재개발 촉진 등 지역 경제에도 큰 활력의 밑거름이 될 것으로 기대된다.

(출처: 중부매일, 황진현 기자(2024년 1월 26일)

1. 〈자료 1〉과 〈자료 2〉를 참고하여 천안시의 교통 발달이 지역 발전에 미친 긍정적 영향을 정리해 봅시다.

   _____
   _____
   _____

2. 다양한 매체를 이용하여 교통 발달이 천안시에 미치는 부정적인 영향을 찾아서 정리해 봅시다.

   _____
   _____
   _____

3. 천안시를 비롯한 충청 지역의 교통이 발달할 때, 수도권에는 어떤 영향이 생길지 정리해 봅시다.

   _____
   _____
   _____

4. 천안시를 비롯한 충청 지역의 교통이 발달할 때, 충청 지역에서의 직업 변화를 생각해 봅시다.

   > 예) 목욕탕 주인, 환경미화원, 숙박업자, 액티비티 강사, 지역의 소규모 병원 의사

   _____
   _____
   _____

활동 Tip
- 충청 지역뿐만 아니라 강원 지역의 교통 발전과 관련된 자료를 찾아 모둠별로 다양하게 지역 변화를 알 수 있도록 지도하는 것도 좋습니다.
- 교통의 변화로 인해 산업의 변화까지 확인할 수 있는 활동으로 '직업의 변화' 알아보기를 추천합니다. 직업을 여러 개 제시해 주고 어떤 직업이 활성화될지, 축소될지 연결지어 생각해 보는 방법이 있습니다. (예시: 교통의 발달로 숙박업소가 줄어들 것이고, 숙박업자 직업은 줄어들 것이다. / 교통의 발달로 사람들의 여행이 늘어날 것이고, 환경미화원은 힘들어져서 인원이 줄어들 것이다. 등)
- 미래의 변화를 상상하기 어렵다면 챗GPT를 활용하여 지도하는 방법도 있습니다.

▶ 9사(지리)09-03 내 택배는 왜 옥무다 삼각지대에 빠졌을까?

● 활동 2

다음 지하철역은 어디에 만들어질까?

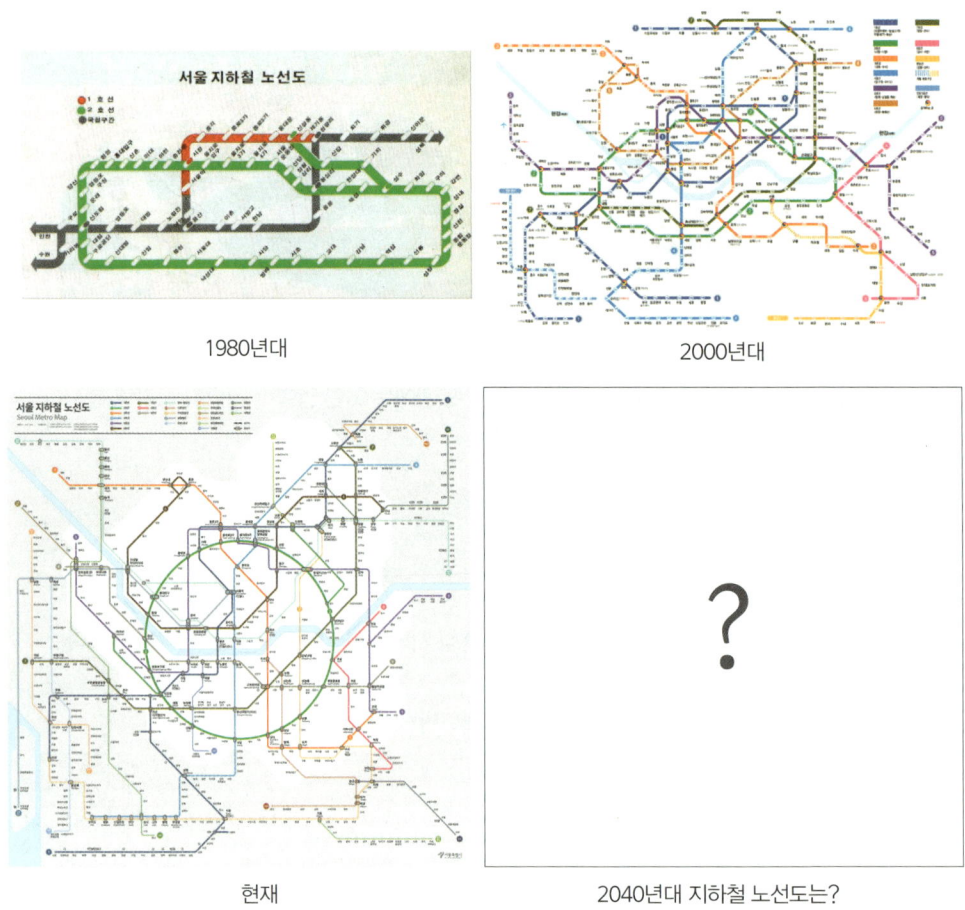

1980년대

2000년대

현재

2040년대 지하철 노선도는?

1. 2040년대에는 지하철 노선이 어디까지 확장될지 생각해 봅시다.

2. 지하철 노선이 새로 확장되어 지하철역이 만들어진다면 어떤 일이 생길지 생각해 봅시다.

3. 지하철 노선도가 확장되는 곳만 생길까? 지하철역이 없어지는 곳이 생긴다면 어디일지 생각해 봅시다.

● 활동 3

강원도 정선의 아들들

목수

광부

석탄 박물관 해설가

?

1. 할아버지와 아버지, 나의 직업이 모두 다른 이유는 무엇일지 생각해 봅시다.

〈자료 1〉 "강원특별자치도 10년 대계 밑그림, 「미래강원 2032」"

첫째, 인구 200만 달성은 특별자치도민의 삶의 질을 획기적으로 개선하여 수도권과 동등한 정주 환경과 생활인구 유입 환경 구축을 기본방향으로, 항만형 자유무역지역 지정, 기업·기관 유치등 관광 및 일자리 창출 등을 중심으로 체류형 글로벌 관광·비즈니스 인프라를 완성하여 관광·휴양·일 등 다양하고 복합적인 목적의 체류 및 방문 인구를 늘릴 계획이다.

둘째, 지역 내 총생산 100조 원 달성은 제조업은 물론, 관광·농림어업·서비스업 등 산업구조 개선과 고부가가치화를 통해 강원첨단과학기술단지·연구개발특구 등을 활용한 미래산업 육성 기반을 조성하고, 권역별·기능별로 구분하여 5대 첨단산업 클러스터를 조성하여 미래 먹거리 산업과 지역특화 산업을 육성할 계획이다.

셋째, 사통팔달 수도권 강원시대 달성은 수도권과 동등한 주거·교통 생활권 인프라를 구축하겠다는 개념으로, 수도권 및 내부 순환 도로·철도망 연결을 통해 수도권에서 영서권 60분대, 영동권 90분대 광역 교통망을 구축할 계획이다. 또한, 항만 및 배후지 개발 등 바닷 길·하늘 길 인프라의 지속적 확충을 통해 명실상부한 동북아 교통물류 중심지로 도약할 계획이다.

(출처: 강원특별자치도청 보도자료, 2023)

2. 〈자료 1〉을 참고하여 미래의 '나의 아들'이 가질 직업을 예상해 봅시다.

◆ 교과세특

- 뉴스 매체를 활용하여 (충청) 지역의 교통이 발달한 기사를 읽고 교통 발달이 지역 발전에 미친 영향을 개인적 측면과 사회적 측면으로 나누어서 작성함.
- (충청) 지역의 교통이 발달한 기사를 읽고 교통 발달이 지역 발전에 미친 긍정적 영향과 부정적 영향을 구분하여 작성함.
- 지역의 교통 발달이 다른 지역에 끼치는 영향을 추론하여 글로 작성함.
- 교통 발달이 해당 지역 발전에 미친 영향과 다른 지역에 미치는 영향을 구분하여 탐구하고, 이 내용을 카드 뉴스로 제작하여 급우들과 공유함.
- 창의적 사고를 발휘하여 미래의 지하철 노선도를 상상하여 그리고, 새롭게 지하철역이 생기는 지역의 변화를 추론함.
- 지하철역이 새롭게 생기는 지역과 사라지는 지역의 특성을 탐구하여 카드 뉴스로 제작함.
- 강원도 정선에 대대로 거주해 오던 사람들의 이야기를 읽고 주인공 '나'의 아들이 미래에 가질 직업을 논리적으로 추론함.
- 강원도 정선에 대대로 거주해 오던 사람들의 이야기를 읽고 강원 지역의 산업 변화에 맞추어 할아버지, 아버지, 주인공 '나'의 직업이 모두 다른 이유를 작성함.

▶ 9사(지리)09-04

롯데리아 햄버거만 먹는 내 친구

성취기준	수도권과 비수도권 간의 지역 불균형 실태를 지도로 표현하고, 지역 불균형을 완화하기 위한 방안들을 제안한다.
성취기준 해설	다양한 시사 문제와 지리 정보를 기반으로 수도권과 비수도권 간의 지역 불균형 문제를 다양한 형태의 지도로 표현하고, 학습자가 지역 불균형 문제를 완화하기 위한 방안을 제안할 수 있는 기회를 제공하는 데 초점을 맞추었다.
핵심 요소	수도권과 비수도권 간의 지역 불균형
교과 역량	☐ 창의적 사고력　　　　　　　　　　☑ 비판적 사고력 ☑ 문제 해결력 및 의사 결정력　　　　☑ 의사소통 및 협업 능력 ☑ 정보 활용 능력

📂 수업 안내

혹시 '서울 공화국'이라는 말을 들어본 적이 있나요? 서울 공화국이란 한국의 정치, 경제, 사회, 문화 따위의 모든 부분이 서울에 과도하게 집중된 현상을 비꼬아 이르는 말입니다. 서울에 많은 인구와 인프라가 집중되어 사회·경제 등의 흐름이 서울을 중심으로 돌아간다는 오늘날의 현실을 말해 주는 용어입니다. 하지만 어떤 학생들은 왜 서울에 집중된 게 문제냐고 질문할 수 있습니다. 만약 이런 질문을 받는다면 어떻게 대답하겠습니까?

행정안전부에 따르면 2023년 12월 기준으로 대한민국 총 인구는 51,325,329명(약 5천 1백만 명 정도)입니다. 이 중 서울·인천·경기 즉 수도권에 거주하는 인구는 26,014,265명(약 2천 6백만 명 정도)입니다. 전체 인구의 50%가 넘습니다. 그러나 전국 면적에서 수도권이 차지하는 비중은 11.8%에 불과합니다. 즉 10분의 1 수준의 면적에서 대한민국 인구 절반이 거주하고 있는 셈입니다. 이렇게 수도권에 인구가 집중되면 교통 혼잡, 주거 부족, 환경 오염 등의 문제를 겪게 됩니다. 반면에 비수도권은 인구 감소와 경제 침체를 겪게 되고, 일자리·의료·교육 등의 주요 서비스 접근이 더욱 어려워집니다.

단순히 인구와 면적으로만 비교하면 크게 와닿지 않죠? 그러나 수도권과 비수도권의 지역 불균형 문제는 그저 뉴스나 교과서에서 나오는 이야기가 아니라 우리 현실 속에서 쉽게 접할 수 있는 내용입니다. 그래서 일상 소재인 '버거'를 활용한 네 컷 만화를 통해서 지역 불균형 문제를 다루었습니다. 그러면 지금부터 우리 함께 수도권과 비수도권 간의 지역 불균형에 대해 알아봅시다.

📂 **수업 들어가기**

● 활동 1

지도, 불편한 진실

1. 다음 내용을 참고하여 대기업 본사 소재지를 조사하여 아래 지도에 표현해 봅시다.

> **활동 Tip**
> 대기업은 공정거래위원회가 지정하는 상호출자제한기업집단입니다. 쉽게 설명하면 규모가 크고 계열사가 많은 기업은 정부가 같은 그룹 내 서로 지분을 넣는 것을 제한하는데, 이러한 기업을 대기업으로 분류하고 있습니다.

▶ 9사(지리)09-04 롯데리아 햄버거만 먹는 내 친구

대기업 본사 소재지는 공정거래위원회가 지정하는 상호출자제한기업집단을 살펴봅니다. 2023년 2월 기준으로 상호출자제한기업집단은 총 47개로 다음과 같습니다.

연번	기업집단	소재지	연번	기업집단	소재지	연번	기업집단	소재지
1	삼성	경기 수원	17	엘에스	서울	33	호반건설	서울
2	에스케이	서울	18	DL	서울	34	SM	서울
3	현대자동차	서울	19	부영	서울	35	넷마블	서울
4	엘지	서울	20	중흥건설	광주	36	케이티앤지	대전
5	롯데	서울	21	미래에셋	서울	37	케이씨씨	서울
6	포스코	경북 포항	22	네이버	경기 성남	38	대우조선해양	경남 거제
7	한화	서울	23	에쓰-오일	서울	39	넥슨	경기 성남
8	지에스	서울	24	현대백화점	서울	40	DB	서울
9	현대중공업	경기 성남	25	에이치엠엠	서울	41	태영	서울
10	농협	서울	26	금호아시아나	서울	42	코오롱	경기 과천
11	신세계	서울	27	하림	전북 익산	43	오씨아이	서울
12	케이티	경기 성남	28	에이치디씨	서울	44	두나무	서울
13	씨제이	서울	29	효성	서울	45	세아	서울
14	한진	서울	30	영풍	서울	46	한국타이어	경기 성남
15	카카오	제주	31	셀트리온	인천	47	이랜드	서울
16	두산	서울	32	교보생명보험	서울			

활동 Tip
- 버거킹, 하나은행, 메가박스, 애플 공식 서비스 센터 등 다양한 사례를 제시합니다.
- 단계구분도에 대해 알려 주고, 학생들이 조사한 점포나 지점의 수를 단순히 백지도에 적는 것이 아니라 계급 구간을 설정하여 지도를 만들 수 있도록 합니다.

2. 다음 지도는 버거킹 점포 수를 토대로 제작한 사례입니다. 인터넷 자료(또는 7-3단원 활동 2)를 참고하여 인터넷 지도로 제작하는 것도 좋은 방법입니다.

지역	점포 수
서울특별시	106
부산광역시	33
대구광역시	23
인천광역시	28
광주광역시, 대전광역시, 경기 수원시	16
경기 화성시	12
울산광역시, 경기 고양시	11

경기 성남시·평택시, 충북 청주시	9
전북 전주시	8
경기 의정부시, 경북 포항시, 경남 김해시·창원시	7
경기 부천시·용인시, 충북 천안시, 경북 구미시	6
세종특별자치시, 경기 남양주시·시흥시·파주시, 경남 양산시, 제주시	5
경기 김포시·안양시, 전북 군산시, 경북 경산시, 경남 진주시	4
경기 구리시·양주시·오산시·하남시, 충남 아산시, 전북 익산시, 경북 경주시·안동시, 경남 거제시, 강원 춘천시·원주시	3
경기 광명시·광주시·안성시·이천시, 충북 충주시, 전남 광양시·순천시, 경북 김천시, 강원 홍천군	2
경기 과천시·군포시·동두천시·양평군·포천시, 충북 음성군·제천시·진천군, 충남 계룡시·논산시·당진시·보령시·서산시·태안군·홍성군, 전북 부안군·정읍시, 전남 나주시·목포시·무안군·여수시, 경북 상주시·영주시·영천시·칠곡군, 경남 거창군·밀양시·사천시, 강원 강릉시·속초시	1

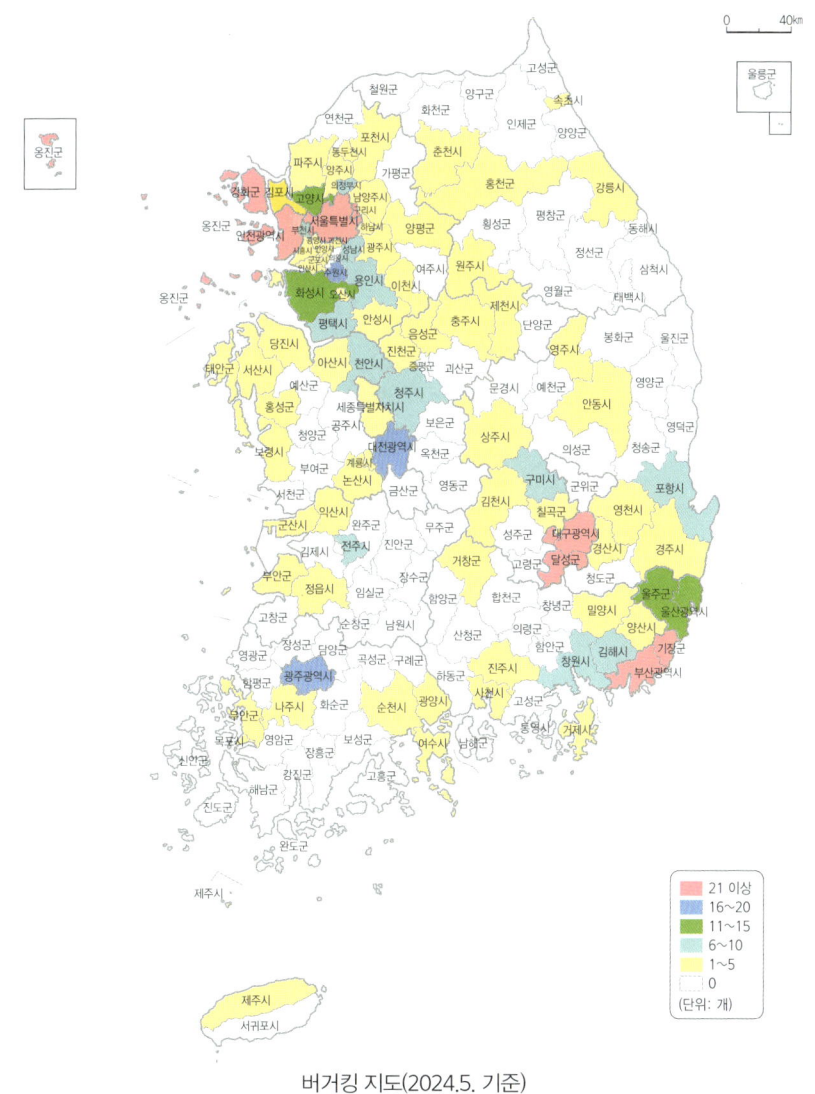

버거킹 지도(2024.5. 기준)

● 활동 2

통계지도로 보는 우리나라의 현실

통계지리정보서비스(https://sgis.kostat.go.kr/)를 활용하여 다음 질문에 답해 봅시다.

	질문	답변
1	인구 이동과 인구 밀도 통계 주제도를 보면, 인구는 주로 어디에 분포하고 있는가?	인구 밀도는 서울이 가장 높다. 인구 이동은 경기와 인천에서 유입 인구가 많으며, 서울과 경남은 유출 인구가 많다. 인구는 주로 수도권 위주에 분포하고 있다.
2	사업체 수 분포 현황 통계 주제도를 보면, 우리나라 사업체는 주로 어디에 분포하고 있는가?	경기와 서울에 가장 많이 분포하고 있다.
3	소방서 접근 현황과 응급의료시설 현황 통계 주제도를 보면, 주로 어디가 접근 현황이 좋은가?	5분 접근 영역은 주로 수도권 및 대도시 위주에 많다.

> **활동 Tip**
> 통계지리정보서비스의 '통계주제도'에서는 여러 주제에 대한 통계 지도를 확인할 수 있습니다. 이를 활용하여 학생들이 스스로 수도권과 비수도권 간의 지역 불균형을 깨닫게 할 수 있습니다. 그러나 사이트에서 학생들이 잘 찾지 못할 수 있기 때문에 위와 같이 교사가 미리 질문을 제시하는 방법을 추천합니다.

● 활동 3

이래도 서울 산다고? 이제는 해결하자

1. 다음 신문 기사들을 읽어 보고 수도권과 비수도권이 겪을 문제에 대해 생각해 봅시다.

2023년 맥도날드가 '한국의 맛' 프로젝트의 일환으로 지역 특산물을 이용한 한정판 신메뉴를 선보였다. 2021년도 '창녕갈릭버거', 2022년 '보성녹돈버거'에 이어 2023년에는 '진도대파크림크로켓버거'가 출시됐다. 진도의 명물인 대파를 이용한 진도대파크림크로켓버거는 출시 이후 일주일 새 50만 개가 팔릴 만큼 열풍을 불고 있다.

하지만 정작 맥도날드는 창녕·보성·진도에는 매장이 단 한 곳도 없다. 지역 특산품을 활용한 제품이지만 해당 지역에서는 맛보지 못하는 아이러니한 현상이 벌어지고 있는 것이다. 물론 맥도날드를 탓할 일은 아니다. 맥도날드 매장은 서울에만 96개의 매장이 있는 것에 반해 전남, 충북, 강원은 한 자릿수다. (출처: 노컷뉴스, 김미현 기자, 2023)

오전 7시. 동탄2신도시 내 동탄순환대로에 있는 예솔초등학교 정류장. 주민들이 자신이 탈 버스번호가 적혀 있는 표시를 따라 줄을 서 있다. 주변에 빼곡하게 들어선 아파트 단지마다 출근길을 서두르는 주민들이 늘어난다. 상당수의 주민들은 서울시로 향하는 버스를 기다리고 있다. 보통 9시가 출근시간이지만 서울에 있는 직장까지 가려면 여유 있는 시간대는 아니다.

서울역 방면으로 향하는 버스가 다가온다. 그러나 주민들이 줄 선 순서대로 버스에 오르는데 곧 버스 기사가 한 손을 들어 제지한다. 버스 문은 야속하게 닫히고 남은 6명의 주민은 다시 버스를 기다린다. 이 버스를 놓친 한 주민은 "다 못 타는 경우가 아주 많다. 여기서 더 지체하면 9시까지 출근할 수 없다"라며 "화성시에서 전세버스를 충원했는데 아직은 달라지지 않고 있다"고 발을 동동 굴렀다. 시간이 흐르며 정류장에는 더 사람들이 늘어난다. 버스들도 쉴 새 없이 승객들을 태우지만 사람이 늘어나는 속도를 따라잡지 못한다. (출처: 투데이신문, 홍기원 기자, 2022)

의사·간호사가 농촌 벽지 등을 방문해 진료하는 의료서비스가 2024년 확대된다. 농림축산식품부는 의료가 취약한 농촌 지역에 의료접근성을 높일 수 있도록 '농촌 왕진버스' 사업을 도입한다고 밝혔다. 농촌 왕진버스 사업은 의료가 취약한 농촌에 60세 이상 주민, 농업인, 취약계층 등을 대상으로 연간 300여 개 마을에 제공된다. 양·한방 의료, 안과 및 치과 검진 등 의료서비스에 예산 32억 원을 투입할 예정이다. 농식품부는 "농촌 지역은 고령화율과 유병률이 도시에 비해 높으나, 교통과 의료 접근성은 낮아 적기·적시에 의료서비스를 이용하는 데 어려움이 많다"며 "사업이 시행되면 그동안 교통이 취약해 병의원 이용이 불편했던 주민들의 의료 접근성이 개선될 것"이라고 설명했다. (출처: 메트로신문, 김연세 기자, 2024)

통계청 국가통계포털(KOSIS)에 따르면 2014~2023년 서울에서 부산·인천·경기 등 다른 시도로 전출한 인구는 547만 2000명이었다. 다른 시도에서 서울로 전입한 인구는 461만 1000명이었다. 서울에서 다른 시도로 86만 1000명가량 순유출된 것이다. 사유별로 보면 '주택'을 이유로 전출을 한 인구가 174만 1000명으로 가장 많았다. 주택이 서울에서 인구가 빠져나가는 데 주된 요인으로 작용했다. 높은 집값이 서울 인구의 순유출을 초래한 가장 큰 배경인 셈이다. 한국부동산원에 따르면 작년 1~11월 서울의 아파트 매매 실거래 평균가격은 1m^2당 1397만 8000원이었다. 서울에서 25평 아파트를 구하려면 11억 5000만 원가량 필요하다는 의미다. 가격이 가장 낮은 지역인 전남(1m^2당 235만 8000원)과는 6배 차이로 주변 지역인 경기(642만 3000원), 인천(500만 원)보다도 2배 높은 가격이다. (출처: 문화일보, 박세영 기자, 2024)

2. 1의 문제를 겪음에도 불구하고 사람들이 수도권에 몰리는 이유가 무엇일지 생각해 봅시다.

일자리가 수도권에 많기 때문이다. 또한 수도권에는 다양한 편의 시설이 많아서 비수도권에 거주하면 상대적으로 불편함을 느끼기 때문이다.

3. 2를 바탕으로 수도권과 비수도권의 지역 불균형 문제를 완화하는 방법을 한 가지 이상 제안해 봅시다.

지방 도시의 경제를 활성화하여 일자리를 늘려야 한다. 이를 위해서는 기업이 지방으로 이전하면 세금을 줄여 주는 혜택을 마련해야 한다.

> **활동 Tip** 학생들이 자신이 생각하는 완화 방안을 제시한 후, 우리나라에서 시행하고 있는 여러 정책을 소개하는 것을 추천합니다. 또한 우리나라의 여러 정책에 대한 평가를 진행하여 학생들이 생각한 방안도 피드백하는 것도 좋습니다.

◆ 교과 세특

- 수도권과 비수도권 간의 지역 불균형 실태를 파악하기 위해 전국의 버거 매장 수를 지도로 표현함. 이를 통해 수도권과 비수도권 간의 지역 불균형 문제가 우리 생활에 깊이 연관되어 있음을 인식하고, 이 문제를 해결하기 위한 지방 일자리 창출 방안을 제시함. 이러한 과정을 통해 지리적 사고력을 키움.

📂 읽기 자료

왜 면적을 말할 때 여의도를 말할까?

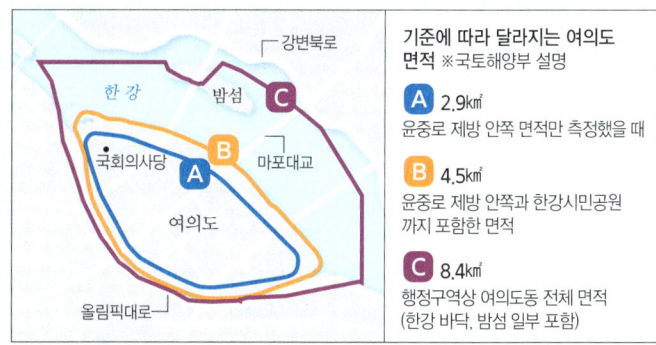

뉴스를 보거나 신문 기사들을 읽어 보면 '여의도 면적의 몇 배'라는 표현을 자주 접할 수 있습니다. 대체 여의도 면적은 어느 정도이길래 이런 표현이 자주 쓰일까요? 사실 여의도 면적은 위의 그림과 같이 기준에 따라 달라집니다. A는 사람이 직접적으로 이용하는 면적으로 2.9km²입니다. 그리고 B는 한강시민공원까지 포함한 면적으로 4.5km²입니다. C는 행정구역상 여의도동 전체 면적으로 8.4km²입니다.

이렇게 기준에 따라 달라지는 애매한 여의도 면적에도 불구하고 '여의도 면적의 ○○배'라는 표현은 계속 사용되고 있습니다. 왜 그럴까요? 일단 여의도는 하중도로, 육지와 독립된 섬이라서 비교 대상으로 활용할 수 있습니다. 그리고 많은 사람들이 경험한 익숙한 공간이 되어 기준이 되었습니다. 그러나 여기서 많은 사람이란 누굴 의미하는 것인지 생각해 볼 필요가 있습니다. 서울에 거주하지 않는 사람들은 여의도에 대한 경험이 부족하기 때문에 여의도 면적이 어느 정도인지 감이 안 잡힐 것입니다. 그럼에도 불구하고 대다수에게 정보를 전달하는 대중매체인 언론에서 여의도 면적을 사용하는 것이 옳은지 다시 생각해 봐야 합니다.

그래서 최근에 축구장 경기장의 면적을 기준으로 쓰고 있습니다. FIFA에서 정한 국제규격 축구장 면적은 7,140 m²로, 여의도 면적보다는 작은 편입니다. 그러나 여의도보다 축구장을 기준으로 면적을 표현하는 것이 더 많은 사람들이 친숙하게 느껴지지 않을까 생각합니다.

전기는 누가 만들고 누가 쓰나?

한국전력통계에 따르면 2018년 한 해 동안 원자력, 화력 등 전국 전력발전시설에서 생산하는 발전량은 5억 7000만 MWh(메가와트시)입니다. 이 중 24.1%를 수도권에서 생산하고 있습니다. 나머지 75.9%는 비수도권에서 생산하고 있습니다. 그러나 문제는 소비량은 생산량에 비례하지 않는다는 점입니다. 2018년 한 해 동안 수도권에서 소비된 전력량은 1조 7770억 kWh(킬로와트시)입니다. 전국 전력 소비량(4조 6322억 kWh)의 38% 수준입니다. 전력 생산량보다 더 많은 전력을 소비하고 있는 것이지요. 2021년 기준 지자체 전력 자급률을 살펴보면 서울이 11%인데, 충남, 부산, 전남, 전북은 모두 전력 자급률이 대략 200%였습니다. 즉 부족한 부분은 당연히 비수도권 지역에서 생산된 전력을 끌어다 쓰는 것입니다.

병원 찾아 삼만리

보건복지부가 2022년 발표한 제5차 국민보건의료실태조사 결과를 살펴보면 2020년 기준 지역 의료기관의 입원환자 중 해당 지역 환자의 구성비를 나타내는 지역환자구성비는 서울이 59.7%로 가장 낮았습니다. 이는 다른 지역에서 서울 소재 병원을 찾은 사람이 40%가 넘는다는 의미로, 지방에서 치료받기 어려운 질환을 서울 대형병원에서 치료받으려는 사람이 많다는 것입니다. 왜 지방의 환자들은 서울로 향할까요?

2024년 기준으로 총 47개의 상급종합병원 중 수도권은 23개로 48% 정도 몰려 있습니다. 경북과 제주, 세종에는 상급종합병원이 1곳도 없으며 충북과 울산, 전남은 1곳만 있습니다. 멀리 이동하여 '상경 진료'를 받는 환자들은 매번 서울로 외래 진료를 다니는데, 이는 쉬운 일이 아닙니다. 예를 들면, 주변 장기에 영향을 주지 않고 암세포만 파괴하는 '꿈의 암 치료기'로 불리는 중입자치료가 전립선암 환자를 대상으로 신촌 세브란스병원에서 시작되었습니다. 중입자치료는 3주 동안 12회에 걸쳐 집중적으로 치료가 이뤄지기 때문에 지방 환자들은 사실상 서울에서 숙박을 할 수밖에 없습니다. 그래서 다수의 환자들이 장기 거처를 마련하고 치료를 받습니다. 일명 '환자촌'이라 불리는 환자용 고시텔에 머물며 월 100만 원가량의 비용을 지불하면서요.

지방끼리 뭉치자

"시·도 단위 균형발전 전략으로는 이제 힘들겠다는 걸 모두가 피부로 느낀 것 같다." 김경수 전 경남지사가 '국가균형발전과 초광역협력 실행 전략 토론회'에 참석해 한 말이다. 역대 정부가 지방을 살리기 위해 꾸준히 노력했지만 성과가 제한적이었다는 취지다. 그는 2019년 가을부터 메가시티 구상을 언급해 왔다.

노무현 정부는 균형발전 정책에서 앞선 행보를 보였다고 평가받는다. 이른바 국토균형발전 3대 특별법을 입법했고, 행정중심복합도시(1곳), 혁신도시(10곳), 기업도시(6곳) 등 설립과 공공기관 이전 계획을 세웠다. 하지만 효과는 일시적이었다. 2011년엔 8000명이 수도권을 떠나 지방을 향했으나 지난해엔 8만8000명이 수도권으로 들어왔다. 국책기관인 국토연구원은 2019년 보고서에서 노무현 정부 정책에 대해 "한시적으로 수도권 인구분산 효과를 가져오긴 하였으나 그 규모가 크지 않고, 2019년 공공기관 지방이전이 마무리됨으로써 그 효용이 한계에 다다른 것으로 보인다"고 평가했다.

이러한 균형발전 정책이 큰 효과를 거두지 못한 채 지방의 위기는 더욱 심각해졌다. 한국고용정보원 자료를 보면 2020년 기준 전국 228개 시·군·구 가운데 소멸위험 지역은 105곳으로 절반에 육박한다. 이 중 97곳(92.4%)이 비수도권이다. 2014년 79곳, 2018년 89곳에서 꾸준히 증가했다. 소멸위험은 20~39세 젊은 여성 인구가 65세 이상 고령 인구의 절반에 못 미칠 때를 기준으로 판단했다. 통계청 자료를 봐도 지방을 떠난 인구 대다수는 2030 청년층에 해당한다.

그래서 '메가시티'가 각 지방자치단체에서 화두가 되고 있다. 메가시티는 '인구 1000만 이상의 매우 큰 도시'를 이르는 말이다. 국내에선 행정적으로는 구분되나 경제활동이나 일상생활이 연계된 복수의 도시 권역을 지칭하는 말로 쓰인다. 행정구역 통합도 함께 논의된다. 각 지자체는 메가시티가 지역 경쟁력을 확보하고 지역균형발전을 이룰 전략이라고 본다. 지방에 거대도시를 만들어 수도권과 맞서도록 한다는 것이다. 모든 지역을 고르게 발전시킨다는 기존 균형발전 방식과는 배치된다. 왜 지역은 메가시티를 이야기하는가.

마강래 중앙대 도시계획부동산학과 교수는 메가시티가 기존과 다른 결과를 가져올 걸로 기대한다. 무엇보다 '산업 생태계' 구축 전략이라는 점에서 지방 일자리 창출에 강점이 있다고 본다. 보통 기업의 연구·개발

(R&D)이나 디자인 분야, 스타트업은 대도시에 입주한다. 도심에서 멀리 떨어진 지역에는 베드타운이나 제조업 단지가 자리 잡는다. 메가시티는 이런 현실을 인정하고, 특정 경제권에서 대도시를 중심축으로 집중 육성할 수 있다고 마 교수는 말한다. 대신 대도시는 인근 지역에 제조를 맡기는 등 방식으로 산업적 연계를 맺도록 하자는 것이다. 도시 간 거리는 교통 인프라를 구축해 압축한다. 혁신 대도시를 품은 거대도시를 만들겠다는 구상이다. 기존 균형발전 주장에선 잘 논의되지 않았던 방안이다. 일정 수준 규모와 집중이 있어야 혁신도, 일자리 창출도 가능하다. 수도권이 서울을 중심으로 성장했듯, 지역에도 거점 대도시를 앞장세워 '제2의 수도권'을 만들자는 것이 메가시티 구상이다.

출처: 시사저널, 이석 기자(2022년 9월 6일)

불균형 완화를 위한 정책들

- 혁신도시

공공기관 지방 이전과 산,학,연,관이 서로 협력하여 최적의 혁신 여건과 수준 높은 생활환경을 갖춘 새로운 차원의 미래형 도시이다. 혁신도시는 모두 4가지 유형(혁신거점도시, 개성 있는 특화 도시, 친환경 녹색도시, 교육·문화 도시)으로 건설되며 각각 지역의 시도별 지역산업과 연계된 도시별 테마를 설정하여, 지역별로 특색 있는 도시로 개발될 예정이다.

출처: 국토교통부 혁신도시발전추진단

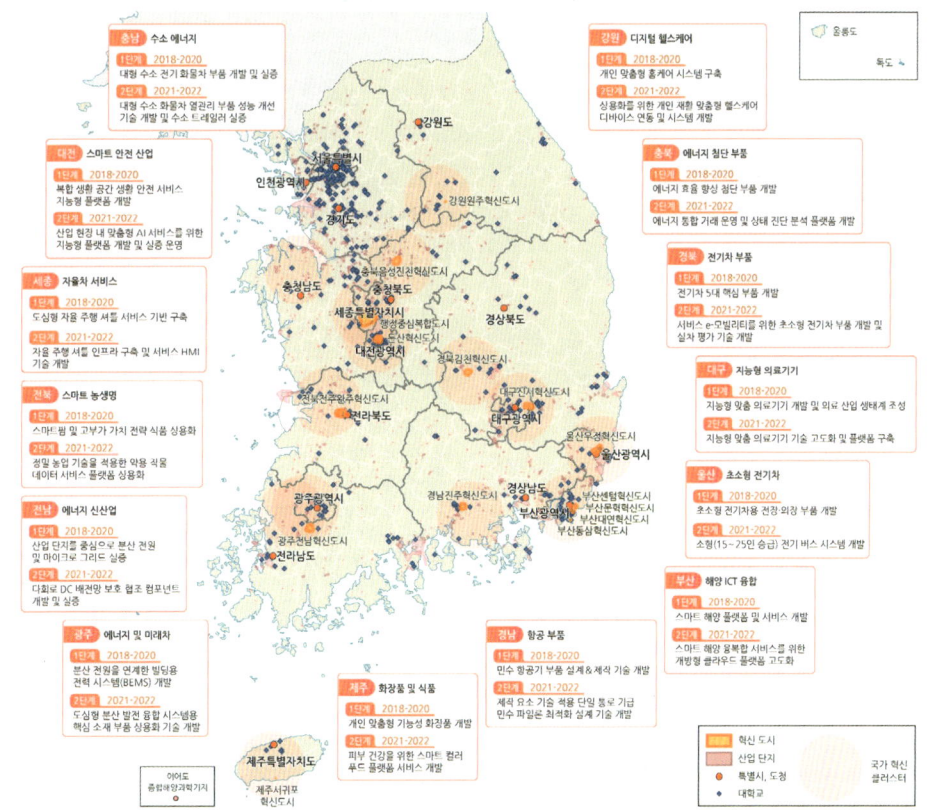

- 기업도시

기업도시란 산업입지와 경제활동을 위하여 민간기업이 산업·연구·관광·레저·업무 등의 주된 기능과 주거·교육·의료·문화 등의 자족적 복합기능을 고루 갖추도록 개발하는 도시이다. 이를 통해 국토의 계획적인 개발과 민간기업의 투자를 촉진함으로써 공공복리를 증진하고 국민경제와 국가 균형발전에 이바지할 수 있다.

참여정부 시절인 2003년 10월에 전국경제인연합회는 기업도시를 제안하였고, 정부는 2004년 12월 기업도시개발특별법의 제정 및 2005년 5월 법 시행을 통해서 기업도시의 법적 토대를 마련하였다. 기업도시개발특별법에 근거하여 정부는 전국 공모를 통해서 2005년 8월에 원주, 충주, 무안, 무주, 태안, 영암·해남 등 6개 기업도시 시범사업을 선정하였다. 6개 기업도시 중에 충주와 원주는 2012년과 2019년에 각각 준공을 하였고, 태안과 영암·해남은 부지조성 등 공사가 진행 중에 있으며, 무주와 무안은 지정을 해제하였다. 현재 4개의 기업도시만 추진 중에 있는데, 2005년 이후 최근까지 민간으로부터 기업도시에 대한 신규 지정 신청은 없어서 대체로 기업도시정책이 당초 기대보다 활성화되고 있지 못하다는 인식이 있다.

출처: 기업도시개발특별법, 기업도시의추진현황과 발전방향—산업연구원

- 고향사랑기부제

개인이 고향(기부자 본인의 주민등록본 상 거주지를 제외한 지역자치단체)에 기부하고 지방자치단체는 이를 모아서 주민복리에 사용하는 제도로, 기부자에게 고향사랑 기부에 대한 세액 공제와 기부한 고향의 답례품을 주는 혜택을 제공한다. 이러한 고향사랑기부제는 모인 기부금으로 지방자치단체의 재정을 확대하여 지역 주민의 복리를 증진시킬 뿐만 지역경제를 활성화시키는 효과를 기대할 수 있다.

출처: 고향사랑 e음

- 지방시대 종합계획

2023년부터 2004년 이후 개별적으로 수립되어 온 국가균형발전(지역발전) 5개년 계획 및 지방분권(자치분권) 종합계획을 최초로 통합하여 추진하기 시작하였다. 이에 따라 「제1차 지방시대 종합계획」은 지방분권, 교육개혁, 혁신성장, 특화발전, 생활복지를 5대 전략으로 삼고 앞으로 5년간 지방시대 정책을 추진해 나갈 것이다. 이를 통해 수도권 집중을 완화하고, 지역 주민의 삶의 질을 향상시키고자 한다.

출처: 지방시대위원회

제10장 남부 지역

10-01 _____(이)가 만든 택리지

10-02 세계적인 히어로가 타는 차를 우리나라에서 생산한다고?

10-03 오르면 오를수록 탐라는 지역은?

▶ 9사(지리)10-01

_____(이)가 만든 택리지

성취기준	다양한 지리 정보와 매체를 활용하여 남부 지역의 지리적 특성 및 매력적인 여행 장소들을 탐색한다.
성취기준 해설	남부 지역의 지리적 특성 및 매력이 드러나는 여행 장소를 선정하고, 이를 바탕으로 남부 지역의 매력적인 자연환경 및 문화에 대한 이해와 관심을 높이도록 설정되었다.
핵심 요소	남부 지역의 지형과 기후
교과 역량	☑ 창의적 사고력 ☑ 비판적 사고력 ☐ 문제 해결력 및 의사 결정력 ☑ 의사소통 및 협업 능력 ☑ 정보 활용 능력

📂 수업 안내

『택리지』는 조선 시대의 학자 이중환이 쓴 책으로, 사람들이 어디에 살면 좋을지 알려주는 지침입니다. 이중환 선생님은 좋은 집터를 찾기 위해 한반도의 지리적 특징과 자연환경, 그리고 사람들의 생활 방식을 꼼꼼하게 조사했습니다. 『택리지』에서 강조하는 네 가지 중요한 요소는 바로 지리(地理), 생리(生利), 인심(人心), 산수(山水)입니다. 쉽게 말해, 풍수지리적으로 좋은 지역에 해당하는지, 생업에 유리한 곳인지, 사람들이 서로 잘 도우며 사는지, 그리고 자연경관이 아름다운지를 따져 보라는 것입니다. 이 책은 당시 사람들이 어디에 집을 짓고 살면 좋을지 고민할 때 큰 도움을 줬습니다. 지금도 『택리지』는 우리가 옛날 사람들이 어떻게 살았고, 어떤 곳이 좋은 집터라고 생각했는지를 알 수 있는 중요한 자료로 여겨지고 있습니다.

따라서 이 단원은 우리나라 남부 지역에 대한 전반적인 자연경관을 학습하는 단원으로써 단순히 남부 지방의 자연환경을 학습하기보다는 『택리지』에 대해 간략하게 알아보고 남부 지역의 택리지를 새롭게 제작한 후 공유함으로써 학습자가 중심이 되어 이루어지는 수업을 구성할 수 있습니다. 이중환이 제작한 택리지에서 해당 지역에 대한 주관적인 서술을 한 사례를 읽어 보고 남부 지역을 조사하고 택리지를 제작하면서 드는 해당 지역에 대한 자신의 생각을 적는 과정을 통해 택리지를 이해할 수 있는 과정이 될 것입니다.

🗂 수업 들어가기

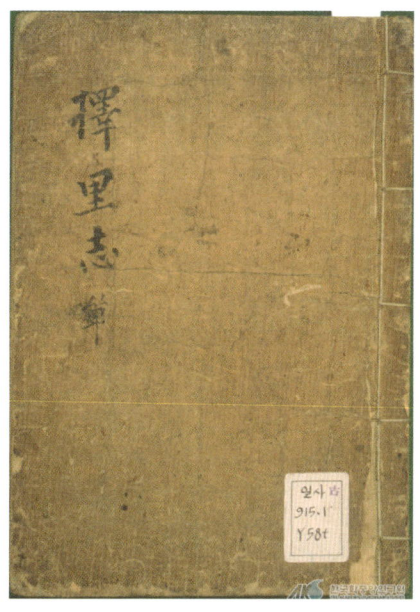

경상도_ 지리가 가장 아름다운 경상도는 강원도 남쪽에 있으며 서쪽으로는 충청도, 전라도와 경계를 이룬다. 북쪽으로는 태백산이 자리하고 있는데, 풍수가는 하늘로 치솟는 수성(水星: 산봉우리 모양이 굽은 것)의 형국이라고 말한다. 태백산 왼편에서 뻗어 나온 큰 줄기는 동해에 달아 내려오다가 동래 바닷가에서 그쳤다. 또 오른쪽에서 뻗어 나온 큰 줄기는 소백산, 작성산, 주흘산, 희양산, 황악산, 속리산, 덕유산, 지리산 등이 되었다가 남해에서 그쳤다. 이 두 줄기 사이에 기름진 들판이 천 리나 된다.

전라도_ 호남은 땅이 비옥하고, 서남쪽 연해 지방에는 생선, 소금, 벼, 실, 소금, 모시, 닥나무, 대나무, 귤, 유자, 감 등이 풍족하다. 노래를 좋아하고 호사를 즐기는 풍속이 있고, 영리하고 간사한 자가 많으며 문학을 중요하게 여기지 않는다. 그러므로 경상도에 비해 과거에 올라 벼슬에 오른 자가 적으니 이는 학문을 통해 자신의 이름을 날리는 데 힘쓰는 자가 적기 때문이다.

제주도_ 제주도 한라산은 명주산이라고도 하는데 산 위에 큰 못이 있어 사람들이 소란을 피우면 구름과 안개가 크게 일어난다. 정상에는 네모난 바위가 하나 있는데 꼭 사람이 다듬은 것 같다. 그 아래 잔디는 작은 길을 이루고 향기로운 바람이 온산에 가득하다. (중략) 산 북쪽은 제주읍 관아로, 옛 탐라국이다. 신라 때 부속국이 되었다. 원나라에서는 이곳을 방성(房星: 하늘에 있는 28수 가운데 넷째 별자리로 동쪽에 있다)에 해당하는 곳이라 하여 준마 암수를 산에 놓아서 목장으로 만들었다. 지금도 이곳에서는 좋은 말을 낳아 해마다 공물로 바친다.

택리지(출처: 한국학중앙연구원)

학생: 택리지는 어떤 책인가요?

교사: 택리지는 조선 후기 이중환이라는 실학자가 조선팔도의 자연환경 및 인문 환경에 대해 주관적인 서술로 정리해 놓은 책이에요. 우리가 배울 경상도와 전라도, 제주도 지역에 대해 택리지에서 어떻게 서술하였는지 볼까요?

학생: 경상도와 전라도를 다르게 평가한 것을 알 수 있어요.

교사: 맞아요! 주관적으로 자기 생각에 따라 서술하였기 때문에 지역마다 다르게 평가할 수 있죠. 제주도의 한라산 위에 있는 못은 어디일까요? 지도로 한 번 찾아볼까요?

학생: 백록담이에요!

교사: 잘 찾아주었어요. 그럼 우리 한 번 나만의 택리지를 만들어 볼까요?

▶ 9사(지리)10-01 _____(이)가 만든 택리지

● 활동 1

내가 새롭게 쓰는 택리지의 내용은 어떻게 채워갈까?

> **택리지란?**
>
> 『택리지』의 저자 이중환은 한반도의 땅과 자연, 그리고 사람들이 어떻게 사는지를 살펴보고, 좋은 집터를 찾는 방법을 설명했어요.
> 이 책에서 중요한 네 가지는 '좋은 땅(지리), 좋은 환경(생리), 사람들의 마음(인심), 아름다운 자연(산수)'이에요. 쉽게 말해서, 땅이 튼튼하고, 주변 환경이 살기 좋고, 이웃들이 서로 잘 도우며 살고, 경치가 아름다운 곳이 택리지에서 말하는 살기 좋은 곳이에요. 지금도 택리지는 옛날 사람들이 살기 좋은 곳을 어떻게 생각했는지 알 수 있는 중요한 책으로 여겨져요.

조건	내용
지리	풍수지리 사상의 명당에 해당하는 곳
생리	땅이 비옥하거나 물자 교류가 편리하여 경제적으로 유리한 곳
인심	당쟁이 없으며 이웃의 인심이 온순하고 순박한 곳
산수	산과 물이 조화를 이루며 경치가 좋아 풍류를 즐길 수 있는 곳

1. 모둠별 선정한 남부 지역의 자연경관, 인문 경관의 특징 조사하기

(1) 선정 지역의 자연 경관의 위치, 특징, 형성 과정 작성하기

선정 지역: 제주도 – 1) 자연경관의 위치: 만장굴은 제주특별자치도 구좌읍에 위치함. 2) 특징: 한라산에서 분출된 용암이 바다 쪽으로 흘러내리면서 만들어진 대표적인 용암동굴로, 유네스코 세계자연유산으로 등재됨. 3) 형성과정: 한라산에서 분출한 용암이 바다 방향으로 흘러가면서 표면은 빠르게 굳고 내부의 뜨거운 용암이 계속 흘러나가는 과정에서 내부가 비어 동굴 통로가 형성됨.

(2) 선정 지역의 인문 경관(건축물, 역사적 장소, 랜드마크 등)의 위치, 특징 작성하기

1) 인문 경관: 성읍민속마을. 2) 위치: 서귀포시 표선면 성읍리. 3) 특징: 조선시대 행정 중심지였던 고을의 옛 모습이 보존된 마을임. 관아, 향교, 전통 민가가 남아 있어 제주의 역사적 중심지 역할을 했음을 알 수 있음. 현재도 주민들이 실제 거주하면서 전통과 현대가 공존함.

2. 북크리에이터를 활용한 택리지 남부 지역 편을 제작해 봅시다.

(1) 선정 지역의 자연 및 인문 환경 자료 정리 및 수록하기

(2) 선정 지역의 지도에 위치 표시하기

(3) 해당 지역을 선정한 이유와 해당 경관에 대한 나의 생각 작성해 보기

북크리에이터란?

온라인에서 학생들이 협업을 통해 책을 제작하고 공유할 수 있는 사이트입니다.
학생들이 따로 회원가입을 하지 않고 교사가 QR코드를 제작하여 공유하면 학급 라이브러리에 초대되어 온라인에서 책 제작 및 공유가 가능합니다. 또한, 각 라이브러리당 40권의 책 제작이 가능합니다.

활동 Tip

〈사이트 사용 방법〉

① 북크리에이터(Book Creator https://bookcreator.com) 검색 및 교사 회원 가입

② 라이브러리 개설

③-1 학생 초대 코드 생성

③-2 학생별로 코드 생성 및 공유

④ 모둠별 온라인 책 제작(+ New Book 클릭)

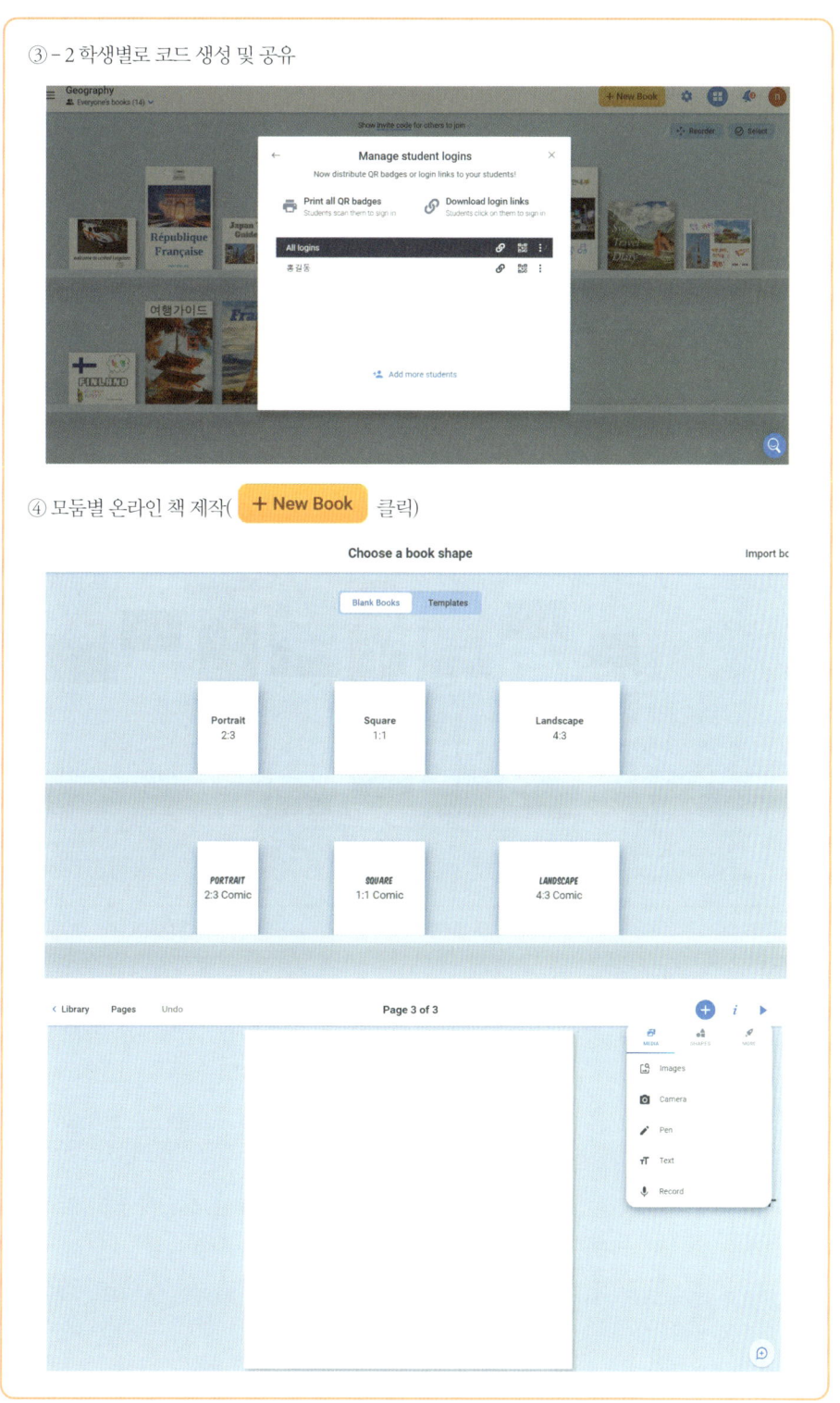

▶ 9사(지리)10-01 _____(이)가 만든 택리지

⑤ 완성 예시

⑥ 완성된 책 열람 공유

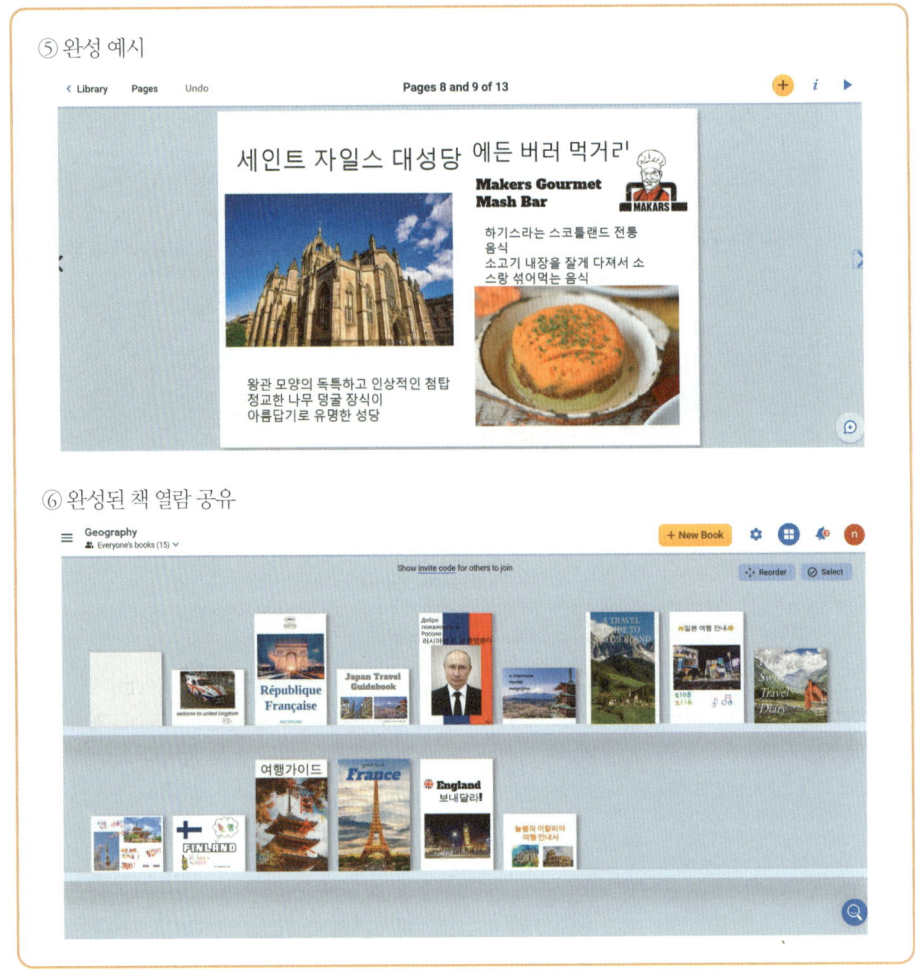

● 활동 2

내가 만든 택리지의 표지에 넣을
지오(Geo)티콘을 만들어 볼래?

1. 활동 1에서 조사한 지역의 특징을 반영하여 지역을 상징하는 지오(Geo)티콘을 제작해 봅시다.

2. 지명을 이용한 창의적인 문구를 제작해 봅시다.

3. 자신이 제작한 지오(Geo)티콘에 대한 제작 의도를 설명해 봅시다.

4. 북크리에이터에서 제작한 택리지의 표지에 수록하기

- 학생들이 앞서 활동 1에서 조사한 내용을 바탕으로 지역의 특징을 추출할 수 있도록 지도해 주세요.
- 예시 자료를 참고하여 지역의 특징을 잘 나타낼 수 있는 상징적인 브랜드를 제작하도록 제공된 예시를 제시하여 학생들이 지역의 특징을 반영하도록 설명해 주세요.
- 제작한 지역 브랜드에 반영된 자신의 의도를 설명하도록 안내해 주세요.
- 제작한 지역 브랜드를 앞서 북크리에이터에 수록한 택리지의 표지를 장식할 수 있도록 하여 학생 간의 결과물을 공유하고 발표할 수 있도록 시간을 제공해 주세요.

◆ 교과 세특

- 남부 지역의 특징을 반영한 택리지를 제작하는 과정에서 다양한 지역에 대한 자료를 분석하여 반영하는 과정에서 우수한 정보활용 능력을 발휘함.
- 남부 지역에 대한 학생의 주관적인 생각을 표현하며 학생의 생각을 명확하게 설명하고 지역에 대한 깊이 있는 탐구가 이루어졌음을 알 수 있음.
- 지역의 특성을 반영한 창의적인 지역 브랜드를 제작하여 나만의 특징적인 택리지를 제작함으로써 결과물의 완성도를 높임.

📁 읽기 자료

영남·호남·제주, 이름에 담긴 이야기

경상도를 영남 지방이라고 부르는 이유는 무엇일까요? 태백산맥을 넘나드는 고개인 조령 아래 경상도의 첫 지역인 문경이 시작됩니다. 그래서 고개 아래인 영남이라는 지명이 붙게 되었습니다. 이러한 영남지방을 택리지에서는 지리가 아름답고 토양이 비옥한 곳으로 서술하고 있습니다.

전라도를 호남이라고 부르는 이유는 여러 설이 있습니다. '호(湖)'는 금강의 옛 이름인 호강(湖江)에서 비롯된 것이라는 설과 삼한시대에 축조된 김제의 벽골제나 제천의 의림지, 또는 눌제와 황등제 등 큰 저수지의 남쪽을 일컫는다는 주장도 있습니다. 이 중 전라 지역의 지리적인 영역에 비추어 볼 때 호강의 남쪽이라는 설이 정설로 여겨지고 있어요. 이러한 호남지방을 이중환은 『택리지』에서 '물자가 풍부하여 호사를 즐기며 벼슬에 오르는 자가 적다'라는 평으로 자신의 생각을 표현했어요. 이처럼 『택리지』는 저자의 주관적인 생각이 반영되었습니다.

제주는 탐라라는 국호를 고려 시대에 사용하게 되었고 고려 숙종 때 고려의 행정구역으로 편입되었어요. 이후 고려 고종 때 제주라는 지명을 새롭게 사용하게 되었습니다. 학생들이 지명의 유래를 알아보면서 지역을 단순 자연경관을 탐구하는 것이 아닌 지역에 대한 다양한 관점을 만들어주고자 합니다. 택리지 내용의 한라산 정상의 큰 못은 백록담입니다. 그리고 고려 원나라 간섭기에 제주에 말을 키우기 시작했어요.

▶ 9사(지리)10-02

세계적인 히어로가 타는 차를 우리나라에서 생산한다고?

성취기준	글로벌 경제와 우리나라 산업에서 영·호남 공업 지역의 위상을 파악하고, 영·호남 지역의 산업 변화와 당면 과제를 조사한다.
성취기준 해설	영·호남 공업 지역이 글로벌 경제와 우리나라 산업에서 차지하는 위상 및 영향력을 다양한 매체 및 자료를 활용하여 파악하고, 글로벌 경제의 흐름에 대응하여 경쟁력을 갖추기 위한 영·호남 지역의 산업 구조(농업, 공업, 서비스업 등)의 변화 모습과 앞으로의 당면 과제를 조사할 수 있도록 의도하였다.
성취기준 적용 시 고려 사항	영·호남 공업 지역의 분포 및 특정 산업의 입지를 나열하고 지식 암기 위주로 수업하거나 평가하는 것을 지양하며, 공업 지역의 형성과 최근의 변화를 사례 중심으로 조사하도록 한다.
핵심 요소	영·호남의 공업 지역, 영·호남의 산업 구조, 영·호남의 당면 과제
교과 역량	☑ 창의적 사고력 ☑ 비판적 사고력 ☑ 문제 해결력 및 의사 결정력 ☑ 의사소통 및 협업 능력 ☑ 정보 활용 능력

📁 수업 안내

우리나라 남부 지역은 예로부터 한반도와 동서양을 연결하는 중요한 교통로 역할을 해 왔으며, 농업과 해양 자원이 풍부하여 산업적으로도 강점을 지닌 지역입니다. 10-2단원에서는 학생들이 영·호남 지역의 산업적 위상을 이해하는 것부터 출발할 필요가 있습니다. 이를 위해, 학생들의 흥미를 끌 수 있는 소재를 활용해 영·호남 지역의 산업 성과와 연결지어 살펴본다면 학습의 방향을 자연스럽게 제시할 수 있을 것입니다.

이후 영남 지방의 첨단 제조업과 호남 지방의 농업 및 에너지 산업 등 지역별 산업의 특성을 탐구하고, 이들이 지역 경제 및 국제 사회에 미치는 영향을 분석하는 활동을 진행합니다. 이러한 활동을 통해 학생들은 지역 산업의 구조와 기능을 깊이 이해하고, 균형 잡힌 지역 발전의 중요성을 인식하게 될 것입니다.

마지막으로, 영남과 호남 지역이 마주한 당면 과제를 주제로 창의적 해결 방안을 모색하는 활동을 통해 학생들이 미래 세대의 주역으로서 문제를 탐색하고 해법을 구상해보는 기회를 제공합니다. 이는 단원의 의미 있는 마무리 활동이자, 학생들의 비판적·통합적 사고력을 신장시키고 지역 불균형 문제에 대한 공감과 실천 의지를 기르는 계기가 될 것입니다.

📁 수업 들어가기

교사: 여러분은 운전을 해 보고 싶나요? 하고 싶다면, 어떤 차를 가장 타 보고 싶나요?

학생: (저마다 드림카를 이야기함)

교사: 그런데 여러분이 꿈꾸는 그 멋진 차들, 우리나라에서 만들어져 전 세계로 수출되고 있다는 사실 알고 있나요?

교사: 우리나라가 자동차 강국이라는 사실! 특히 영호남 지역이 우리나라의 자동차 산업을 든든하게 이끌고 있어요. 다음 사진은 영남 지역의 자동차 생산 공장과 호남 지역의 수출 항만입니다. 정말 멋지지 않나요?

　　　　기아 오토랜드 광주　　　　　　　　　　　　　　광양항

교사: 그런데 앞으로도 우리가 이 위상을 계속 유지할 수 있을까요? 여러분이 미래에 타게 될 자동차 산업은 어떻게 변할까요? 그리고 영호남 지역의 기업들은 어떤 대비를 하고 있을까요? 오늘 수업에서는 이런 질문을 바탕으로 우리나라 남부 지역의 주요 산업을 살펴보고, 지역 간 균형 있는 발전을 위해 우리가 어떤 관점을 가질 수 있을지 함께 고민해 봅시다.

▶ 9사(지리)10-02 세계적인 히어로가 타는 차를 우리나라에서 생산한다고?

● 활동 1

영호남 공업 지역, 누가 제일 잘나가?

1. 산업 단지가 조성된 지역을 지도에 표시해 봅시다.

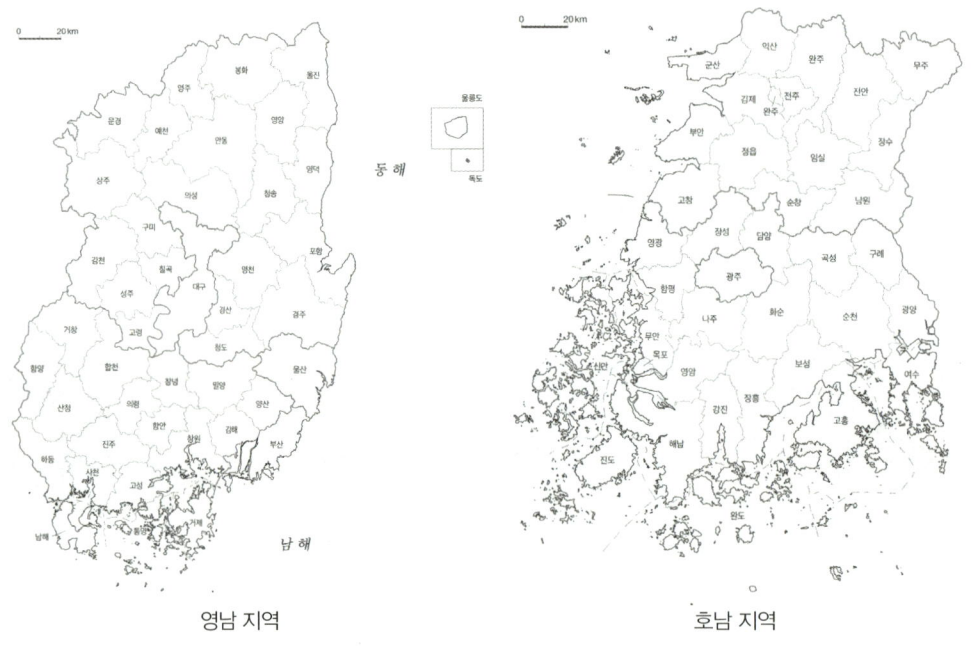

영남 지역   호남 지역

① 영남내륙공업지역: 대구(섬유), 구미(전자)
② 남동임해공업지역: 포항(제철), 울산(자동차), 거제(조선)
③ 호남공업지역: 군산(건설기계), 광주(자동차), 여수(석유화학), 광양(제철)

2. 각 공업 지역의 주력 산업별 입지 조건을 찾아봅시다.

영남내륙공업지역	남동임해공업지역	호남공업지역
노동력이 풍부한 곳	원료 수입, 제품 수출에 유리한 곳	원료 수입, 제품 수출에 유리한 곳

3. 각 공업 지역의 주력 산업이 다른 이유를 지리적 조건과 연결지어 생각해 봅시다.

– 대구를 비롯한 영남내륙공업지역은 예로부터 인구가 많아 노동력이 풍부하였다. 따라서 많은 노동력을 필요로 하는 경공업이 발달하기 유리하였다.

– 부산을 비롯한 남동임해공업지역은 바다와 접해 있어 항구를 중심으로 성장하였다. 따라서 항구를 통해 원료의 수입과 제품의 수출이 편리하여 중(화학)공업이 발달하기 유리하였다.

– 군산–목포에 이르는 호남공업지역은 오랜 농업 중심 생활로 대도시 발달이 미약했기에 근대 공업의 발달이 늦어졌다. 대중국교역 및 국가 균형발전 차원에서 공업이 발달할 것으로 기대된다.

활동 Tip
- 각 지역의 자연환경과 인문환경의 차이에 따라 산업이 지역별로 서로 다르게 발달했음을 이해하도록 돕기 위한 활동입니다. 영남내륙공업지역, 남동임해공업지역, 호남공업지역의 사례를 통해 산업 유형별 발달 조건을 이해하도록 이끌어 주세요.
- 주요 공업 지역의 위치와 사람들이 많이 사는 곳(대구, 부산 등 대도시)의 위치가 거의 비슷하게 나타난다는 점을 강조하여 산업이 발달하면 일자리가 많아져 인구가 늘고 도시가 성장한다는 결론으로 이끌어 주시고 이를 통해 앞으로도 산업의 성장이 국가의 중요한 과제라는 사실을 깨닫도록 지도해 주세요.

4. 마음에 드는 도시를 선정하여 지역의 특색을 담은 도시 슬로건을 만들어 봅시다.

도시 슬로건이란?

도시를 하나의 브랜드로 보고, 그 도시의 정체성을 짧고 강렬하게 표현한 문구를 말합니다. 도시 슬로건은 도시의 비전과 장점, 고유한 특성을 반영해야 하며, 다른 지역과의 차별성을 뚜렷하게 드러낼수록 더욱 효과적입니다. 잘 만든 도시 슬로건은 주민들의 자긍심을 높이고 대중의 호감과 관심을 끌어 도시의 인구 유입과 산업 발전에도 긍정적인 영향을 줄 수 있습니다.

울산광역시	경상남도 거제시	광주광역시	전라북도 군산시	전라남도 목포시

내가 선정한 도시	
도시의 주력 산업	
내가 제작한 도시 슬로건	
그 의미	

▶ 9사(지리)10-02 세계적인 히어로가 타는 차를 우리나라에서 생산한다고?

> **활동 Tip**
> - 도시 슬로건은 장소 마케팅의 핵심적인 요소로, 도시의 이미지를 형성하고 외부에 전달하는 중요한 역할을 수행할 수 있습니다.
> - 간결하면서도 강렬한 도시 슬로건을 통해 도시의 고유한 특성과 비전을 효과적으로 표현하는 활동을 수행하는 동안 언어(쉽고 간결한 언어), 내용(도시의 현재와 미래) 등의 측면에서 학생들이 도시 슬로건의 취지에 부합하는 결과물을 제작할 수 있도록 이끌어주세요.

● 활동 2

농업은 스마트하게, 농촌은 매력 있게

1. 아래 글을 읽고 스마트 농업에 대해 정리해 봅시다.

미래 농업을 선도하는 우리 스마트 농업
먹거리를 생산하는 농업은 인류 생존에 직접적인 영향을 주는 산업이다. 식량안보가 위협받는 현 상황에서 농업 중요성은 갈수록 커지고 있다. 많은 나라들은 농업 발전에 관심을 가지며 세계 경쟁력을 갖기 위해 스마트 농업 기술 개발에 한창이다. 미래 농업을 선도할 우리 스마트 농업을 알아보자.

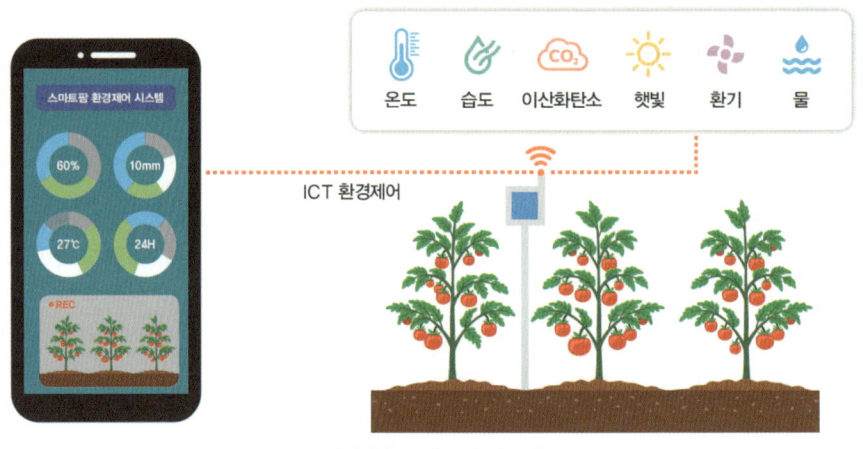

시설재배 스마트팜 시스템
출처: 그린매거진(2022)

스마트 농업의 정의	
스마트 농업의 기술	
스마트 농업의 긍정적 효과	
스마트 농업의 전망	

2. 영호남 지역의 특산물을 조사하여 특색 있는 6차 산업 브랜드를 창출해 봅시다.

> **6차 산업이란?** 1차 산업인 농업, 2차 산업인 가공·제조업, 3차 산업인 관광·서비스업을 융합한 새로운 형태의 산업입니다.

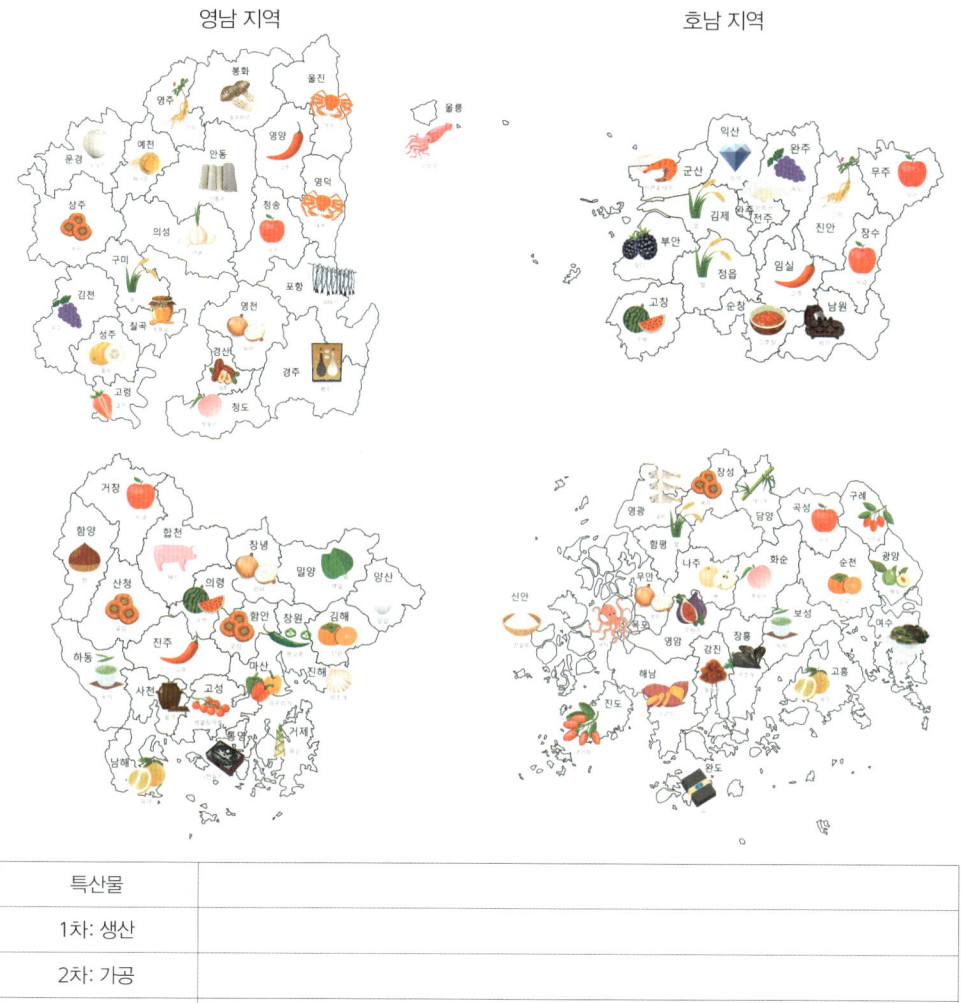

특산물	
1차: 생산	
2차: 가공	
3차: 체험·관광	

활동 Tip 산업화 과정에서 1차 산업이 사라진다고 생각하기 쉽습니다. 농업의 현대화로 스마트 팜, 스마트 농업의 사례를 조사해 보고 6차 산업 브랜드를 기획하는 활동을 통해 농업의 미래 전망을 긍정적으로 그려 볼 수 있도록 이끌어 주세요.

● 활동 3

영호남에 뚝 떨어진 당신,
어떤 일을 해야 잘 살아남을 수 있을까?

1. 우리나라의 시대별 상황과 중심 산업을 찾아보고 이를 고려하여 당시 영호남 지역 학생들이 선호했을 희망 직업을 유추해 봅시다.

시대	상황	중심 산업	선호도 높은 희망 직업
1960년대	6·25 전쟁 이후 산업 재건	경공업	공장에서 일하는 노동자
1970년대	정부 주도 산업화	중화학공업(석유화학, 조선, 제철 등)	배 만드는 기술자(엔지니어)
1980년대	3저 호황 속 수출 주도 성장	중화학공업(자동차, 전자)	자동차·전자제품 회사 직원
1990년대	컴퓨터 보급 및 인터넷 대중화	첨단산업(컴퓨터, 반도체, 정보통신 등)	컴퓨터·소프트웨어 개발자 (프로그래머)
2000년대	스마트폰 및 SNS 확산	지식기반산업(소프트웨어, 콘텐츠 등)	앱 개발자, 콘텐츠 기획자(유튜버)

2. 미래에는 어떤 산업이 중심 산업이 될 수 있을까? 미래 산업의 방향성과 핵심 기술을 고려하여 영호남 산업의 변화를 상상해 봅시다.

- 친환경: 지속 가능한 발전과 기후 위기 대응이 전 세계적으로 중요한 이슈로 떠오르면서, 산업 전반에서 친환경 기술과 친환경적 경영이 필수 요소가 되고 있다.
- 초연결: 사물인터넷(IoT), 5G 통신, 클라우드 컴퓨팅 등 초연결 기술은 사람, 사물, 데이터가 서로 밀접하게 연결된 새로운 산업 구조를 만들어 가고 있다.
- 지능화: 인공지능(AI), 머신러닝, 빅데이터 분석 등 첨단 기술은 다양한 산업 분야에서 인간의 개입을 최소화하고 자동으로 더 나은 의사결정을 내려 산업 전반의 효율성과 생산성을 높일 것이다.

3. 미래 산업 변화를 고려하여 나의 미래 직업을 정하고 그 모습을 AI 제작 도구를 활용하여 그려 봅시다.

직업	친환경 자동차 연구원	AI 프로그래밍 전문가
이미지	(친환경 연료를 연구하는 사람 그림이나 사진)	(로봇을 코딩하는 사람 그림이나 사진)
이유	기존의 자동차 산업에 친환경 저탄소 트렌드를 반영하여 친환경 자동차 산업이 중심 산업이 될 수 있을 것 같다. 따라서 친환경 자동차 연구원으로 일하고 싶다.	미래에는 완전히 새로운 기술 개발이 활발히 진행되어 AI 로봇 산업이 중심 산업이 될 수 있을 것 같다. 따라서 AI 프로그래밍 전문가로 일하고 싶다.

> **활동 Tip**
> - 우리나라의 산업 구조 변화 과정을 시대별 중심 산업과 연계하여 확인하기 위한 활동입니다. 산업별 취업 인구 통계, 산업별 부가가치 통계 자료 등을 조사하여 중심 산업을 확인하도록 이끌어 주세요.
> - 마지막에는 산업 구조의 전망과 관련지어 우리나라의 경제 발전을 이끌어 갈 미래 산업 기술을 생각해 보도록 하기 위한 질문을 담았습니다. 미래에는 새로운 성장 동력 산업이 필요한 상황이므로, 글로벌 트렌드를 고려하여 기존 주력 제조업군과 미래형 전략산업군 측면에서 한국의 주력 산업을 상상해 볼 수 있도록 이끌어 주세요.

◆ 교과세특

- 영호남 공업 지역의 위치를 지리적 조건과 연계하여 형성 배경을 이해하는 활동을 수행하며 지도, 그래프 등 다양한 형태의 자료를 능숙하게 활용하고, 자료를 종합하여 새로운 의미를 도출해 내는 능력을 보여 줌.
- 영호남 공업 지역 사례를 통해 산업의 입지 유형 차이와 시대별 변화를 분석하며 지역 산업의 구조와 기능을 정확하게 파악하고, 앞으로의 전망을 읽어 내는 놀라운 안목을 보여 줌.
- 영호남 지역의 특산물을 조사하며 우리나라 남부 지역의 농업적 가치를 이해하고, 스마트 농업 기술에 대해 탐구하며 농업의 현대화와 미래 대응 차원에서 남은 과제를 인식하였으며, 스마트 농업에 기반한 6차 산업을 브랜딩하는 활동을 통해 영남 지역과 호남 지역의 산업 다양화 방안을 마련함.
- 미래 사회에 촉망 받는 산업 분야 사례를 조사하며 이러한 산업들이 미래 사회에 미칠 영향력을 깊이 있게 탐구함. 또한 그 과정에서 자신이 미래 사회의 일원으로서 기여할 수 있는 측면을 고민해 보고 발표함으로써 변화를 주도하는 주체적인 자세를 기르려는 노력을 보임.

📁 **읽기 자료**

크루그먼의 경제지리 규모의 경제: 하필 왜 특정 지역에서만 생산이 이뤄지는가

기업이 생산 비용을 줄이고 수익을 극대화하려면, 여러 장소에서 분산하여 생산하기보다는 한 곳에 집중해서 생산하는 것이 훨씬 유리합니다. 경제학자 크루그먼은 이러한 현상을 '규모의 경제'로 설명합니다. 규모의 경제란, 간단히 말해 생산량이 많아질수록 개별 제품의 단가가 낮아진다는 뜻입니다. 이러한 구조 속에서 산업화가 진행되면, 어떤 지역은 기업과 인력이 몰려들면서 생산 활동이 활발한 '중심부'로 성장하게 됩니다. 반면 다른 지역은 기업과 일자리가 부족해지는 '주변부'로 전락할 가능성이 높습니다. 이렇게 형성된 중심부는 기업과 노동자, 그리고 해당 산업 전반에 걸쳐 긍정적인 효과를 줍니다. 산업도시 울산이 그 대표적인 예입니다.

한 번 중심부-주변부 구조가 만들어지면, 이 구조는 쉽게 무너지지 않습니다. 크루그먼은 이 현상을 '잠김 현상(locking-in)'이라고 표현합니다. 어떤 계기로 기업과 노동자가 특정 지역에 집중되면, 그 지역이 중심부로 자리 잡게 되고, 이후에는 자본과 노동력, 교통 인프라(도로와 철도 등)가 더욱 집중됩니다. 즉, 처음의 '모임'이 점점 더 커지면서 중심부의 위치는 더욱 강화되는 것입니다. 이는 곧, 잘 사는 지역은 더 잘 살게 되고, 그렇지 못한 지역은 더욱 낙후되는 '빈익빈 부익부' 현상으로 이어집니다. 이렇게 형성된 산업 클러스터는 기업과 개인, 그리고 전체 산업에 이익을 가져다줍니다. 일단 클러스터 안으로 들어간 기업이나 개인은 그곳을 쉽게 떠나기 어렵고, 외부의 기업과 노동자들은 계속해서 그곳으로 유입됩니다. 결과적으로 중심부는 점점 더 강력한 중심부로 발전하게 되는 것입니다.

정부 주도의 산업화 과정에서도 이 같은 현상이 나타났습니다. 실제로 우리나라의 경우, 산업화 과정에서 정부는 수도권과 영남 지역을 중심으로 산업 정책을 추진하였습니다. 이로 인해 수도권과 영남 지역은 제조업 중심의 산업 클러스터로 발전하였고, 호남 지역은 상대적으로 산업 발전이 더뎌 지역 간 불균형이 심화되었습니다.

출처: 시사인, 이종태 기자(2017년 12월 14일)

달빛동맹과 자동차산업

'달빛동맹'은 대구를 뜻하는 '달구벌'과 광주를 뜻하는 '빛고을'에서 따온 말로, 대구광역시와 광주광역시가 산업과 교통 등 다양한 분야에서 협력하는 관계를 말합니다. 이는 지역 간 산업적 특성과 장점을 살려 상호 보완적 협력을 이루려는 움직임이라 할 수 있습니다. 예를 들어, 광주는 완성차 산업이 강하고, 대구는 자동차 부품 산업에 강점이 있습니다. 이러한 산업 구조를 바탕으로 두 지역이 협력하면, 미래형 자동차 산업과 같은 새로운 시장에서도 경쟁력을 높일 수 있습니다. 또한, 현재 우리나라의 도로와 철도망은 대부분 남북으로 뻗어 있어, 동서 간의 교통 연결은 상대적으로 부족한 상황입니다. 만약 대구와 광주를 연결하는 달빛내륙철도가 완공되어 1시간 이내로 이동이 가능해진다면, 영남과 호남은 1,300만 명 규모의 대규모 소비시장을 함께 형성할 수 있게 됩니다. 이는 수도권과 지방의 격차 해소에도 긍정적인 역할을 할 수 있습니다.

영호남 지역이 주도하는 협력은 단순한 도시 간 동맹을 넘어서, '남부광역경제권'이라는 새로운 경제 협력 모델로 발전할 수 있는 잠재력을 가지고 있습니다. 남부권에는 자동차, 조선, 전자, 반도체, 방산 등 다양한 제조업 기반이 고루 분포해 있습니다. 이러한 산업 자원을 효과적으로 연계하고 협력한다면, 산업 경쟁력 강화는 물론, 지역 간 균형 발전도 함께 도모할 수 있을 것입니다. 특히 여러 지역이 함께 힘을 모아 협력할수록 '규모의 경제' 효과가 실현될 가능성이 커집니다. 이는 생산 효율을 높이고 단가를 낮추며, 더 나아가 지역 전체의 경제적 활력을 끌어올릴 수 있는 핵심 전략이 됩니다. 이처럼 남부광역경제권은 수도권 중심의 불균형 발전 구조를 해소하기 위한 새로운 대안적 모델로서의 가치가 있으며, 지방도 자립적이고 지속 가능한 성장 기반을 구축할 수 있는 가능성을 보여 주고 있습니다.

출처: 비지니스포스트, 임한솔 기자(2019년 9월 19일)

경북−전남 손잡고 영호남 농업 상생 공동워크숍 개최

최근 농업은 빠르게 변화하고 있습니다. 사물인터넷(IoT), 인공지능(AI), 빅데이터, 클라우드 등 다양한 디지털 기술이 농업에 접목되면서, '디지털농업'이라는 새로운 형태의 농업이 주목받고 있습니다. 이제 농업은 단순히 땅을 일구고 작물을 기르는 일에 그치지 않고, 기술과 데이터를 기반으로 한 '첨단 산업'으로 발전하고 있습니다.

디지털 기술이 농업에 접목되면 어떤 점이 달라질 수 있을까요? 예를 들어, 기후나 토양 상태를 실시간으로 분석해 농작물을 더 잘 관리할 수 있고, 필요한 양만큼만 물과 비료를 주어 자원을 절약할 수 있으며, 반복적인 작업을 자동화하여 노동 부담을 줄일 수도 있습니다. 이처럼 기술은 농업의 다양한 문제를 해결하는 데 도움이 되고 있습니다.

이처럼 농업에 디지털 기술을 활용하면 생산 방식뿐 아니라, 농촌의 일자리 변화, 지역 경제 활성화, 환경 문제 해결에도 긍정적인 영향을 줄 수 있습니다. 예를 들어, 청년들이 기술 기반의 새로운 농업에 관심을 갖게 되어 농촌에 정착하거나 창업을 시도하는 경우도 늘어나고 있습니다.

앞으로 농업은 단순한 '생산 활동'이 아니라, 기술과 환경, 경제가 모두 연결된 미래 산업의 한 분야로 자리 잡게 될지도 모릅니다. 농업이 더 이상 '옛날 직업'이 아닌, 환경과 식량 문제에 관심 있는 사람들이 이끌어 갈 중요한 분야가 될 수 있다는 점에서, 앞으로의 농업이 어떤 모습으로 바뀌어 갈지 함께 생각해 보면 좋겠습니다.

출처: 그린매거진, 김주희 기자(2021년 3월)

▶ 9사(지리)10-03

오르면 오를수록 탐라는 지역은?

성취기준	제주도의 지역 변화와 이를 둘러싼 다양한 가치를 살펴보고 이에 대한 자신과 상대방의 의견을 비판적으로 검토한다.
성취기준 해설	독특하고 아름다운 자연환경과 문화로 세계적인 관광지로 성장한 제주도의 최근 변화 모습을 탐색하도록 의도하였다. 관광 산업, 지구 온난화 등으로 인해 변화하고 있는 제주도 지역의 모습을 다양한 매체 및 자료를 활용하여 파악하고, 이를 둘러싼 다양한 가치를 살펴본 후 자신과 상대방의 의견을 비판적으로 검토할 수 있는 기회를 제공하는 데 중점을 두었다.
핵심 요소	제주도의 지역 변화, 제주도의 다양한 가치, 제주도의 지리적 이슈
성취기준 적용 시 고려 사항	역할극, 토의·토론 학습을 통해 제주도의 지역 변화를 둘러싼 다양한 가치를 학습자가 확인하게 하고 자신 및 상대방의 의견을 비판적으로 검토할 수 있는 기회를 제공한다. 특히, 논쟁적인 지리적 이슈를 다룰 때, 다양한 가치 및 관점을 이해하고 존중하며 열린 마음으로 접근할 수 있도록 한다. 지리적 이슈에 대해 자신의 의견을 타당한 근거를 들어 표현할 수 있는가를 평가에 반영할 수 있으며, 근거의 타당성, 내용 전개의 논리성 등을 평가기준에 포함시킬 수 있다.
교과 역량	☑ 창의적 사고력 ☑ 비판적 사고력 ☑ 문제 해결력 및 의사 결정력 ☑ 의사소통 및 협업 능력 ☑ 정보 활용 능력

📁 수업 안내

우리 국토의 가장 남단에 위치한 제주도는 아름다운 자연환경과 독특한 문화를 지닌 곳입니다. 10-3단원에서 학생들은 세계적인 관광지로 성장한 제주도의 최근 변화와 이를 둘러싼 다양한 가치를 학습하고 지리적 이슈에 대한 자신과 타인의 의견을 비판적으로 검토합니다. 따라서 학생들이 제주도를 직간접적인 방식으로 접해 보며 매력을 느끼는 것에서 시작하여, 제주도의 지속 가능성과 관련된 다양한 지리적 이슈를 다뤄 보도록 기회를 제공해 주는 방향으로 수업의 틀을 구상해 보았습니다.

먼저 제주도가 대한민국의 관광 이미지를 선도하고 있는 만큼, 학생들이 스마트 관광 도구를 활용하여 제주도의 매력을 보다 깊이 이해할 수 있는 기회를 마련하였습니다. 또한 오버투어리즘을 주제로 다양한 관점에서 토론을 진행하는 과정에서 변화하는 제주를 둘러싼 다양한 가치를 인식하고 균형 있는 시각을 기를 수 있도록 하였습니다. 더 나아가, 지구 온난화로 변화하는 제주 자연환경 사례를 조사하며 지속 가능한 제주를 위해 학생 스스로 어떤 역할을 할 수 있을지 고민해 보는 활동을 통해 세계 시민으로서 책임감을 함양할 수 있도록 하였습니다.

📂 수업 들어가기

활동 Tip 비행기를 처음 타 보는 사람들에게 흔히들 여권이 필요하다거나 신발을 벗어야 한다는 등의 장난을 치곤 하죠. 학생들 중 비행기를 타 본 경험에 차이가 있을 수 있고, 또 타 봤더라도 국제선과 국내선의 차이를 잘 모르는 경우도 있을 것입니다. 이번 만화를 통해 국내선에 내국인이 탑승하는 경우에 여권이 필수는 아니지만 신분증이 필수라는 점을 알려주고, 학생들의 나이를 고려하여 주민등록증이나 운전면허증이 아닌 생년월일이 인쇄된 학생증도 허용된다는 것까지 알려주면 더욱 유익할 것 같습니다.

교사: 제주도 여행 시작부터 쉽지 않네요. 제주도에는 어떤 관광지가 있을까요?
학생: _____

교사: 여러분이 말해 준 것처럼 제주도에는 특색 있는 즐길거리가 정말 다양하고 많아요. 이렇게 제주도를 방문하는 사람들이 많아지면 어떤 일이 발생할까요?

학생: _____

 활동 Tip 제주도에 대한 환상이나 경험을 자극하여 대상 지역에 대해 환기해 주시고, 제주도의 변화를 여행자와 주민의 관점에서 다양하게 생각할 수 있도록 지도해 주세요.

● 활동 1

이제는 여행도 똑똑하고 현명하게!
방구석 스마트 관광

1. 제주관광빅데이터서비스 플랫폼에 접속하여 제주도의 실시간 관광지 혼잡도 분석 서비스를 체험해 봅시다.

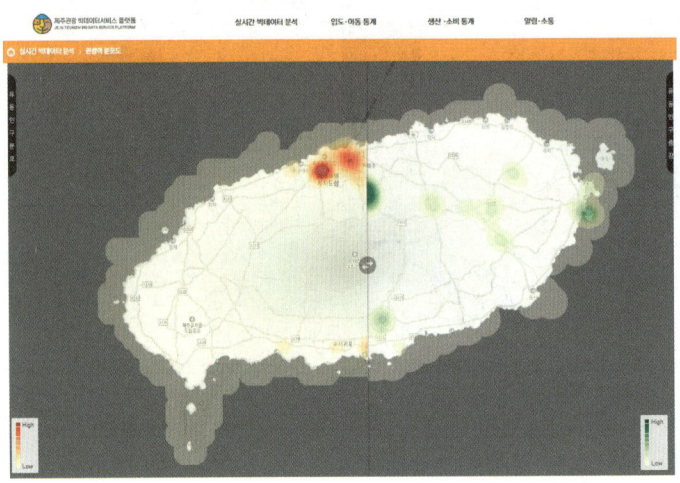

제주관광 빅데이터서비스 플랫폼 홈페이지

2. 유동인구 분포가 높은 곳은 어떤 곳들인지 조사해 봅시다.

3. ICT 매체(AR, VR 관광)를 활용하여 해당 지역의 경관적 매력을 탐구해 봅시다.

– 유튜브 360Tour 제주도 https://www.youtube.com/watch?v=FawTwzF4wes&t=4s
– 비짓제주 VR로 보는 제주 https://www.visitjeju.net/u/DM6

4. 제주도의 유명 여행지와 관련된 친환경 또는 스마트 관광 사례를 조사해 봅시다.

친환경 관광 사례		스마트 관광 사례	
대상지		대상지	
친환경 요소		스마트 기술	
장단점		장단점	

5. 내가 제안하는 지속 가능한 ESG 관광의 모습을 브레인스토밍으로 떠올려 보고 마인드맵으로 정리하여 소개해 봅시다.

● 활동 2

바글바글 제주, 들어오는 사람 따로 나가는 사람 따로 육지것들과 토박이들

제주 입도세 8000원 추가? "육지세 내라" vs "하와이도 한다" 시끌

제주특별자치도가 관광객들에게 환경보전분담금(기여금)을 물리는 방안을 추진한다는 소식에 찬반 여론이 뜨겁다. 이른바 '입도세' 검토에 각종 커뮤니티에서는 "어이없다"는 부정적 반응부터 "전 세계적 추세"라는 옹호 의견까지 다양하게 나오고 있다.

제주도는 관광객에게 부과하는 환경보전분담금 관련 법률안 초안을 마련하고 있다고 지난 16일 밝혔다. 명분은 관광객의 급격한 증가로 인한 사회와 자연환경의 수용력이 한계에 달했다는 점이다. 생활폐기물이나 하수, 오수도 늘어 환경에 영향이 크다는 얘기다.

2017년 한국지방재정학회에 의뢰한 용역 결과 관광객 1인당 평균 부과액은 8170원으로 예측됐다. 모두 환경보전기여금으로 숙박 시 1인당 1500원, 렌터카 1일 5000원, 전세버스 이용 시 요금의 5% 등이 제시됐다.

21일 현재 누리꾼들은 대체로 '입도세' 도입에 냉소적인 반응이다. 각 커뮤니티에서 제주 환경보전분담금 도입 소식을 갈무리한 글에는 "어차피 비행기 탈 거면 동남아 가겠다", "일본이 8000원 싸진 셈", "반대로 올 때는 육지세를 내라", "물가 원래 비싸고 관광객에 바가지 심하다"는 댓글을 남겼다.

제도 도입 때 나타날 부정적 영향을 관측하는 누리꾼도 있었다. 누리꾼들은 "8000원 부담금을 내고 왔으니 쓰레기 분리수거는 앞으로 더 알 바 아니라는 듯 할 것"이라거나 "제주 관광을 업으로 하는 기업에 돈을 걷자고 할 것", "앞으로 톨게이트비처럼 지역 이동할 때마다 모든 지자체가 환경관리세를 받자고 하는 게 아니냐"고 했다.

반면 찬성 의견도 적지 않다. 원래 취지대로 써 제주 환경을 보전하는 데 도움이 된다는 것이다. 한 누리꾼은 "제주지역 1인당 생활폐기물 발생량이 전국 1위다"라며 "어찌됐든 문제를 해결해야 하지 않겠냐"고 했다. 또 다른 누리꾼은 "제주도 오버투어리즘(관광 과잉 상태)이 전국 1위"라며 "현재 상황에서 나쁘지 않은 정책"이라고 했다.

하와이의 관광수수료 부과 추진에 빗대는 반응도 나왔다. 한 누리꾼은 "저런 방식의 세금이나 요금을 부과하는 게 전 세계적인 추세"라며 "도입될 것"이라고 했다.

미국 하와이는 하와이주에 거주하지 않는 15세 이상 관광객에게 1년간 유효한 관광 허가를 내주되 50달러(6만6000원) 수수료를 받는 방안을 입법화했다. 이 역시 환경보호가 명분인데, 제주 사례에 어떤 영향을 줄지 주목된다.

(출처: 머니투데이, 김미루 기자, 2023년 4월 21일)

위 기사를 읽고 제주도 입도세에 대한 찬성과 반대 입장을 정하여 두마음 토론을 실시해 봅시다.

두마음 토론 방법 안내

① 마음 하나 토론자, 마음 둘 토론자, 중립자, 기록자 역할을 부여한다.
② 중립자를 대상으로 두 명의 토론자가 제한된 시간 동안 자기 입장에서 설득한다.
③ 기록자는 토론자가 제시하는 주장을 기록한다.
④ 토론 시간을 마치면 중립자가 가장 설득력 있게 말한 학생을 선택한다.
⑤ 토론자와 중립자, 기록자가 역할을 바꾸어 토론을 진행한다.

제주의 입도세에 대한 두마음 토론 내용

역할	마음 하나 토론자	마음 둘 토론자	중립자	기록자
1차 토론	내용	내용	판단은?	
2차 토론	내용	내용	판단은?	

두마음 토론이란?

찬반 의견이 명확한 주제에 대하여 찬성 입장과 반대 입장의 학생이 중립의 위치에 있는 학생, 즉 중립자에게 자신의 주장과 근거를 제시하면서 중립자를 설득시켜 나가는 토의·토론 방법입니다. 소집단 중심의 찬반 토론 수업을 할 때 간단하지만 효과적으로 사용할 수 있고, 구성원 모두를 참여시킬 수 있는 장점이 있습니다.

두마음 토론 수업 과정

① 마음 하나 토론자, 마음 둘 토론자, 중립자, 기록자 역할을 부여한다.
② 두 명의 토론자가 제한된 시간 동안 중립자를 자기 입장에서 설득한다.
③ 기록자는 토론자가 제시하는 주장을 기록한다.
④ 토론 시간을 마치면 중립자가 가장 설득력 있게 말한 학생을 선택한다.
⑤ 토론자와 중립자, 기록자가 역할을 바꾸어 토론을 진행한다.
⑥ 교사는 토론 과정을 관찰하여 논리적으로 주장을 이끌어 가는지 확인한 후 피드백을 한다.

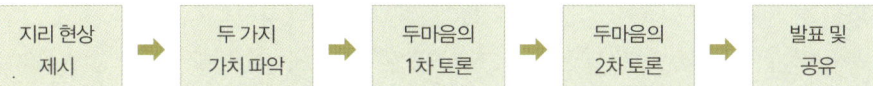

> **활동 Tip**
> - 학생들이 각자의 주장에 대한 타당한 근거를 제시할 수 있도록 지도해 주세요.
> - 날선 대립보다는 평화와 공존을 위해 서로를 이해하는 시간으로 채울 수 있도록 지도해 주세요.

◆ **교과세특**

- 빅데이터서비스 플랫폼을 활용하여 관광지 혼잡도를 분석하고 유동인구 데이터를 기반으로 제주도의 관광 현황을 체계적으로 조사함. 이후 ICT 매체를 통해 관련 지역의 특색을 확인하고 이를 살리면서도 지속 가능한 ESG 관광 방안을 마련하여 제시하는 등 제주도 관광의 현재와 미래에 대한 깊이 있는 통찰력을 보여 줌.
- 제주도의 스마트 관광과 친환경 여행을 주제로 한 여행 기획 활동에서 제주도의 자연환경을 보존하면서도 관광객의 편의를 극대화하는 방안을 창의적으로 제안함.
- 제주 입도세 도입에 대한 기사를 읽고 오버투어리즘과 투어리스티피케이션 개념과 관련지어 제주 주민과 여행자 간 갈등 상황을 이해하였으며, 두마음 찬반 토론 활동을 통해 두 입장을 균형 있게 고려하면서도, 논리적으로 자신의 의견을 제시하고 상대의 의견에 비판적으로 접근하며 토론을 이끌어가는 성숙한 자세를 보여 줌.

📂 **읽기 자료**

멈춰! 이탈리아 베네치아 오버투어리즘

어떤 장소들은 돈을 내야만 들어갈 수 있잖아요. 놀이공원이나 전시장, 유적지 같은 곳 말이에요. 그런데 이제는 아름다운 운하와 곤돌라, 알록달록한 건물로 유명한 이탈리아의 도시 베네치아도 돈을 내야만 들어갈 수 있다고 합니다.

도시에 들어가는데 돈을 낸다고?
모두가 내야 하는 건 아닌데요. 베네치아의 숙박시설에서 하룻밤 이상 머물지 않고 당일치기로 왔다 가는 관광객에게는 이번 달 25일부터 입장료 5유로(약 7000원)씩을 걷어요. 입장료를 내지 않고 들어온 게 드러나면 50~300유로(약 7만~44만 원)의 벌금을 물 수 있다고 합니다. 관광객 수를 조금 줄이기 위한 정책이에요. 그동안 베네치아 주민들이 "오버투어리즘 때문에 힘들어!"라고 불만을 제기해 왔거든요.

오버투어리즘이 뭐더라?
말 그대로 '과도한(over) 관광(tourism)'이라는 뜻이에요. 관광객이 너무 많이 오며 ① 환경이 파괴되고, ② 집값이 급격히 올라 주민들이 살 집을 구하는 데 어려움을 겪고, ③ 소음과 쓰레기 문제에 시달리는 등 부작용이 생기는 거예요. 우리나라에서 '서핑의 성지'로 손꼽히는 강원도 양양도 오버투어리즘으로 몸살을 앓는 대표적인 지역인데요. 여름 휴가철 양양 주택가는 밤늦은 시간에도 술집에서 흘러나오는 음악과 사람들이 떠드는 소리로 가득해요. 덜컹거리는 지하철 내부만큼 시끄럽다고 합니다.

그럼 이제 관광지마다 입장료 생길까?
구체적인 이름은 조금씩 다르지만, 지금까지 나온 오버투어리즘 해결책은 대부분 관광 요금을 올리는 형태예요. 세계 각국의 유명 관광지가 내놓은 대책 살펴보면 다음과 같습니다.
- 에스파냐 바르셀로나 "관광세 인상": 관광객 수를 조절하기 위해 2012년부터 숙박비에 관광세를 붙여 왔어요. 그래도 문제가 해결되지 않자 관광세를 꾸준히 올리고 있어요.
- 미국 하와이 "환경세 부과": 하와이는 올해 안에 관광객 1명당 25달러(약 3만 3000원)의 환경세를 걷겠다는 계획을 세웠어요. 걷은 돈은 하와이 해안과 야생 생태계를 보호하는 데 쓴다고 합니다.
- 일본 "이중 가격제": 일본에서는 요금 체계를 외국인용과 내국인용으로 나누자는 얘기가 나왔어요. 숙박시설·식당 등에서 외국인 관광객에게 더 높은 요금을 받자는 것. 관광객이 많이 찾는 지역의 물가는 팍팍 오르는 경우가 많잖아요. 그런데 그곳에 사는 현지인의 임금은 그만큼 빠르게 오르지 않으니, 이 점을 고려해 외국인과 내국인에게 서로 다른 값을 받자는 거예요.

우리나라에서도 제주도가 관광객에게 '환경보전기여금'을 걷는 방안을 검토한다는 얘기가 나온 적 있어요.

사람들은 뭐래?
오버투어리즘으로 몸살을 앓아 온 주민들을 위해 필요한 대책이라는 의견과 관광객에게 '바가지 요금'을 씌우는 것처럼 보일 수 있다는 지적이 맞서요. 관광 수익이 줄어들까 봐 걱정된다는 의견도 있고요. 정말 오버투어리즘 문제를 해결하려면 관광지 주민의 삶을 존중하는 태도가 중요하다는 얘기도 나와요. 정책을 세우는 정부도, 관광객도 관광지를 '놀다 오는 곳'으로만 생각하기보다, '사람이 사는 곳'으로 생각할 필요가 있다는 거예요.

자료출처: 뉴닉(2024년 4월 8일)
추가자료: 여행톡톡, 김지수 기자(2023년 8월 31일)

제11장 북부 지역

11-01 통금 시간이 있는 마을이 있다고?
　　　-자유롭지 않은 자유의 마을, 완전무장한 비무장지대-

11-02 눈맛나는 평양냉면 먹으러 가자!

▶ 9사(지리)11-01

통금 시간이 있는 마을이 있다고?
- 자유롭지 않은 자유의 마을, 완전무장한 비무장지대 -

성취기준	분단이 우리의 일상생활에 미친 영향을 살펴보고, 분리와 연결의 공간으로서 접경지역의 다양한 모습을 세계 여러 지역의 사례를 통해 비교한다.
성취기준 해설	분단이 우리의 일상생활에 미친 영향을 살펴보는 과정을 통해 자신의 삶과 연계하여 평화 감수성을 함양할 수 있도록 의도하였다. 또한 분리 또는 연결의 공간으로서 접경지역의 특성이 지역마다 다양하게 나타나며, 특히 국가 간의 지정학적, 지경학적 측면의 역동적 관계에 따라 접경지역이 단절의 공간에서 개방의 공간으로 또는 그 반대로 바뀔 수 있다는 것을 우리나라와 세계 여러 지역의 사례를 통해 비교해 봄으로써 한반도 접경지역에 대해 상상하고 의미를 재구성해 보도록 설정된 것이다.
핵심 요소	분단이 우리의 일상생활에 미친 영향, 분리와 연결의 공간, 접경지역, 평화 감수성, 단절과 개방의 공간
교과 역량	☐ 창의적 사고력　　　　　　　　　☑ 비판적 사고력 ☐ 문제 해결력 및 의사 결정력　　☑ 의사소통 및 협업 능력 ☐ 정보 활용 능력

📁 수업 안내

우리나라 한강 하면 떠오르는 경관이 있으신가요? 한강은 봄이면 사람들이 모여 꽃놀이를 하고 무더운 여름이면 수상레포츠를 즐기거나 열대야에 더위를 식히는 휴식처가 됩니다. 가을이면 단풍이 떨어지고 겨울에도 많은 사람들의 운동 코스가 됩니다. 요약하자면 평화로운 휴식의 공간 혹은 아름다운 나들이의 공간이라고 할 수 있습니다. 그런데 이러한 한강의 전혀 다른 모습을 알고 계신가요? 저도 30여 년 동안 이러한 모습의 한강만을 경험하다가 김포지역의 한강공원을 다녀오고 꽤 다른 모습에 이질감을 느낀 경험이 있습니다. 김포지역 한강공원의 산책길 바로 옆에는 철조망과 출입을 금하는 팻말, 초소 등이 있습니다. 서해와 연결된 한강 하류로 북한이 침입하는 것을 방지하고 경계하기 위한 이유일 것입니다. 열심히 걷고 자전거를 타는 김포 시민들 사이에서 저 혼자 '참 다른 모습이구나'라고 생각했습니다. 다른 나라 사람들은 대한민국을 떠올리면 휴전국가로 큰 위험성이 있다고 생각하지만 북한이 도발을 하여 뉴스에 크게 나오는 순간에도 우리는 출근하고, 등교하고, 일상생활을 유지합니다. 어쩌면 가장 가까이에서 분단을 겪고 있기에 진정한 평화에 대해 고민할 기회가 없었던 것은 아닐까요? 이제 우리 아이들은 분리의 공간에서 연결과 평화를 상상해 볼 수 있도록 이 단원을 구성하였습니다.

📁 수업 들어가기

교사: <사진 1>은 어디일까요?

학생들: 강? 공원? 한강?

교사: 맞아요! 한강공원입니다. 가 본 적이 있나요?

학생1: 네.

교사: 무엇을 하러 갔나요?

학생1: 가족들하고 나들이 가서 라면 먹고 오리배를 탔어요!

학생2: 저희 이모는 한강에서 매일 조깅을 한대요.

교사: 즐겁게 휴식하거나 운동을 하는 모습을 떠올렸군요.

교사: 그럼 <사진 2>는 어디일까요?

학생들: 강? 공원? 철조망이랑 경고판이 있어요.

교사: 맞아요. 여러분이 말한 것처럼 강, 산책길, 철조망, 경고판이 보이네요. 이곳은 한강 하류인 김포지역 한강공원의 사진입니다. 왜 똑같은 한강공원 사진인데 <사진 1>과 <사진 2>처럼 다른 모습이 나타날까요?

학생들: 군사지역이어서요.

교사: 저런 철조망이나 경고판이 주로 어디에, 왜 있는지 생각해 보세요.

학생들: 북한?

교사: 그쵸. 김포지역의 한강공원은 한강 하류에 해당되어 서해를 통해 북한에서 쉽게 들어올 수 있는 곳이에요. 철조망으로 안전을 지키고 군사시설 근처 접근을 금지하는 경고판이 붙어 있는 거죠. 오늘의 수업을 통해 분단이 우리의 일상생활에 미치는 영향과 여러 가지 접경지역의 모습을 알아봅시다.

● 활동 1

'수업 전' 접경지역 워드클라우드

대한민국의 접경지역하면 떠오르는 단어(모습)는 무엇인가요? 자유롭게 이야기해 보고 워드클라우드를 제작해 봅시다.

활동 Tip

선생님들께 설명 및 제안: 워드클라우드 생성기(wordcloud.kr) 등을 이용하여 제작할 수 있습니다. 많은 횟수로 언급된 단어는 크게, 적은 횟수로 언급된 단어는 작게 만들어집니다. 수업 초반에는 뉴스에 나오는 갈등 상황과 관련된 전쟁과 아픔에 관한 단어가 많이 언급될 것입니다.

📁 읽기 자료: 세계 여러 접경지역

목숨을 건 월담, 미국 멕시코 국경 장벽: 미국과 멕시코의 접경지역

3144km에 달하는 미국과 멕시코의 국경에는 다양한 장벽이 세워져 있습니다. 강철판이 사막을 가로지르고, 강에는 철조망과 수중장벽이 있기도 합니다. 이는 멕시코를 비롯한 중남미 불법 이민자를 막기 위한 것입니다. 불법 이민자들은 국경에 오기까지 정글을 지나고 달리는 기차지붕에 오르며 목숨을 걸고 이동합니다. 매일 1만 명 이상, 2017년(트럼프 행정부, 11조 원을 들여 장벽을 강화함)에는 42만 명, 2023년(바이든 행정부, 온건한 자세를 보여 어린이를 비롯한 이민자 수가 증가함)에는 248만 명의 사람들이 국경을 넘었습니다.

미국과 멕시코를 갈라놓은 국경 펜스

독일을 통일시킨 말실수, 베를린 장벽 붕괴: 동독과 서독의 접경지역

베를린 장벽은 동독과 서독의 경계에 세워진 담장입니다. 동독 국민들은 감시와 억압 속에서 살고 있는데 서독 사람들은 자유롭고 경제적으로도 발전하는 모습을 보며 동독을 탈출하려는 사람들은 더욱 늘어갔습니다. 대규모 이탈 사태를 더 이상 방관할 수 없었던 동독은 국민의 자유로운 해외여행을 보장하였습니다. 이러한 조치가 언제부터 유효한지를 묻는 질문에 중앙 위원회 정보 담당 서기인 샤보프스키는 "지금 즉시."라고 답하였습니다. 이 소식이 전해지자 많은 동베를린 시민들이 베를린 장벽으로 몰려들었고 장벽은 세워진 지 30년 만인 1998년에 무너졌습니다.

장벽 위에 서 있는 베를린 시민들

국기로 하는 전쟁, 와가보더의 국기하강식: 인도와 파키스탄의 접경지역(카슈미르)

카슈미르는 1947년 제1차 세계대전 이후 영국으로부터 독립한 인도와 파키스탄의 영토분쟁지역입니다. 인도 쪽은 잠무 카슈미르라고 불리며 힌두교를 믿고, 파키스탄 쪽은 아자드 카슈미르라고 불리며 이슬람을 믿습니다. 인도와 파키스탄의 세 차례 전쟁 이후 현재까지도 양국 갈등이 지속되고 있습니다. 접경지역인 와가보더(Wagah Border)의 국기 하강식에서 양국 군인들은 각 국가의 강력한 힘과 자존심을 과시하기 위해 춤을 추거나 과장된 걸음을 보여 줍니다. 마치 놀이공원 퍼레이드 같은 모습이 유명해지면서 사람들이 많이 찾는 관광지가 되었습니다.

옆 집에 가려면 국경을 넘어야 하는 마을, 바를러: 네덜란드와 벨기에의 접경지역

바를러는 암스테르담에서 남쪽, 브뤼셀에서 북쪽에 위치한 마을입니다. 네덜란드 쪽은 바를러나사우(Baarle-Nassau)라고 하고 인구는 6600여 명에, 개신교를 믿습니다. 벨기에 쪽은 바를러헤르토흐(Baarle-Hertog)라고 하고 인구는 2600여 명에, 가톨릭을 믿습니다. 12세기 이곳을 지배하던 군주와 공작에 의해 토지 구획, 토지 판매가 복잡해지며 네덜란드 영토와 벨기에 영토가 복잡하게 얽혀 있습니다. 그래서 한 건물이 두 국가에 걸쳐 있는 경우도 종종 있는데 이 경우 출입문이 어느 나라에 속하는지에 따라 건물의 소속이 정해집니다. 한 걸음만 가면 국경을 넘을 수 있는 재미있는 산책을 하기 위해 많은 관광객이 이 지역을 찾고 있습니다.

● 활동 2

이런 마을이 있다? 없다?

다음의 질문을 던지며 있다? 없다? 게임을 해 봅시다.

1. 통금 시간이 있는 마을이?
2. 국방과 납세의 의무를 면제받는 마을이?
3. 외부인과 결혼한 여성은 고향을 떠나야 하는 마을이?
4. 1년에 8개월 이상을 거주하지 않으면 주민자격이 상실되는 마을이?
5. 매일 저녁 19시 군인이 인원 점검을 하는 마을이?
6. 아파서 병원을 가려면 육군헬기를 타야 하는 마을이?
7. 등하교할 때 유엔 군인이 호위를 해 주는 마을이?
8. 미군이 영어선생님인 마을이?
9. 고향으로 돌아올 때는 UN사령관의 허락을 받아야 하는 마을이?
10. 인공기와 북한 사람이 보이는 마을이?
11. 북한까지 걸어서 5분 걸리는 마을이?
12. 비무장지대 안에 있는 마을이?

📂 읽기 자료

남한의 비무장지대(DMZ) 내 유일한 민간인 마을, 대성동 마을

내비게이션에도 나오지 않지만, 행정구역상으로 경기도 파주시 군내면 조산리에 있는 '대성동 자유의 마을'은 1953년 7월 27일 휴전협정에 따라 판문점 공동경비구역(JSA) 내에 남북이 각각 1곳씩 민간 거주 마을을 두기로 합의하면서 8월 3일 북한 '기정동 평화의 마을'과 함께 생겼습니다. 두 마을 사이의 거리는 불과 800m 정도입니다. 대성동 마을과 기정동 마을 사이에는 철조망이 없습니다. 군인들이 경계를 서는 철조망은 남방한계선입니다. 대성동에서 북한 기정동까지는 1.4km로 달리면 10분 안에 도착하는 거리이고, 성인 걸음으로 대성동에서 북한

까지 5분 거리입니다. 분단 전 두 마을 사이에 흐르는 사천강은 가뭄시기에는 그냥 걸어서 건너갈 수도 있었습니다. 그래서 두 마을 사이에 친척 관계도 다수 있었습니다.

- 자유롭지 않은 자유의 마을

대한민국 법률에 따라 규제를 받지만 유엔사령부의 통제 아래 있습니다. 판문점과 다르게 일반인 관광은 불가능하며 주민들의 출입까지 통제되는 곳입니다. 외부인은 마을 주민의 초대로 사전에 신청한 사람만 오전 9시부터 오후 5시 30분까지 그것도 정해진 시간만 출입할 수 있으며, 출입 시 JSA 민정중대의 경호를 받아야 합니다. 마을 주민들도 출입 시 사전에 통보해야 하며 자정부터 새벽 5시까지는 통행이 금지됩니다. 저녁 7시에는 민정중대가 가구별 인원 점검을 합니다. 1997년 10월 17일 농사철이 아닌 때는 주민들은 도토리를 주워 팔곤 했습니다.

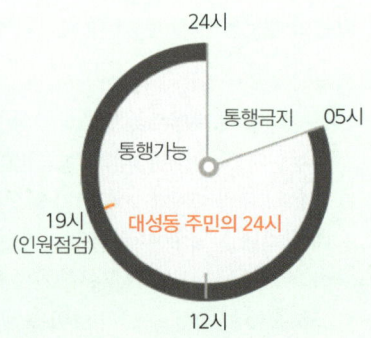

대성동의 농작물은 유기농으로 인식되어 도토리 한 포대에 200만 원 정도 했을 정도로 높은 가격에 팔 수 있었습니다. 그러던 어느 날 대성동 주민 모자가 도토리를 줍다가 군사분계선을 넘어 납치되었고 다행히 정부의 노력으로 무사히 귀환하게 되었습니다. 반면 돌아오지 못한 김세연 납북사건도 있습니다. 1975년 8월 농사를 돕기 위해 방문한 외부인 김세연 씨를 북한 무장 군인이 끌고 갔고 즉각 소환을 요구했으나 북한은 월북자라고 주장하였습니다. 결국 김세연 씨는 돌아오지 못했고 이후 인민공화국대학을 다닌다는 소식이 전해집니다. 김세연 씨는 당시 북한 체제선전에 적합한 인물이었을 것입니다.

- 선전마을

마을회관 시설 중 꼭 가볼 만한 곳은 옥상에 있는 전망대입니다. 이곳에서는 북한의 국기게양대, 개성공단, 기정동 마을, 개성 송악산을 한눈에 볼 수 있습니다. 망원경으로는 기정동마을 주민들의 모습도 선명하게 볼 수 있습니다. 옥상에서 본 국기게양대는 남과 북이 경쟁하듯이 마주하고 있습니다. 1987년 남북 체제경쟁의 일환으로 게양대를 만들었고 태극기와 인공기가 높이 경쟁을 했습니다. 자유의 마을 국기게양대는 99.8m로 국내 최고 높이를 자랑하며 태극기 크기는 가로 18m, 세로 12m에 달합니다. 김 이장은 "국기게양대는 분단의 아픔을 상징하는 시설물로 북한에서도 잘 보일 수 있도록 높게 설치한 것"이라고 말했습니다. 한편, 건너편 기정동 마을 국기게양대는 원래 80m 남짓이었지만 남한을 의식한 듯 165m 높이로 다시 만들어 세웠다고 합니다.

국기게양대는 물론 기정동 평화의 마을, 개성공단 등이 한눈에 보인다. 자유의 마을과 기정동 마을 사이의 거리는 800m밖에 되지 않는다. (출처: 한국저작권위원회-전영재)

- 이곳에 왜 살까?

주민 전창복(63) 씨는 자유의 마을에서 태어나 63년 동안 이 마을에 살고 있습니다. 마을 주민 대부분이 전

씨와 같이 휴전 당시 이곳에 주소지를 둔 사람이거나 그 직계가족입니다. 전 씨는 "대부분 마을 주민들은 이곳이 고향이기 때문에 떠나지 않고 살고 있습니다. DMZ 내에 살다 보니깐 불편한 점도 있지만 장점도 있습니다. 무엇보다 가구 수가 얼마 안 돼 조용하고 가족같이 지내고 있어 좋아요"라고 말했습니다. 자유의 마을은 지난해 기준, 49세대 193명이 거주하고 있습니다. 통제가 있어 불편한 만큼 정부로부터 각종 지원 혜택을 받고 있습니다. 대한민국 국민의 4대 의무 중 국방과 납세의 의무를 면제받고 있습니다. 병역 면제에 악용하는 경우를 방지하기 위해 시집온 며느리는 주민이 될 수 있지만, 딸은 외부 남자와 결혼을 하면 마을에서 떠나야 합니다. 또한 거주권 심사가 까다로우며 8개월 이상 계속 살지 않으면 주민 자격이 상실됩니다. 단, 중고등학교 교육을 받기 위해 타지로 나가는 경우는 제외됩니다.

대성동초등학교(출처: 한국저작권위원회-박종우)

주민들은 개인소유권은 없고 경작권만 인정돼 쌀, 콩, 고추 등을 주로 재배해 경제적인 수입을 얻고 있습니다. 쌀은 정부가 30%, 지역 농협 쌀종합처리장(RPC)이 50%, 자체RPC에서 약 20%를 수매합니다. 특히 이 지역은 DMZ접경 청정지역이라는 특성을 살려 고부가가치의 쌀을 생산합니다. 하지만 외부 인력의 출입이 어려워 일손이 부족해 다양한 작물을 재배하지 못하는 어려움도 있습니다. 특수한 마을, 교육환경도 특별해 경쟁률이 높습니다. 비무장지대 내 유일한 교육시설은 대성동초등학교와 유치원입니다. 이 학교의 위치는 북쪽 기정동 마을을 바라보는 서향입니다. 그래서 혹시 모를 안전에 대비하여 창문 대신 방탄 벽돌로 창문을 가려놓았습니다. 대성동 초등학교는 6·25전쟁 이후 1954년 주민 자치로 운영되다가 1968년 5월 8일 대성동국민학교로 인가를 받으며 3학급으로 개교했습니다. 현재 학생 수는 학년당 5명씩 1학급, 즉 6학급으로 편성해 총 30명이고 교사 및 행정직원 수가 22명입니다. 입학 자격은 마을 주민이어야 하고 외부인은 추첨을 통해 들어갈 수 있습니다. 대성동초등학교는 한때 신입생이 없어 폐교 위기에 처했지만 지역의 역사를 볼 때 존재 가치가 커 2006년 공동학구로 지정하고 외부 학생의 입학을 허용했습니다. 일주일에 10시간씩 유엔사 미군이 맞춤형 영어교육을 하고 있고 교육과정은 일반 학교와 동일합니다. 다만, 스쿨버스 출입 시간이 정해져 있어 방과 후 교육활동이 선택이 아니라 필수이며 무료입니다.

한국 전쟁을 멈추게 했던 휴전 협정 당시, 남·북한은 휴전선으로부터 남, 북으로 각각 2km씩 병력을 배치하지 않기로 하였는데 이 지역이 바로 비무장지대입니다. 이와 같은 비무장지대가 없이 양측 세력이 완전히 맞닿아 있다면, 군사적 충돌이 발생할 가능성이 높아지고, 자칫 잘못하면 큰 사태로 번질 수 있으므로 비무장지대의 역할은 매우 중요합니다. 이런 이유로 이곳은 민간인의 출입이 허락되지 않으며, 중립국 감시단이 지속적으로 해당 구역이 비무장으로 잘 유지되고 있는지 감시 활동을 펼칩니다. 남측 비무장지대에는 스위스, 스웨덴 각 5명 대표단이 중립국감독위원회를 열고 있으며 북한측에 의해 지명된 중립국감독위원회인 폴란드, 체코는 1986년 철수했습니다. 비무장지대에 우리나라 사람이 들어가려면 유엔군사령관의 허락이 필요합니다. 과거 우리 정부가 휴전협정에 참여하는 것을 거부했기에 휴전협정에는 우리 측 서명이 없습니다(북한, 중국, 미국만 있음). 따라서 관련된 발언권이 없고 내부에 들어갈 수도 없습니다.

한편, 이 구역은 1953년에 설치된 이후로 사람들의 출입이 통제되었던 만큼 환경 오염이 거의 없다시피 합니다. 각종 1급수 어류뿐만 아니라, 멸종 위기에 처해 있는 동식물도 다수 서식하고 있는 것으로 알려져 있는데, 그렇기 때문에 통일이 되더라도 이 지역을 개발하지 않고 잘 보존해야 한다는 목소리도 많습니다.

- 비무장지대 내 영화관, 가 봤니?

대성동 자유의 마을은 2012년 경기도·롯데시네마와 협약을 체결해 DMZ 내 최초로 영화관을 개관했습니다. 상영 날짜는 매월 첫째, 셋째 토요일입니다. DMZ 내에서 영화를 보면 어떤 기분일까요? 마을회관 2층을 개조해 총 52석으로 만든 영화관은 마을 내 유일한 문화시설로 주민들에게 인기입니다. 김 이장은 "2012년 경기도·롯데시네마와 협약을 체결하고 영화관을 만들었는데 매월 첫째, 셋째 토요일에 무료 상영하는 것을 원칙으로 합니다. 영화 '건축학개론'을 상영한 적이 있었는데 반응이 너무 좋았어요"라고 말했습니다.

출처: 대한민국 정책브리핑, 강혜옥 기자(2016년 6월 21일)

● 활동 3

'수업 후' 접경지역 워드클라우드

수업을 통해 접경지역에 대해 학습한 후 대한민국의 '접경지역' 하면 떠오르는 모습(단어)는 무엇인가요? 자유롭게 이야기해 보고 워드클라우드를 제작해 봅시다.

> **활동 Tip** 초반 활동 워드클라우드와 후반 활동 워드클라우드의 차이점을 비교하며 활동하면 접경지역에 대한 아이들의 생각이 변화한 것을 함께 파악할 수 있습니다.

◆ 교과 세특

- 평화로운 한강공원의 사진과 철조망이 있는 한강공원의 사진을 보고 분단이 우리 생활에 미친 영향에 대해 고민함.
- 접경지역하면 떠오르는 단어를 언급하여 반 친구들과 함께 워드클라우드를 제작하고 접경지역에 대한 학습 전과 후의 생각을 비교함.
- 우리나라의 접경지역 이외에 다른 나라의 접경지역에 대해 학습하고 관광 요소, 평화의 상징 등 다양한 모습의 접경지역에 대해 조사함.
- 비무장지대 관련 영상을 통해 현재도 진행되고 있는 전쟁의 흔적과 생태계에 대해 학습하고 전쟁과 평화에 대해 생각함.

📁 읽기 자료

비무장지대(DMZ: Demilitarized Zone)란?

한국 전쟁을 멈추게 했던 휴전 협정 당시, 남·북한은 휴전선으로부터 남, 북으로 각각 2km씩 병력을 배치하지 않기로 하였는데 이 지역이 바로 비무장지대이다. 이와 같은 비무장지대가 없이 양측 세력이 완전히 맞닿아 있다면, 군사적 충돌이 발생할 가능성이 높아지고, 자칫 잘못하면 큰 사태로 번질 수 있으므로 비무장지대의 역할은 매우 중요하다. 이런 이유로 이곳은 민간인의 출입이 허락되지 않으며, 중립국 감시단이 지속적으로 해당 구역이 비무장으로 잘 유지되고 있는지 감시 활동을 펼친다. 남측 비무장지대에는 스위스, 스웨덴 각5명 대표단이 중립국감독위원회를 열고 있으며 북한측에 의해 지명된 중립국감독위원회인 폴란드, 체코는 1986년 철수했다. 비무장지대에 우리나라 사람이 들어가려면 유엔군사령관의 허락이 필요하다. 과거 우리 정부가 휴전협정에 참여하는 것을 거부했기에 휴전협정에는 우리 측 싸인이 없다.(북한, 중국, 미국만 있음) 따라서 관련된 발언권이 없고 내부에 들어갈 수도 없다.

한편, 이 구역은 1953년에 설치된 이후로 사람들의 출입이 통제되었던 만큼 환경 오염이나 파괴가 기의 없다시피 하다. 각종 1급수 어류뿐만 아니라, 멸종 위기에 처해 있는 동식물도 다수 서식하고 있는 것으로 알려져 있는데, 그렇기 때문에 통일이 되더라도 이 지역을 개발하지 않고 잘 보존해야 한다는 목소리도 많다.

▶ 9사(지리)11-02

눈맛나는 평양냉면 먹으러 가자!

성취기준	세계시민의 관점에서 한반도 평화의 중요성을 논의하고, 한반도 평화와 통일 환경 속에서 우리의 삶과 국토의 미래를 구상한다.
성취기준 해설	한반도, 동아시아, 글로벌 스케일에서 한반도 평화의 중요성을 다각적으로 논의하고, 평화 감수성을 기반으로 남북 갈등을 평화적으로 해결하기 위한 태도를 기를 수 있도록 설정된 것이다. 나아가 지리적 상상력을 바탕으로 미래 통일 환경 속에서 펼쳐질 우리 삶의 변화와 국토의 모습을 구체적으로 그려볼 수 있도록 의도하였다.
핵심 요소	한반도의 평화, 통일 국토의 미래, 통일과 우리 삶의 변화
교과 역량	☑ 창의적 사고력　　　　　　　☐ 비판적 사고력 ☑ 문제 해결력 및 의사 결정력　☐ 의사소통 및 협업 능력 ☑ 정보 활용 능력

📁 수업 안내

이번 단원에서는 세계시민의 관점에서 한반도 평화의 중요성을 논의하고, 한반도 평화와 통일 환경 속에서 우리의 삶과 국토의 미래를 구상하는 것을 강조하고 있습니다. 이 내용을 반영하여 '눈맛나는'이라는 표현을 통해 북한과 대한민국의 언어에 차이가 있음을 확인할 수 있도록 했고, '평양냉면 먹으러 가자!'라는 표현을 통해 한반도 평화의 중요성과 통일 환경 속에서 우리의 삶 모습을 상상할 수 있도록 구성했습니다.

활동 1에서는 한반도에 평화가 찾아온다면 각 주체들이 겪을 변화를 상상하여 작성하도록 했습니다. 다양한 스케일의 주체를 〈보기〉로 제시하여 학생들이 다양한 관점에서의 변화를 상상해 본 후, '한반도의 평화'라는 관점에서 통일의 중요성을 서술하도록 구성했습니다.

활동 2에서는 기존 통일 교육에서 강조했던 경제적 효과뿐만 아니라 일상생활의 변화를 구체적으로 그려 볼 수 있도록 했습니다. 하나의 상황을 제시하여 통일이 된다면 일상생활에 어떤 변화가 생길 것인지 예상하여 작성할 수 있도록 했으며, 학생들에게 가장 익숙한 공간인 학교에서는 어떤 변화가 발생할지, 직업에는 어떤 변화가 있을지 생각해 보도록 했습니다.

통일 단원은 찬성과 반대 의견이 아닌 통일 이후의 모습을 상상하도록 함으로써 통일의 중요성을 확인할 수 있도록 설계했습니다.

📂 수업 들어가기

교사: 오늘 수업의 주제에 있는 '눈맛'의 뜻은 무엇일까요?
학생: 눈 맛이 난다, 맛있다, 아무 맛이 없다, 눈으로만 봐도 맛있게 보인다 등 다양한 답변.
교사: 평양냉면은 어느 지역에서 만들어졌을까요?
학생: 평양이요, 북한이요 등 다양한 답변.
교사: 눈맛나는 평양냉면을 먹으려면 어떻게 해야 할까요?
학생: 통일을 해야 한다, 북한과 교류 해야 한다 등 다양한 답변.

활동 Tip
'눈맛'은 북한에서 눈으로만 봐도 맛있게 보인다는 표현이며, '평양냉면'은 평양 지방의 향토음식입니다. '눈맛나는 평양냉면 먹으러 가자!'는 질문을 통해서 통일 후 예상되는 일상에 나타날 변화 모습을 상상할 수 있도록 의도했습니다.

● 활동 1

한반도에 평화가 찾아온다면?

1. 한반도에 평화가 찾아온다면 〈보기〉에 제시된 주체들이 겪을 변화를 상상하여 써 봅시다.

〈보기〉
입대를 앞둔 대학생, 경기도 파주 시민, 여행사 대표, 강원특별자치도지사,
중국, 일본, 국제 연합(UN) 회원국, 외국인 관광객 등

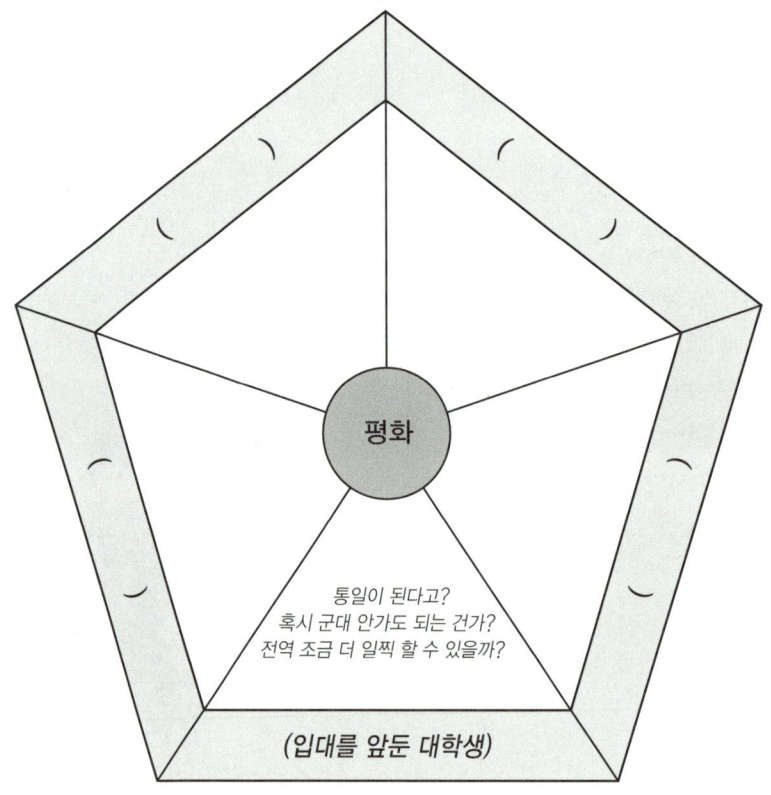

2. 한반도 평화의 관점에서 통일의 중요성을 생각해 봅시다.

통일은 한반도 내 군사적 긴장을 종식시키고, 분단으로 인한 비용을 절감하여 지속 가능한 항구적 평화를 구축할 수 있음. 분단으로 인해 발생하는 안보 위협을 제거하고 한반도에 진정한 평화를 가져와 줄 수 있음. 동북아시아의 평화와 공동체 발전에 기여할 수 있음 등

> **활동 Tip**
> 1. 5명으로 구성된 모둠에서 '한반도에 평화가 찾아온다면 각 주체들이 겪을 변화'를 상상하여 적어 봄으로써 통일의 중요성을 느낄 수 있도록 지도해 주세요.
>   : 국민, 기업가(경제적 관점), 동북아시아, 국제적 관점에서 통일 후 겪을 변화를 상상함으로써 통일의 중요성을 파악할 수 있도록 구성함.(모둠 구성원에 따라 모양 변경 가능)
> 2. 세계시민의 관점에서 통일의 중요성을 파악함으로써 '평화감수성'을 함양할 수 있도록 지도해 주세요.

● **활동 2**

1. 통일 후 예상되는 경제적 효과를 작성해 봅시다.

대륙으로의 진출 유리, 동아시아 물류 중심지, 군사 비용 절감, 남한의 기술 및

자본과 북한의 노동력 및 지하자원의 결합 등

2. 제시된 글의 빈칸에 이어질 내용을 상상하여 작성해 봅시다.

부산에 사는 중학교 3학년인 민성이는 큰 변화를 앞두고 있다. 작년 통일이 이루어진 후 중학교 사회 교사로 근무하고 있는 어머니가 각 시도 단위로 실시하는 '남북 교사 교류 근무 활동'에 신청했고, 그 결과 평안남도 평성시 ◇◇중학교로 발령을 받은 것이다. 회사원인 아버지도 평성시에 있는 지점으로 이동하여 근무하게 되었기 때문에 민성이도 당장 2학기부터 평성시 ○○중학교로 전학가기로 결정되었다. 한 달 뒤부터는 익숙한 부산을 떠나 새로운 환경에서 지낼 생각을 하니 걱정이 이만저만이 아니다. 평성시에서 생활하는 친구들은 어떤 게임을 하는지, 무슨 메신저로 소통을 하는지 등 그곳의 생활에 관련해서 아는 것이 아무것도 없기 때문이다. 말투가 다르다고 놀림 받는 것은 아닐지, 급식 메뉴가 입맛에 맞을지 등 걱정이 꼬리에 꼬리를 물었다.

… 〈중략〉 …

시간은 빠르게 지나가 ○○중학교로 등교하는 날이 되었다. 조례 시간 담임 선생님의 안내에 따라 교실로 들어간 민성이는 자기소개를 했다.

"안녕? 난 부산에서 전학 온 김민성이라고 해. 앞으로 잘 부탁해."

자기소개 후 자리에 앉은 민성이는 옆자리 지현이에게 인사를 한 뒤, 1교시 사회 수업을 준비했다. 1교시가 시작되었고, _____

3. 통일 후 예상되는 직업의 변화에는 무엇이 있을까요? 그 이유와 함께 작성해 봅시다.

쇠퇴할 직업	유망 직업
군 관련 직업: 군사력이 축소되기 때문	관광 가이드: 새로운 관광 명소를 안내할 일이 많아지기 때문

> **활동 Tip**
> 1. 통일 후 예상되는 경제적 효과를 교과서에서 찾아 작성하도록 지도해 주세요.
>   (예) 대륙으로의 진출 유리, 동아시아 물류 중심지, 군사 비용 절감, 남한의 기술 및 자본과 북한의 노동력 및 지하자원의 결합
> 2. 통일 후 변화할 중학생의 삶을 상상하여 작성함으로써 통일 환경 속에서 나타나는 우리 삶의 변화를 파악할 수 있도록 지도해 주세요.
> 3. 통일 후의 직업 변화를 예상하여 작성함으로써 통일 환경 속에서 나타나는 우리 삶의 변화를 파악할 수 있도록 지도해 주세요.
>   → 내용 작성에 어려움이 있다면 챗GPT, Gemini 등의 AI 프로그램을 활용할 수도 있습니다. 또한, 유망 직업의 모습을 AI 프로그램을 이용하여 그려보도록 해도 좋습니다.

◆ **교과세특**

- 지리적 상상력을 바탕으로 한반도에 평화가 찾아온다면 **여행사 대표가 북한 지역 관광 상품을 개발하여 홍보할 것이라는** 구체적인 변화 모습을 제시함. 통일의 중요성을 **남북 간의 교류와 협력이 가능해지고 안정을 추구할 수 있으며, 지구촌 평화 및 글로벌 경제 안정**이라는 타당한 근거를 제시하여 발표함.
- 통일 이후 중학생이 겪을 변화를 상상하여 생생하게 표현하는 창의적 사고력이 돋보임. 통일 환경 속에서는 **새로운 관광 명소를 안내할 일이 많아지기 때문에 관광 가이드**가 유망 직업이 될 것이라는 의견을 제시하고, 본인의 진로를 탐색하는 모습을 보임.

📁 읽기 자료

독일

동서독은 접촉과 교류협력의 방식에 차이가 있었음에도 실천가능한 작은 일로부터 출발하는 '작은 걸음'으로 접근했다. 이들은 현실과 동떨어진 맹목적 통일지상주의를 추구하지 않았고, 이념적 대립이 고조되던 냉전시기에도 정치적 사안이 접촉과 교류협력에 영향을 미치지 않도록 노력했다. 양독 간 편지와 전화를 할 수 있도록 했고 상호방문의 폭을 점점 넓혀나갔다. 언론, 특히 상호간 TV를 자유롭게 시청하게 했다. 경제교류 가운데 물품거래와 같은 것은 대부분 동독에 유리한 조건으로 이루어졌다. 동서독 간 교류와 협력은 북핵문제와 같은 안보갈등이 없었기 때문에 지속적으로 유지될 수 있었다. 분단 이후 지속되어 온 동서독 간 접촉과 교류협력 그리고 상호왕래가 없었다면 동독주민의 자유의사에 의한 서독으로의 편입이 어려웠을 것이다. '접근을 통한 변화', 즉 동방정책이라는 접촉과 교류협력 정책이 상호 신뢰를 쌓게 했으며 독일을 통일시킨 밑거름이 되었다.

출처: 성장환(2015)

예멘

남북으로 갈라졌던 예멘이 통일된 것은 1990년 5월이었다. 동·서독 통일보다 4개월 앞섰다. 서독이 동독을 '흡수 통일'한 것과 달리 남·북예멘은 '합의 통일'을 이뤘다. 냉전 국가 중 최초로 '기적적인 통일'을 일군 사례로 평가 받았다. 그런 예멘이 분열과 대립을 극복하지 못하고 29년 만에 다시 갈라질 위기에 처했다.

예멘 내분의 배경에는 지배 세력 간의 권력 다툼과 이념 갈등, 경제적 이해관계가 얽혀 있다. 이 나라는 1918년 오스만제국으로부터 독립한 북예멘(예멘아랍공화국)과 1967년 영국에서 벗어나 소련식 사회주의를 택한 남예멘(예멘인민민주공화국)으로 분리됐다가 70여 년 만에 극적으로 통합했다.

그러나 사회통합에는 실패했다. 인구가 많은 북예멘 쪽으로 권력이 쏠리면서 남예멘 쪽의 불만이 누적됐다. 사회주의 체제에 길들여졌던 남예멘 지역의 빈곤 문제도 심각했다. 이 때문에 통일 4년 만에 내전을 겪었다. 북예멘의 승리 이후에도 갈등은 계속됐고, 유전을 둘러싼 이권다툼까지 겹쳤다.

또 다른 뇌관은 종교 갈등이었다. 시아파 무장 단체 후티가 반란을 일으켜 수도 사나를 점령했다. 예멘 정부는 수니파 아랍국의 도움으로 아덴 등 남부 지역을 수복했다. 지난해 말 전투가 소강상태에 접어들자 이번에는 옛 남예멘 지역의 분리주의 세력이 들고일어났다. 이들은 '남부 예멘 자치정부 설립'을 내세우고, 정부군은 '반군 퇴치 후 중앙정부 수립'을 주장하며 싸우고 있다.

더욱 심각한 것은 이웃 나라들의 개입이다. 아랍에미리트(UAE)는 남부 분리주의 세력을, 사우디아라비아는 예멘 정부군을 지원하고 있다. 사우디아라비아와 대립각을 세우는 이란은 후티 반군에 힘을 실어주고 있다. 최근엔 이슬람국가(IS) 세력까지 가담해 피아를 구분할 수 없는 '전쟁 속 전쟁'을 치르고 있다. 국민들의 삶은 피폐해져 살인적인 인플레이션과 식량 부족, 전염병에 시달리고 있다. 지난해 1인당 국민소득은 919달러로 북한(약 1200달러)과 함께 최빈국 그룹에 속한다.

한때 아시아·아프리카·유럽을 잇는 무역 중심지였던 예멘이 '준비 안 된 통일'로 신음하는 것을 보면서 새삼 우리 현실을 돌아본다. 국제 사회가 "유일한 분단국가인 한국이 통일을 준비하려면 독일보다 예멘 사례를 먼저 연구해야 한다"고 조언하는 이유도 되새기게 된다.

출처: 한경, 고두현 논설위원(2019년 9월 2일)

키프로스

키프로스는 지중해 동쪽 부분에 있는 섬나라이다. 지중해에서는 세 번째로 큰 섬이고, 세계에서 81번째로 큰 섬이다. 키프로스는 지리적 위치로 인해 미케네, 페티키아, 이집트, 페르시아, 로마, 프랑크, 베네치아, 오스만 투르크, 영국 등 수많은 외부 세력의 지배를 받아 왔다. 1960년 영국으로부터 독립하였지만 키프로스에 함께 살고 있는 그리스계 주민과 튀르키예계 주민의 갈등으로 인해 1974년 내전이 발생하여 현재는 그리스계의 키프로스 공화국(南 키프로스)과 튀르키예계의 북키프로스튀르키예공화국(北 키프로스)으로 분단되어 있다.

北 키프로스 주민들은 통일에 찬성하는 반면, 南 키프로스 주민들은 통일에 반대하는 경향을 보여 주고 있다. 2004년 4월, 남북 키프로스에서 UN 통일안에 대한 국민투표를 실시한 결과이다. 국민투표에서 北 키프로스 주민의 약 65%가 통일에 대한 찬성표를 던졌으며, 南 키프로스 주민의 약 76%가 통일에 대한 반대표를 던졌다. 하지만 2007년 12월에 실시된 조사에서 튀르키예계 주민의 약 60%가 그리스계와의 통일을 원하지 않고 2개의 키프로스에 찬성하였다.

다음으로 아랍권 위성방송이 알자지라(al-Jazeera)가 실시한 설문조사 결과이다. 2014년의 설문조사이다. 그리스계 503명과 튀르키예계 502명을 대상으로 조사한 결과에 따르면, [당신이 죽기 전 통일이 될 가능성]에 대한 질문에 대해서 그리스계는 58%, 튀르키예계는 48%가 부정적으로 응답했다. [통일에 실패할 것]이라는 질문에 대해서 그리스계 74%, 튀르키예계 60%가 실패할 것이라고 응답했다.

출처: 차문석(2017), 한명섭(2020)

제12장 지속가능한 세계와 글로컬 시민

12-01 金붕어가 된 붕어빵

12-02 티끌 모아 태산?

12-03 유네스코 세계자연유산 등재를 반대하는 지역 주민들이 있다?!

12-04 내가 우리 지역의 해결사

▶ 9사(지리)12-01

金붕어가 된 붕어빵

성취기준	우리나라 주요 식량 자원 및 에너지 자원의 소비 현황과 수입국 현황을 분석하여 이와 관련된 문제를 파악하고, 자원의 지속 가능한 확보 방안을 모색한다.
성취기준 해설	지구적 차원에서 생산 및 소비되는 식량 자원, 에너지 자원의 소비 현황과 주요 수입국 현황을 다양한 매체 및 자료를 기반으로 분석하도록 설정된 것이다. 이를 통해 자원의 생산과 이동이 우리의 삶과 다른 지역 주민의 삶이 긴밀하게 연결되어 있음을 인식할 수 있도록 의도하였다. 국가적 관점에서뿐만 아니라 전 지구적 관점에서 경제와 환경이 균형 있게 성장하는 포괄적이고 총체적인 방향으로 지속가능한 자원 개발 및 확보가 이루어져야 한다는 것에 초점을 두고 지속가능한 자원 확보 방안을 모색하는 데 중점을 둔다.
핵심 요소	식량 자원, 자원의 생산과 이동, 지역 주민의 생활, 지속가능한 자원 확보
교과 역량	☐ 창의적 사고력　　　　　　　　　　☑ 비판적 사고력 ☑ 문제 해결력 및 의사 결정력　　　　☑ 의사소통 및 협업 능력 ☑ 정보 활용 능력

📁 수업 안내

식량 자원은 곡물, 육류 등 먹을 수 있는 동식물 자원으로 인간의 생존에 꼭 필요합니다. 오늘날 농업의 세계화와 기업화에 따라 다양한 식량 자원을 이전보다 손쉽게 구할 수 있게 되었습니다. 동네 마트에 가거나 온라인마트를 보면 다양한 농산물과 가공식품들이 넘쳐납니다. 그러나 기상 이변, 전쟁 등으로 농산물 생산량이 감소하거나 산업용 곡물 수요가 급증하면 국제 곡물 가격의 변동성이 커져 식량을 안정적으로 확보할 수 없는 문제가 생기기도 합니다. 식량 자원을 안정적으로 확보하지 못하면 국가 안보에 큰 영향을 미칩니다. 또 식량 자원은 수확에 시간이 걸리기 때문에 수요와 공급을 빠르게 조절하기 어렵습니다. 그래서 이러한 자원의 특성을 이해하고 우리나라에서도 식량 자원의 지속가능한 확보를 위해 어떤 노력을 하면 좋을지 생각해 보는 시간을 제공하고자 합니다.

최근 우리나라의 평균 곡물 자급률은 약 20% 대로 집계되고 있습니다. 그래서인지 세계 곡물 파동이 일어나면 생활 물가가 치솟으면서 빵플레이션, 콘플레이션 등 장바구니 품목에 '−플레이션'을 붙인 신조어가 쏟아지곤 합니다. 가격이 급등하는 제품군에 물가 상승을 뜻하는 인플레이션(inflation)을 붙인 표현들이지요. 이렇게 농업 부문에서 곡물 가격 상승이 전반적인 물가 상승으로 이어지는 애그플레이션은 우리 경제 생활 전반에 영향을 주게 됩니다.

12-1단원에서는 지구적 차원에서 생산되고 소비하는 식량 자원의 소비 현황과 주요 수입국 현황을 분석해 보고, 자원의 생산과 이동이 우리의 삶과 다른 지역 주민의 삶이 긴밀하게 연결되어 있음을 인식하는 기회를 제공하고자 합니다.

📁 **수업 들어가기**

교사: 여러분은 겨울철 길거리 간식을 좋아하나요? 붕어빵, 호떡, 어묵 등 겨울철에 먹는 달콤한 간식은 추위를 사르르 녹여 주는 기분이죠.

학생1: 저도 붕어빵과 호떡을 좋아해요! 요즘에는 맛도 다양해지고 있고요. 그런데 요즘 가격이 너무 올랐어요. 얼마 전까지만해도 1,000원이면 두 마리를 먹을 수 있었는데, 이제 겨우 한 마리밖에 못 먹어요.

교사: 우리나라는 많은 식량 자원을 수입해서 소비하는데, 여러 가지 이유로 수입하는 농산물의 가격이 오르면

결국 우리 물가에도 영향을 줘요. 붕어빵의 주 재료인 밀가루, 붉은 팥, 식용유, 설탕 등의 가격이 최근 몇 년 사이 상당히 올랐지요. 전 세계적으로 전쟁, 이상 기후 등으로 식량 자원의 공급이 불안정해지면 가격이 급등합니다. 이 때문에 일시적인 식품의 공급 대란이나 관련된 물가가 상승할 수 있지요.

학생2: 수입 농산물의 가격이 비싸면 우리나라에서 빨리 재배해서 소비하면 되지 않을까요?

교사: 그렇게 하면 참 좋겠지만, 식량 자원은 수확에 시간이 걸리기 때문에 수요와 공급을 빠르게 조절하기가 어려워요.

학생1: 그렇다면 제가 앞으로 어떠한 이상 기후에도 끄떡없이 농사를 지을 수 있는 기술을 개발해 보아야겠어요!

교사: 우리나라 미래에 희망이 될 것 같군요. 우리나라의 주요 식량 자원의 현황을 살펴보고, 지속가능한 식량 자원의 확보 방안에 대해서 생각해 볼까요?

● **활동 1**

마트 빙고 게임

〈게임 방법〉
1. 모둠별(또는 개인별)로 온라인마트를 둘러보며 상품의 원재료와 원산지를 조사한다.
2. 조사한 상품의 사진을 찍고 온라인게시판을 통해 친구들과 공유한다.
3. 온라인마트에서 팔고 있는 상품의 원산지를 리스트로 정리한다.
4. 빙고판에 리스트에 있는 원산지(국가)를 채우고, 빙고 게임을 실시한다.

1. 온라인마트에서 팔고 있는 상품을 조사해 봅시다.

상품명	원재료	원산지
바나나		필리핀
자반고등어		노르웨이
귀리쌀		캐나다
○○과자	밀	오스트레일리아
돼지고기		칠레

2. 빙고판

필리핀	노르웨이	캐나다	오스트레일리아	칠레

활동 Tip
- 마트에서 팔고 있는 상품의 원산지를 조사한 후 나라 이름 빙고 게임을 통해 자연스럽게 연결된 세계를 학습할 수 있습니다.
- 마트의 상품을 조사할 때 농산물을 비롯하여 각종 가공식품도 조사해 볼 수 있도록 지도해 주세요.
- 학생들이 직접 마트에 가서 촬영한 사진을 공유하거나, 교사가 준비한 마트의 상품 사진을 함께 보며 게임을 진행할 수 있습니다.
- 학교 근처 마트의 사진 자료를 통해 생동감 있는 수업을 진행할 수 있습니다.

● 활동 2

지금 우리 마트는?

우리 동네 마트에서 일어나고 있는 일을 밀착 취재해 봅시다.

▶ 9사(지리)12-01 숲붕어가 된 붕어빵

1-1. 이 사진의 이름은 무엇인가? 무슨 상황에서 촬영한 것인가?
1-2. 무엇을 볼 수 있는가? 앞쪽, 뒤쪽에는 무엇이 있는가? 중요한 것, 사소한 것은 무엇인가?
2-1. 계절이 바뀌면 이곳에서 어떤 물건을 팔 것인가?
2-2. 다른 장소들과 어떻게 연결되어 있을까? (세계 장소, 국내 장소 등)
3-1. 사람들은 왜 이장소에 있을까? 무엇을 사고 있을까?
3-2. 사람들은 물건을 사면서 어떤 것을 고려하고 있을까? 어떤 문제가 발생하고 있는가?
4-1. 이 사진에 대해서 어떤 느낌이 드는가?
4-2. 사람들에게 어떤 질문을 하고 싶은가? 등등

> **활동 Tip**
> - 우리나라에서 소비되는 식량 자원에 대해 분석하는 활동입니다. 우리 동네 마트에 직접 방문해서 어떤 상품이 판매되고 있는지, 이것은 어디로부터 왔는지 등을 알아볼 수 있습니다. 이를 통해 다른 나라와 우리나라가 연결되어 있음을 느낄 수 있도록 지도해 주세요.
> - 식량 자원의 현황과 관련된 다양한 사진을 교사가 제공하거나 학생들이 사진을 수집하여 분석할 수 있습니다.

● 활동 3

우리 밥상 '출신국 지도' 만들기

1. 오늘 우리 집의 밥상 또는 학교의 급식 메뉴를 분석해 봅시다.

메뉴	원재료	원산지
밥	쌀	대한민국
동태국	동태	러시아
	무	대한민국

불고기	소고기	오스트레일리아
	양파	대한민국
콘치즈	통조림 옥수수	미국
	치즈	뉴질랜드

2. 원재료와 출신국가를 지도에 표시하고, 각 국가가 어떻게 연결되어 있는지 확인해 봅시다.

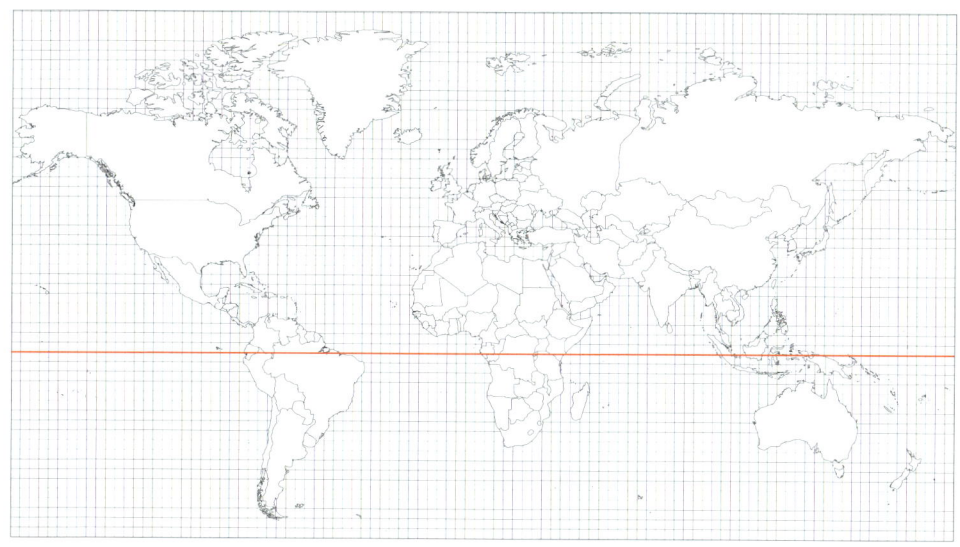

활동 Tip
- 우리나라 주요 식량 자원의 소비와 수입 현황을 분석하기 위한 활동입니다. 가능한 한 자세하게 원재료를 분석할 수 있도록 지도해 주세요.
- 학교 급식의 경우 국내산 재료를 쓰는 경우가 많아 수입산 재료의 비중이 크지 않을 수 있습니다. 이때 며칠 식단을 모아서 조사하거나, 마트에서 쉽게 볼 수 있는 재료의 원산지를 조사하는 활동으로 대체할 수 있습니다.

1) 자원 이동 지도 사이트(https://resourcetrade.earth)에서 수출국, 수입국, 상품 종류, 연도, 기준 등을 선택합니다.

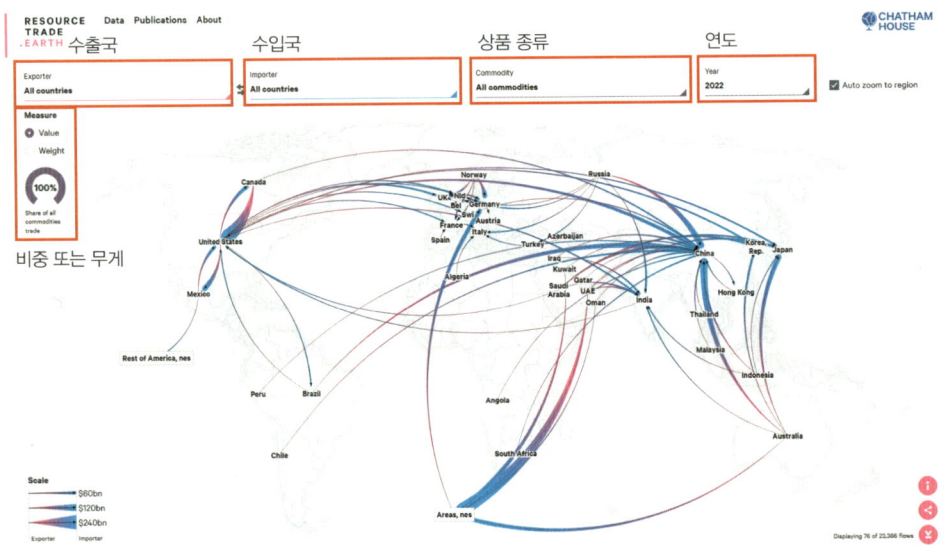

2) 우리나라에서 수입하는 식량 자원의 종류와 양, 국가별 순위를 살펴봅니다.

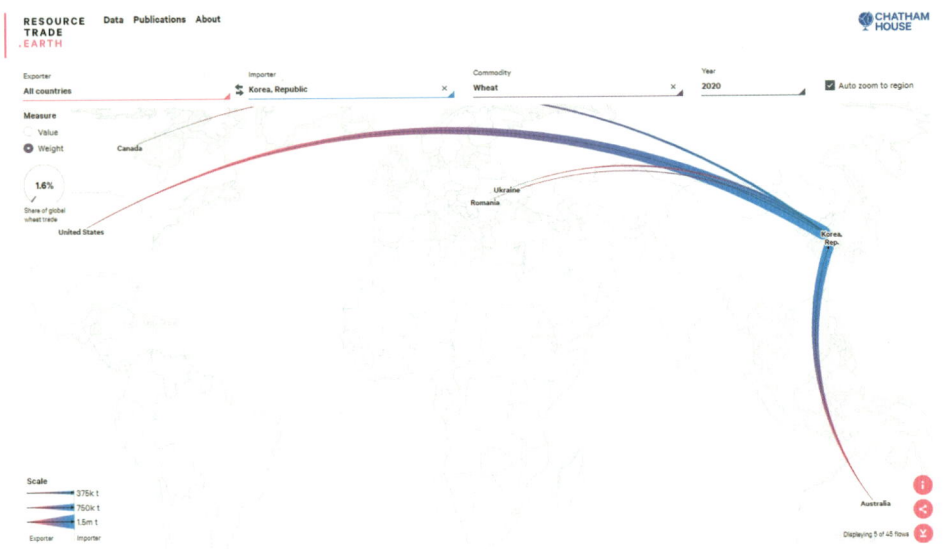

2020년 우리나라의 밀 수입량

● 활동 4

식물도 공장에서 생산된다고?

P사(팜에이트)는 샐러드채소의 안정적인 원물 공급 및 유통을 위해 스마트팜 재배시스템을 구축했다. 샐러드용 채소는 원물 가격이 기온에 따라 변동이 크다. 평소에는 가격이 저렴하더라도 날씨가 더워지는 시기에는 가격이 폭등한다. 그러나 가공 샐러드의 판매가는 고정되어 있기 때문에 가공샐러드를 취급하는 P사(팜에이트) 입장에서는 수급이 불안정한 작물에 대해서 안정적인 공급망을 확보해야 했다.

P사(팜에이트) 식물공장

무엇보다 샐러드용 채소는 노지 대비 생산성이 크게 오르는 작물이다. 노지에서는 잠깐의 기온 변화에도 잎채소가 쉽게 녹아내릴 수 있지만 스마트팜에서는 환경 관리만 해 주면 그럴 우려가 없기 때문이다. P사(팜에이트)는 스마트팜으로는 주로 허브, 유러피안채소 등 국내에서 쉽게 생산하기 어려운 특수채소류를 생산하고 있다.

출처: 더바이어, 김선희 기자(2021년 1월 18일)

1. 내가 농부라면 어떤 어려움이 있을지 생각해 봅시다.

농부의 어려움: 투입되는 노동 강도에 비하여 소득이 많지 않다.

이상 기후 현상으로 한 해 농사를 망치기도 한다.

개선 방안: 농업에 스마트 기술을 접목하여 기온, 습도 등을 제어하여 농사를 짓는다.

2. 제시된 사례 이외에 지속가능한 식량 자원 확보를 위한 노력을 찾아봅니다.

포스코인터내셔널, 세계 10위권 식량 메이저 기업으로 도약

포스코인터내셔널은 4월 발표한 성장전략의 일환으로 식량사업 세부계획을 수립하고, '세계 10위권 메이저 식량 기업'으로 성장한다는 계획을 밝혔다.

이를 위해 글로벌 원조 조달체계 확보, 안정적 식량 밸류체인 구축, Ag-Tech 신사업 육성 등 3대 전략 방향 아래 2030년까지 과감한 투자를 통해 경작지 86만ha 확보, 생산량 710만 톤, 가공물량 234만 톤 체계를 구축하는 목표를 제시했다. 경작지 86만ha는 서울시 면적의 약 15배 규모로 호주, 북미, 남미 등 주요 생산국가의 영농기업과 합작을 통해 원곡 자산을 확보한다는 전략이다. (출처: 머니투데이, 이세연 기자, 2023)

포스코인터내셔널 우크라이나 곡물터미널

1) 곡물 터미널은 무엇을 위한 시설일까요?

2) 식량 자원 확보를 위한 우리의 노력을 찾아봅니다.

활동 Tip
- 지속가능한 식량 자원의 확보 방안을 탐색하는 활동입니다. 제시된 사례는 우리나라의 식량 자원의 공급망 확보 사례입니다.
- 식량 자원의 확보 방안으로 수입국 다변화, 식량 자원 생산 기술력 향상 등 다양한 방면 사례를 제시하고 생각할 수 있도록 지도하면 좋을 것 같습니다.

● 활동 5

아껴쓰고 다시쓰는 식량 자원

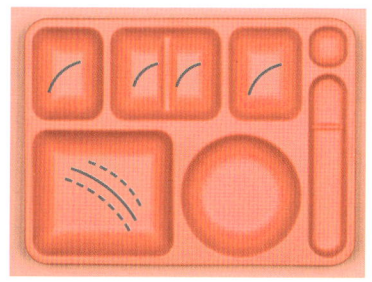

무지개식판

식판에 식사량을 조절할 수 있도록 선을 그려 넣어 잔반을 줄일 수 있도록 기획한 아이디어 상품이다.

커피박

커피의 향과 무기질, 단백질 등 영양분이 포함되어 있는 커피박(커피찌꺼기)을 잘 말려 탈취제, 제습제 청소, 비료 등으로 활용하고 있다. 커피팟은 커피찌꺼기로 만든 화분이다.

1. 학교에서 식량 자원을 아껴쓸 수 있는 아이디어를 논의해 봅시다.

(예) 학생들이 좋아하는 음식으로 구성한 메뉴를 제공한다.
학생들이 먹기 어려워하는 음식의 조리법을 바꾸어 본다.
잔반 없애기 캠페인을 통해 경각심을 세워준다.

2. 학교 급식의 잔반을 없애기 위한 캠페인 문구를 제작해 봅시다.

> **활동 Tip**
> 지속가능한 식량 자원의 확보 방안을 탐색하는 활동입니다. 식량 자원을 추가로 더 확보하는 것뿐 아니라 기존의 자원을 효율적으로 활용하는 것도 지속가능한 자원 이용의 한 방법이 될 수 있습니다. 학생이 일상생활에서 자원을 효율적으로 사용할 수 있도록 실천 활동을 제공해 볼 수 있습니다.

◆ 교과 세특

(활동 3)

- 밥상 위에서 볼 수 있는 음식 메뉴의 원재료와 원산지를 구체적으로 조사하여 제시함. 식량 자원의 이동 경로를 지도에 표시하고, 우리나라에서 수입하는 식량 자원의 종류와 양, 국가 순위를 활동지에 상세하게 작성함.
- 다양한 음식 메뉴의 원재료와 원산지 사례를 조사하고 표로 보기 좋게 정리함. 우리나라에서 수입하는 식량 자원의 종류와 양, 국가 순위를 시각적으로 지도에 잘 표현하고 자신 있게 발표함.

– 마트에서 쉽게 볼 수 있는 다양한 식량 자원의 원산지를 조사하여 상세하게 기술함. 각 식량 자원의 이동을 지도로 표현하고 식량 자원의 수입이 우리나라에 미치는 영향에 대해 자신의 생각을 논리적으로 발표함.

(활동 5)
– 학교에서 식량 자원을 아껴쓸 수 있는 다양한 아이디어를 유창하게 작성함. 이를 설득력 있는 캠페인 문구로 제작하여 친구들의 큰 호응을 얻음.
– 식량 자원의 지속 가능한 확보 방안 사례를 조사하여 학교에 접목할 수 있는 아이디어를 제안하고 이를 구체적인 글로 작성함. 학교 급식 잔반을 줄이기 위한 캠페인 활동에 적극적으로 참여함.
– 주어진 식량 자원을 절약함으로써 지속 가능한 식량 자원을 소비할 수 있는 아이디어를 다양하게 제안함. 식량 자원의 효율적으로 활용해야 하는 것에 대한 문제 의식이 뛰어남. 학교 급식 잔반 줄이기 캠페인에 참여하여 학교 구성원을 설득하는 데 앞장섬.

📂 읽기 자료

세계를 움직이는 미국 콘 벨트

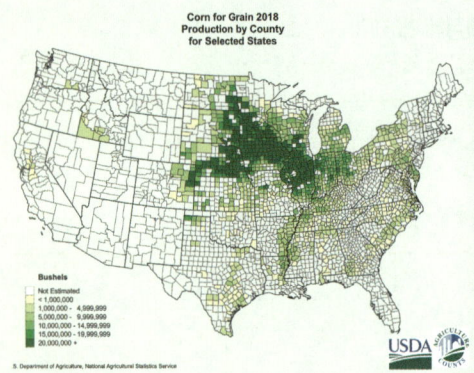

미국의 광활한 영토 중 가장 비옥한 땅을 가지고 있다는 미국 농업의 중심지 '콘벨트(Corn Belt)'지역을 알고 계시나요? 콘벨트 지역은, 한 번 들어가면 죽기 전까지 빠져나오기 힘들다고 알려질 정도로 거대한 옥수수 밭입니다. 2022년 미국 농무부(USDA)에서 발표된 자료에 따르면 이 지역에서 생산되는 옥수수 생산량은 미국 전체의 약 90%를 차지하고 있다고 합니다. 옥수수는 인류의 3대 식량 자원이자, 가축 사료와 바이오 연료, 제지산업 등에 중요한 원료로 사용되고 있는 곡물입니다.

미국은 세계 최대 옥수수 생산국이자 수출국입니다. 미 농무부(USDA)가 집계한 글로벌 옥수수 생산 통계에 따르면 2021/2022년 미국은 3억8394만 메트릭 톤(전 세계 수확량의 31.9%)의 옥수수를 생산해 세계 1위 생산국 자리를 지켰습니다. 같은 기간 글로벌 옥수수 수출 시장에서 미국의 점유율은 30% 이상으로 전체 국가 중 가장 높았습니다.

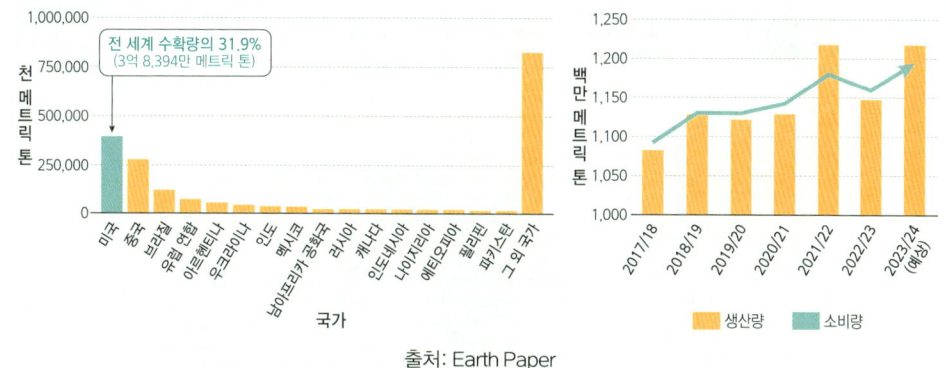

출처: Earth Paper

현재 미국에서 생산되는 옥수수의 40% 가까이는 수출되고, 약 30%는 사료용, 에탄올 생산과 식품·음료 및 기타 소비재 시장에서 소비되기도 합니다. 우리나라는 미국의 5위 수출 대상국으로, 한국무역통계진흥원(KTSPI)에 따르면 지난해 미국은 우리나라의 옥수수 수입시장에서 26.1%의 점유율을 차지했습니다. 이러한 미국이 우리에게 옥수수를 팔지 않는다고 하면 어떤 일이 벌어질까요? 아니면 옥수수 가격을 올린다면 우리는 어떻게 해야 할까요?

출처: 코트라 해외시장뉴스(2022년 5월), 농촌진흥청 국립식량과학원 웹툰(23. 다양한 소재로 이용되는 옥수수)

📁 융합 수업

우리나라는 어떤 고기를 가장 좋아할까?

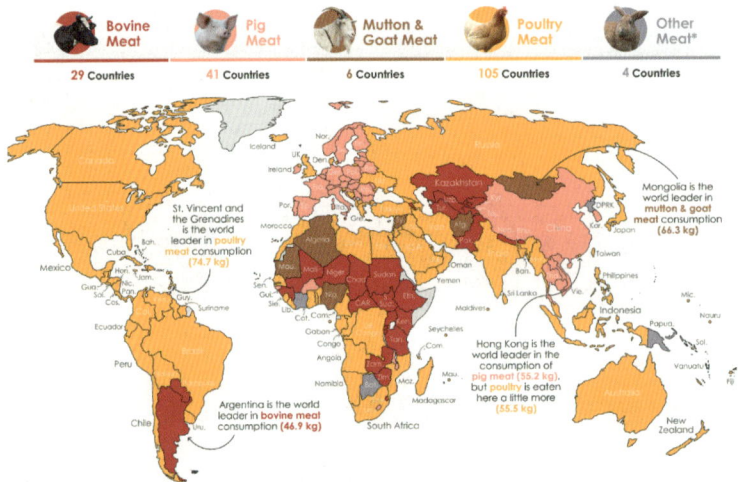

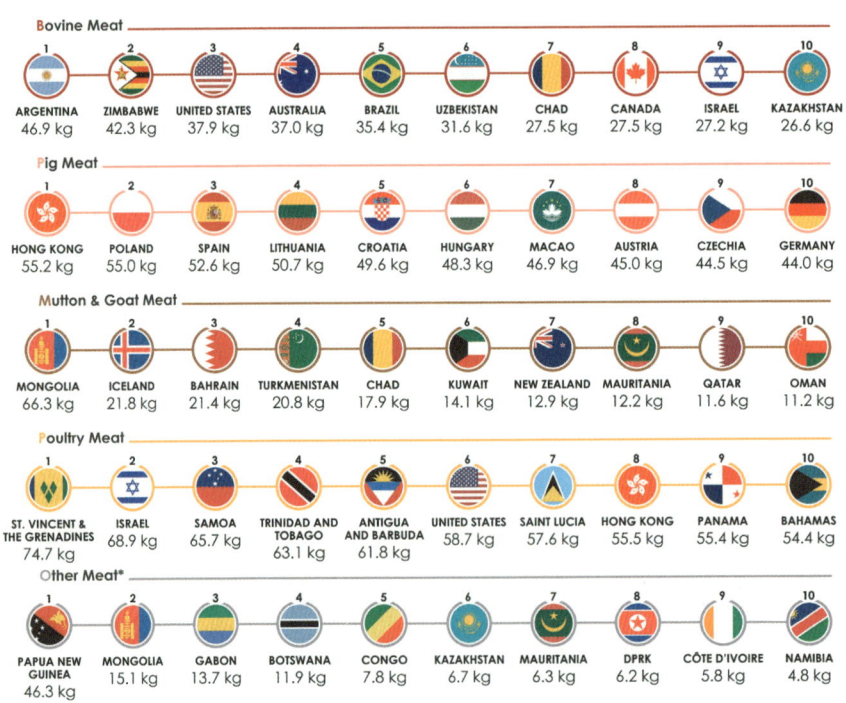

출처: VISUAL CAPITALIST

1. 각 국가별 가장 많이 소비하는 육류는 무엇인지 써 봅시다.

2. 지역별로 육류 소비량이 차이나는 이유는 무엇인지 토론해 봅시다.

활동 Tip
- 각 국가에서 가장 많이 소비한 육류의 종류를 살펴보며, 지역의 식생활 차이를 탐구할 수 있습니다.
- 특히 종교와 관련 지어 선호하는 육류가 달라질 수 있음을 함께 지도하면 좋을 것 같습니다.

📁 융합 수업 〈사회 + 기술·가정〉

GMO, 식량 자원 확보의 답일까?

유전자변형(GMO) 밀 재배를 승인한 브라질

기상이변으로 식량난이 가중되고 있는 가운데 브라질이 아르헨티나에 이어 세계에서 2번째로 유전자변형(GMO) 밀 재배를 승인했다. 현지시간 3일 아르헨티나 일간지와 브라질의 한 매체에 따르면 브라질 정부는 2021년 GMO 밀 'HB4'로 만든 밀가루를 수입한데 이어 최근 GMO 밀 국내 경작을 허용키로 했다.

앞서 아르헨티나는 지난 2020년 생명공학업체인 B사가 개발한 GMO 밀 'HB4'에 대해 상업용 유통을 세계 최초로 허가했다. HB4는 일반 밀보다 생산량이 20% 더 높은 것으로 알려졌다. 해바라기의 유전자를 활용했기 때문에 가뭄에도 더 잘 견딜 수 있다고 현지 매체는 전했다.

B사 측은 "브라질 정부가 HB4의 안전성 평가를 마치고 상업화에 대해 본격적으로 허가했다"고 밝혔다. 이어 "기존 품종보다 40% 이상 수확량이 많아 가뭄 스트레스로 힘들어하는 농부들에게 훌륭한 대안이 될 수 있을 것"이라고 덧붙였다.

그동안 GMO는 가축 사료로 주로 사용되는 옥수수와 콩으로 한정됐다. 밀은 쌀과 함께 인간의 주식으로 사용되기 때문에 밀에 대한 유전자 조작은 오랫동안 금기시됐다. 문제는 '유전자 오염'이다. 농산물을 재배하고 수확하는 과정에서 교차 수분 중에 자연적으로 일반 밀과 GMO 밀이 섞이는 유전자 오염이 일어날 수 있다. 또 식품 생산 시스템 안에서 성분이 뒤섞이거나 실제로 검출되는 사례도 있다.

출처: 조세일보, 김상희 기자(2023년 3월 4일)

---

1. 윗글의 유전자 변형 작물(GMO)의 특징에 대해 조사해 봅시다.

GMO란 Genetically Modified Organism의 약자로 생물체의 유전자 중 유용한 유전자를 취해 그 유전자를 갖고 있지 않은 생물체에 삽입하여 새로운 품종을 만드는 기술을 활용해 재배·육성된 농산물을 말한다. 최초의 GMO는 1994년 미국 칼젠사가 무르지 않는 토마토를 개발하였고 제초제에 강한 콩, 병충해에 강한 옥수수 등 다양한 품종이 지속적으로 개발 및 상업화가 이루어지고 있다.

2. 유전자 변형 작물(GMO)이 식량 자원 확보를 위한 방안이 될 수 있을 것인지에 대한 자신의 생각을 정리해 보고, 친구들과 토론해 봅시다.

찬성	반대
생산량 증대뿐만 아니라 병충해 내성 향상 효과 덕분에 생산비용 절감에도 기여한다.	해충 및 잡초 제거를 위한 목적으로 살포되는 글리포세이트 성분의 제초제 라운드업이라는 제품이 대표적인데 이것이 뿌려져 자란 작물을 섭취할 시 암 또는 알레르기 유발 가능성이 있다.

▶ 9사(지리)12-02

티끌 모아 태산?

성취기준	지역 개발과 환경 보존을 둘러싼 글로컬 환경 이슈에 관심을 가지고 자신의 웰빙 및 공동체의 지속 가능한 발전을 위해 참여하고 실천한다.
성취기준 해설	다양한 스케일에서 일어나는 글로컬 환경 이슈에 학생들이 관심을 가지도록 하고, 환경과 인간의 공존을 추구하며 자신과 타인 및 지구촌 구성원 전체의 웰빙을 기반으로 한 지속가능한 발전을 위해 참여하고 실천하는 기회를 제공하는 데 초점을 둔다.
핵심 요소	지역 개발과 환경 문제, 글로컬 환경 이슈 및 지속가능한 발전
교과 역량	☑ 창의적 사고력 ☑ 비판적 사고력 ☑ 문제 해결력 및 의사 결정력 ☑ 의사소통 및 협업 능력 ☑ 정보 활용 능력

📂 수업 안내

'티끌 모아 태산?'이라는 발문으로 수업을 설계한 이유는 우리가 버리는 작은 쓰레기가 태산이 되어 환경에 영향을 미치기 때문입니다. 첫 번째로 설계한 수업은 헌 옷과 관련하여 '진우가 버린 청바지가 왜 칠레에 있을까?'라는 활동입니다. 우리나라 의류 폐기물의 대부분은 해외에서 처리됩니다. 또한 우리나라는 전 세계 의류 폐기물 수출액 5위 국가로서 칠레의 알토 스피시오, 가나의 아크라, 방글라데시의 케라니 간지 등의 옷 무덤에 크게 영향을 미쳤습니다. 의류 폐기물은 대기 오염, 수질 오염 등으로 이어지는 전 지구적인 영향을 미치고 있습니다.

두 번째로 설계한 수업은 환경 문제로 인해 인간뿐만 아니라 다른 생명체들에게도 큰 영향을 미친다는 것을 알려주는 '우리 주변에서 일어나는 동물 연쇄 의문사의 원인은?'이라는 활동입니다. 동물들이 우리가 버린 플라스틱, 비닐 등으로 고통을 받는 사례, 온실가스와 다양한 요인으로 인한 해수면 상승으로 인해 받는 피해 사례 등을 제시하였습니다. 사례를 분석하면서 많은 주체와 환경 이슈가 관련 있다는 것을 학습할 수 있을 것입니다.

이 단원은 글로컬 환경 문제가 다양한 주체와 관련이 있다는 것을 학습하여 지속 가능한 발전을 탐구하고 실천하는 것에 중점을 둡니다. 다양한 주체의 활동이 전 지구적 환경 문제에 어떤 영향을 미치는지 학습하고 해결 방안을 모색하여 실천한다면 미래에도 지속 가능한 발전이 가능할 것입니다. 자신의 작은 행동이 글로컬 환경 문제와 관련이 있다는 것을 인지하는 것만으로도 학습자의 생활 속 태도가 달라질 것으로 기대합니다.

📂 수업 들어가기

교사: 팩 우유에 붙어 있던 빨대가 사라지게 된 이유가 무엇일까요?
학생: 뉴스에서 봤는데 사람들이 빨대를 모아 편지를 써서 기업에 보내는 활동을 하고 있다고 했어요.
교사: 빨대가 있으면 편하게 마실 수 있는데 그런 활동을 하는 이유가 무엇일까요?
학생: 빨대 사용으로 플라스틱 사용이 증가하고 그로 인해 환경 오염이 심해지고 있어요. 거북이 코에 빨대가 껴서 죽은 사진도 봤어요.

교사: 어느 때보다 환경에 관심이 높아지고 있습니다. 환경 이슈를 해결하기 위해 다양한 측면에서 노력하고 있습니다. 소비자는 통조림 햄 뚜껑 모아서 보내기 운동, 분리배출 잘하기, 과대 포장된 제품 사지 않기 등으로 행동하고 있어요. 생산자들은 굳이 쓰지 않아도 되는 플라스틱이나 포장재 사용을 줄이고 재활용이 잘되는 물건을 만들기 위해 노력하고 있습니다. 환경 문제는 하지만 한 주체의 노력으로 해결되는 것이 아니기 때문에 다양한 주체들이 각각 노력을 해야 합니다. 그러면 오늘은 환경 이슈와 관련해서 지속가능한 발전이 이뤄질 수 있는 방법을 찾아보도록 해요.

● 활동 1

진우가 버린 청바지가 왜 칠레에 있을까?

진우는 아타카마 사막을 여행하는 도중 옷 무덤을 발견하였다. 마을 사람들이 재활용이 가능한 옷을 고르고 있어 궁금증에 진우도 가까이 가보았다. 옷더미에서 익숙한 청바지가 보여 꺼내보니 진우가 초등학생 때 입던 청바지였다. 진우는 너무 놀라 길에 있는 할아버지에게 말을 걸었다. 할아버지는 자기 고향이 쓰레기장이 되어간다고 한숨을 내쉬었다. 이 옷들은 외국에서 왔고, 옷 무덤이 생긴 지 오랜 시간이 지났지만 계속 쌓이기만 할 뿐 옷이 썩지 않아 골칫덩이라고 한다. 사막에 옷 무덤이 생긴 이후로 공기의 질이 나빠지고 지하수를 오염되고 있다고 한다. 현지 주민과 가축에 심각한 영향을 주고 있다고 한다. 또한 훗날 이런 고기를 수입해 사 먹을 세계 시민들에게까지 피해가 돌아갈 수 있다고 하며 진우에게 문제의 해결방안을 찾아달라고 부탁하였다.

옷 무덤이 된 아타카마 사막

1. 진우가 버린 청바지가 왜 칠레에 있는지 자유롭게 생각해 보고 모둠원들과 이유를 1가지 골라 봅시다.

모둠원들의 다양한 의견	① 패스트 패션 때문이다. ② 옷이 너무 쉽게 버려진다. ③ 한국에서 버린 옷을 해외로 보낸다. ④ 옷이 썩지 않는다. ⑤ 버릴 돈이 없다.
우리 모둠에서 선택한 이유 1가지	한국에서 버린 옷을 해외로 보낸다.

2. 옷 무덤이 지역 주민과 환경에 미치는 영향 3가지를 적어 봅시다.

①	옷에 사용된 합성 섬유가 분해되면서 유해 화학물질이 땅과 물로 흘러 들어가서 주민 건강을 위협할 수 있다.
②	매년 많은 헌 옷이 사막에 버려지면서 생태계가 파괴되고 사막의 자연환경을 뒤덮으면서 지역 생물들의 서식지를 망가뜨리고 있다.
③	바람에 날려서 주변 마을까지 헌 옷이 날아가면서 주택가에 날아와 쌓이고, 심지어 집 안까지 들어간다.

3. 1문항에서 선택한 이유와 관련된 해결방안, 문제에 대해서 알고 있는 내용, 문제 해결을 위해서 더 알아야 할 내용을 정리해 봅시다.

해결방안	이미 알고 있는 내용	더 알아야 할 내용
· 국제적 규제 강화 · 소비습관 개선 · 재활용과 업사이클링	· 환경 파괴 · 분해되지 않는 문제 · 현지 주민 건강 위협	· 국내 의류 폐기물 처리 시스템 · 지속 가능한 소재 개발 · 소비자 인식 개선 방법

4. 자료 조사하기

조사한 내용
· 국내 의류 폐기물 처리 시스템: 의류 폐기물 처리 시스템이 제대로 갖춰져 있지 않음. 버려지는 폐의류의 95%가 해외로 수출, 국내에서 재활용하거나 처리하는 비율은 5%. · 지속 가능한 소재 개발: 식물성 대체 가죽, 식물성 섬유 대체재, 목재 기반 플라스틱 등이 있음. · 소비자 인식 개선 방법: 트렌드 만들기, 기업이 모범 보이기, 교육 및 체험, 캠페인 등

5. 조사한 내용을 토대로 다양한 주체들의 지속 가능한 발전 방안을 5가지 이상 만들어 봅시다.

주제	지속 가능한 발전 방안
개인	오래 입을 수 있는 옷을 사고, 유행에 흔들리지 않는 자기 스타일을 만들어야 함.
시민단체	옷 무덤 문제의 심각성을 소비자들과 기업, 정부에 끊임없이 알리고 압력을 넣어야 함.
정부	폐의류 수출 규제를 강화하고, 국내에서 효율적으로 수거 분류, 재활용할 수 있는 인프라를 만들어야 함. 생산자 책임 재활용 제도 도입
기업	친환경 및 재생 소재 개발에 투자해야 함. 생산 과정부터 투명하게 공개해야 함.
국제사회	폐의류의 불법적인 수출입을 막고, 옷 무덤이 생기는 걸 감시해야 함. 지속 가능한 패션에 대한 국제적인 표준 만들기

6. 수업을 통해서 배운 것, 느낀 것, 학습 소감 및 반성에 대한 것을 적어 봅시다.

● 활동 2
우리 주변에서 일어나는 동물 연쇄 의문사의 원인은?

1. 다음은 세계 곳곳에서 일어나는 환경 문제와 관련된 사진입니다. 가장 조사하고 싶은 사건 2가지를 골라 활동을 진행해 봅시다.

A. 플라스틱 조각이 목에 걸린 물개

B. 높은 수온으로 피부가 상한 채 헤엄치고 있는 연어

C. 바다 수온 상승으로 먹이를 구하지 못해 죽어가는 쇠푸른펭귄

D. 죽은 새 사체에서 나온 플라스틱

E. 지속된 가뭄으로 인한 화재로 죽은 사자

F. 홍수로 인해 익사한 고라니

2. 선택한 사진과 관련된 환경 문제를 찾아 설명해 봅시다.

선택한 사진	관련된 환경 문제
A	해양 플라스틱 쓰레기 문제
B	지구 온난화로 인한 수온 상승

3. 2번의 환경 문제로 인한 피해를 찾아보고 이를 해결할 수 있는 방법을 찾아봅시다.

환경 이슈	피해	해결 방법
해양 플라스틱 쓰레기 문제	해양 생물 피해	어업 장비 회수 및 생분해성 어구 사용 촉진
	생태계 파괴	플라스틱 생산 및 소비량 자체를 원천적으로 줄이는 규제 강화
	해양 환경 오염	해양쓰레기 수거 및 처리 기술 개발과 정기적 청소 활동 확대
	경제적 손실	오염자 부담 원칙 적용 및 친환경 산업 전환 지원
지구 온난화로 인한 수온 상승	해양 생물 서식지 변화와 이동	해양 보호 구역을 확대하고 어획량 제한을 강화
	해양 산성화	화석 연료 사용을 줄이고 재생 에너지로 전환
	해양 생물 멸종 위기	인공 서식지 조성 같은 적극적인 보존 노력
	상어 등 위험 생물 출몰 증가	해양 생물 모니터링 시스템을 강화하고, 위험 생물 출몰 시 신속한 경보 체계를 구축

4. 내가 조사한 환경 문제를 해결하기 위해 각각의 주체가 할 수 있는 일을 2가지씩 찾아봅시다.

주체	할 수 있는 것
개인	탄소 발자국 줄이기
	지속 가능한 소비하기
기업	재생 에너지로 전환하기
	지속 가능한 비즈니스 모델로 전환
정부	기후 정책을 더 강화하기
	해양 생태계 보호구역 확대 및 관리
시민단체	문제의 심각성 알리기
	정부와 기업 압박하기

● 활동 3

환경 라이어 게임

1. 다음의 제시어 중 한 가지를 선택하여 참가자들끼리 나눠 가집니다.

〈제시어〉

쓰레기 문제	미세먼지	과대 포장	기후변화	생활 속 화학물질
생태계 훼손	수질 오염	미래 에너지원 및 공급	자연 자원 고갈	환경 불평등
홍수	가뭄	생물다양성	산불	폭염
해양쓰레기	탄소중립	ESG 경영	탄소 포인트제	기후재난
설악산 케이블카 논란	흑산도 국립공원 해제 논란	후쿠시마 원전 오염수 방류	새만금 국제공항 건설 논란	온실가스
도시 녹지 면적 부족	집중호우	미세플라스틱	농업용수 부족	로컬푸드운동

2. 순서를 정해 돌아가면서 받은 제시어에 대해 1문장씩 설명합니다.

3. 2~3바퀴 돌면서 설명이 끝난 후, 참가자들이 누가 라이어인지 지목합니다.

4. 승패 정하기

① 라이어로 지목받은 사람이 라이어가 아니라면 라이어의 승리
② 라이어로 지목받은 사람이 라이어가 맞다면 라이어는 다른 사람들이 받은 제시어를 맞춰야 합니다.
　　②-1 라이어가 말한 제시어가 맞다면 라이어의 승리
　　②-2 라이어가 말한 제시어가 틀리면 라이어의 패배(나머지 승리)

※ 큰 틀은 위와 같으나 여러 가지 룰을 추가해서 활동해도 좋습니다. 환경 이슈에 대해서 스스로 설명해 보면서 환경 이슈에 대한 이해도가 높아질 수 있습니다.

◆ 교과 세특

(활동 1)

- 옷 무덤이 지역주민과 환경에 미치는 영향을 분석하여 의류 폐기물 문제를 인식하고, 이를 해결하기 위한 다양한 주체들의 역할과 책임을 제시함.
- 의류 폐기물 문제에 관심을 가지고 지속 가능한 개발과 환경 보존의 중요성을 이해하며 기업, 개인이 할 수 있는 책임과 역할을 학습지에 정리함.

(활동 2)

- 글로컬 환경 이슈를 이해하고, 자신의 웰빙과 공동체의 지속 가능한 발전을 위해 필요한의 역할과 책임을 설명함.
- 환경 이슈와 관련된 다양한 주체들을 찾아내고, 자신의 웰빙과 공동체의 지속 가능한 발전을 위해 환경 보존과 관련된 실천 방안을 학습지에 정리함.

읽기 자료

수선하면 '보너스'를 준다?

프랑스, 정부가 옷·신발 수선비 보탠다…의류 폐기물 절감책

프랑스 정부가 매년 수십만 톤씩 버려지는 옷이나 신발 등 의류 폐기물의 재활용을 촉진하기 위해 올해 10월부터 '수선 보너스' 제도를 도입한다고 영국 BBC 방송과 일간 가디언이 12일(현지시간) 보도했다. 표현은 '보너스'지만 고객이 수선할 때마다 품목에 따라 6유로(약 8천500원)~25유로(약 3만5천원)를 할인받는 시스템이다. 예를 들어 신발 뒤축 수리엔 7유로(약 9천900원), 재킷이나 스커트 등에 새 안감을 달면 10~25유로를 할인해 주는 식이다.

우선 의류 폐기물을 줄여 환경을 보호하는 게 첫 번째 목표다. 쿠이야르 장관은 "프랑스에서는 매년 70만 톤의 옷을 버린다"며 "그중 3분의 2는 결국 매립된다"고 말했다. 정부로부터 이 제도의 추진을 위임받은 환경단체 '리패션'에 따르면 프랑스에서는 지난해 33억개의 의류와 신발, 가정용 리넨이 시장에 출시됐는데, 이는 전년도보다 50만개나 늘어난 양이다. 쿠이야르 장관은 "정부는 '패스트 패션'에 대처하기 위해 최선을 다하고 있으며, 소비자들이 새 제품을 구입하는 대신 더 많은 '선한' 제품을 구입하고 수선하도록 장려하고 있다"고 말했다.

출처: 연합뉴스, 송진원 기자(2023년 7월 13일)

내가 버린 옷이 가구가 된다?

패션업계는 폐의류 업사이클링을 통해 의류폐기물을 줄이고 환경까지 고려해 구매하는 '가치소비'를 중시하는 소비자들을 공략하고 있다. 업사이클링(up-cycling)이란 단순히 버려진 것을 재사용하는 리사이클링(Recycling)의 상위 개념으로 새로운 것을 더해 전혀 다른 제품으로 다시 생산하는 것을 말한다.

이에 패션업계는 폐의류 업사이클링을 시도하며 환경과 소비자 '두마리 토끼' 잡기에 나섰다.

휠라코리아는 '리턴 투 케어' 캠페인을 통해 버려지는 폐의류를 맞춤 책상으로 업사이클링해 장애 아동에게 지원한다. 수거된 폐의류는 사회적 기업 세진플러스의 업사이클링을 통해 장애 아동을 위한 맞춤 가구로 제작해 재단법인 밀알나눔재단을 통해 장애복지시설에 기부한다. 휠라코리아 관계자는 "수거된 폐의류의 정확한 양은 측정하기 어렵지만 현재 기부받은 폐의류를 책상으로 제작하고 있고 3월 중으로 장애 아동에게 전달할 예정"이라고 말했다.

출처: 서울파이낸스, 권서현 기자(2024년 2월 16일)

'필요 없으면 사지마'라고 홍보하는 기업이 있다?

'굳이 필요하지 않다면 사지 마세요(Don't buy this jacket unless you need it).'

"이 재킷을 사지 마세요, 꼭 필요하지 않으면" 자기 회사에서 제작한 옷을 사지 말라고 하는 브랜드가 있다. 블랙프라이데이때 파타고니아가 뉴욕타임스에 실은 광고다. 옷들이 많이 소비되는 블랙프라이데이에 상품을 생산하는 과정에서 환경이 파괴되는 것을 우려하여 만든 것이다. 이 광고가 실린 이후 파타고니아의 진정성을 느낀 소비자들에 의해 매출이 약 40% 급성장했다. 기업의 사회적 책임(CSR)이 필수로 여겨지는 요즘 시대에 주목할 만한 일이다.

미국의 아웃도어 브랜드 파타고니아는 기업의 이윤을 추구하는 것보다 환경을 우선시하는 친환경 브랜드이다. 파타고니아의 설립자 이본 쉬나드는 파타고니아를 창립한 1973년부터 지구에 대한 사명감이 있다. '최고의 상품을 제작하고, 불필요한 피해를 발생시키지 않고, 환경 문제를 최소화하면서 환경 오염을 해결시키기 위한 사업을 하자'는 그의 경영 철학이다. 제품을 사지 말라는 광고 역시 새로운 옷을 구매하지 않아도 오랫동안 입을 수 있는 좋은 품질의 옷을 만들기 위한 아이디어에 의해 탄생했다. 오래된 옷도 수선해 입도록 저렴한 가격에 웜웨어 서비스와 바느질 도구를 제공한다. 덕분에 '한 번 사면 오래 입을 수 있고, 고쳐 입을 수 있는 옷'이라는 이미지가 만들어져 매출은 고공 행진을 거듭했다. 파타고니아는 매출의 1%를 자연에 돌려주는 '지구세'를 낸다. 창립 당시부터 2017년까지 전달된 지구세만 979억 원이다.

"소비문화를 바꾸기 위해서는 물건을 만드는 회사, 물건을 소비하는 사람들이 지구에 대한 책임 의식을 함께 가져야 합니다. 우리 개인은 물건을 지나치게 소비하는 습관에 대해 돌이켜 생각해 보아야만 합니다. 파타고니아는 기업으로서, 우리 고객들이 물건의 소유자가 되는 것을 돕기 위해 품질이 매우 뛰어나고 수선과 관리가 쉬운 제품을 만들 책임이 있습니다." 파타고니아의 CEO 로즈 마카리오가 전한 말이다. 파타고니아는 지구를 위해 개인과 기업이 모두 책임 의식을 가져야 한다고 말한다. 이렇듯 파타고니아는 기업의 환경적 책임에 대해 모범이 되는 길을 꾸준하게 걸어왔다. 뚜렷한 비전과 실천력으로 소비자들의 많은 사랑을 받는 가운데 파타고니아가 보일 앞날의 행보가 기대된다.

출처: 소비자평가, 문지수 기자(2019년 10월 13일)

옷을 위한 지구는 없다

'누군가 입겠지' 하며 헌 옷 수거함에 넣는 사람들이 많다. 우리가 입는 옷이 페트병과 같은 원료로 만들어졌다는 사실을 아는 사람은 얼마나 될까? 바쁘게 변화하는 사회에서 현대인들은 진정한 멋을 추구하기 위해서 우리는 옷을 어떻게 소비하는 것이 좋을까? 옷에 관한 진실을 '옷을 위한 지구는 없다'에서 확인할 수 있다.

출처: KBS 환경 스페셜

쓰레기에 중독된 코끼리

스리랑카 팔라카두 마을의 쓰레기 매립지에서는 야생 코끼리 무리가 쓰레기 더미 위에서 먹을 것을 찾고 있다. 코끼리들은 쓰레기차를 기다리고 있다가 쓰레기장으로 몰려든다. 지구상에서 가장 큰 육상동물인 코끼리가 플라스틱을 먹고 죽어가고 있는 상황은 플라스틱 오염 문제가 저개발국가 야생 동물에게 더욱 심각한 상황이라는 것을 상징적으로 보여 주고 있다.

출처: KBS 환경 스페셜

끓는 바다

2023년 지구 해수면 평균 온도는 21.1도로 사상 최고치를 기록했다. 달아오른 바다는 지구 곳곳에서 재난을 일으킨다. 인도네시아의 팀불슬로코는 세계에서 가장 빠르게 물에 잠기고 있는 곳으로 30년 만에 농촌은 어촌이 되었다. 2023년 초 우리나라 전남 일대는 반세기 만에 뜨거워진 바다로 인해 최악의 가뭄에 시달렸다. 전체 바다의 흐름에서 가장 중요한 역할을 하는 북대서양의 멕시코만류에 무슨 변화가 생기고 있는지, 변화는 어떤 재난을 일으키는지 보여 준다.

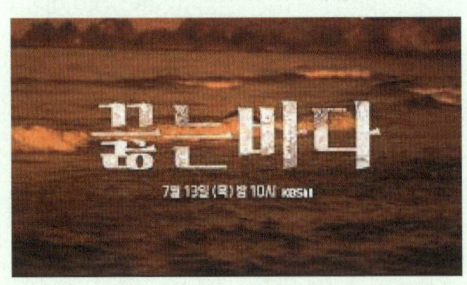

출처: KBS 다큐 인사이트

▶ 9사(지리)12-03

유네스코 세계자연유산 등재를 반대하는 지역 주민들이 있다?!

성취기준	지역 개발과 환경 보존을 둘러싼 글로컬 환경 이슈에 관심을 가지고 자신의 웰빙 및 공동체의 지속가능한 발전을 위해 참여하고 실천한다.
성취기준 해설	다양한 스케일에서 일어나는 글로컬 환경 이슈에 학생들이 관심을 가지도록 하고, 환경과 인간의 공존을 추구하며 자신과 타인 및 지구촌 구성원 전체의 웰빙을 기반으로 한 지속가능한 발전을 위해 참여하고 실천하는 기회를 제공하는 데 초점을 둔다.
핵심 요소	지역 개발과 환경 문제, 글로컬 환경 이슈 및 지속가능한 발전
교과 역량	☐ 창의적 사고력　　　　　　　　　☑ 비판적 사고력 ☐ 문제 해결력 및 의사 결정력　　☑ 의사소통 및 협업 능력 ☑ 정보 활용 능력

📂 수업 안내

해수면 상승, 이상 고온, 슈퍼 태풍의 등장 등 이상 기후 현상은 더 강하게 더 자주 우리를 찾아오고 있습니다. 경제적 관점의 지역개발과 환경적 관점의 환경보전 간 충돌은 시민들의 이해관계에 따라 오랫동안 팽팽하게 맞서던 도시정치의 핵심 주제였습니다. 이에 글로컬 환경 이슈가 먼 나라의 이야기가 아닌 내가 사는 지역에서도 발생하고 있으며, 해당 문제가 지역 문제에 국한된 것이 아닌 전지구적 환경에 영향을 끼칠 수 있음을 학생들 스스로 탐구해 보며 비판적 사고를 지속하는 일이 그 어느 때보다 필요한 때입니다. '유네스코 세계자연유산을 반대하는 지역민들'이라는 다소 과감한 질문을 던짐으로써 학생들의 호기심과 탐구심을 자극하여, 궁극적으로 공동체의 지속가능한 발전을 위해 우리가 할 수 있는 것들을 고민하고 실천으로까지 옮길 줄 아는 글로컬 시민성을 북돋고자 하였습니다. 학생들 스스로 내가 사는 곳에서 발생하는 정치적 안건에 대한 온전한 관심과 인식의 필요성을 깨닫는다면, 지구 곳곳에서 발생하는 다양한 글로컬 문제들을 바라보는 시야가 확장되지 않을까요?

📂 수업 들어가기

교사: 10단원 남부 지역을 공부할 때 제주도가 내세우던 지역 수식어가 무엇이었나요?
학생: '세계자연유산을 보유한' 제주도
교사: 우리가 사는 시흥 지역의 자연환경 중 일부가 유네스코 세계자연유산으로 등재된다면 지역 주민으로서 기분이 어떨 것 같나요?
학생: 뭔가 뿌듯할 거 같아요.
교사: (기사의 제목을 보여 주며) 시흥시의 세계자연유산 등재, 완전 불가능한 일이 아닙니다. 거론이 된 적도 있습니다. 그런데 기사의 제목을 잠시 볼까요? 세계자연유산 등재를 반대한다? 세계자연유산을 내세우는 제주도와 다르게, 왜 송도와 배곧신도시 일부 주민들은 송도 갯벌이 세계자연유산이 되는 것을 반대할까요?

> **활동 Tip**
> - 송도 갯벌 및 배곧대교 건설 예정 지역이 표시된 지도를 함께 보며 해당 문제가 내가 살고 있는 도시에서 발생하고 있음을 눈으로 확인할 수 있도록 지도합니다.
> - 배곧 – 해안 지형에서 공부한 '곶'이 아닌 '곧'이 지역 명칭에 붙은 이야기를 덧붙여 지명학에 대한 호기심을 자극합니다.

● 활동 1

갯벌의 유네스코 세계자연유산 등재를 반대하는 이유 탐구하기

1. 갯벌의 유네스코 세계자연유산 등재를 반대하는 지역민 이야기를 다룬 기사를 살펴봅시다.

송도 갯벌 세계자연유산 등재 반대에 배곧신도시 주민들 가세

송도 주민들 시민청원 등 통해 송도 갯벌 세계자연유산 추가 지정에 반대
"바이오단지 확장, 교통망 확충에 장애"… 지역 환경단체들과 대립각
배곧신도시 주민들도 반대 주장에 동조, 지정 반대 인천시민 청원에 참여

출처: 인천인, 윤종환 기자(2021년 8월 4일)

- 핵심 내용 -

- 2021년 7월, 유네스코 세계유산위원회는 2025년까지 국내 유산 구역을 확대 권고함.
- '세계자연유산 2단계 확대 구역'에 송도 갯벌이 포함될 가능성이 커짐.
- 인천 송도 및 시흥 배곧신도시의 일부 주민들은 갯벌이 세계자연유산으로 등재되었을 때, 건설 예정되어 있는 지역 산업 및 시설들(배곧대교 포함)에 차질이 생길까 우려하며 반대 의견을 피력함.
- 세계자연유산 등재를 반대하는 지역민들과 지역 환경단체 간 대립각이 뚜렷해짐.
- 인천시 홈페이지에 반대 의견과 관련된 청원글이 올라가기도 함.

활동 Tip
- 인터넷 검색으로 각자 참고할 뉴스 기사를 정할 때 키워드 예시를 줍니다.
  - 키워드 예시: 배곧대교, 배곧대교 건설, 송도 갯벌 등

2. 인터넷 지도를 참고해 아래 지도 위에 가상의 배곧대교와 송도 갯벌을 그려 봅시다.

3. 배곧대교 건설의 찬성 측 의견과 반대 측 의견을 출처와 함께 정리해 봅시다.

찬성	반대

4. 배곧대교 건설에 대한 자신의 찬반 의견을 근거와 함께 적어 봅시다.

● 활동 2

패들렛 토론 기능을 활용하여
찬반 의견 제시하기

패들렛 토론 기능창을 생성하여 찬반 의견을 제시해 봅시다.

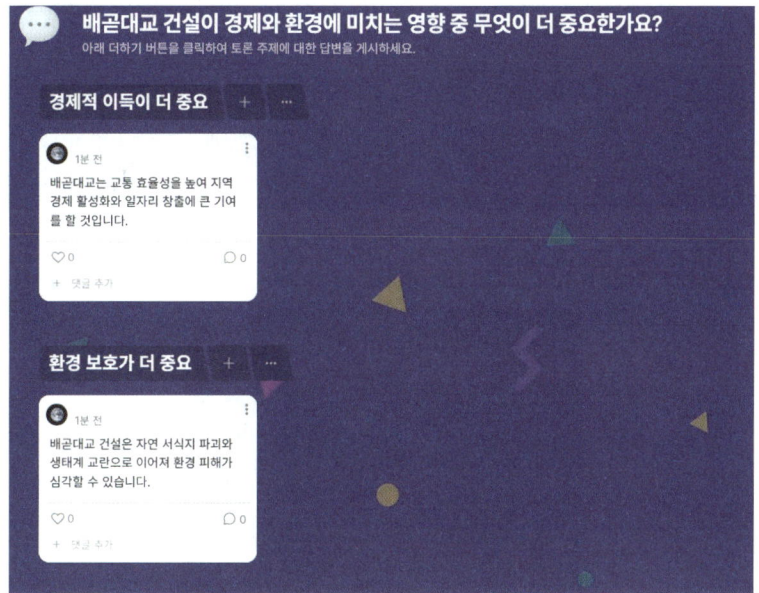

1) 패들렛(padlet.com)에 접속하여 로그인한 후 padlet 만들기를 클릭한다.

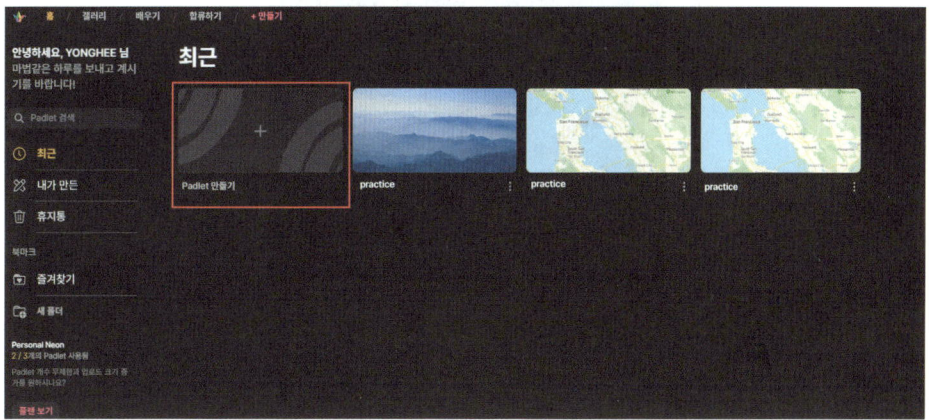

▶ 9사(지리)12-03 유네스코 세계자연유산 등재를 반대하는 지역 주민들이 있다?!

2) AI 추천 레시피 아래 '토론 게시판'을 클릭한다.

3) 우측 토론 주제를 작성한 뒤 생성 버튼을 클릭한다.

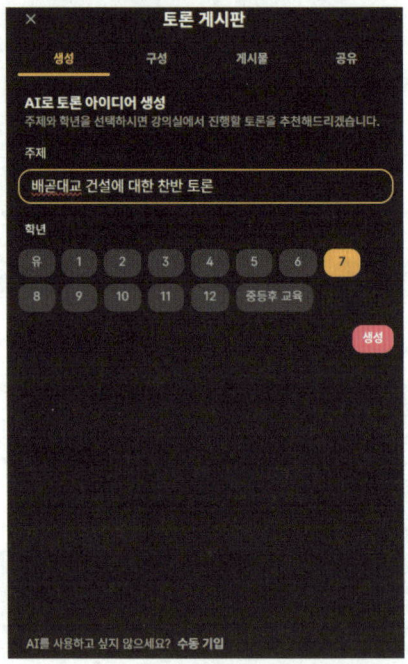

4) 게시물 옵션에서 AI가 추천해 주는 찬반 근거 사례를 넣어 학생들에게 비계를 제공할 수 있다.

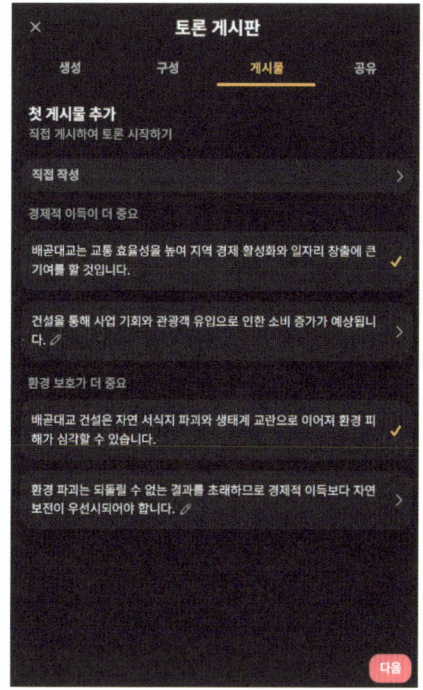

◆ 교과 세특

- 건설 예정인 교량을 둘러싼 찬반 논쟁에 대한 자료를 찾기 위해 적절한 키워드를 입력하여 기사를 탐색함.
- 교량이 건설되었을 때의 경제적 이점을 근거로 제시하며 특정 교량 건설에 대해 찬성함.
- 송도 갯벌이 람사르 습지 등재 대상임을 강조하며 특정 교량 건설에 대해 반대함.
- 글로컬 시민성을 강조하며 지역 문제에 대한 인식이 기후 위기 극복에 꼭 필요함을 역설함.

읽기 자료

국내 사례: "설악산 오색 케이블카 설치를 반대합니다!"

오색 케이블카 정류장 조감도

2023년 10월, 41년 동안 될 듯 말 듯 하던 설악산 오색 케이블카 사업 시행 '허가'가 떨어졌다. 지자체는 2025년 12월까지 완공을 목표로 하고 있는 해당 사업을 통해 일자리 창출 및 관광객 증가 효과를 기대하고 있다. 한편 녹색연합을 비롯한 환경단체들은 나이가 많은 수많은 나무들이 훼손되고, 야생동물 서식지가 파괴되는 것을 우려하는 등 오색 케이블카 설치를 반대하고 있다.

해외 사례: "전기차가 열심히 달릴수록, 우린 메말라 갑니다."

리튬 트라이앵글(Lithium Triangle), 리튬이 많이 나는 세 국가인 아르헨티나·칠레·볼리비아의 특정 지역을 지칭하는 말이다. 스마트폰, 전기차, 드론 등 현대인들에게 없어선 안 될 수많은 전자기기에 들어가는 필수 원료이기에 리튬을 하얀 석유(White Oil)라고도 부른다. 리튬의 수요가 급증함에 따라 채굴 과정에서 막대한 지하수가 사용되고, 이에 채굴지 인근 주민들의 식수 확보가 어려워지고 있다. 또한 리튬 추출 과정에서 상당한 양의 화학물질이 투입되는데 이것이 남아서 주변 환경을 오염시키기도 한다.

▶ 9사(지리)12-04

내가 우리 지역의 해결사

성취기준	더 나은 지역을 만들어 가는 사람들의 노력을 국내외 사례를 통해 살펴보고, 자신이 사는 지역의 문제를 해결하기 위한 방안을 모색하고 이를 실천한다.
성취기준 해설	더 나은 지역을 만드는 사람들의 노력을 알아보고, [9사(지리)07-03]에서 발견한 우리 지역의 문제를 해결하기 위한 방안을 모색하고 실천할 수 있다.
핵심 요소	지속 가능한 발전, 야외 답사
교과 역량	☑ 창의적 사고력　　　　　　　　☐ 비판적 사고력 ☑ 문제 해결력 및 의사 결정력　　☐ 의사소통 및 협업 능력 ☐ 정보 활용 능력

📂 수업 안내

우리가 지리를 공부하는 것은, 결국 우리의 삶터를 더 행복한 곳으로 만들기 위한 것입니다. 더 나은 지역을 만들고자 노력하는 사람들에 대한 국내외 사례 조사를 위한 야외 답사 수업은 답사 계획, 야외 답사, 답사 후 보고서 및 제안서 작성의 3단계로 설계했습니다.

야외답사는 지리 과목의 특성을 반영하는 대표적인 학습의 형태로 학생들의 능동적인 탐구심을 신장하고 공간적 경험을 확대하는 활동입니다. 사전 답사 계획 수립 과정에서 답사 지역 및 경로 선정, 지역의 특징 조사, 주의사항 안내 등의 활동이 이루어지는데, 실제 답사하고자 하는 지역에서 무엇을 집중적으로 관찰하고 조사할 것인지를 중점에 두고 계획을 수립합니다. 그 후 실외에서 이루어지는 야외 답사를 통해 해당 지역 및 주제에 대한 궁금증을 검증하고, 사진, 동영상, 설문조사, 인터뷰 등을 활용하여 자료를 수집합니다. 답사 후 실내 활동을 통해 자료를 분석하고 종합하여 답사 지역에 대한 보고서를 작성합니다.

학생들은 살고 있는 지역에서 수많은 불편한 점을 경험하고 있습니다. 학생들의 생활 공간을 기반으로 한 야외답사를 통해 우리 지역 문제를 파악하고, 이를 해결하기 위해 '국민신문고', '스마트국민제보' 등의 스마트폰 앱을 활용하여 지역단체에 제안하는 활동은 학생들에게 실질적인 학습 경험을 제공할 것입니다. 지역문제 해결에 있어 야외 조사의 일환으로 해당 분야의 전문가

인터뷰, 사회적 기업 및 공공 기관의 방문 등의 활동은 우리 지역에 대한 관심을 높여줄 뿐 아니라, 자신의 흥미와 적성을 파악하고 진로와 연계한 탐색도 제공할 수 있으며, 모둠별 조사 시 의사소통 및 협업능력을 키울 수 있습니다.

야외 답사 활동이기 때문에 이 모든 과정은 학생의 안전을 고려해야 하며, 학교장의 사전 허가와 같은 사전 조치가 필요합니다.

수업 들어가기

샌프란시스코 마켓스트리트

교사: 여러분 LA나 샌프란시스코라는 도시 알고 있나요?

학생: 할리우드! LA다저스요! 갈비 유명한 곳이요! 거기서 태어났어요! 등

교사: 살아 본 친구들도 있고, 다양한 대답이 나왔네요. 그렇다면 여러분들은 이 도시에 대한 이미지가 어떤가요? 자유롭게 이야기 해 봐요.

학생: 부자들도 많고 셀럽들도 많아요! 살고 싶은 도시예요! 등

교사: 여러분들이 대답해 준 것처럼 이 도시들은 환상적인 기후와 다양한 즐길거리가 있는 살고 싶은 도시가 맞아요. 그런데 최근 뉴스들을 보면, 이 도시들에 대한 충격적인 소식들을 알 수 있어요. 우리 함께 자료를 찾아봅시다.

샌프란시스코의 변화를 다루는 기사

● 활동 1

사전 답사로 지역 조사하기

1. 우리 지역에서 개선이 필요한 곳이나 정돈이 잘된 곳 등 조사할 만한 현상이 있는 지역 등 사전 답사를 통해 조사하고 싶은 지역을 선정합니다.

– 준비물

– 역할 분담

– 체크리스트

	항목	장소
1	공유킥보드가 널브러져 있는 곳	코인노래방 앞
2	공유킥보드가 잘 정리되어 있는 곳	별빛도서관
3		
4		

2. 선정 이유와 사전 답사를 통해서 해결해야 할 사항과 지도를 정리해 봅시다.

– 선정 이유: 공유 킥보드가 아무렇게나 주차되어 다니기가 불편함

– 사전 답사 지역을 지도로 나타내기

3. 사전 답사 경로를 지도에 표시해 봅시다.

> **활동 Tip**
> 교사는 준비된 학습지를 활용하여 답사 활동의 목적과 일정 및 절차를 안내합니다. 인근 지역에 거주하는 학생들을 4~6명으로 묶어 모둠을 구성하거나, 학원이나 동아리 PC방같이 일상생활 공간을 공유하는 학생들을 같은 모둠으로 구성합니다. 활동 과정에서 모든 학생들이 참여할 수 있도록 모둠별로 조장, 촬영담당자, 인터뷰 담당자, 기록자 등 역할 분담을 할 수 있도록 하고, 답사에 필요한 물품을 준비할 수 있도록 합니다. 전문가 인터뷰 방법은 전화 상담, 줌미팅, 대면 면담 등 다양한 방법이 있으며, 전문가와 만나기 전에 미리 약속한다면 원활한 답사를 진행할 수 있습니다.

4. 선정한 지역 문제가 자주 발생할 것이라고 생각한 지역과, 실제로 발생하는 지역은 일치하는지 확인해 봅시다.

5. 선정한 지역 문제가 자주 발생하는 지역의 주민 또는 전문가와 인터뷰를 하여 그 이유를 조사해 봅시다.

> **활동 Tip**
> 야외 답사 활동은 학생 주도적으로 이루어져서, 적극적으로 참여할 수 있도록 해야 합니다. 방과후에 답사를 진행한다면 시간에 제한이 없겠지만, 일과 시간에 답사를 진행한다면 블록 타임제를 활용하여 야외 답사 시간을 보장해 주고, 교사는 학생들의 안전을 위해 반드시 동행해야 합니다. 야외 답사에서 학생들은 우리 지역의 문제점을 직접 체험하고, 필기, 사진 촬영, 동영상 촬영, 인터뷰 녹음 등의 방법으로 정보를 수집합니다.

● 활동 2

우리 지역의 문제를 해결하기 위한 방법을 생각해 봅시다

제주특별자치도의 지역 문제 해결을 위한 노력

지역 문제 해결 노력 사례

1. 우리 지역에서 우리가 실천할 수 있는 지역 문제 해결 방법은 무엇이 있을까요? 위의 포스터를 보고 다른 사례가 있는지 찾아봅시다.

2. 우리 지역에 맞는 사례가 있다면 참고하여 실천 가능한 방안을 모둠과 토의해 봅시다.

> **활동 Tip**
> 교사는 국민 참여로 인해 지역의 문제를 해결한 사례를 읽은 후, 답사 지역에서 조사한 문제와 해결 방안을 보고서에 작성할 수 있도록 지도합니다. 학생들이 사전 답사와 야외 답사를 통해 획득한 자료를 토대로 구체적이고 실현 가능한 문제 해결 방안을 토의하도록 지도합니다.

● 활동 3

'살기 좋고 행복한 우리 동네' 제안서 만들기

1. 답사를 통해 획득한 자료를 바탕으로 모둠별로 우리 지역의 문제 해결을 위한 '살기 좋고 행복한 우리 동네' 제안서를 만들어 봅시다.

제안명	
현황 및 문제점	
개선 방법	
개선으로 기대되는 점	
자료(사진 등)	

2. 모둠별로 작성한 '살기 좋고 행복한 우리 동네' 제안서를 관공서에 제출해 봅시다.

| 스마트폰 어플 국민신문고 실행 후 민원신청 터치 | 휴대폰 인증으로 로그인 | 제안서 제출 |

3. 제안서 제출 말고도 우리가 실천할 수 있는 다른 방법은 없을지 생각해 봅시다.

활동 Tip 학생들이 살고 있는 지역의 문제를 해결하기 위해 할 수 있는 방안을 공식적으로 제안해 보는 활동을 진행합니다. 이때 학생들이 사전 답사와 야외 답사에서 획득한 자료를 활용하여 제안서를 작성하도록 합니다. 또한 학생들이 우리 지역의 일원으로 책임감을 가지고 지역의 문제 해결을 위한 실천에 참여하도록 독려합니다. 활동지에 제시된 방법 외에도 다른 방법으로 지역의 문제를 해결할 수 있는 다양한 방법을 고안해 보도록 하는 활동을 구성해도 됩니다.

● 활동 4

'야외 답사 없이 살기 좋고 행복한 우리 동네' 제안서 만들기

1. SGIS 통계지리정보 서비스 사이트 접속–활용 서비스–살고싶은 우리동네에서 다양한 지표를 검색해 우리 동네에 필요한 시설은 무엇인지 찾아보고 생각해 봅시다.

제안명	
현황 및 문제점	
개선 방법	
개선으로 기대되는 점	
자료(사진 등)	

활동 Tip 야외 답사는 SGIS 통계지리정보 서비스를 활용하는 실내 조사로 대신할 수 있습니다. 다양한 통계자료를 활용할 수 있으니 선생님께서는 활동 전 미리 우리 동네의 특성에 맞는 자료를 파악해 주세요.

2. 위 제안서를 바탕으로 청소년 참여 포털에서 정책 제안을 해 봅시다.

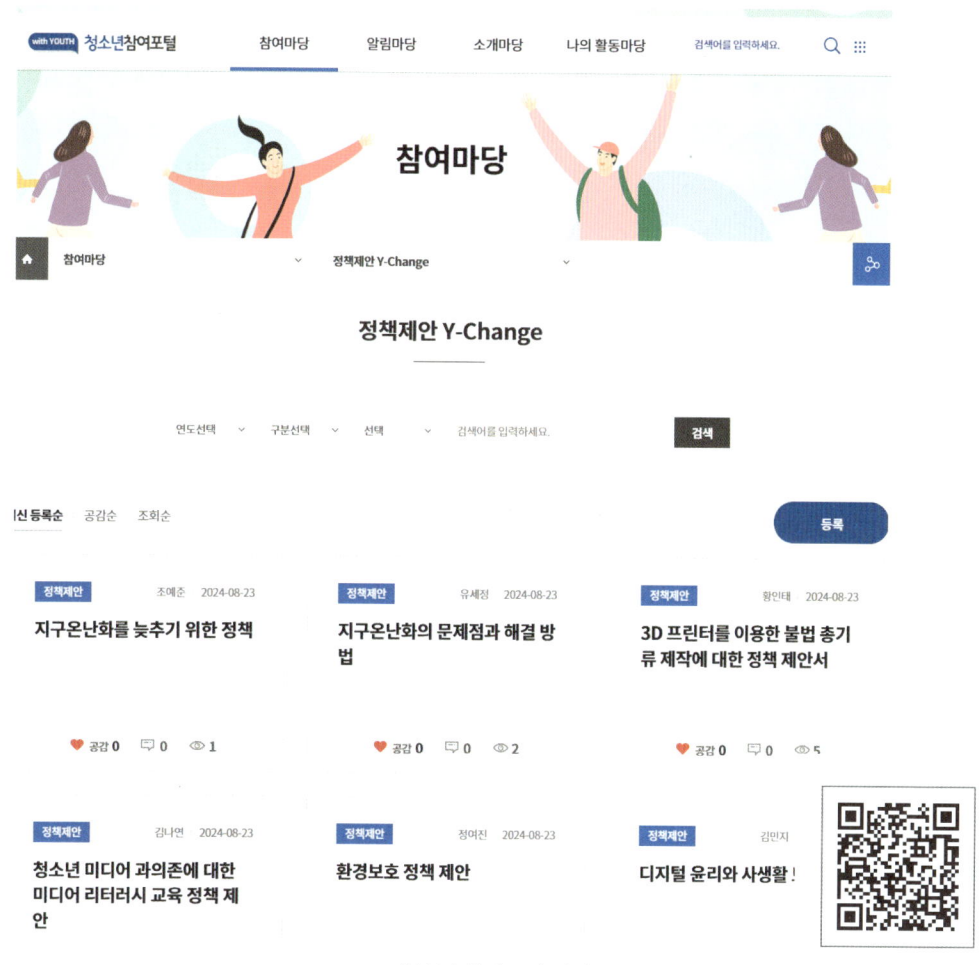

청소년 참여 포털 화면

◆ 교과 세특

- 야외 답사 준비 과정 및 실행에서 맡은 역할을 성실히 수행하였으며, 이를 토대로 제안서를 작성하는 과정에서 다양하고 풍부한 의견을 제시함. 지역 문제가 심각하게 나타나는 곳과 지역 문제가 잘 해결되어 있는 곳을 각각 지도화하여 그 특징을 비교함. 야외 답사 체크리스트를 활용해 지역 문제가 잘 이루어지지 않는 장소의 특징을 구체적으로 제시함.
- 야외 답사 준비 과정에 성실히 참여하여 제안서를 작성하는 과정에 참여함. 지역 문제가 심각하게 나타나는 곳과 지역 문제가 잘 해결되어 있는 곳을 각각 지도화함. 야외 답사 체크리스트를 활용해 지역 문제가 잘 이루어지지 않는 장소의 특징을 제시함.

- 야외 답사 준비 과정에 참여함. 지역 문제가 심각하게 나타나는 곳과 잘 해결되어 있는 곳을 제한적으로 지도화함. 야외 답사 체크리스트를 활용해 지역 문제가 이루어지지 않는 장소의 특징을 간단히 제시함.
- 웹 통계지리정보 시스템을 활용해 우리 지역에 필요한 시설을 찾았으며, 이를 토대로 제안서를 작성하여 청소년 참여 포털 사이트에 정책 제안을 함.

읽기 자료

대변 초등학교 학생들이 이룬 큰 개혁

그동안 '대변초등학교'라는 교명 때문에 그 학교에 다니는 아이들은 자신이 다니는 학교의 이름을 자랑스럽게 말할 수가 없었다고 한다. 그리고 무슨 대회에 나가서 대변초등학교가 호명되면 다른학교 아이들이 놀리는 것을 무척 힘들어 했다고 한다. 또 수학여행을 가다가 버스 유리창에 붙여진 학교명 때문에 휴게소에서 아이들끼리 싸움이 붙은 적도 있었다고 하니 교명 때문에 당하는 아이들의 속상함은 상황을 보지 않아도 충분히 공감이 간다.

지난 봄에 이 학교 학생 한 명이 교명 변경을 공약으로 내걸면서 교명변경작업이 본격적으로 시작되었는데 학생들과 학부모들 그리고 졸업생들과 주민들이 모두 함을 합쳐 많은 노력을 한 것 같았다.

대변초등학교에 가보니 양옆의 담벼락에는 수많은 플랜카드가 걸려있었다. '교명변경 의견수렴을 위한 공청회' 라는 현수막을 비롯해서 '교명변경 적극 지지한다' 라는 동창들의 격려 현수막, '선배님 교명변경을 도와주세요'라고 적힌 호소 현수막, '동창회에 등록이 안 된 선배님들은 연락주세요' 라는 알림 현수막, '총동창회 임시이사회 및 임시총회' 를 알리는 현수막까지 다양했다. 그걸 보니 이번 학교개명운동은 대변초등학교로서는 얼마나 큰 개혁이었는지 실감이 날 정도였다.

출처: 부산시보 부산이라좋다, 정헌숙 리포터(2017년 9월 10일)

참고 자료

서울국제환경영화제

아시아 최대 규모 영화제로 해마다 6월에 열리는 '서울국제환경영화제'에 참석해 보면 좋다.

참고문헌

문헌

성장환, 2015, 「독일통일 사례가 남북통일에 주는 시사점」, 『한국초등교육학과 초등도덕교육』, 50집, 137-164.

제이크 브라이트·오브리 흐루비, 이영래 역, 2016, 『넥스트 아프리카』, 미래의 창.

차문석, 2017, 키프로스(Cyprus) 분단의 역사적 구조와 현재: 한반도 통일에 주는 성찰, 통일·북한 연구 최종 보고서.

한명섭, 2020, 『키프로스 분단과 통일 방안』, 좋은땅.

기사

건축도시정책정보센터(https://www.aurum.re.kr/Research/PostView.aspx?mm=1&ss=1&pid=28933&gid=0&cpage=9)

경향신문, 김기범, 2011(https://www.khan.co.kr/world/europe-russia/article/201102182133375)

경향신문, 조문희, 2021(https://v.daum.net/v/20210308215209698)

그린매거진 테마스토리, 이승호, 2020(https://www.rda.go.kr/webzine/2020/03/sub1-2.html)

그린매거진, 2022(https://www.rda.go.kr/webzine/2022/12/sub1-6.html))

그린매거진, 김주희, 2021(https://www.rda.go.kr/webzine/2021/03/sub1-3.html)

글로벌이코노믹, 박정한, 2023(https://www.g-enews.com/ko-kr/news/article/news_all/20230725155316767737926aa152_1/article.html)

내일신문, 안병억, 2024(https://m.naeil.com/news/read/502857))

노컷뉴스, 김미현, 2023(https://www.nocutnews.co.kr/news/5989294)

농촌진흥청 국립식량과학원, 웹툰(https://www.nics.go.kr/bbs/view.do?m=100000154&bbsId=webtoon&bbsSn=9683)

뉴닉, 2024(https://www.newneek.co/post/F2iCwg)

뉴스1, 박대준, 2024(https://www.news1.kr/articles/5355215)

뉴스1, 서영빈, 2020(https://www.news1.kr/articles/3979627)

뉴스펭귄, 이상칠, 2023(https://www.newspenguin.com/news/articleView.html?idxno=13196)

대한경제, 이혜련, 2022(https://www.dnews.co.kr/uhtml/view.jsp?idxno=202206191248442270517)

대한민국 정책프리핑, 김혜옥, 2016(https://www.korea.kr/news/policyNewsView.do?newsId=148817154)

더바이어, 김선희, 2021(https://www.withbuyer.com/news/articleView.html?idxno=20991)

동아일보, 2024(https://www.donga.com/news/Society/article/all/20240107/122933910/1)
르몽드 디플로마크, 추동균, 2023(https://www.ilemonde.com/news/articleView.html?idxno=17223)
머니투데이, 2011(https://www.mt.co.kr/article/2011042007463874405)
머니투데이, 김미루, 2023(https://www.mt.co.kr/society/2023/04/21/2023042107070539230)
머니투데이, 이세연, 2023(https://www.mt.co.kr/industry/2023/05/04/2023050408534574781)
메트로신문, 김연세, 2024(https://www.metroseoul.co.kr/article/20240118500100)
문화일보, 박세영, 2024(https://www.munhwa.com/article/11411018)
문화일보, 황성규, 2010(https://www.munhwa.com/article/10740075)
부산시보 부산이라좋다, 정헌숙, 2017(https://www.busan.go.kr/news/storyreport/view?dataNo=59190&
    curPage=1)
비전21, 정서영, 2023(https://www.dnews.co.kr/uhtml/view.jsp?idxno=202206191248442270517)
비지니스포스트, 임한솔, 2019(https://www.businesspost.co.kr/BP?command=article_view&num=143
    907)
서울파이낸스, 권서현, 2024(https://www.seoulfn.com/news/articleView.html?idxno=510630)
세계일보, 김희원, 2022(https://www.segye.com/newsView/20221018517931)
소비자평가, 문지수, 2019(http://www.iconsumer.or.kr/news/articleView.html?idxno=10197)
시사인, 이종태, 2017(https://www.sisain.co.kr/news/articleView.html?idxno=30721)
시사저널, 이석, 2022(https://www.sisajournal.com/news/articleView.html?idxno=245548)
시사저널, 이형은, 2016(https://www.sisajournal.com/news/articleView.html?idxno=154681)
아시아경제, 이현우, 2017(https://www.asiae.co.kr/article/2017102409510346541)
여행톡톡, 김지수, 2023(https://www.tourtoctoc.com/news/articleView.html?idxno=1914)
연합뉴스, 2014(https://www.yna.co.kr/view/AKR20140919000600085)
연합뉴스, 2020(https://www.yna.co.kr/view/AKR20200626048600075)
연합뉴스, 2024(https://www.yna.co.kr/view/AKR20240820123900009?input=1195m)
이투데이, 장유진, 2023(https://www.etoday.co.kr/news/view/2304089)
인천인, 윤종환, 2021(https://www.incheonin.com/news/articleView.html?idxno=81511)
전북일보, 이준서, 2024(https://www.jjan.kr/article/20231226580250)
조선일보, 김가연, 2021(https://www.chosun.com/international/international_general/2021/11/12/TVRG
    23DRWZANPBG2IDUA7O63ZE)
조세일보, 김상희, 2023(https://www.joseilbo.com/news/htmls/2023/03/20230304479948.html)
중부매일, 황진현, 2024(https://www.jbnews.com/news/articleView.html?idxno=1423083)
중앙일보, 백성호, 2021(https://www.joongang.co.kr/newsletter/baksungho/1365)
코트라 해외시장뉴스, 2022(https://dream.kotra.or.kr/kotranews/cms/news/actionKotraBoardDetail.do?
    SITE_NO=3&MENU_

투데이신문, 홍기원, 2022(https://www.ntoday.co.kr/news/articleView.html?idxno=93005)
파이낸셜뉴스, 이진혁, 2020(https://www.fnnews.com/news/202006291821044660)
평화뉴스, 김영화, 2022(https://www.pn.or.kr/news/articleView.html?idxno=19911)
한국일보, 박재아, 2017(https://www.hankookilbo.com/News/Read/201709021177620504)
BBC NEWS 코리아, 2017(https://www.bbc.com/korean/news-41357844)
BBC NEWS 코리아, 2019(https://www.bbc.com/korean/news-47367842)
cartoMission, 2010(https://cartomission.com/2014/04/10/orthodox-and-catholics-in-eastern-europe/) ID=80&CONTENTS_NO=2&bbsGbn=242&bbsSn=242&pNttSn=194436)
KBS 역사적그날, 드디어 되찾은 평화? 아일랜드와 영국의 휴전 협정(https://www.youtube.com/watch?v=2hZfvi6uyic)

웹사이트

강남구청 다문화 축제 https://www.gangnam.go.kr/board/B_000001/1072105/view.do?mid=ID05_040101
강원특별자치도청 보도자료 https://state.gwd.go.kr/portal/briefing/pressRelease/newpressRelease?seq=1122
국가통계포털 https://kosis.kr
국민재난안전포털 https://www.safekorea.go.kr
국민행동안전요령 https://www.safekorea.go.kr
금성출판사 티칭백과 https://thub.kumsung.co.kr/web/smart/detail.do?headwordId=11579&findCategory=B002002&findBookId=64
기상청 기상자료개방포털 https://data.kma.go.kr/cmmn/main.do
기상청 기후정보포털 https://www.climate.go.kr/home
네이버 지식백과, 엘 클라시코 https://terms.naver.com/entry.naver?docId=934598&cid=43667&categoryId=43667
대한민국 국가지도집 http://nationalatlas.ngii.go.kr
북크리에이터 https://bookcreator.com
산사태 정보시스템 https://sansatai.forest.go.kr/gis/main.do;jsessionid=cgPgO9J7bJZ_V8dBWfDKlXAVDYS4fYL6SjVqNisi.ldm10#mhms0
워드클라우드 생성기 https://wordcloud.kr
위키피디아 세계출산율 https://ko.wikipedia.org/wiki/%EC%B6%9C%EC%82%B0%EC%9C%A8%EC%88%9C_%EB%82%98%EB%9D%BC_%EB%AA%A9%EB%A1%9D#/media/%ED%8C%8C%EC%9D%BC:Total_Fertility_Rate_Map_by_Country.svg
유럽연합 https://european-union.europa.eu
제로에너지건축물 zeb.energy.or.kr

제주관광 빅데이터서비스 플랫폼 https://data.ijto.or.kr
지표누리 https://www.index.go.kr/unity/potal/eNara/main/EnaraMain.do
청소년을 위한 국가지도집 http://nationalatlas.ngii.go.kr/pages/page_1158.php
통계지리정보서비스 https://sgis.kostat.go.kr
패들렛 https://padlet.com
플라이트레이더24 https://www.flightradar24.com
홍수위험지도 정보시스템 https://floodmap.go.kr/fldara/fldaraList.do
Book Creator https://bookcreator.com
EarthPater, 2023 https://ep.naraspace.com/ko/post/a-corn-yield-prediction-model-with-a-faster
EBSCulture https://www.youtube.com/watch?v=o-xVwn2uABU-speed-than-that-of-the-usda
VISUALCAPITALIST https://www.visualcapitalist.com/mapped-the-median-age-of-every-continent
VISIT SEOUL NET https://korean.visitseoul.net/subway
WORLD ECONOMIC FORUM https://assets.weforum.org/wp-content/uploads/2015/11/cscr5od.jpg
WORLD POPULATION REVIEW https://worldpopulationreview.com/states

영상

비짓제주, VR로 보는 제주 https://www.visitjeju.net/u/DM6
360Tour 유튜브 채널, 제주도 https://www.youtube.com/watch?v=FawTwzF4wes&t=4s
DisneyMusicKoreaVEVO 유튜브 채널, 모아나
https://www.youtube.com/watch?v=JLTBKCHpqw4
KBS 다큐인사이트, 뜨거워진 바다가 우리 삶을 위협한다! 전세계에서 벌어지는 '극한의 이상기후' https://youtu.be/y-Grx4Syvrk?si=HEZ7xRVbPzhkfCeg
KBS 다큐인사이트, 치솟는 산불, 지구가 만들어낸 에너지 폭탄 −붉은 지구 1부. 엔드 게임 1.5℃ https://www.youtube.com/watch?v=0a7y1DEuASM
KBS 환경 스페셜, 쓰레기에 중독된 코끼리 https://youtu.be/ouruW-J4-0U?si=oyETHHxliU06MJgZ
KBS 환경 스페셜, 오늘 당신이 버린 옷, 어디로 갔을까? 우리 옷들이 바다 건너 거대한 무덤이 되다https://youtu.be/gw5PdqOiodU?si=tpve9bmAZKCIOgHZ
KBS 환경 스페셜, 플라스틱 코끼리 https://www.youtube.com/watch?v=bpa_ZDWFFNE